"十三五"江苏省高等学校重点教材(编号：2017-1-089)

21世纪电子商务专业核心课程系列教材

电子商务与企业管理

（第四版）

姚国章　编著

内 容 简 介

本书围绕"与电子商务相关的企业管理理论、电子商务对企业管理所产生的影响、电子商务在企业管理中的应用、适应电子商务发展的企业管理变革以及电子商务在企业管理中应用的典型案例"这样一条主线展开，全面探讨了电子商务与企业管理的热点、难点和焦点问题。全书共有十五章，分别是：概论；电子商务与企业组织结构变革；电子商务与企业竞争；电子商务与人力资源管理；电子商务与财务管理；电子商务与虚拟企业管理；电子商务与采购管理；电子商务与服务管理；电子商务与供应链管理；电子商务与物流管理；电子商务与客户关系管理；电子商务与知识管理；电子商务与业务流程重组；电子商务与企业文化建设；电子商务与创业管理。除了第1章"概论"以外，其他各章均包含对电子商务与企业管理相关原理的基本分析以及不少于一个的典型案例，做到理论与实际高度结合、原理与案例充分融合，为进一步拓宽发展思路、促进实际应用奠定了基础。

本书既适合用作高等院校电子商务专业本专科学生、MBA研究生、经济管理类和计算机类专业硕士生及本科其他专业学生的教材，也适合企业各类管理人员、信息通信技术人员使用，还可以作为相应层次电子商务培训班的教材。

图书在版编目(CIP)数据

电子商务与企业管理/姚国章编著. —4版. —北京：北京大学出版社，2020.6
21世纪电子商务专业核心课程系列教材
ISBN 978-7-301-31036-6

Ⅰ.①电… Ⅱ.①姚… Ⅲ.①电子商务–关系–企业管理–高等学校–教材 Ⅳ.①F713.36 ②F272

中国版本图书馆CIP数据核字（2020）第007559号

书　　　名	电子商务与企业管理（第四版） DIANZI SHANGWU YU QIYE GUANLI（DI-SI BAN）
著作责任者	姚国章　编著
策划编辑	周伟
责任编辑	周伟
标准书号	ISBN 978-7-301-31036-6
出版发行	北京大学出版社
地　　　址	北京市海淀区成府路205号　100871
网　　　址	http://www.pup.cn　　新浪微博：@北京大学出版社
电子信箱	zpup@pup.cn
电　　　话	邮购部 010-62752015　发行部 010-62750672　编辑部 010-62754934
印　刷　者	河北滦县鑫华书刊印刷厂
经　销　者	新华书店
	787毫米×1092毫米　16开本　24.25印张　620千字 2002年1月第1版　2009年5月第2版　2015年8月第3版 2020年6月第4版　2022年7月第3次印刷(总第19次印刷)
定　　　价	59.00元

未经许可，不得以任何方式复制或抄袭本书之部分或全部内容。
版权所有，侵权必究
举报电话：010-62752024　电子信箱：fd@pup.pku.edu.cn
图书如有印装质量问题，请与出版部联系，电话：010-62756370

《电子商务与企业管理》(第四版) 审定专家组

组长：

张晓东　中国管理科学学会副会长兼秘书长
　　　　敏捷智库创始人，研究员级高级工程师

成员：

郝泳涛　同济大学电子信息工程学院教授，博士生导师
吴　亮　贵州师范大学经济管理学院教授
　　　　贵州省高校学术带头人
郑亚琴　安徽财经大学工商管理学院教授
　　　　全国万名优秀创新创业导师
潘　郁　南京工业大学经济与管理学院教授
　　　　日本名古屋工业大学客座研究员
孙　亮　东南大学成贤学院副教授
刘　琴　西南石油大学经济管理学院副教授

第四版前言

我是从1999年4月开始从事电子商务教学与研究工作的,至今已走过了20多个年头,见证了我国电子商务从无到有、从弱到强、从强到引领全球的发展之路。当前,我国电子商务的发展已进入带动作用充分显现、行业融合不断深化、转型升级持续推进的新阶段,为我国经济转型升级创造了新需求、为社会结构变革拓展了新空间、为参与国际分工提供了新平台。毋庸置疑,企业既是电子商务应用的基本主体,也是推动电子商务创新和发展的核心力量。如何更好地将电子商务的相关理念、思想和技术与企业管理的实践紧密结合起来,推动适应电子商务发展需要的企业管理的转型和升级,这是每个企业都必须面对的现实问题。

为了更好地梳理与电子商务相关的企业管理理论,分析电子商务对企业管理所产生的影响,研究电子商务在企业管理中的实际应用,探讨适应电子商务发展的企业管理变革以及剖析企业电子商务发展与应用的典型案例,我于2002年编写了《电子商务与企业管理》一书,并分别于2009年出版了第二版,2015年出版了第三版。这三版教材在不同的时期受到了众多读者的认可。其中,第二版入选普通高等教育"十一五"国家级规划教材,第三版入选"十二五"江苏省高等学校重点教材,先后被众多高等院校选作专门教材,而且一些学校是因为有了本书而开设了"电子商务与企业管理"这门课程,这一点让我倍感欣慰和自豪。在过去的很多年中,我经常收到从事电子商务教学、研究的老师以及在企业从事电子商务相关工作的读者发来的电子邮件,或者与我进行讨论,或态度认真地指出了书中存在的一些缺点和错误,或和我一起探讨课程教学过程中的经验和体会,或对本书的修订提出了宝贵的建议。读者的热情勉励和大力支持不但让我受益匪浅,而且也给了我极大的动力。为广大读者继续提供适合我国国情的,能对促进我国电子商务人才培养、教学研究和电子商务健康、快速发展起到积极作用的好书,是我始终牢记的使命。

在本书第三版出版以来的数年中,以大数据、人工智能等为代表的新一代信息技术对我国经济社会的发展产生了巨大而又深远的影响,而且我国企业所面临的国内外市场环境也发生了深刻的变化,由此而导致的电子商务与企业管理的问题也变得更加纷繁复杂。对于学习和研究电子商务的师生以及从事电子商务实际工作的专业人士而言,如何更好地把握新形势下的电子商务与企业管理融合发展的脉搏,是一个需要深入思考的现实问题,本书的最新改版可谓是我对相关问题所作的一些新的探索。

本书是在《电子商务与企业管理》(第三版)的基础上进行修订完善成稿的,全面探讨了电子商务与企业管理的热点、难点和焦点问题,通过较为系统的基本理论分析、应用实践解析和典型案例剖析,为读者揭示了电子商务与企业管理融合发展的原理与案例。与第三版相比,本书不但在理论部分有了较大幅度的补充、完善和更新,而且更为突出的是在案例方面做了较大的调整,新增或替换的案例接近三分之二,使教材更具有可读性并更适合教学的需要。

本书既适合用作高等院校电子商务专业本专科学生、MBA研究生、经济管理类和计算机类专业硕士生及本科其他专业学生的教材,也适合企业各类管理人员、信息通信技术人员使用,还可以作为相应层次电子商务培训班的教材。作为本科生教材用于课堂教学时,建议教学时间不少于32课时,以48课时为佳。如用作专科层次的教学,建议安排64课时。如果教学时间允许,应适当安排课时组织学生进行理论探讨和案例分析,以进一步促进理论和实践的结合,提高学生电子商务理论分析和实际应用的能力。

本书由姚国章编著,贵州师范大学吴亮教授、安徽财经大学郑亚琴教授、西南石油大学刘琴副教授、东南大学成贤学院孙亮副教授、燕京理工学院李玮老师等结合自己的教学实践为本书的修订成稿提出了很多建设性的建议,李诗雅、吴玉雪、薛新成、王侃亮、贾莉、卞利、杨徐尧、李娅、金琰、张诗晨、韩兆东、杨浩、王凡迪、魏宁、吕桂林、陈垚、范燕萍、郭园园、吕佳琦、黄赛、黄璐、李丽婷等同学以及周军伟、丁浩、李春红等朋友参与了书稿的相关工作,在此,谨向各位亲爱的老师和同学致以最诚挚的谢意。

在编写本书的过程中,我参阅了大量国内外有重要价值的文献,部分已在书末进行了集中标注,在此向相关作者和媒体致以衷心的感谢。除了已标注的以外,仍有不少参考文献或由于我们的疏忽,或由于无法确定原始出处等原因未能标注,在此也向其作者致以崇高的敬意。

作为世界上最大的发展中国家,我国的电子商务发展有着得天独厚的优势和潜力,尤其是在"大众创业、万众创新"的发展大潮中正发挥出越来越重要的作用。时代为每一位关注和参与电子商务与企业管理发展的有志者提供了不可多得的历史机遇,让我们共同携手、肩负重任,努力为电子商务之花在中华大地华美绽放做出我们最大的贡献。

姚国章
(E-mail:yaogz@njupt.edu.cn,
手机与微信:13951982945)
2020年3月

目 录

第 1 章 概论 ··· 1
  1.1 企业与企业管理概述 ··· 1
    1.1.1 企业的概念与特征 ·· 1
    1.1.2 企业的主要组织形式 ··· 2
    1.1.3 管理的一般知识 ··· 4
    1.1.4 企业管理的主要内容 ··· 6
  1.2 电子商务对现代企业管理的影响 ··· 6
    1.2.1 电子商务对市场运作方式的影响 ··· 6
    1.2.2 电子商务对企业市场空间的影响 ··· 7
    1.2.3 电子商务对企业营销活动的影响 ··· 7
    1.2.4 电子商务对企业生产方式的影响 ··· 9
    1.2.5 电子商务对企业管理模式的影响 ··· 10
    1.2.6 电子商务对企业组织结构的影响 ··· 11
    1.2.7 电子商务对企业人力资源管理的影响 ·· 12
    1.2.8 电子商务对企业财务管理的影响 ··· 12
    1.2.9 电子商务对企业采购管理的影响 ··· 13
    1.2.10 电子商务对企业研究与开发管理的影响 ··· 13
  1.3 电子商务环境下的企业经营理念 ··· 13
    1.3.1 追求持续创新 ·· 14
    1.3.2 注重速度取胜 ·· 14
    1.3.3 强化客户至上 ·· 15
    1.3.4 崇尚以人为本 ·· 15
    1.3.5 勇于竞争,积极合作 ·· 17
    1.3.6 创造价值,超越期望 ·· 17
    1.3.7 顺应潮流,促进变革 ·· 18
  1.4 本章思考题 ·· 18
第 2 章 电子商务与企业组织结构变革 ·· 19
  2.1 企业组织结构概述 ·· 19
    2.1.1 企业组织结构的相关概念 ·· 19
    2.1.2 企业组织结构设计的考虑因素 ··· 20
  2.2 企业组织结构的主要类型 ·· 20
    2.2.1 古典型企业组织结构 ·· 21

		2.2.2　U型企业组织结构 ··· 21
		2.2.3　H型企业组织结构 ··· 21
		2.2.4　M型企业组织结构 ··· 22
		2.2.5　网络型企业组织结构 ··· 22
		2.2.6　新旧企业组织结构的比较 ·· 23
	2.3　电子商务环境下的企业组织结构变革 ······································ 23
		2.3.1　传统的企业组织结构的局限性 ······································ 23
		2.3.2　电子商务的发展对企业组织结构变革的要求 ······················· 25
		2.3.3　电子商务环境下企业组织结构的演进趋势 ··························· 28
	2.4　网络化企业组织 ·· 30
		2.4.1　网络化企业组织的含义 ·· 30
		2.4.2　网络化企业组织的特点 ·· 30
		2.4.3　网络化企业组织的主要类型 ··· 31
		2.4.4　内部网络化企业组织的构建 ··· 32
	2.5　典型案例　海尔集团的网络化转型 ·· 33
		2.5.1　发展背景 ·· 33
		2.5.2　网络化转型 ··· 34
		2.5.3　"人单合一"的组织模式 ·· 35
		2.5.4　海尔集团网络化转型的七个要点 ···································· 36
		2.5.5　案例评析 ·· 37
	2.6　本章思考题 ··· 37
第3章　电子商务与企业竞争 ··· 38
	3.1　企业竞争力与竞争优势概述 ·· 38
		3.1.1　对"竞争"和"竞争力"的理解 ··· 38
		3.1.2　企业竞争力概述 ·· 39
		3.1.3　企业竞争力的来源 ··· 40
		3.1.4　企业竞争力与企业核心竞争力的关系 ······························· 42
		3.1.5　企业竞争优势 ·· 42
	3.2　电子商务在提升企业竞争优势中的作用 ··································· 43
		3.2.1　电子商务自身所具有的优势 ··· 43
		3.2.2　电子商务为企业创造的成本优势 ···································· 44
		3.2.3　电子商务为企业创造的差异化优势 ································· 45
		3.2.4　电子商务为企业创造的目标集聚优势 ······························ 46
		3.2.5　电子商务为企业创造的无边界扩张优势 ··························· 46
	3.3　利用电子商务强化企业的竞争优势 ·· 47
		3.3.1　提高对发展电子商务的认识 ·· 47
		3.3.2　积极稳妥地推进电子商务实施 ······································ 48
		3.3.3　充分发挥人力资本的独特作用 ······································ 48
		3.3.4　为电子商务的发展提供运营支撑 ··································· 48

  3.4 典型案例 电子商务助华为"荣耀"强势崛起 ·································· 49
    3.4.1 发展背景 ·· 49
    3.4.2 电商布局 ·· 50
    3.4.3 电商的发展过程 ·· 50
    3.4.4 电商竞争优势的形成 ·· 50
    3.4.5 案例评析 ·· 52
  3.5 本章思考题 ··· 52

第4章 电子商务与人力资源管理 ·· 53
  4.1 电子商务对人力资源管理的影响 ··· 53
    4.1.1 人力资源的争夺战已愈演愈烈 ·· 53
    4.1.2 人才的自主权将显著上升 ·· 54
    4.1.3 人力资源管理的重心将向知识型员工转移 ························· 54
    4.1.4 学习与培训成为人力资源管理的基本任务 ························· 55
    4.1.5 有效的激励与沟通成为留住人才的重要条件 ······················ 55
    4.1.6 人力资源管理人员的地位和素质要求提高 ························· 56
  4.2 电子商务环境下人力资源管理的实施 ······································· 56
    4.2.1 科学的职务分析 ·· 57
    4.2.2 周密细致的招聘安排 ·· 58
    4.2.3 完善的培训体系 ·· 60
    4.2.4 营造平等、信任、灵活和相互尊重的工作环境 ·················· 62
    4.2.5 满足员工个人发展的职业生涯规划 ·································· 63
    4.2.6 公开、公平、公正的绩效考评 ······································· 64
    4.2.7 富有吸引力的激励机制 ··· 65
    4.2.8 开放、顺畅的沟通渠道 ··· 67
  4.3 电子化人力资源管理概述 ··· 68
    4.3.1 电子化人力资源管理的概念 ··· 68
    4.3.2 电子化人力资源管理的价值 ··· 69
  4.4 电子化人力资源管理的主要应用 ··· 70
    4.4.1 电子化招聘 ·· 70
    4.4.2 电子化培训 ·· 71
    4.4.3 电子化学习 ·· 72
    4.4.4 电子化沟通 ·· 73
    4.4.5 电子化考评 ·· 73
    4.4.6 电子化薪酬与休假管理 ··· 74
  4.5 典型案例1 谷歌公司人力资源管理案例 ··································· 75
    4.5.1 案例背景 ·· 75
    4.5.2 谷歌公司的人力资源管理概述 ·· 75
    4.5.3 谷歌公司的培训体系 ·· 76
    4.5.4 谷歌公司的招聘体系 ·· 77

		4.5.5	谷歌公司的面试流程	77
		4.5.6	谷歌公司的薪酬体系	78
		4.5.7	谷歌公司的绩效考核体系	78
		4.5.8	谷歌公司的福利和津贴	79
		4.5.9	案例评析	81

  4.6 典型案例2 小米公司的人力资源管理案例 81
    4.6.1 案例背景 82
    4.6.2 小米公司的人力资源管理概述 82
    4.6.3 小米公司的电子化人力资源管理 84
    4.6.4 案例评析 86
  4.7 本章思考题 86

第5章 电子商务与财务管理 87
  5.1 电子商务对财务管理的影响 87
    5.1.1 电子商务对财务管理对象的影响 87
    5.1.2 电子商务对财务管理内容的影响 88
    5.1.3 电子商务对财务管理目标的影响 88
    5.1.4 电子商务对会计假设的影响 89
    5.1.5 电子商务对财务核算一般原则的影响 91
    5.1.6 电子商务对财务核算基本方法的影响 92
    5.1.7 电子商务对会计要素的影响 92
    5.1.8 电子商务对财务管理理念的影响 92
    5.1.9 电子商务对财务管理组织结构的影响 93
    5.1.10 电子商务对财务管理业务流程的影响 93
  5.2 网络财务概述 94
    5.2.1 网络财务的概念 94
    5.2.2 网络财务产生的背景 94
    5.2.3 网络财务的特征 95
    5.2.4 会计电算化和网络财务的区别 96
    5.2.5 网络财务产生的意义 97
  5.3 网络财务的技术实现 98
    5.3.1 网络财务解决方案的选择 98
    5.3.2 网络财务软件的开发和应用 100
  5.4 典型案例 大华股份全球云财务共享案例 104
    5.4.1 案例背景 104
    5.4.2 财务共享部署 105
    5.4.3 应付与应收共享 105
    5.4.4 资金共享 107
    5.4.5 供应链金融 108
    5.4.6 费用共享与对私结算 110

		5.4.7 主要经验	111
		5.4.8 案例评析	111
	5.5	本章思考题	112

第6章 电子商务与虚拟企业管理 … 113

	6.1	虚拟企业概述	113
		6.1.1 "虚拟企业"概念的由来	113
		6.1.2 虚拟企业的主要类型	115
		6.1.3 虚拟企业的基本特征	118
		6.1.4 虚拟企业的主要优势	120
	6.2	虚拟企业的信息系统	122
		6.2.1 虚拟企业的信息系统的特点	122
		6.2.2 虚拟企业的信息系统的组成	123
		6.2.3 虚拟企业的信息系统建设"五步曲"	123
	6.3	网上虚拟企业群	124
		6.3.1 采购型虚拟企业群	124
		6.3.2 营销型虚拟企业群	124
	6.4	虚拟企业的经营策略	125
		6.4.1 加强自身核心竞争力的培育	125
		6.4.2 选择具有互补的核心能力的合作伙伴	125
		6.4.3 树立合作与竞争的观念	126
		6.4.4 最大限度地满足客户的需求	126
		6.4.5 以多重创新谋求跨越式发展	126
	6.5	典型案例 苹果公司的虚拟经营	127
		6.5.1 案例背景	127
		6.5.2 美国制造的困惑	128
		6.5.3 富士康支撑的虚拟化生产	129
		6.5.4 虚拟生产的运营	131
		6.5.5 苹果供应商体系	132
		6.5.6 案例评析	133
	6.6	本章思考题	134

第7章 电子商务与采购管理 … 135

	7.1	采购简述	135
		7.1.1 采购的定义	135
		7.1.2 传统的采购的弊端	136
	7.2	电子化采购概述	138
		7.2.1 电子化采购的含义	138
		7.2.2 电子化采购的流程	138
		7.2.3 电子化采购的主要模式	139
		7.2.4 电子化采购的主要优势	140

7.3 电子化采购管理系统 ………………………………………………………… 144
　　7.3.1 采购申请模块 ………………………………………………………… 144
　　7.3.2 采购审批模块 ………………………………………………………… 145
　　7.3.3 采购管理模块 ………………………………………………………… 145
7.4 电子化采购的实施 …………………………………………………………… 145
　　7.4.1 夯实企业内部信息化基础 …………………………………………… 146
　　7.4.2 推进高水平的电子化采购管理软件的开发与应用 ………………… 146
　　7.4.3 加强对采购人员的培训 ……………………………………………… 146
　　7.4.4 坚定不移地推进电子化采购的实施 ………………………………… 147
7.5 企业对政府的电子化采购 …………………………………………………… 147
　　7.5.1 政府采购的概念 ……………………………………………………… 147
　　7.5.2 政府采购方式 ………………………………………………………… 148
　　7.5.3 政府电子化采购的战略意义 ………………………………………… 149
　　7.5.4 我国政府电子化采购的实践 ………………………………………… 150
7.6 典型案例　惠普公司的电子化采购 ………………………………………… 150
　　7.6.1 公司概况 ……………………………………………………………… 150
　　7.6.2 案例背景 ……………………………………………………………… 151
　　7.6.3 电子化采购解决方案 ………………………………………………… 152
　　7.6.4 电子化采购创造的价值 ……………………………………………… 153
　　7.6.5 案例评析 ……………………………………………………………… 154
7.7 本章思考题 …………………………………………………………………… 154

第8章　电子商务与服务管理 …………………………………………………… 155
8.1 对服务的理解 ………………………………………………………………… 155
　　8.1.1 服务的内涵 …………………………………………………………… 155
　　8.1.2 服务的特点 …………………………………………………………… 156
8.2 电子商务与服务的关系 ……………………………………………………… 157
　　8.2.1 服务是电子商务的基石 ……………………………………………… 158
　　8.2.2 适应电子商务发展的服务要求 ……………………………………… 159
8.3 改进电子商务服务的措施 …………………………………………………… 161
　　8.3.1 加强员工培训，重视向员工授权 …………………………………… 162
　　8.3.2 想方设法留住老客户 ………………………………………………… 162
　　8.3.3 正确对待客户的投诉 ………………………………………………… 163
　　8.3.4 营建客户服务文化 …………………………………………………… 163
8.4 电子化服务的实施 …………………………………………………………… 164
　　8.4.1 电子化服务的优势 …………………………………………………… 164
　　8.4.2 电子化服务的实现方式 ……………………………………………… 165
　　8.4.3 电子化服务策略 ……………………………………………………… 166
8.5 电子商务发展中的服务创新 ………………………………………………… 167
　　8.5.1 服务观念创新 ………………………………………………………… 167

		8.5.2 服务机制创新	168
		8.5.3 服务特色化创新	169
	8.6	典型案例　招商银行电子化服务的实践	169
		8.6.1 案例背景	169
		8.6.2 电子化服务系统的建设	170
		8.6.3 "微客服"平台	171
		8.6.4 生物特征识别技术应用	172
		8.6.5 案例评析	173
	8.7	本章思考题	173
第9章	电子商务与供应链管理		174
	9.1	供应链管理基础	174
		9.1.1 供应链管理的含义及产生背景	174
		9.1.2 供应链管理的作用	175
		9.1.3 供应链管理的层次	177
		9.1.4 供应链管理的原则	178
		9.1.5 供应链管理的基本决策	180
		9.1.6 供应链管理的实施步骤	181
		9.1.7 供应链管理技术的演进	181
	9.2	电子化供应链管理	182
		9.2.1 电子化供应链的组成	182
		9.2.2 电子化供应链的主要特点	183
		9.2.3 电子化供应链管理的主要优势	183
		9.2.4 电子化供应链管理的主要职能	184
		9.2.5 电子化供应链管理软件的开发	185
	9.3	电子商务发展中供应链管理的实施	187
		9.3.1 正确分析企业所处的竞争环境	187
		9.3.2 制定切实可行的竞争战略	187
		9.3.3 选择最为适合的供应商	188
		9.3.4 逐步完善供应链网络设施	189
		9.3.5 立足长远，化解各种矛盾	190
	9.4	典型案例1　戴尔公司的电子化供应链管理	190
		9.4.1 案例背景	190
		9.4.2 供应链流程	191
		9.4.3 供应链服务外包	192
		9.4.4 面向客户和供应商的在线服务	193
		9.4.5 案例评析	194
	9.5	典型案例2　电子商务环境下沃尔玛供应链管理创新	195
		9.5.1 案例背景	195
		9.5.2 供应链管理策略	196

    9.5.3 供应链管理的创新实践 ································· 197
    9.5.4 RFID 技术在供应链管理中的应用 ······················ 198
    9.5.5 区块链技术在食品供应链中的应用 ······················ 198
    9.5.6 案例评析 ······································· 200
  9.6 本章思考题 ·· 200

第 10 章 电子商务与物流管理 ·· 201
  10.1 对物流和电子化物流的理解 ······························ 201
    10.1.1 对"物流"及其相关概念的理解 ······················ 201
    10.1.2 对"电子化物流"的理解 ··························· 203
    10.1.3 电子化物流的特点 ································· 203
    10.1.4 电子化物流的发展动因 ····························· 204
  10.2 电子化物流发展的内在需求 ······························ 206
    10.2.1 有助于促进我国从物流大国向物流强国迈进 ············ 206
    10.2.2 有助于破解我国物流高成本的顽症 ···················· 206
    10.2.3 有助于物流发展模式从粗放型向精细型转变 ············ 206
    10.2.4 有助于把握新的物流发展机遇 ······················· 207
  10.3 电子化物流的发展路径 ································· 207
    10.3.1 电子化物流发展的基本出发点 ······················· 207
    10.3.2 电子化物流发展的主要目标 ························· 208
    10.3.3 电子化物流发展的主要内容 ························· 208
  10.4 电子化物流的主要发展模式 ······························ 209
    10.4.1 无车承运人模式 ··································· 210
    10.4.2 平台对接模式 ····································· 210
    10.4.3 关联产业链模式 ··································· 211
    10.4.4 生态整合模式 ····································· 211
  10.5 电子化物流业务系统 ··································· 212
    10.5.1 总体组成 ··· 212
    10.5.2 电子化物流业务系统各子系统的业务功能 ·············· 213
  10.6 电子化物流服务平台 ··································· 216
    10.6.1 电子化物流服务平台的概念 ························· 216
    10.6.2 电子化物流服务平台的类型 ························· 216
    10.6.3 电子化物流服务平台的构建模式 ····················· 217
    10.6.4 电子化物流服务平台的功能目标 ····················· 218
    10.6.5 电子化物流服务平台的功能设计 ····················· 220
  10.7 推进我国电子化物流发展的措施 ·························· 221
    10.7.1 提高认识,把握电子化物流发展机遇 ·················· 221
    10.7.2 加强对发展电子化物流的统筹规划和科学部署 ·········· 222
    10.7.3 要着力破解电子化物流的人才瓶颈 ···················· 222
    10.7.4 要打破常规、坚持创新求胜 ························· 222

10.8 企业推进电子化物流发展的策略 ………………………………………… 223
   10.8.1 致力于构建长期稳定的客户关系 …………………………………… 223
   10.8.2 致力于提高物流业务运作的效率和水平 …………………………… 223
   10.8.3 致力于提高协同作业的能力 ………………………………………… 223
   10.8.4 致力于供应链整体效率最优化 ……………………………………… 224
10.9 典型案例 台湾长荣国际储运电子化物流发展案例 ……………………… 224
   10.9.1 案例背景 ……………………………………………………………… 225
   10.9.2 实施方案 ……………………………………………………………… 226
   10.9.3 系统架构 ……………………………………………………………… 226
   10.9.4 运行成效 ……………………………………………………………… 228
   10.9.5 案例评析 ……………………………………………………………… 228
10.10 本章思考题 ………………………………………………………………… 229

第11章 电子商务与客户关系管理 ……………………………………………… 230
11.1 "客户"的相关理论 …………………………………………………………… 230
   11.1.1 对"客户"的重新认识 ………………………………………………… 230
   11.1.2 客户的分类 …………………………………………………………… 231
   11.1.3 客户满意和客户忠诚的关系 ………………………………………… 233
   11.1.4 对客户价值的评价 …………………………………………………… 235
11.2 关系营销概述 ………………………………………………………………… 236
   11.2.1 关系营销的思想 ……………………………………………………… 236
   11.2.2 追求"双赢":关系营销的根本目标 ………………………………… 237
   11.2.3 关系营销的实现 ……………………………………………………… 238
11.3 客户关系管理的原理与技术 ………………………………………………… 239
   11.3.1 客户关系管理的含义及其产生背景 ………………………………… 239
   11.3.2 客户关系管理的产生背景 …………………………………………… 240
   11.3.3 客户关系管理系统的主要功能 ……………………………………… 241
   11.3.4 客户关系管理带给企业的价值 ……………………………………… 243
   11.3.5 客户关系管理的主要技术 …………………………………………… 244
   11.3.6 客户关系管理数据库 ………………………………………………… 245
11.4 电子商务发展中的客户关系管理实施 ……………………………………… 247
   11.4.1 统一思想,提高认识 ………………………………………………… 247
   11.4.2 组建客户关系管理项目实施团队 …………………………………… 248
   11.4.3 开展业务需求分析 …………………………………………………… 248
   11.4.4 制订客户关系管理的发展计划 ……………………………………… 249
   11.4.5 客户关系管理系统的部署 …………………………………………… 250
   11.4.6 客户关系管理系统的应用 …………………………………………… 251
11.5 典型案例1 联邦快递的客户关系管理体系 ………………………………… 252
   11.5.1 案例背景 ……………………………………………………………… 253
   11.5.2 客户关系管理的发展理念 …………………………………………… 254

		11.5.3 客户关系管理的实施策略	254
		11.5.4 案例评析	256
	11.6	典型案例2 恒丰银行基于大数据的客户关系管理实践	257
		11.6.1 案例背景	257
		11.6.2 实施方案	258
		11.6.3 应用探索	259
		11.6.4 案例评析	261
	11.7	本章思考题	262

第12章 电子商务与知识管理 263

12.1	知识及其相关理论		263
	12.1.1	知识的含义	263
	12.1.2	知识的分类	264
	12.1.3	知识的转化	266
12.2	知识管理基础		267
	12.2.1	知识管理的概念	267
	12.2.2	知识管理的内涵	268
	12.2.3	知识管理的步骤	269
	12.2.4	知识管理的基本策略	270
	12.2.5	知识管理的主要技术	271
	12.2.6	知识管理软件	272
	12.2.7	知识管理系统	273
12.3	电子商务与知识管理的关系		273
	12.3.1	电子商务有助于知识管理目标的实现	274
	12.3.2	知识管理有效地促进电子商务的发展	274
12.4	电子商务发展中知识管理的实施		275
	12.4.1	树立知识管理的思想	275
	12.4.2	设立知识主管	276
	12.4.3	选择知识管理策略	276
	12.4.4	创建知识共享体系	278
	12.4.5	完善知识激励机制	279
	12.4.6	创建学习型组织	280
12.5	典型案例 裕隆日产汽车公司知识管理实施		281
	12.5.1	发展背景	282
	12.5.2	知识管理的策略与目标	282
	12.5.3	知识地图的创立	283
	12.5.4	知识库的建设	283
	12.5.5	知识社群的形成	285
	12.5.6	知识专家队伍的组建	286
	12.5.7	知识价值链的构建	287

		12.5.8	案例评析	288
	12.6	本章思考题		288

第13章 电子商务与业务流程重组 289

	13.1	业务流程重组的基础		289
		13.1.1	业务流程重组概念的由来	289
		13.1.2	业务流程重组提出的背景	290
		13.1.3	对业务流程重组及相关概念的理解	291
		13.1.4	业务流程重组的基本原则	294
		13.1.5	业务流程重组的方式	295
	13.2	电子商务与业务流程重组的关系		296
		13.2.1	电子商务对业务流程重组产生了深刻的影响	296
		13.2.2	电子商务的运作需要电子化业务流程作为支撑	297
		13.2.3	业务流程重组是电子商务发展的核心环节	297
		13.2.4	电子商务为实施业务流程重组指明了方向	297
		13.2.5	企业内联网为业务流程重组提供了理想的工具	298
	13.3	电子商务发展背景下业务流程重组的实施		298
		13.3.1	熟悉业务流程重组实施的程序	299
		13.3.2	组建业务流程重组的团队	299
		13.3.3	分析特定流程	300
		13.3.4	选择重组的关键流程	301
		13.3.5	重组特定的业务流程	302
		13.3.6	对业务流程重组的评审	304
		13.3.7	实施和改进	304
		13.3.8	达到业务流程重组的要求	305
	13.4	典型案例 福特汽车公司的业务流程重组		305
		13.4.1	案例背景	305
		13.4.2	对原有业务流程的分析	306
		13.4.3	新设计的业务流程	306
		13.4.4	案例评析	307
	13.5	本章思考题		307

第14章 电子商务与企业文化建设 308

	14.1	企业文化概述		308
		14.1.1	企业文化的概念	309
		14.1.2	企业文化的结构及组成要素	310
		14.1.3	企业文化的特征	314
		14.1.4	企业文化的功能	315
		14.1.5	互联网企业文化实例	316
	14.2	电子商务环境下企业文化的表现形态		318
		14.2.1	速度文化	318

    14.2.2 创新文化 …………………………………………………… 318
    14.2.3 团队文化 …………………………………………………… 319
    14.2.4 学习文化 …………………………………………………… 319
    14.2.5 人本文化 …………………………………………………… 320
    14.2.6 虚拟文化 …………………………………………………… 320
    14.2.7 融合文化 …………………………………………………… 321
    14.2.8 生态文化 …………………………………………………… 321
  14.3 电子商务企业文化的培育 ……………………………………………… 322
    14.3.1 速度文化的培育 …………………………………………… 322
    14.3.2 创新文化的培育 …………………………………………… 323
    14.3.3 团队文化的培育 …………………………………………… 323
    14.3.4 学习文化的培育 …………………………………………… 324
    14.3.5 人本文化的培育 …………………………………………… 326
    14.3.6 虚拟文化的培育 …………………………………………… 327
    14.3.7 融合文化的培育 …………………………………………… 328
    14.3.8 生态文化的培育 …………………………………………… 329
  14.4 典型案例 亚马逊公司的电子商务企业文化解析 …………………… 330
    14.4.1 案例背景 …………………………………………………… 330
    14.4.2 亚马逊公司的速度文化 …………………………………… 331
    14.4.3 亚马逊公司的创新文化 …………………………………… 331
    14.4.4 亚马逊公司的团队文化 …………………………………… 332
    14.4.5 亚马逊公司的学习文化 …………………………………… 332
    14.4.6 亚马逊公司的人本文化 …………………………………… 333
    14.4.7 亚马逊公司的虚拟文化 …………………………………… 334
    14.4.8 亚马逊公司的融合文化 …………………………………… 334
    14.4.9 亚马逊公司的生态文化 …………………………………… 335
    14.4.10 案例评析 ………………………………………………… 335
  14.5 本章思考题 ……………………………………………………………… 336
第 15 章 电子商务与创业管理 ……………………………………………………… 337
  15.1 创业与创业管理概述 …………………………………………………… 337
    15.1.1 创业的概念与本质 ………………………………………… 337
    15.1.2 创业管理的概念与特征 …………………………………… 338
    15.1.3 创业管理的三大要素 ……………………………………… 339
    15.1.4 创业者自我评估 …………………………………………… 340
  15.2 电子商务环境下的精益创业 …………………………………………… 341
    15.2.1 精益创业的概念 …………………………………………… 341
    15.2.2 精益创业的三大法宝 ……………………………………… 342
    15.2.3 精益创业的主要原则 ……………………………………… 342
    15.2.4 精益创业的主要方法 ……………………………………… 343

  15.2.5 精益创业的实例 ··· 344
 15.3 O2O 电子商务创业 ··· 345
  15.3.1 O2O 的来历 ··· 345
  15.3.2 O2O 的内涵与特点 ··· 346
  15.3.3 B2C 与 O2O 的比较 ··· 346
  15.3.4 O2O 的主要优势 ··· 346
  15.3.5 O2O 的发展模式 ··· 347
  15.3.6 O2O 的实现过程 ··· 348
 15.4 典型案例1 Uber 的创业之路 ··· 349
  15.4.1 案例背景 ··· 349
  15.4.2 创始成员 ··· 350
  15.4.3 运营模式 ··· 351
  15.4.4 平台基础 ··· 352
  15.4.5 服务项目 ··· 353
  15.4.6 面临挑战 ··· 354
  15.4.7 创业感悟 ··· 355
  15.4.8 案例评析 ··· 357
 15.5 典型案例2 美国 Care 公司 O2O 创业案例 ··· 358
  15.5.1 案例背景 ··· 358
  15.5.2 运营模式 ··· 359
  15.5.3 运营特点 ··· 359
  15.5.4 盈利模式 ··· 360
  15.5.5 经营策略 ··· 360
  15.5.6 发展优势 ··· 361
  15.5.7 案例评析 ··· 362
 15.6 本章思考题 ··· 362
参考文献 ··· 363

第 1 章 概　论

以亚马逊公司于1995年在美国华盛顿州最大的城市西雅图成立为标志开启了全球电子商务发展的大幕以来，至今电子商务已当之无愧地成为推动经济发展和社会进步的强大动力，为人类社会的进步和繁荣做出了不可低估的贡献。企业作为国民经济中的基本细胞，在一浪高过一浪的电子商务发展大潮中既面临着不可多得的机遇，又遭遇着前所未有的挑战，如何把握机遇、应对挑战是每个企业都必须面对的现实问题。

从企业的角度来看，电子商务是综合应用现代信息通信技术，将买方、卖方、金融机构、制造厂商及其合作伙伴等建立起基于网络的业务联系，以电子化的形式开展各种商业活动的一种商务模式。从本质上来看，电子商务无非是企业通过以互联网为核心的现代信息通信技术在企业的生产和经营活动中的广泛应用，以更好地达到商务活动所追求的目标——有效地降低生产和经营的成本，显著地提高经营管理效率，成功地开拓国内外市场以及大幅度地增进客户满意度等，进而提高企业适应市场、满足市场和拓展市场的能力，最终是为了增强企业参与市场竞争的实力，获得持续盈利的成长能力。

电子商务时代的到来给传统的企业管理理论、管理思想、管理方法和管理手段带来了革命性的变化，一场影响深远、波及面广泛的电子商务战略正在全球范围内如火如荼地展开。学习、分析、研究和探讨电子商务与企业管理的一般性问题，不但对我们更好地把握电子商务与企业管理的关系有着十分重要的意义，而且对我们如何更好地将电子商务应用于企业管理的实际更具有实质性的价值。

1.1　企业与企业管理概述

企业是人类社会发展到一定阶段的产物，现已发展成为人类社会最基本也是最重要的经济主体。伴随着企业这种经济组织的不断演进，有关企业与企业管理的基础理论也处在不断完善之中。

1.1.1　企业的概念与特征

一般而言，企业是指以营利为目的，综合运用资本、技术、人才、信息和知识等各种资源，专门从事商品或服务的生产和流通等经济活动,依法自主经营、自负盈亏,并具有独立的法人资格的经济组织。由此可见,企业具有以下五个方面的基本特征:

1. 企业是一种营利性的经济组织

在市场经济条件下,企业的生存与发展的基本前提是必须有持续的经营收入,而且,企业的所有者之所以投资创办企业,最基本的目的也是为了取得一定的经营收入。因此,具有营利能力是企业存在的首要条件,无论是传统的企业,还是新兴的依托互联网而生存的各类企业,如果长期找不到合适的盈利途径,都将无法长期生存下去。

2. 企业必须提供适合社会需要的商品或服务

任何企业要想在市场经济的大海中生存,就必须向市场提供适合社会需要的商品或服务。随着社会主义市场经济体制的不断完善,企业必须围绕市场需求来组织生产和流通。只有符合市场需求的商品和服务才能真正地被市场所认可,也只有这样才能使企业得到长期、可持续的发展。

3. 企业必须自主经营、自负盈亏

在计划经济体制下,我国的企业不能自主经营,也不需要自负盈亏,企业的经营业绩与经营者的利益没有直接的关系。在市场经济体制下,企业作为独立的经济组织,必须对自己的经营活动负责,并以尽可能少的投入取得尽可能多的产出,争取更好的经营效果和更高的经济效益。

4. 企业应具有独立的法人资格

法人是指具有民事权利能力和民事行为能力,依法独立享有民事权利和承担民事义务的组织。凡是按照法定程序组成的,有固定的组织机构,拥有独立的财产,能以自己的名义依法行使民事权利能力和民事行为能力的社会经济组织,均可成为法人。企业作为独立的经济组织,都应取得法人地位,依法独立地享有民事权利,并独立地承担相应的民事义务。犹如公民个人的合法权益受法律的保护一样,企业的各种经济权益不能随意地被侵犯,企业的各种财产也不允许被非法侵占。

5. 企业必须拥有独立的、可支配的经济资源

任何一个企业要开展生产和经营活动,都必须拥有一定的经济资源。在农业经济时代,最重要的经济资源是土地;在工业经济时代,资本和技术的地位迅速上升;而进入知识经济时代以后,知识成为企业最宝贵的经济资源。在当今社会,企业的经济资源除了知识以外,人力资本、技术、信息、管理等"软资源"和土地、资本、原材料等"硬资源"共同构成了企业经营的基本条件。在电子商务环境下,域名、网站、博客账户、微博账户、微信账户以及网络客户等一系列新的经济资源开始显现出越来越重要的经营优势。

1.1.2 企业的主要组织形式

按照不同的标准,企业可以分为多种类型。按照原始资产的来源和所承担的法律责任来划分,企业的主要组织形式通常可以分为以下四种:

1. 个人业主制企业

个人业主制企业又称独资企业、个体企业,是指单个出资人投资兴办,并由出资人直接

经营和管理,独自享有企业的收益,独立承担经营风险,对企业的债务承担无限责任的企业组织形式。这种形式的企业具有的主要优点有:

(1) 设立、转让与关闭手续简便;

(2) 决策自主、迅速;

(3) 利润独享,不需与人进行分摊;

(4) 业主的个人成就感强;

(5) 企业的特殊工艺、技术诀窍等保密性好。

但是,这种形式的企业存在的缺点也很明显,主要有:

(1) 企业的规模不易扩大;

(2) 企业的生命力有限;

(3) 个人业主承担的风险较大,往往会因一两次的决策失误而导致倾家荡产;

(4) 企业竞争力弱,在市场竞争中处于弱势地位。

个人业主制企业多存在于市场经济发展的初期或不发达的地区,开办的门槛低,因经营不善而倒闭的情况也比较普遍。

2. 合伙制企业

合伙制企业是指由两个或两个以上的投资者共同出资兴建,合伙人按契约的规定按比例来分享利润、分担责任,共同参与经营管理的企业组织形式。与个人业主制企业相比,这种形式的企业扩大了资金的来源,提高了企业的信用,在一定程度上提高了企业生存与发展的能力。但是,合伙制企业的投资者同样需要承担无限责任,企业的生命力仍较弱,企业经营的封闭性明显,规模不易扩大。

3. 公司制企业

公司制企业是指由特定的投资者出资,按照一定的法律程序组建形成的法人型企业组织形式。在我国,公司制企业是指受《中华人民共和国公司法》(以下简称《公司法》)保护的在中国境内设立的有限责任公司和股份有限公司。根据《公司法》的规定,有限责任公司由50个以下股东出资设立,股东以其认缴的出资额为限对公司承担责任,公司以其全部资产对公司的债务承担责任。有限责任公司既不能公开募集股份,也不能发行股票,股东取得相应份额的股权证书,依法享有相应的权利。

股份有限公司可以采取发起设立或者募集设立的方式,全部资本被划分为金额相等的股份,股东以其认购的股份为限对公司承担责任,公司以其全部资产对公司的债务承担责任。股份有限公司可以分为上市公司和非上市公司,上市公司的数量虽只占少数,但由于总体上都是由规模大、实力强、前景好的企业组成的,所以在国民经济中有着举足轻重的地位。有限责任公司和股份有限公司既是现代企业的典型形式,也是市场经济体制下企业组织的最主要存在方式。

4. 企业集团

企业集团是指由两个及两个以上、具有内在联系且在功能上能够互为补充的独立企业法人在经济联合基础上建立的企业法人联合体。组建企业集团的企业通常为了实现规模经营、增强市场竞争力,按照自主、自愿、平等和互利的原则,以资本为主要纽带形成企业联合体。企业集团中的成员企业按照与集团联系的紧密程度,可以分为核心层(集团总部)、紧密层(控股层)、半紧密层(参股层)和松散层(协作层)等四层;核心层一般以实力最强或拥有名牌产品的企业为龙头,将生产、技术和业务紧密联系的若干个企业和研究单位联系起来,具有独立的法人地位;紧密层、半紧密层和松散层在一定程度上接受集团总部的统一领导,但各自保持独立的法人地位,自主经营、自负盈亏。图1-1为企业集团的组成关系。

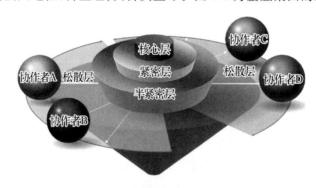

图1-1　企业集团的组成关系

组建一定数量的、具有国际竞争力的企业集团是增强我国综合国力的重要举措,但企业集团的组建必须以资本为纽带,按照现代企业制度的要求来运作,并且要突破区域、行业和所有制等多方面的限制。

1.1.3　管理的一般知识

管理是人类特有的一项活动,是人类智力发展和实践探索综合成果的体现。掌握管理的一般知识对人类更好地参与各种管理活动必然有着重要作用。

1. 管理的概念

在管理科学100多年的发展进程中,古今中外的学者对管理的内涵进行了长期的探索,形成了不同的观点,比较有代表性的主要有以下八种:

(1) 管理是由计划、组织、指挥、协调和控制等职能为要素组成的活动过程;

(2) 管理是通过计划、组织、领导和控制等工作来协调企业所拥有的各种资源,以便达到既定的目标;

(3) 管理是在某一组织中,为完成目标而从事的对人与物质资源的协调活动;

(4) 管理就是由一个或更多的人来协调他人的活动,以便收到个人单独活动不能收到的效果而进行的各种活动;

(5) 管理就是协调人际关系,激发人的积极性,以达到共同目标的一种活动;

(6) 管理是一种以绩效责任为基础的专业职能;

(7) 管理就是决策;

(8) 管理是社会组织中,为了实现预期的目标,以人为中心进行的协调活动。

综合以上的各种观点,本书认为:管理是指组织为了实现预期的目标,对群体的行为进行有意识协调的过程。管理的目的是为了实现组织预期的目标,管理主要通过有效的协调进行,协调的对象是组织内部成员群体的行为,协调是有目的地进行的。

2. 管理的职能

(1) 决策。

决策(Decision)是指管理者为了在将来达到某一特定的目标,在多种可以相互替代的方案中选择一个合理方案的分析判断过程。1978年诺贝尔经济学奖获得者赫伯特·亚·西蒙认为,管理就是决策,决策贯穿于管理过程的始终,是管理的基础和核心。由此可见,决策在管理活动中的地位和作用非同一般。一般来说,在任何一个组织中,不同层次的管理者具有不同的决策职能:高层次的管理者多侧重于高难度的、非程序性的战略性决策;中低层次的管理者多集中在一些日常性的、程序性的战术决策。

(2) 组织。

组织(Organization)是指管理者根据工作的要求与人员的特点设置岗位,通过授权和分工,将适当的人安排在适当的岗位,并把管理活动的各个要素、各个环节和各个方面在时间上和空间上相互连接起来,形成一个有机的整体,使整个组织协调运作。

(3) 领导。

领导(Leadership)是指管理者运用制度保证的权力和影响力指挥、带领、引导或鼓励下属为实现组织的目标而努力的过程。优秀的领导者在管理活动中起着极为重要的作用,特别是在指挥、协调和激励等方面,领导者处于核心地位。

(4) 控制。

控制(Control)是指管理者按预先设定的计划、目标或标准,对各项活动的成果进行检查和考核,发现差异,及时分析原因、采取对策、纠正偏差,以保证计划的目标顺利地实现。

(5) 创新。

"创新理论"最早是由奥地利籍美国经济学家约瑟夫·熊彼特于1912年首先提出来的。他认为,创新(Innovation)是企业家对生产要素的重新组合,具体包括以下五种情况:

① 创制新产品;

② 采用新的生产方法;

③ 开辟新市场;

④ 控制原材料的新供应来源;

⑤ 实现一种新的企业组织形式。

根据创新主体的不同,创新可以分为企业创新、政府创新和个人创新等。其中,企业创新一直是最基本、最普遍,或者说是最典型的创新形态。企业创新是指企业在生产和经营的过程中将各种经济要素进行优化组合的经济行为。也就是说,企业创新既要求对企业的各种经济要素进行新的、科学的组合,又要有利于提高经济效益,追求资源配置的最优化和收益的最大化。在科学技术飞速发展、市场竞争空前激烈的今天,企业的创新能力实际已成为决定其竞争实力、市场地位和发展潜力的重要指标,特别是在企业进入电子商务发展时期后,更需要有创新精神和创新能力。

上述五项管理的职能是相互联系、互为补充的,决策、组织、领导和控制构成了一项完整的管理活动,但每个环节都离不开创新职能的融合,而决策又直接或间接地出现在组织、领导、控制和创新活动当中。因此,管理的各项职能既相互独立又紧密关联,共同组成了一个相互依赖、互为支撑的整体。

1.1.4 企业管理的主要内容

由于企业是一个复杂的系统,所以企业的管理也必然是一个复杂的系统工程。企业的管理系统由人、财、物、产、供、销等众多子系统组成。在计划经济时期,企业管理的重点是生产管理,而营销、财务、人力资源和采购供应等管理工作基本都处于较为次要的地位。进入社会主义市场经济发展阶段以后,市场环境和竞争态势发生了新的变化,由消费者(Customer)起主导作用的"买方市场"基本形成,企业管理的重点也随之转移到营销管理、人力资源管理、财务管理、研发管理、客户关系管理(Customer Relationship Management,CRM)、供应链管理和知识管理等环节,而生产管理的地位总体比过去有所下降。

当然,不同类型的企业以及同一企业不同层次的管理者对企业管理的问题有着不同的视角,大型企业的管理层以及高级别的管理者更多地关注企业的发展战略,而职能部门的管理者则更多地关心自己所负责的某一项职能的管理。

本书把与电子商务密切相关的企业管理问题作为研究的重点,因网络营销另有专门的教材进行论述,所以本书不再讨论。本书主要分析电子商务与企业组织结构变革、电子商务与企业竞争、电子商务与人力资源管理、电子商务与财务管理、电子商务与虚拟企业(Virtual Enterprise)管理、电子商务与采购管理、电子商务与服务管理、电子商务与供应链管理、电子商务与物流管理、电子商务与客户关系管理、电子商务与知识管理、电子商务与业务流程重组、电子商务与企业文化建设、电子商务与创业管理。

1.2 电子商务对现代企业管理的影响

电子商务在全球范围内的迅速发展,对于世界各地的企业来说,既提供了前所未有的机遇,也带来了极为严峻的挑战。电子商务对现代企业管理的影响既是极为深远的,也是不可逆转的,这在以下十个方面表现得尤为明显:

1.2.1 电子商务对市场运作方式的影响

企业是市场竞争的主体,市场是企业生存与发展的基本条件。市场运作方式的优劣在一定程度上代表着某一时期经济发展水平的高低。工业经济时代的市场运作方式必须依赖许多的中间环节,企业和消费者之间需要有大量的批发商、零售商作为中介,这就决定了工业经济是"迂回经济"的特点。迂回经济的中间环节主要是依靠占用和耗费各种经济资源来维持其生存的,在较大程度上存在着环节多、效率低、成本高的弊端。电子商务的出现从根本上减少了传统商务活动的中间环节,缩短了企业和消费者之间的距离,同时也大大减少了各种经济资源的消耗,使人类进入"直接经济"时代。直接经济的实质就是减少中间费用、库存和流动资金,使生产"直达"消费。

传统商业活动的进行必须有大量商业中介机构的存在,因为生产者和消费者在时间上和空间上存在着难以克服的障碍,商业中介机构是连接产销双方的桥梁。电子商务的发展使产销双方之间的直接沟通成为可能,越来越多的企业将逐步摆脱对传统商业中介机构的依赖,从中节省的开支和提高的效率将使产销双方共同受益。电子商务在使企业和消费者之间的隔阂降到最低限度的同时,也使企业的商务活动变得更加透明、高效,企业适应市场的能力也大为增强。

1.2.2 电子商务对企业市场空间的影响

对于企业而言,市场是指具有特定的需要和欲望,而且愿意并能够通过交换来满足这种需要和欲望的全部潜在顾客,用公式表示即为:市场＝人口＋购买力＋购买欲望(如图 1-2 所示)。

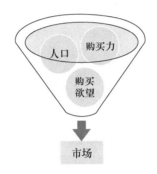

图 1-2　市场的组成

最大限度地找到企业的潜在顾客,尽可能地拓展企业的生存空间,这几乎是所有企业的共同追求。在传统的商务模式下,企业大多凭借人员推销、广告宣传等方式来寻找目标顾客,但往往由于营销人员的数量及其素质、地理条件、广告投入、政府管辖等多种因素的限制,市场边界的扩张受到很大的局限。特别是对于中小企业而言,要开发全国市场甚至国际市场,常常感到心有余而力不足。即使是对于实力雄厚的大企业来说,要扩大市场范围尤其是开发国际市场,也由于各国的关税与非关税壁垒的障碍而感到困难重重。

电子商务为企业扩张市场边界、创造更广阔的市场空间提供了有利条件。一方面,网络用户遍及全国、全球的特征在客观上为企业拓展国内、国际市场创造了前提条件,开发网络市场就等于开发全球市场不再是一种幻想。美国的亚马逊公司,中国的当当网、京东集团、淘宝网等电子商务的先行者充分利用网络市场的资源,轻而易举地把全球的消费者纳入自己的服务范围。另一方面,电子商务在为企业拓展市场的同时还节省了大量的市场开发费用。企业可以足不出户地在互联网上物色国内外的贸易伙伴和全球范围内的最终顾客,在没有大量投入的情况下成为面向国际市场的跨国企业,国内的阿里巴巴和中国制造网等电子商务平台为我国大量的中小企业走向国际市场提供了广阔的舞台。

1.2.3 电子商务对企业营销活动的影响

电子商务的迅速发展必将使传统的市场性质发生新的变化,表现在三个方面:第一,随着企业与企业之间电子商务模式的不断普及,生产厂商之间可以直接借助于互联网实现从原材料采购到商品销售全过程的联系,大大提高了企业运作的效率,降低了经营成本;第二,市场细分将随着电子商务的发展而日渐彻底化,消费者通过互联网直接与生产企业发生联系,使生产企业针对单个消费者的营销活动(微营销)得以实现;第三,交易方式的无纸化和支付手段的电子化将成为主要形式。

进入电子商务时代后,消费者的消费行为和消费需求将发生根本性的变化,表现在三个方面:第一,由于选择范围的显著扩大,消费者可以在短时间内通过网络从大量的供应商中反复进行比较、选择,从中找到理想的供应商,而不必花费大量的时间和精力去"货比三家";第二,消费者的消费行为将变得更加理智,对商品的价格可以精心比较,不再因为不了解行情而上当受骗;第三,消费需求将变得更加多样化、个性化,消费者可以直接参与生产和商业流通,向商家和生产企业主动表达自己对某种产品的欲望,定制化生产将变得越来越普遍。

由于市场性质和消费者的消费行为及消费需求的变化,企业的市场营销活动也必须随之发生相应的变化。首先,传统的4P's(Product,产品;Price,价格;Place,渠道;Promotion,促销)营销组合策略将得到进一步的发展。表现较为突出的是渠道和促销将被赋予新的内涵,因为以往的批零方式将逐步由网络代替,消费者和采购商将更多地直接从网络上进行采购。人员促销的作用也比过去有所削弱,广告宣传更多地借助于互联网这个"第四媒体"来完成。与此同时,4C's(Consumer's wants and needs,消费者的需求与欲望;Cost to satisfy wants and needs,满足消费者的需求与欲望的成本;Convenience to buy,方便购买;Communication,沟通)营销组合策略变得更为现实和必要。如企业通过设计界面友好、便于操作的手机App方便消费者表达购买欲望和购买需求;把由于中间环节减少而降低的成本一部分让渡给消费者;通过建立网上支付途径及完善的配送渠道方便消费者购买;通过电子邮件、网上讨论组等形式使生产者与消费者建立方便、快捷和有效的沟通。与传统的4P's营销组合策略相比,4C's营销组合策略进一步丰富了营销的内涵,促进了营销理论的升华,它们之间的关系如图1-3所示。

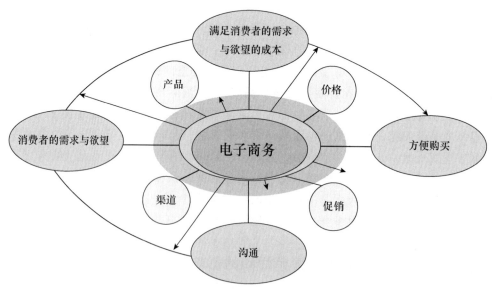

图1-3　4P's营销组合策略与4C's营销组合策略之间的关系

在电子商务环境下，营销活动的运作方式也将出现新的特点。由于营销环节中的谈判、咨询、签约、履约、支付等均可以通过电子商务的方式实现，并且利用先进的计算机和网络技术可以把产品的各种物理特征、化学特征以及各种相关信息完整、准确地展示在网上，这样使得传统意义上营销人员需要跨越的"千山万水"变得近在咫尺，需要表达的"千言万语"跃然荧屏，需要采用的"千方百计"尽显眼前，需要经历的"千辛万苦"也变得轻松自在。

电子商务在使企业的营销活动变得简单化、直接化的同时，也使营销活动的知识化水平提高到一个新的层次，企业之间的市场竞争必将会变得空前激烈。因为电子商务超越了国家与地区的地理限制，国际市场和国内市场不再有清晰的界限，国际竞争和国内竞争也不再有明显的区别，使得不同国家和不同地区的同类商品在互联网上展开了极其激烈的竞争，商品的质量、价格、服务等各种信息将会毫无保留地展现给消费者，只有真正经得起市场考验、真正受市场欢迎的产品和服务才会在竞争中立于不败之地。

不可忽视的是，在电子商务环境下企业进行宣传、促销活动的利器——网络广告也将发生根本性的变化。一方面，网络广告将以成本低、信息量大、持续时间长等显著优点而逐步成为企业开展广告活动的重要方式；另一方面，传统的广告以商家为主导的"推式"（Push）宣传将会被以消费者为主导的"拉式"（Pull）广告所取代，消费者可以从网上搜寻自己感兴趣的各种广告信息，而把不感兴趣的内容弃置一边。因为网络用户根本不是被动的，他们不愿被广告商牵着鼻子走，所以在广告内容的选择方面有着更大的自主权和决定权。

值得注意的是，随着微博、微信等新型社交媒体的兴起，微博营销、微信营销正成为一种新的潮流。微博营销具有立体化、高速度、便捷性、低成本和广泛性等特点，可以帮助企业迅速地提升品牌知名度、推广新产品和新服务、跟踪和整合品牌传播活动以及改善客户服务质量。微博营销最早起源于美国的推特（Twitter），目前越来越多的美国企业选择推特进行企业营销，如全球最大的电子消费品零售商之一百思买公司，以及福特汽车公司、可口可乐公司、星巴克和肯德基等，推特已成为这些企业营销渠道的重要组成部分。国内的微博当数新浪微博最为著名，独立运营的微博业务已在美国纳斯达克上市，新浪微博成为国内微博营销的主战场。微信出现的时间比微博晚，但在短短数年内异军突起，成为拥有超过10亿用户规模的社交媒体。依托微信平台的微店已成为微信营销的重要表现形式，大大拓展了电子商务的形式和内容。

1.2.4 电子商务对企业生产方式的影响

生产是企业开展各种商务活动的基础，电子商务对企业的生产方式的影响同样不可忽视，从大的方面来看可以概括为以下三个方面：

1. 企业的生产过程的现代化

电子商务在企业的生产过程中的应用，可以在管理信息系统（Management Information System，MIS）的基础上，采用计算机辅助设计与制造（Computer Aided Design and Computer Aided Manufacturing，CAD/CAM），建立计算机集成制造系统（Computer Integrated Manufacturing System，CIMS）；可以在开发决策支持系统（Developing Decision Support System，DSS）的基础上，通过人机对话实施计划与控制，从物料资源计划（Material Requirements Planning，MRP）发展到制造资源计划（MRP-II）和企业资源计划（Enterprise Resource Planning，ERP）。这些新的生产方式把信息技术和生产技术紧密地融为一体，使传统的生产方式升级换代。

2. 低库存生产

在实施电子商务以后,企业的各个生产阶段可以通过网络相互联系、同时进行,使传统的直线串行式生产作业变成网络经济下的并行式生产作业,在减少许多不必要的等待时间的同时,使得准时制(Just In Time,JIT)生产成为可能,也使企业的库存降低到最低限度。在过去,企业根据自己的预测生产一定数量的商品放在商场中代售,而采用电子商务手段后企业可以依据客户需求做出生产安排,这样能有效地降低库存,从而削减成本。低库存生产主要借助于电子商务快速地调研市场需求,对市场的反馈做出最快的反应,同时利用网络掌握竞争者的最新动态,并调整、改良企业的产品和服务。

3. 数字化定制生产

数字化定制生产源于英文 Mass Customization,即大规模顾客定制化生产,是指企业在广泛应用网络技术、通信技术和管理技术的基础上,用标准化的部件组合成顾客个性化的产品或服务,以单个顾客为目标,保证顾客的需求最大限度地得到满足。数字化定制生产与传统意义上的定制生产的本质区别在于它是在规模化基础上的定制生产。数字化定制生产并不是企业提供无限的选择,而是提供适当数量的标准件,并使之进行各种可能的搭配,这样既给顾客一种无限选择的感觉,也可以让企业对复杂的制造程序进行系统的管理。

电子商务的发展使数字化定制生产不仅变得必要,而且也成为可能。进入电子商务时代,消费者的需求变得越来越多样化、个性化,市场细分的彻底化使得企业必须针对每位顾客的需求进行一对一的个性化营销,否则顾客只要点击鼠标就可以找到新的更符合自身需求的商家。同时,电子商务使得数字化定制生产变得简单可行,企业通过构建各种数据库,记录所有顾客的各种数据,并可以通过网络与顾客进行实时信息交流,掌握顾客的最新需求动向。企业得到顾客的需求信息后即可准确、快速地把信息送到企业的设计、供应、生产、配送等各环节,各环节可以及时、准确又有条不紊地对信息做出反应。可以说,电子商务使企业与顾客之间的时间障碍与空间障碍降到了最低程度。

数字化定制生产成功的典型是美国的戴尔电脑公司(以下简称"戴尔公司"),该公司每年生产数千万台个人电脑,基本都是根据客户的具体要求定制的。戴尔公司的立足之本是以低于竞争者的成本,为客户提供有价值的、个性化的服务。戴尔公司通过电子商务实现的销售收入中有90%来自中小企业和个人客户。尽管客户的需求千差万别,但戴尔公司通过电子商务手段与客户建立了直接的联系,专门生产客户签下了订单的电脑,这样不仅显著降低了生产成本和经营成本,而且让客户更加满意。

1.2.5 电子商务对企业管理模式的影响

传统的企业管理模式基本上是一种下级服从上级、上级通过行政的方式来干预下级的专制型的模式。随着经济全球化和电子商务的不断发展,国内外市场竞争变得日趋激烈,消费者的消费需求已变得越来越主体化、个性化和多样化,传统的企业管理模式已难以适应企业生存与发展的需要。因此,过去那种建立在精细分工基础上的管理结构和以功能分割为特征的管理方式,由于具有"多层管理、多头领导、政出多门"等缺点,对市场变化的响应越来越迟缓、越来越被动,已难以适应电子商务发展的要求。

适应电子商务发展的管理模式要求企业在计算机技术和网络技术的支撑下,把技术、知识、管理和人力等多种资源整合起来,使各生产要素紧密结合、协调运作,充分发挥各种资源的优势,使其在缩短产品开发周期、保证产品质量、降低生产成本、提供及时服务、提高企业的竞争力等方面起到应有的作用。这种创新型管理模式具有柔性化、集成化和智能化的特征。与传统的管理模式相比,适应电子商务发展的管理模式有以下四个方面的特点:

(1) 在管理思想上,强调高效、敏捷,要求对市场变化做出迅速的反应;

(2) 在管理体制上,注重各环节的协调、配合和并行工作;

(3) 在组织功能上,强调企业领导者的协调、服务和创新,着力培养企业员工的团队精神,增强企业的凝聚力;

(4) 在管理的任务方面,强调以客户的需求为中心,以满足客户的需求、赢得客户的信任为企业管理活动的出发点。

1.2.6 电子商务对企业组织结构的影响

适应工业经济社会生产状况和技术基础的组织管理方式是在传统的组织理论下形成的金字塔型、自上而下控制的管理组织形式,即等级组织结构。这种组织结构有多个管理层次,并有一套复杂的操作程序来决定报告渠道、权力层次、部门特权、工作界定和操作规则等。这种组织结构的特点是强调专业分工、经济规模、顺序传递、等级森严。等级组织结构给工业时代的企业带来了一定的优势,如实现了规模经济、职责清晰、秩序井然、工作效率提高、组织稳定性较好等。但是,在电子商务环境下,这种组织结构暴露出越来越多的问题:

第一,由于管理层次众多,必然会影响信息传递的速度和效率,同时信息传递过程中的失真现象必定会影响决策的准确性;

第二,金字塔型的组织结构由于等级森严、机构臃肿,不利于企业进行创新、协调与合作,影响了企业员工的积极性、主动性和创造性的发挥;

第三,管理层次复杂,业务流程分散割裂,必然会导致企业的市场适应能力下降,对客户需求的满足能力低下,阻碍了企业的生存与发展。

电子商务的发展必然会对传统的企业组织结构带来不可低估的冲击,适应电子商务发展要求的企业组织结构必须具有以下三个方面的特点:

1. 组织结构扁平化

组织结构扁平化意味着企业要打破部门之间的界限,能够把相关人员集合起来,按照市场的要求去组织跨职能的工作。组织结构扁平化必然会大量减少企业的管理层次和管理人员的数量,依靠高效率、高速度来提高企业的管理水平,降低管理费用。由于电子商务的快速发展,企业组织结构扁平化将会出现两个方面的趋势:一方面使企业内外的信息传递更为方便、直接、快捷,可以显著减少企业原有不必要的管理层次,使管理机构更精简、更高效;另一方面,由于电子商务的应用,使得企业的相关部门都能更直接、更有效地与客户进行接触、沟通,以减少决策与行动之间的延迟,加快企业对市场和竞争动态变化的反应,从而使企业的能力变得柔性化,反应更加灵敏。

2. 组织决策的分散化

电子商务的发展使企业过去高度集中的决策中心组织变为分散的多中心决策组织。在单一决策下容易形成的官僚主义、低效率、结构僵化、沟通壁垒等都在多中心的组织模式下逐渐消失了。在电子商务环境下,企业的决策将由跨部门、跨职能的多功能型的组织单元来制定。企业决策的分散化增强了员工的参与感和责任感,从而提高了决策的科学性和可操作性。"现代管理学之父"彼得·德鲁克认为,未来的典型企业将是一个以知识为基础的、由根据来自同事、客户和上级反馈的信息进行自主决策、自我管理的各类专家构成的组织。由此可见,电子商务在未来的企业组织运营中将会发挥出越来越重要的作用。

3. 运作虚拟化

在电子商务环境下,企业的经营活动打破了时间和空间的限制,出现了一种类似于无边界的新型企业存在形式——虚拟企业。它打破了企业之间、产业之间、地域之间和所有制之间的各种界限,把现有资源整合成为一种超越时空、利用电子手段传输信息的经营实体。虚拟企业既可以是企业内部多个要素的组合,也可以是不同企业之间的要素组合,各参与方充分发挥自身的资源优势,围绕市场需求组织生产和经营,做到资源共享、风险共担、利益共享。电子商务将使虚拟企业的运作效率越来越高,优势也会越来越明显。

1.2.7　电子商务对企业人力资源管理的影响

通过电子商务的方式进行人才招聘已被越来越多的企业所接受,与此相应的人才测评、人才流动的方式也正在网上迅速发展着。与传统的人才招聘、录用方式相比,企业改用电子商务的方式进行招聘具有十分明显的优势,具体表现在五个方面:第一,可以改变过去集中时间单独招聘或通过人才市场招聘的做法,企业通过网站可以全天候发布招聘信息,随时等待合适的人才前来应聘;第二,将大大降低人才招聘的开支,提高人才招聘的效率;第三,人才招聘的范围将不再受地域的限制,可以扩展到全国乃至全球范围;第四,人才的网上测评可以采用灵活多样的方法,以提高测评的科学性和准确性;第五,人才通过网上流动可以悄无声息地进行,既节省了费用,又有了更多的机会。

与此同时,在企业内部,员工之间的直接交流和沟通也比过去更加方便,信息、知识资源共享以后,员工之间相互信任、相互学习、相互交流的氛围会不断地增强。实施电子化人力资源管理后,企业将成为员工学习知识、发展自我、实现人生价值的地方,而不应成为不容差错和失误、束缚个人自由发展的流水生产线。

1.2.8　电子商务对企业财务管理的影响

传统的财务管理最基本的特点是对财务信息的事后处理,并且财务信息的处理方式是单机的、封闭的,即使是会计电算化,也只不过是用电脑代替了手工处理而已,并没有改变信息处理的方式。电子商务的发展要求财务管理从静态的事后核算向实时动态的、参与经营过程的网络财务管理方向发展;从内部的、独立的职能管理向开放的,物流、信息流和资金流"三流合一"的集成管理方向发展;从传统的利润目标向企业未来价值(包括无形资产价值)的方向发展;从单机、封闭式的财务数据处理方式向联网的、集成化的财务数据处理方式发展。总之,适应电子商务发展要求的财务管理必须具有实时性、预测性、智能性和战略性的特点。因此,基于互联网的"网络财务"的概念伴随着电子商务应运而生。

网络财务是电子商务的重要组成部分,它基于网络计算技术,帮助企业实现财务与业务的协同以及远程报表、报账、查账、审计等远程管理,采用实时动态会计核算与在线财务处理的方式,实现集团型企业对分支机构的集中式财务管理,支持电子单据与电子货币,改变了财务信息的获取与利用方式,财务数据将从传统的纸质页面数据、电算化初步的磁盘数据发展到网页数据。传统的财务管理必然要向网络财务管理转变,财务管理人员也必将从烦琐的财务工作中解放出来,成为网络财务管理的执行者和受益者。

1.2.9 电子商务对企业采购管理的影响

从企业的生产流程来看,电子商务不仅极大地改变着企业的"出口"端,而且对"入口"端也有巨大的影响。因为企业通过电子商务可以更大范围地取得供应商的供货信息,必将更有利于其找到合适的合作伙伴,购买到更合适的、物美价廉的原材料和零部组件,从而降低采购的交易费用,进而迫使企业的采购方式和组织方式发生相应的变化,并影响到企业与供应商的战略联盟的建立。

电子化采购(Electronic Procurement,e-Procurement)是企业借助于互联网手段来实现采购的电子化。与原有的采购模式相比,电子化采购在采购需求的提出、订单的产生、商品运输以及存货管理等方面都有了重大的改变,这种方式不但有助于企业降低采购成本、更好地获得采购的主动权,而且对提高采购商品的质量,优化存货管理,进一步提高采购效率,都具有十分重要的意义。

1.2.10 电子商务对企业研究与开发管理的影响

一般来说,企业生产所需要的技术总是部分来源于企业自身的研究与开发,部分来源于企业外部。从外部来源来看,电子商务改变了技术交易的形态,大大拓宽了企业获取所需技术的视野,也扩大了企业委托开发的范围,改变了企业从外部获得所需技术的方式;从内部来源来看,研究与开发既可以做到资源共享,也可以大大提高研究与开发的效率、降低研究与开发的开支。

在企业自身的研究与开发方面,由于有"需求信息"的输入,必然会改变企业研究与开发的组织形态。例如,消费者可以通过网络设计出自己喜爱的轿车车型,生产厂家在网上与消费者协商好价格之后,就必须在足够短的时间内完成设计、生产、送货的工作。在客户需求的牵引下,企业研究与开发的管理工作必须与之相适应。

1.3 电子商务环境下的企业经营理念

随着电子商务应用的不断深入,全球范围内的企业和消费者都将成为电子商务活动的直接参与者。对于企业而言,原有的市场地位和竞争格局面临着重新"洗牌"的形势,谁能尽早地把握住电子商务带来的发展机遇,谁能更好地适应电子商务发展的要求,谁就能在新的电子商务时代赢得更大的生存与发展的空间。对于企业经营者而言,确立在电子商务时代发展的经营理念是十分必要的。

1.3.1　追求持续创新

众所周知,创新是一个民族进步的灵魂,是一个国家兴旺发达的不竭动力。对于任何一个企业来说,持续不断的创新是其生存与发展的根本保障,特别是在电子商务环境下,创新能力的强弱是决定企业的市场地位和成长潜力的基本因素。没有创新,就意味着企业失去了未来,意味着企业的衰落、消亡。企业创新包括制度创新、技术创新、市场创新、管理创新和企业文化创新等多个方面。电子商务是推动企业创新的重要力量,表现在以下五个方面:

第一,电子商务的发展促使传统的企业从制度上进行改革、完善,特别是围绕电子商务发展的要求从组织机构的设置、企业员工激励制度的创立和企业中所有者、经营者、劳动者利益关系的调整等多个方面进行必要的创新。

第二,电子商务的发展要求企业不断地跟踪相关技术的最新进展,及时开发和引进先进技术。只有提高自身的技术创新能力,企业才能在市场竞争中争取主动。

第三,电子商务的发展迫使企业更加关注市场的变化,特别是关注网络市场的变化对企业的生产和经营活动的影响。企业必须通过各种方式进行市场创新,才有可能牢牢锁定核心顾客,求得生存。

第四,电子商务对企业管理人员的素质和管理水平提出了新的要求,企业应从管理思想、管理组织、管理方法和管理工具等多个角度进行创新,以此来适应电子商务发展的需要。

第五,电子商务要求企业具有特定的企业文化,形成平等、民主、学习、团队合作、进取的文化氛围,注重员工的利益,体现员工的价值。

在企业内部,电子商务的实施也将带来一系列的变革:(1)电子商务打破了企业生产和经营的地域限制,缩短了企业与客户的距离,使企业通过网络管理在世界各地的资金、技术和人力资源成为可能;(2)电子商务使企业的生产管理更好地借助于集成制造系统、虚拟制造等技术,提高了生产效率,降低了生产成本;(3)电子商务使企业的库存管理通过网络技术和数据库的应用,能根据客户的要求随时安排供货,使库存成本显著下降,生产周期大为缩短;(4)电子商务使企业的研究与开发更加注重市场需求的变化,使新产品的研发更具有针对性,研究与开发的成本也将明显下降;(5)在售后服务方面,电子商务可以使服务成本下降,服务质量大为提高。这一系列的变化都有赖于企业创新思想的不断成熟、创新范围的不断扩大、创新能力的不断提高。

1.3.2　注重速度取胜

从某种意义上来说,电子商务对商业活动的最大冲击莫过于速度的变化。由于互联网把地球变成了真正意义上的"地球村",全球范围内的商务活动都通过互联网整合在一个共同的虚拟市场,由此使得商务信息发布与获得的速度、企业与客户联系的速度、商业交易的速度、产品研发的速度、售后服务的速度等都有了革命性的变化。转变传统的速度观念,牢记"速度制胜"的原则是电子商务时代企业取得成功的不二法门。

电子商务以接近实时动态的速度来收集、处理、加工和应用各种商务信息,企业如果不能适应速度带来的变化,继续以过去惯有的思想和作风来处理事务,必将遭到淘汰。电子商务环境下,只有速度足够快的企业才能持续生存下去,因为各种产品的市场生命周期随着新产品开发速度的加快而变得越来越短。市场竞争从某种程度上已演变成速度的竞争、时间的较量,如果一步落后那么企业将会步步被动。

在电子商务环境下,企业通过互联网来开展业务,购销的本质并没有改变,但由此而显现出来的方便、快捷、高效率和低成本等优势是传统的运作方式所无法比拟的,当然这样的优势有赖于高速度来保证。对于企业来说,"速度取胜"体现在决策的速度、设计的速度、生产的速度、营销的速度、客户需求响应的速度、物流配送的速度等很多方面有根本性的提升。毫无疑问,企业唯有在生产和经营的各个环节全面提速,才能真正地适应电子商务的发展,也才能真正获得电子商务所带来的竞争优势。

1.3.3 强化客户至上

互联网为企业与客户之间架起了一座直接沟通的桥梁,为企业更好地了解客户的需求、满足客户的个性化需求、提供优质的客户服务创造了极为有利的条件。互联网具有双向交互的特点,既可以使全球各地的客户随时了解企业的各种信息、获得相应的服务,也可以使企业方便地得到有关客户的地理分布、个人偏好、特殊要求等各种数据。这种双向、直接、交互的信息沟通使企业与客户双双受益。在电子商务时代,只有那些始终替客户着想,正确把握客户需求的企业,才能真正赢得市场机会。随着电子商务发展的不断深入,网上客户必将成为所有企业共同争取的目标。因此,基于互联网的客户关系管理必将成为企业管理的重要内容。没有良好的客户关系管理,企业就无法争取到忠实的客户群,也不可能取得长期、持续的发展。

成立于1984年的戴尔公司在30余年的时间内一跃成为世界领先的IT厂商,极为重要的一点是戴尔公司始终把握"时刻想着客户,而非顾着竞争"的经营理念。戴尔公司一开始就按照客户的需求来设计、生产产品,但它不只是简单地了解客户想要什么,也不只是提供价格合理与高性能的产品而已,更重要的是它能比客户自己更全面、更深入地把握他们的需求。戴尔公司通过网络的双向沟通和面对面的交流,以真心诚意的态度向客户了解各种潜在的需求,并把这些需求转变成产品。戴尔公司深信只要与客户建立起良好的关系,就必然能产生丰厚的回报。戴尔公司还认为,企业的客户是全方位的,既包括产品的使用者,也包括原材料、零部件的供应商和各类合作伙伴。

戴尔公司的经验告诉我们,企业体现"客户至上"的理念不应只停留在表面上,必须以真诚的态度、务实的做法,从发现客户的需求开始,到适应和满足客户的需求,最终要创造出客户的需求。从客户需求的不断满足中,企业必将逐渐拓宽自身的生存空间。

1.3.4 崇尚以人为本

如何更好地吸引人才、使用人才,如何把员工个人的发展和企业的发展结合起来,这是电子商务时代所有企业都必须共同思考的问题。在电子商务环境下，一方面，随着网络在人力资源招聘、人才测评等环节的广泛应用，人才流动的机会将会剧增，流动的壁垒也会越来越小，传统的档案、职称、户口等限制将会逐渐失去作用；另一方面，企业电子商务的成功必须依靠一大批懂技术、善经营、会管理的高素质的复合型人才。离开了人才的支撑，最先进的技术、最大的规模、最充足的资源也无法为企业创造出理想的效益。"以人为本"是电子商务时代企业发展必须坚持的基本理念，具体应做到以下四个方面：

1. 讲究诚信

在企业内部创造一个平等、信任、和谐的工作环境，对发挥员工的积极性、主动性和创造性至关重要。没有信任，就没有合作，也很少有创新精神，这对企业的发展极为不利。诚信是企业的价值观中最重要的一点，它不仅意味着讲究诚信的员工永远遵纪守法，而且还要有遵守法律的精神。在企业内部，通过诚信建立起来的信任对人际关系极为重要。只有在这种人际关系下，企业的价值观才能发挥作用。有了这种信任，员工才会勇于开拓，敢于创新；有了这种信任，员工之间才能开展多层次的交流与合作，增强企业的凝聚力和创造力；有了这种信任，企业才能展现出强大的战斗力和持久的生命力。

2. 抵制官僚主义

官僚主义是企业发展的大敌，是使企业丧失活力的"病毒"。一个政企不分的企业是无法在市场经济的大海中真正成长起来的。官僚主义行为是与电子商务的发展不相容的，只有摧毁官僚主义，才能充分体现出电子商务的意义所在。官僚主义使人感到压抑，使人颠倒主次轻重，限制了人们的梦想，使整个企业面向内部，处于自我陶醉的状态，把对于企业的发展最重要的市场变化和客户需求的满足置之度外，由此会产生致命的后果。

官僚主义滋生、繁殖于企业的级别层次中，隐藏在企业职能部门的大墙背后，企业要想彻底地摧毁官僚主义就必须使组织机构保持公开、通畅和自由。而在电子商务环境下，这一点是企业能够做到的，也是必须做好的。因为在电子商务环境下，企业的内部运作可以通过网络做到公开化、公正化、公平化，铲除官僚主义生存的土壤。任何企业的规模达到一定程度时，必然会出现一定的官僚主义倾向，管理层必须形成共识，共同与官僚主义做斗争。

3. 消除等级，强化沟通

在任何一个企业，由于部门和职位的划分，不同的管理层和不同的员工之间都存在着领导与被领导的关系。但是，在传统的金字塔型的组织结构中，这种关系常常演变成森严的等级制度。等级制度不仅意味着速度慢，而且还严重阻碍了信息的流通，它代表着一层又一层的许可、命令及控制，导致员工的压抑、消极，许多市场机会被无情地淹没在无休止的讨论、研究和审批之中。消除等级、强化沟通既是电子商务发展的必然要求，也是企业活力的重要源泉。消除等级观念、加强内部的交流和沟通是企业发现新思想、新方法的重要途径。因为企业只有在一个自由、民主、和谐的环境里才能迸发出创新的火花。强化沟通，首先，企业要打破将员工置于决策之外的条条框框，尽量让各相关人员共同参与决策的过程，通过举行各部门参加的讨论会，大家一起动脑筋、想办法，共同解决出现的问题；其次，企业要通过有效的沟通培养员工的团队精神，加强员工之间的信任和合作，增强企业的凝聚力和战斗力。

4. 帮助员工获得成功

在知识经济时代，越来越多的员工把发现自己的价值、实现自己的理想作为谋职的首要目标,而对于金钱的追求、对物质待遇的满足已逐渐退居次要地位,对高素质、高层次的优秀人才来说尤为如此。在电子商务的发展过程中,每个企业要想留住人才、用好人才,就必须坚持"员工与企业共同发展"的思想,如果片面地强调企业的发展而忽视了员工个人发展的空间,只能招致失败的结局。

企业要想帮助员工获得成功,应从两个方面着手:一方面要充分考虑员工的个人发展愿望和企业的实际,尽可能让员工从事其最感兴趣也最有优势的工作;另一方面,企业应从感情、事业和待遇三个方面入手,尽可能为每位员工创造理想的成长和发展环境。

1.3.5 勇于竞争,积极合作

随着电子商务的发展,企业与企业之间的竞争将变得越来越激烈,因为所有的竞争者都将在同一虚拟市场上竞技,而所有的客户也将会通过网络与企业发生直接的联系。产品的规格、性能、服务,甚至外观都将一览无余地展示在网站上,客户选择企业简单得只是动动鼠标、按按手指而已。在这种情况下,传统市场竞争中惯用的"价格战""广告战"的作用可能会出现消极的影响,因为稍有不慎就可能会酿成整个行业的混乱和无序,发起者往往会被其他的企业所唾弃。所以,电子商务的发展要求企业必须树立新的竞争观,变单纯的你死我活的"零和"竞争为共存、共荣、共赢的合作竞争,这是十分必要的。与此同时,企业与供应商、经销商和最终客户建立起长期的合作联盟,已成为企业持续、长期、稳定发展的重要条件。因此,在网络把生产商、供应商、经销商和竞争者连成一体后,任何一个企业都应树立起新型的、建立在合作基础上的竞争观。企业要尽量与竞争者一起找到和睦相处的共同点,发挥各自的综合优势,共同开拓和扩大市场,共享收益。

企业与自己的竞争者一起建立各种战略联盟是争取"双赢"和"群赢"的最重要的形式。战略联盟主要有以下五种:

(1) 品牌联盟,即联盟各方以优势品牌作为联盟的纽带;

(2) 新产品开发联盟,即联盟各方共同分摊研发费用,共同承担研发风险;

(3) 分销渠道联盟,即联盟各方共同分享彼此的分销渠道的优势;

(4) 促销联盟,即联盟各方通过企业网站之间的相互链接以及共同实施促销方案等形式来实现促销目的;

(5) 价格联盟,即联盟各方通过对价格的协调统一,既可以避免无谓的价格竞争,省却博弈的烦恼,又可以阻止新竞争者的进入。

采取多种形式的联盟是电子商务时代竞争者关系变化的重要表现。适应竞争,倡导合作,树立新的竞争与合作观,既是企业发展进入一个新阶段的体现,也是企业在电子商务环境下开展各种经营活动应坚持的重要经营理念。

1.3.6 创造价值,超越期望

随着电子商务发展的不断深入,企业与企业之间的竞争也将逐步进入白热化阶段,传统的以价格比拼为主要方式的竞争手段将显得越来越苍白无力,企业面临的挑战也将更加严峻。为了在电子商务环境下谋得更好的生存与发展,企业必须深谙电子商务条件下客户的需求规律。从市场营销学的角度来理解，企业的主要任务不仅仅是为了制造产品，更为重要的是要能为客户创造价值，企业之间的竞争实质上是为客户创造价值的能力之间的角逐。所以，从深层次把握客户的需求，为他们创造出更多、更好、更大的价值，甚至超越他们的期望，是企业取得成功的关键所在。

企业为客户创造价值，离不开四个基础平台的支持：一是为客户提供产品的平台；二是向客户交货的平台；三是为客户提供服务的平台；四是为客户提供信息的平台。毫无疑问，电子商务可以为这四个平台的建设发挥出独特的作用：在产品平台建设方面，企业可以利用电子商务的方式，更好地了解客户对产品的特殊需求，通过具有针对性的开发，生产出更加符合客户需求的个性化产品；在交货平台建设方面，电子商务可以实现物流与信息流、资金流的融合，企业可以依靠尽可能低的成本和尽可能高的效率，完成向客户交付产品的全过程；在服务平台建设方面，通过电子商务平台，企业可以向客户提供全面、丰富的服务内容，方便客户进行自助服务；在信息平台建设方面，企业可以通过网络手段，向客户提供诸如产品信息、交易信息、市场信息、价格信息、促销信息和消费信息等各方面的信息，满足客户全方位的信息需求。

创造价值、超越期望是企业在电子商务时代赢得客户的信赖、谋求共同利益的有效举措，企业需要深切把握、积极实践。

1.3.7 顺应潮流，促进变革

正如世界著名的CPU制造商英特尔公司前首席执行官克雷格·贝瑞特所言，网络经济已经迫使全世界的企业改变经营模式，企业能否生存，取决于其能否迅速地适应新的经营模式，未来所有的商务都将变为电子商务，对于各行各业来说，未来数年，输赢将取决于谁能最有效地利用电子商务。对于广大企业而言，加快电子商务的发展与应用已势在必行。

科技进步的推动、市场竞争的驱动、客户需求的拉动，在这"三驾马车"的共同作用下，全球电子商务的发展正在进入快车道，对人类社会的进步所产生的作用和影响也正变得越来越大。面对新的机遇和挑战，我国的广大企业理应审时度势、开拓进取，为赢得这一场全新的电子化的"经济战"做出应有的贡献。

1.4 本章思考题

1. 试分析我国的企业在管理方面存在的主要不足。
2. 企业管理现代化的意义何在？
3. 试分析电子商务对企业管理的影响。
4. 在电子商务环境下，企业的经营理念有哪些？企业应该怎样更好地体现这些经营理念？
5. 请你谈一谈对互联网思维的认识。

第 2 章

电子商务与企业组织结构变革

任何一个企业都具有自身的组织结构。组织结构作为企业的基本架构,既是企业管理的重要组成部分,也是企业生存与发展的基础。电子商务的快速发展不仅对企业组织结构的基本理论产生了影响,而且也给企业组织结构的实际运作带来了多方面的冲击。

电子商务在使得企业内外的信息沟通变得更为快捷、高效和低成本的同时,对企业的反应速度、创新能力和管理效率等也提出了前所未有的要求,尤其对传统的、建立在经济学家亚当·斯密的分工理论基础上的企业组织结构产生了直接的影响。因此,只有对在工业经济下产生的、沿用百年的企业组织结构进行全面的重新设计,才能使电子商务的发展真正显示出独特的价值和作用。

2.1 企业组织结构概述

企业组织结构理论是企业管理的基础理论,伴随着企业的发展而得到不断的深化与完善,已成为相对成熟的理论体系,为指导企业更好地成长和发展奠定了相应的基础。

2.1.1 企业组织结构的相关概念

企业组织结构是指企业为了实现既定的经营目标和发展战略而确立的一种内部权力、责任、控制和协调关系的形式。它有狭义和广义之分:狭义的企业组织结构是指企业为了实现自身的目标,依据相关的组织理论对企业内部各个部门、各个层次进行组织设计后所形成的构成方式。广义的企业组织结构,除了包含内部的构成方式以外,还包括外部企业之间的相互关系类型,如专业化协作、经济联合体、策略联盟以及企业集团等。企业组织结构是维持一个企业正常运转的基础框架,企业的运行效率、创新能力的高低以及竞争力的强弱,在很大程度上取决于是否具备一个科学合理的组织结构。

企业组织结构的概念涉及管理层次与管理幅度、组织机构的设置、管理权限与责任的分配,以及不同层次、部门的沟通方式等,是一个相对完整的体系。简言之,管理层次是企业的最高领导者(如董事长)到第一线作业人员之间所设置的管理职位层级数。当企业的规模较小时,企业的最高领导者可以直接管理到每位一线作业人员,这时企业只存在一个管理层次。当企业的规模足够大时,企业的最高领导者必须通过层层分级的方式对一线作业人员进行管控,这就形成了数量较多的管理层次。任何一位领导者,因受精力、能力、知识和技术等条件的限制,能够有效地领导下级的人数总是有限度的,超过一定的限度就会导致领导效果下降甚至影响企业的运转。一位领导者直接领导的下属人员的总数称为管理幅度,它的大小主要取决于三个方面:一是管理工作的复杂程度和工作量的大小;二是领导者及其下属的能力与素质的高低;三是领导者所承担的工作标准化水平和授权程度。当企业的规模相对固定时,管理层次和管理幅度之间存在着反比例的关系——管理幅度越大,管理层次就越少;管理幅度越小,则管理层次就越多。管理幅度大、管理层次少的企业组织结构被称为扁平型组织结构;反之,管理幅度小、管理层次多的企业组织结构被称为金字塔型组织结构。

2.1.2 企业组织结构设计的考虑因素

在企业组织结构设计的过程中,企业应主要考虑以下相关因素:

一是作业专门化。一项复杂的工作任务,不是由一个人独立完成的,而是应分解成若干个环节,由多人分工合作,往往能取得更好的效果。

二是部门化。在实现作业专门化的基础上,企业需要按照类别对相关的作业进行分组,以便使共同的工作可以得到更有效的协调,这就必须考虑部门化的因素。

三是命令链。命令链是一种连续的权力路线,从组织的最高层扩展到最基层,确立了命令传递的对应关系,能回答"我有问题时必须找谁""我必须对谁负责"等问题。

四是管理幅度。管理幅度过大或过小都会带来管理效能的下降,企业必须结合自身的特点,针对不同岗位和不同部门的情况,确立较为合理的管理幅度。

五是权力的集中度。在企业中,如果高级别的管理人员不考虑或很少考虑基层人员的诉求就直接做出决定,那么就会对下属形成较大的压力,甚至可能引发下属的抵制情绪;如果权力过于分散,就难以形成统一的决策,企业内部的协作也会出现问题,这不利于企业更好地发展。因此,权力过于集中或过于分散都可能会影响权力的合理运用。

六是标准化。标准化程度高的工作在工作内容、工作时间和工作手段等方面没有足够多的灵活性,员工自行决定工作方式的可能性就比较小;相反,标准化程度比较低的工作更需要企业激发员工的创造性和主动性,比如医生、教师、科研人员等。

以上六大要素紧密结合对设计企业组织结构具有较大的参考意义。

2.2 企业组织结构的主要类型

传统的企业组织结构一般分为直线制、职能制、直线-职能制、事业部制、矩阵组织形式和模拟分权管理组织形式等,不同的时代、不同的企业在不同的发展阶段要选用适合本企业发展需要的组织结构形式。著名企业组织理论专家、美国管理学家奥利弗·E.威廉姆森曾将企业组织结构按优化过程分成古典型、U型、H型和M型四种。本书在分析这四种组织结构的基础上再介绍一种适应电子商务发展要求的、新型的组织结构——网络型企业组织结构。

2.2.1 古典型企业组织结构

古典型企业组织结构(Ancient Enterprises Organizational Structure)是指一种尚未进行管理分工的、处于原始状态的组织结构。古典型企业组织结构主要存在于所有权与经营权分离之前的时期。在这种企业组织结构下,企业的所有者直接从事企业的生产和经营活动,并独立享有企业的经营成果,承担企业的经营风险。企业归个人所有和控制,完全自主经营、自负盈亏,在经营上受制约的因素极少,对债务承担无限责任,在一定程度上处于自生自灭的状态。

在这种企业组织结构下经营运作的企业实力普遍较弱,市场适应能力和竞争实力受到较大的限制,很难有较大的发展。因此,如果企业要想扩大规模,取得更长久的发展,就必须寻求管理本身的分工与专业化,实现企业管理的直线系统和职能系统的分化,以及上级对下级的分权与授权等,以进一步提升管理的效率和水平。

2.2.2 U型企业组织结构

U型企业组织结构(Unitary Enterprises Organizational Structure)又称一元结构,是指集中的、按职能划分部门的一元企业组织结构。它的典型特征是在管理分工下实行中央集权控制。U型企业组织结构的管理权力多集中在上层,各部门的独立性相对较小,最大的优势是能更好地集中人、财、物等资源,能"集中精力办大事"。但是,由于这种企业组织结构过分集权,必然导致管理效率低下,企业内部的管理成本显著上升。而且,由于高层经理的集权,必然使得自己忙于应付日常性的生产和经营活动,从而影响了长期性、战略性的规划与决策。

直线-职能制企业组织结构是典型的U型企业组织结构,是较为常见的一种企业组织结构形式。在20世纪初,西方的大型企业普遍采用U型企业组织结构,其特点是企业内部按生产、销售、开发等职能划分成若干部门,各部门的独立性很小,企业实行集中控制和统一指挥,均由企业高层领导者直接进行管理。随着技术的不断进步和企业之间竞争的不断加剧,尤其是随着电子商务的发展,在信息传输快速便捷、市场环境瞬息万变的情况下,这种企业组织结构形式暴露出了越来越明显的缺陷。

2.2.3 H型企业组织结构

H型企业组织结构(Holding Enterprises Organizational Structure)是指一种控股公司型的企业组织结构,是在U型企业组织结构的基础上再建立一套横向的目标系统。它的基本特征是主张高度分权,最大限度地保证下属机构的决策权和资源支配权。H型企业组织结构较多地出现在通过横向合并而形成的企业中,通常在企业内部模拟一个资本市场,最大限度地引入市场机制,使合并后的各子公司保持较大的独立性,而且在法律上都是各自独立的经济实体。各子公司同控股公司在经济责任上是完全独立的,相互之间没有连带责任,各子公司的风险责任也不会相互转嫁。

H 型企业组织结构是建立在企业之间资本参与关系基础之上的,有规模和实力的企业可以通过持有其他企业股权的方式对其进行控制,包括持股比例不低于 50% 的绝对控股、持股比例虽低于 50% 但能对其经营决策发生实质性影响的一般性控股和低持股比例且对另一个企业的经营活动不产生实质性影响的一般参股等。

H 型企业组织结构虽具有促进部门横向业务联系、反应灵活的优点,但这种企业组织结构的风险也是显而易见的,既可能因为双重领导而导致责任不清、决策延误,也可能因为过度分权而导致资源分散,在企业内部造成彼此独立、各自为战的局面。所以,这种企业组织结构并不稳定,缺点也很明显。目前,国内外的许多集团型企业多采用这种企业组织结构。

2.2.4　M 型企业组织结构

M 型企业组织结构(Multidivisional Enterprises Organizational Structure)又称事业部制,是指一种多分支、分权式的层级制企业组织结构。它的显著特征是集权与分权的有机结合,较好地解决了制约 U 型企业组织结构和 H 型企业组织结构的管理低效率、管理成本居高不下的缺点。因此,这种企业组织结构在现代企业中比较常见。在 M 型企业组织结构中,事业部一般按产品、品牌、地区和客户等要素进行划分,是拥有较多自主权的利润中心,往往通过下设的职能部门来协调生产和经营的全过程,在某种程度上相当于一个独立的企业。这种企业组织结构可以使集团高层经理人员从日常的经营管理事务中解脱出来,专注于长期经营决策的制定。

M 型企业组织结构在有的企业表现为超事业部制,即在 M 型企业组织结构的基础上,在总部和事业部之间增加一个管理层次,在一定程度上解决了 M 型企业组织结构在企业规模超大型化以后管理跨度过大的问题。超事业部制企业组织结构多出现在跨国企业或经营区域较为分散、规模大、实力强的集团型企业,国内的企业如海尔集团、苏宁易购等均采用了这种企业组织结构。

2.2.5　网络型企业组织结构

网络型企业组织结构是随着以互联网为核心的现代信息通信技术高速发展而产生的一种新型企业组织结构。它是一种只有很精干的中心机构,以契约关系的建立和维持为基础,依靠外部进行制造、销售或从事其他重要业务活动的企业组织结构形式。网络型企业组织结构使得企业的边界模糊、虚实结合、生产柔性化,它是适应科学技术的进步、市场环境和竞争状况的变化,特别是适合当前电子商务发展要求的一种有生命力的企业组织结构形式。

网络型企业组织结构是互联网时代普遍流行的企业组织结构方式,它使企业对于新技术、新产品、新创意更为敏感,而且对来自市场的各种竞争具有更强的适应能力和应变能力。从本质上来看,网络型企业组织结构要求管理者将大部分时间都花在协调和控制外部关系上,通过有效的整合使企业形成一个独特的整体,从而更有效地应对外部的竞争。

2.2.6 新旧企业组织结构的比较

从企业组织结构的划分我们可以看出,古典型、U型、H型和M型的企业组织结构基本同属一种科层制的、金字塔型的企业组织结构,通称为传统的企业组织结构,与网络型、新型的企业组织结构相比,具有明显的差别。新旧企业组织结构的区别参见表2-1。

表2-1 新旧企业组织结构的比较

比较内容	传统的企业组织结构	网络型企业组织结构
中心数量	只有企业一个中心	一般有多个中心
控制手段	自我控制	知识与技能至上
活动方式	独立、分散的活动	相互依存的单元
组织方式	垂直集成	多种形式的联盟
结构方式	单一的结构	多种结构
思想方式	狭隘的思想	全球化经营的思想
效率效益	强调效益	强调效率和效益的统一
决策范围	决策权高度集中	决策权高度分散
协调方式	依靠层次管理、计划和程序进行协调	依靠各种交叉职能团队组织进行协调
权威来源	以职位作为权威基础	以知识和资源作为权威基础
时间效率	时间效率低	时间效率高
适应能力	适应能力较差	适应能力较强
环境适应	适宜稳定不变的环境	适宜复杂且剧变的环境

2.3 电子商务环境下的企业组织结构变革

传统的企业组织结构是依据传统的企业组织结构理论而形成的金字塔型、自上而下控制的科层制企业组织结构,它是适应工业经济社会生产状况和技术基础的等级组织结构,曾给工业经济时代的企业带来一定的优势。但是,随着电子商务时代的到来和经济全球化趋势的进一步增强,国内外竞争变得日趋激烈,消费者需求已越来越呈现出主体化、个性化和多样化的趋势,传统的企业组织结构已难以适应电子商务时代企业生存与发展的需要,必须进行深层次的变革。

2.3.1 传统的企业组织结构的局限性

在新的发展环境和发展形势下,传统的企业组织结构所固有的局限性表现得越来越明显,主要有以下五个方面:

1. 管理成本居高不下

由于传统的企业组织结构是建立在严密的分工与协作基础之上的,在分工越来越细、越来越强调专业化的经营环境下,这样的结构使企业的协调和监控工作变得十分复杂,必然导致管理环节增多、管理成本上升和企业的管理效率降低。与此同时,在传统的企业组织结构中,企业的决策层和作业层之间存在着数量庞大的中间管理层,中间管理层的存在必然需要消耗大量的企业资源,进一步增加了企业进行协调和管理的成本,对提高企业的经营效率和经济效益极为不利。

2. 企业内部的信息沟通缺乏效率

在传统的企业组织结构中,信息获得量的多少是与权力的大小相对应的。领导者的权力越大,越是最先、最多地掌握信息;地位越高,越是具有对信息的垄断权。在企业的运作过程中,因为信息的传递需要在等级森严的组织体系中穿行——层层汇报、层层批示和层层负责,这必然导致信息沟通缺乏效率,各种机会可能在无休止的"研究、审批、协调"中不知不觉地流失,而且上级也常常因为不知实情而造成"瞎指挥"。另外,在机构重叠、职能交叉的企业组织结构中,企业由于不能做到信息和资源的共享,必然造成协调和合作的困难,甚至常常遭遇失败。

3. 企业组织无法适应外部环境的变化

传统的企业组织结构是严格依靠规章制度办事的组织,通过制定新的或者修改旧的规章制度,一方面以此来阻止外界环境对企业成员的影响;另一方面试图对外界环境进行控制,使其更符合企业发展的需要。这种以"确定性对付不确定性"的办法在信息传递不受时空限制、市场环境瞬息万变的条件下,显然是无法适应外部环境的变化的。企业企图以静态的规章制度去应对动态的外部环境,只能是自欺欺人,其结果必然是企业的发展受到影响,甚至是遭遇危机。

4. 束缚人的创造性

传统的企业组织结构是以"管"人为中心而设计的,它通过各种形式的规章制度来约束人的行为,并且通过金字塔型的层次结构割裂了部门之间和职能之间的联系,形成的是一种封闭式的,充斥着互不信任、互相贬低的企业文化,对发挥员工的积极性、主动性和创造性极为不利。而且,在这种企业组织结构体系中,企业由于忽视非正式的信息交流与沟通以及不重视良好人际关系的培育,就无法组成有凝聚力和战斗力的团队,在市场竞争中往往处于不利地位。

5. 与新的生产力发展要求脱节

世界著名的未来学家阿尔温·托夫勒曾经指出,每个时代都产生出与它发展速度相适应的组织形式。在农业文明的漫长时代里,社会是以缓慢过渡为特征的,交通运输不便,消息传输的速度较慢,个人活动变化的速度也相对较慢,组织机构也很少需要做出所谓的高速度决定。工业经济时代使个人或组织的发展速度加快,无疑正是由于这种原因,才需要官僚的形式。由于确定了各种规章制度,规定了一整套处理各种问题的固定流程,决策的传达就必须加快,只有这样才能与工业化所需要的较快发展速度合拍。由此可见,与传统的工业经济生产状况和技术基础相适应的金字塔型、自上而下控制的管理组织结构,因为其强调专业分工、规模经济、等级分明、顺序传递,对保证工业经济发展的效率、稳定和秩序起到了极为重要的作用。在信息化时代,生产力的发展水平有了根本性的提高,这就要求企业的组织结构与生产力的发展要求相适应,而传统的企业组织结构已显得越来越不合时宜,需要经历深层次的变革才能适应新的需要。

2.3.2 电子商务的发展对企业组织结构变革的要求

随着以电子商务发展为主要标志的数字经济时代的到来,传统的企业组织结构暴露出了难以克服的问题,如果企业还继续沿用这种按职能分工、条块分割形成的金字塔型的层级结构,必然无法对外来信息做出迅速的响应,也将严重阻碍企业内部信息快速、准确地传递,扼杀员工的创新精神。因此,电子商务的发展必须要有新型的企业组织结构与其相适应。总体而言,电子商务的发展对企业组织结构的变革提出了以下要求:

1. 企业组织结构从金字塔型向扁平型转变

在数字经济时代,金字塔型的企业组织结构被扁平型的企业组织结构所代替有其历史必然性,具体表现在以下三个方面:

第一,由于计算机与网络技术在企业的广泛应用,使得过去必须由人工完成的工作可以部分或全部地由计算机和网络所代替,比如纸面文件和单据的传输、内外信息的传递等都不再需要大量人员的介入,使得金字塔的中部被"架空"了。

第二,市场竞争的加剧、信息传递的高速度对决策的速度和准确性要求大大提高,而死板的、按部门设置的、把人束缚在某一点上的企业组织结构是无法适应外界变化的,也不可能产生决策所需要的想象力和创造力。

第三,随着电子商务的深入发展,企业的竞争优势不再依靠规模来获得,过去那种"大鱼吃小鱼"的竞争理念将会被"快鱼吃慢鱼"的竞争理念所取代。传统的大型企业如果不改变金字塔型的企业组织结构,将会在以电子商务为重要手段的残酷竞争中显得束手无策。

因此,企业组织结构从金字塔型向扁平型转变是大势所趋,是传统企业向网络化、数字化转型的必然选择。

扁平型企业组织是 20 世纪中后期西方发达国家的大型企业为了降低生产经营成本、致力于企业组织结构缩编的结果而出现的。提出这一概念的目的是为了废除滋生官僚主义的等级制度,赋予一线管理人员更多参与决策的权力,从而提高管理效率,增强企业竞争力。扁平型企业组织的产生使传统的管理层次和管理幅度理论遭遇挑战。在过去,人们一般认为,企业的每个管理层次的最佳管理幅度为 7~13 人,而不少企业的实践证明,借助于电子商务的应用,企业管理人员的管理幅度可以增加到 100~150 人,并且管理效率不但没有降低,有的甚至更高。

扁平型企业组织产生的前提是决策权的下放,员工被赋予更多的接收信息和自主决策的权力。只有这样,企业才能减少决策和行动之间的时间延迟,加速对市场和竞争动态变化的反应。电子商务的发展使得传统的大规模生产逐渐被数字化个人定制所代替,生产企业不得不面对消费者个性化、多样化的需求,企业所有的部门及人员必须充分了解、掌握各类客户的信息,更直接地面对市场。因此,减少管理层次,让一线的管理人员在企业的发展中发挥更重要的作用,更多地承担为企业创造和寻求新的增长机会的责任,这样能大大有助于企业竞争力的提升。

2. 集中化决策向分权化决策转变

在工业经济时代，作为企业生产和经营活动的血液——信息的收集与传递主要是通过众多的中层管理人员层层上报，最后汇总到高层管理人员处实现的。高层管理人员利用这些信息做出决策，同时由于拥有全部的信息而获得特定的指挥权，使他们感觉到自己如同企业这一组织机体的"大脑"，而把基层员工视为只能被动执行命令的"四肢"。"四肢"的动作必须接受"大脑"的指令，不能越雷池半步。这种集中化的决策，一方面因为强调"权威"的作用，使决策的正确与否直接决定于上层管理人员的决策水平，导致决策的风险大为上升；另一方面，因为中间环节的信息"滞留"可能造成信息失真、延期，企业因此会失去众多的市场机会。

电子商务的发展使企业内外信息的传递快速进行，传统的依靠垄断信息来强调"权威"的做法显然很难维持，集中化的决策越来越失去了存在的基础，取而代之的是分权化的决策机制。员工不再是企业组织的附属品，而在某种程度上成为企业组织的直接决策人。这一地位的变化使得企业的员工不再将追求高职位作为个人发展的目标，而是更多地追求专业的发展，因为他们信奉"只有专业才能权威"的道理。而且，企业内部的激励机制也不再单独按职位的高低来设计，而是要考虑员工个人对企业实际的贡献。

决策权从集中化向分权化转变必然会产生众多的授权小组。每个授权小组通过企业的授权围绕任务和目标自行决定自己的工作方式，小组成员通过自我设计、自我优化和自我创造，使传统的依靠"上级"做出决策的方式逐渐向依靠"团队"进行决策的方式转变。

3. 作业程序从"串行"式向"并行"式转变

随着网络技术在企业内部全方位的应用，传统的"串行"式的作业程序已经开始向"并行"式转变，由此也将使企业组织结构产生相应的变革。在传统的企业组织结构中，由于受金字塔型企业组织结构的限制，加上信息传递手段的落后，企业的作业程序一般是按先后顺序进行的，也即在上一道工序结束后，再转入到下一道工序，这种作业程序称作"串行"。"串行"式程序方式使得相关作业人员及作业流程的各个环节割裂开来，因为每个部门、每个环节都有其相对独立的任务，往往会因为某个环节的故障而影响整个工作的进程，也常常会出现前后环节或部门之间相互矛盾、相互指责的状况，既延长了作业时间，也增加了协调的成本。

而"并行"式作业程序是通过计算机网络的应用，把各个环节、各部门共同整合到网络上，围绕共同的任务同时协调运作。"并行"式作业程序可以使设计研发、采购、生产制造、财务、营销等人员通过网络实现实时沟通，共同设计产品和工艺流程，共同解决、协调作业过程中出现的各种问题。"并行"式作业程序必须依靠"跨职能"的团队来实现，这种团队没有庞大的中层管理人员，依据目标和任务来组建，具有相对的独立性，对提高作业效率、缩短作业时间、降低作业成本具有重要作用。

4. 管理的范围从内部延伸到外部

一般来说，传统的企业管理更多地注重企业的内部管理，局限在生产、供应、销售等环节，而较少考虑外部的因素，尤其是在计划经济条件下，企业的运作重点集中在生产环节。互联网在企业内部的应用使企业的边界变得越来越模糊，表现在以下四个方面：

第一，企业的市场空间已经突破了地区、国家的限制，为全球范围内拓展业务创造了条件，使企业销售管理的区域骤然扩大；

第二，通过构建供应链，使企业从供应商的供应商到客户的客户之间建立起了一条信息畅通、资源共享、共存共荣的链条，更好地适应市场的需要，从而使企业供应链上每个节点的联系更加紧密，进一步拓展了企业管理的空间；

第三，企业与竞争者的关系也将发生新的变化，既要密切关注竞争者新的动向，又要与竞争者开展各种形式的合作，做到"竞争中有合作，合作中有竞争"；

第四，企业通过电子商务实现客户关系管理，可以针对客户的个人需求，实现"一对一"的个性化营销，并可以通过网络让客户直接参与到企业的设计、研发、生产、营销等各个环节，最大限度地满足客户的需求。

随着管理范围的扩大，企业的组织结构必须随之发生相应的变化。借助于电子商务技术而迅速兴起的"虚拟企业"，正使得传统的企业的概念发生新的变化：企业的地理位置已不再重要；企业的资源将越来越集中在核心能力上；企业的竞争优势将越来越表现为"整合"外部资源的能力上。因此，企业在加强内部管理的同时，必须注重外部管理能力的提高，只有"内外兼修"才能相得益彰。

5. 领导的作用和地位发生变革

领导是管理者运用制度保证的权力和影响力引导和指挥下属按照企业的目标要求努力工作的过程，是管理的基本职能。在金字塔型的科层制企业组织结构中，组织中的每个成员只能接受来自一个直接上级领导者的指挥和命令，领导者既不能越级指挥，也不能跨部门授权。在这种体制下，"领导"意味着下属的绝对服从，体现了上下级之间地位的等级差别，同时也为官僚主义的滋生提供了"肥沃"的土壤。

电子商务是促进企业领导者的地位和作用发生变革的重要力量，无论是基层主管，还是中层、上层的领导者都将面临职能的转型。基层主管的管理职能将从控制转向服务、从监督转向激励、从命令转向指导，特别是需要发挥组织团队和加强协调的作用；中层领导者在传统的企业组织结构中主要是监督人，以及采集、分析、评价和传播企业上下和各层次的信息，他们的作用正被电子邮件、社交媒体以及共享数据库资源等替代，其数量将会逐渐减少，职能也将转变成服务和协调；对于上层领导者来说，将从处于金字塔顶的位置上走下来，改变过去那种高高在上的姿态，进入到扁平型企业组织的中心位置，强调要让员工接近自己、参与决策。总之，适应电子商务发展的领导者必须通过宽容别人来展示自己的力量，通过不断地扩大别人的影响力来巩固自己的地位，而绝不是仅仅依靠制度的保证来发号施令。

6. 注重提高企业的"智商"

网络技术的应用和电子商务的发展使原来极为稀缺的信息一下子成为海量的、需要人们花费大量的注意力去处理的廉价资源。对于任何一个企业来说，迅速有效地处理大量信息的能力已成为其在数字经济时代发展的关键能力。美国斯坦福大学商学院的海姆·曼德尔森博士认为，企业有一种类似人类智慧的、学习的因素存在，这就是所谓的企业智商（Intelligence Quotient，IQ），它是影响企业兴衰成败的重要因素。在信息时代，企业必须致力于提高自身的智商，使企业能有效地处理信息并快速决策。提高企业智商是电子商务发展对企业组织结构变革的又一个新要求。根据海姆·曼德尔森博士的研究，提高企业智商的主要方法可以概括为以下五个方面：

一是提高企业对外部信息的决策力。企业的经理人员通过对顾客、供应商和竞争者深入的了解，知道自己周围的世界正在发生哪些事情，以便及时地采取相应的对策，提高企业对外部环境的适应能力。

二是构筑有效的决策架构。这种决策架构应尽可能把决策权下放给拥有信息的员工，让他们依据信息和相应的规则自主决策。

三是建立起企业内部畅通的交流沟通渠道。企业的领导者应认识到内部知识传播和信息交流的重要性，致力于建立鼓励信息共享、团队合作和互相信任的企业文化。

四是专注经营。企业应注重核心能力的培育，集中精力经营自己最擅长的业务，并在这些业务中开发出拳头产品。

五是构建高效、健全的商务网络。企业应着力建立高效、健全的商务网络，以便使自己集中力量发挥核心能力，其他的问题则交给在相关领域有核心能力的合作伙伴来解决。

在企业组织结构变革的过程中，提高企业智商不是一蹴而就的事，需要企业具有从长计议的耐心和采取脚踏实地的行动。企业不断地提高智商，是促使自身在新的竞技场上大有作为的重要法宝。毫无疑问，在风云变幻的电子商务时代，没有足够的智商，很多企业只能望洋兴叹、无所作为。

2.3.3 电子商务环境下企业组织结构的演进趋势

伴随着电子商务的不断发展，企业组织结构的演进将会出现以下六个方面的趋势：

1. 企业组织结构虚拟化

所谓企业组织结构虚拟化，是指企业只保留规模较小但具有核心竞争力的部门，把其他不擅长的业务通过外包（Out-Sourcing）等方式委托给合作伙伴来完成，主体企业和合作伙伴之间主要通过契约等方式结盟，建立起动态的业务联系，共同实现企业的经营目标。企业组织结构虚拟化以后会出现三个方面的特点：一是利用网络等手段取代传统的方式，在各个经营单位之间建立起高效、快捷的业务联系；二是以横向管理取代纵向管理，消除了从价值产生到价值确认过程中的许多中间环节；三是以信息流支配物流的运作，使物流和信息流得到有机融合。

企业组织结构虚拟化将是很多企业提高经营的柔性、对市场的适应性以及满足客户需求的灵活性等方面要求的有效举措，对促进企业的发展有着重要的作用。

2. 企业组织结构扁平化

电子商务的发展对企业组织结构提出了扁平化的要求，所以向扁平化演进是很多企业组织结构转型的基本方向。企业组织结构扁平化是通过破除企业自上而下的垂直高耸的金字塔型结构、减少中间管理层次、增加管理幅度以及裁减冗员等方式实现的，旨在建立起一种精简、高效的扁平型企业组织结构，从而使企业变得更加灵活、敏捷，更富有弹性和创造力。扁平型企业组织结构的主要优势体现在以下四个方面：

一是管理层次的减少既能抑制机构臃肿、人员膨胀，又能保证信息的传递畅通、不失真，并能提高领导者决策的效率；

二是管理人员的精简既可以降低管理成本,也可以解决由于人浮于事带来的扯皮现象和管理效率低下的问题。

三是管理幅度增大,迫使上级领导者必须适度授权,使得权力不再集中在上层管理者,使下属的自主性提升,参与决策的程度提高。这样对开发员工的潜能和调动员工的积极性极为有利,因为只有上级领导者放权、放手、放心才能换来下属尽职、尽责、尽力。

四是由于管理层次减少了,使得上级领导者和下级之间更容易接近,不仅方便上下级之间进行交流和沟通,而且还可以提高员工的工作责任心和工作职位的挑战性,迫使员工自我加压,促使员工快速成长。

在电子商务环境下,由于现代信息通信技术的迅速发展,企业组织结构已大致具备了实现扁平化的条件:一是信息传递和处理的速度有了很大的提高,并可以充分实现信息的共享;二是通过网络的应用,企业内部上下级之间、企业与客户之间的交流与沟通变得更为直接、高效,而且由于员工独立处理业务的能力增强,能较好地采用企业组织结构扁平化的主要方式——授权。可以说,企业组织结构扁平化将会成为电子商务时代的一种普遍状态,对企业发展的影响不可小觑。

3. 企业组织结构柔性化

所谓企业组织结构柔性化,是指企业通过组建一些临时性的、以任务为导向的团队组织形式来取代一部分固定、正式的企业组织结构,其目的是使企业能快速有效地围绕目标与任务合理地配置各种资源,增强对内外环境动态变化的适应能力。柔性化企业组织结构由两个部分构成:一是为了保证完成企业的常规性任务而组建的相对比较稳定的企业组织结构;二是为了完成临时性任务而灵活组建的企业组织结构。

在电子商务发展的环境下,客户需求的个性化和多样化的要求迫使企业具有较强的灵活性与适应性,并拥有很强的变革与创新能力,能对多变的内外部环境变化做出及时、有效的反应。借助于互联网等技术的应用,企业可以形成比较强的柔性应变能力,能够灵活地对各种企业组织结构形式实现快速地组建、重组、解散等,以便更好地适应外部环境变化的需要。

4. 企业组织结构无边界化

所谓企业组织结构无边界化,是指在企业组织内部减少各部门之间的界限,并消除企业与客户及供应商之间的外部障碍。它是为了解决传统企业组织结构的弊端而产生的,目的是为了打破各部门的界限,从整体流程的角度来组织企业的生产和经营活动。"无边界化"并不是简单地让企业的边界消失,而是让企业具有可渗透性和灵活性的边界,不受死板教条的边界束缚,以柔性企业组织结构来代替刚性企业组织结构,以可持续变化的企业组织结构来代替原先那种固定死板的企业组织结构。

无边界化的实现建立在企业组织结构的虚拟化、扁平化和柔性化的基础之上,必须依赖完善的网络基础设施进行运作。在电子商务时代,企业的生产和经营活动在一定程度上突破了物理空间上的界限,使企业的边界开始逐渐变得模糊,无边界化运作的趋势必然会变得越来越普遍。

5. 企业组织结构网络化

所谓企业组织结构网络化,是指企业内部各部门之间、企业与客户之间、企业与供应商之间以及合作伙伴之间构建起基于网络的业务联系，并借助于互联网的信息传播和共享能力，整合全面的资源和信息，以开展高效、协调的业务运作。

在电子商务环境下，企业组织结构的网络化已成为必然的选择，它为企业更好地开展生产和经营活动、更有效地开展企业内部和外部之间的合作提供了十分有效的载体。

6. 企业组织结构多元化

企业组织结构多元化是指企业的组织结构形式不再局限于某一种固定的模式，企业内部不同部门、不同地域的组织结构也不再是铁板一块，而是根据具体环境及组织目标来构建不同的组织结构。

企业组织结构多元化意味着企业的决策中心、生产中心、市场中心和服务中心等重要的机构都将会随着外部环境的变化而做出灵活的应变，以更好地组织企业业务的运作，满足市场需求。

2.4 网络化企业组织

电子商务的发展为企业组织结构的变革催生出一种新型的企业组织结构形式——网络化企业组织。网络化企业组织以扁平化、灵活、高效、柔性化等特点，已成为传统企业在电子商务发展阶段组织结构变革的方向和目标。

2.4.1 网络化企业组织的含义

网络化企业组织作为一种新出现的企业组织结构形式，国内外专家从各个角度对其进行了深入的研究。一般认为，网络化企业组织是指由多个独立的个人、部门和企业为了共同的任务而组成的联合体。它是突破了传统的科层制企业组织结构的界限，通过契约等形式明确了各自的职能，并借助于现代信息通信技术的应用，在各成员之间建立起密集的多边联系，形成交互、动态、互利、共赢的合作机制，以实现特定目标的一种企业组织形式。

与传统的企业组织结构区别最明显的是，构成网络化企业组织的个人、部门和企业不再局限于某一固定的职能范围，他们将构成网络化企业组织中富有活力的节点，每个节点之间都以平等的身份参与运作，并保持着互动式联系，每个节点以各种可能或无法预料的方式与其他的节点连接在一起，以适应外界环境的变化。从某种意义上来说，网络化企业组织犹如一支训练有素的足球队，场上的运动员并没有死板的分工或严格的作业程序，主要根据比赛过程中出现的各种机会来灵活应变、密切配合，最大限度地发挥出群体的优势，尽可能地获得胜利。

2.4.2 网络化企业组织的特点

与传统的企业组织结构相比，网络化企业组织具有以下三个方面的特点：

1. 以信息共享为基础,以形成综合竞争力为目标

网络化企业组织不再把"信息垄断"作为权力的象征,而是把信息作为整个组织的共同资源,为组织成员所分享。组织成员依据来自同事的、客户的和上级的大量信息进行自主决策、自我管理,进一步发挥共享、互助和增值的作用。

网络化企业组织各成员之间通过网络实现互联互通,能充分发挥各自的独特优势,通过有效的整合和集成,形成超越个体能力的综合竞争力,从而更好地参与市场竞争。

2. 开放、灵活,动态调适

网络化企业组织打破了传统的企业组织结构中各部门之间封闭运作、各自为政的格局,形成了一个开放、灵活的系统,允许组织成员在网络中自由活动,寻找理想的节点位置。当外界环境发生变化时,网络化企业组织能做出迅速的反应,并利用自身的调控机制进行动态调适。

开放的系统、灵活的组织协调机制使网络化企业组织"好聚好散",既能够在需要的时候组建,也能够在环境变化时进行调整或解散。

3. 消除等级,注重沟通

网络化企业组织与传统的科层制企业组织结构相比,一个重要的差异在于它在一定程度上消除了企业内部的各种等级,具体表现为两个方面:一是上下级之间的界限变得模糊,员工不再只按照命令行事或不断地重复相同的工作,而是依据自己的选择参与企业的经营和管理,并对自己的决策和行为负责;二是员工的薪金差别也不再单纯地由职位的高低来决定,而更多的是根据员工的贡献大小来衡量。

网络化企业组织通过网络技术的应用把不同的个人、部门和企业有机地整合到一起,他们之间的交流、沟通既十分便捷,也极为重要。有效的沟通既可以使不同的成员共享知识、经验和信息资源,也可以加强成员之间的默契配合、消除误解,以便更好地完成组织确定的目标。网络化企业组织既要积极鼓励各成员交叉参与不同的小组,以增加相互之间的接触、共同学习和非正式的信息共享,也要积极打破原有的等级关系,消除交流与沟通的各种障碍,通过形式多样的交流与沟通不断地更新和提升组织的目标。

2.4.3 网络化企业组织的主要类型

根据组成网络各节点的成员的特性及其相互关系,网络化企业组织大致可以分为以下四种类型:

1. 内部网络化企业组织

内部网络化企业组织是指由企业通过内部网络构建而成的,企业的相关职能部门连接起来,在网上实现设计、研发、采购、生产、财务、营销、服务和人力资源开发等各项管理职能,并由相应职能部门的管理人员组成管理团队,共同完成企业制定的目标与任务。

内部网络化企业组织一方面可以大大减少管理层级,有效地提高管理效率;另一方面可以打破传统组织结构中固有的、存在于各职能部门之间的界限,可以消除职能人员之间的隔阂,使得知识和信息在企业内部得到最快速、最直接的传播与共享,这有助于企业对迅速变化的市场需求做出快速反应。

2. 纵向型网络化企业组织

纵向型网络化企业组织是指由位于价值链中不同环节的企业共同组成的企业间网络化组织。组成网络节点的是与最终客户所需要的某种商品或服务提供相关的上下游企业,包括原材料和零部件的供应商、生产商、经销商和售后服务商等。这些企业通过网络构建供应链,整合资源,实现物流、信息流和资金流在网络化组织内部企业间的顺畅流通,发挥各自的优势,显著提高对市场的反应速度,有效降低生产经营成本,提高作业效率。纵向型网络化企业组织的构建使得"零库存"生产成为可能,因为纵向型网络可以使物流和信息流保持同步,实现以恰当数量的物料,在恰当的时间进入恰当的地点,生产出恰当质量的产品,以达到缩减库存、缩短工时、降低成本和提高生产效率的目的。连接纵向型网络化企业组织各个节点的纽带是实现最终客户的价值,各成员企业围绕"最终客户价值的最大化"的目标紧密合作,共同履行各自的职责。

3. 横向型网络化企业组织

横向型网络化企业组织是指由处于不同行业,但又在业务上紧密联系、相互依存的企业通过构建网络组合在一起,以达到管理上相互参与、资源上共享、重大战略决策上采取集体行动的目的,各成员企业之间保持长期、紧密的联系。

横向型网络化企业组织的表现形式众多,比如汽车制造厂商与汽车保险服务企业之间通过网络构建起横向型的网络化业务联系,共同为汽车客户提供各种专业的产品和服务,这样也可以更好地实现各自的发展目标。

4. 中介型网络化企业组织

中介型网络化企业组织是指企业通过构建连接众多卖家和买家的网络,整合供求资源,在广大生产者和消费者之间架设起一座相互沟通的桥梁。在电子商务的发展中,这类中介型网络化企业组织已日渐增多,且已有不少的成功者,如国际著名的B2B(Business to Business,企业对企业)电子商务服务商阿里巴巴等。

中介型网络化企业组织一方面通过吸引卖家上网发布信息与其建立起网络型联系,另一方面则通过招揽买家并借助于网络平台提供相应的业务信息建立起确定的关系。这种中介型网络化企业组织通过核心企业提供的网络平台,可以做到供求之间"多对多"的联系,对供求双方之间的信息交互极为有利。

2.4.4 内部网络化企业组织的构建

网络化企业组织的构建并没有固定的模式,关键是要选择切合企业实际、行之有效的方案,由浅入深、由易到难,有计划、有步骤地实施。对于内部网络化企业组织而言,具体的构建过程可以分为以下四个环节:

1. 制定网络化企业组织的实施规划

网络化企业组织的构建固然需要建设物理网络,但更重要的是企业内部职能的调整、人员的重新安排、信息资源的开发与利用和团队的构建等,而且后者的难度要比前者大得多。对于一个即将"转型"的企业来说,制订切实可行的行动方案是极为重要的。企业制订行动方案应达到三个方面的目的:一是加强对构建网络化企业组织的认识,转变观念,统一思想,为积极稳妥地实施"网络化转型"做好思想准备；二是对企业内部的职能部门进行重新设计，尽量做到高效、精简、灵活；三是为"网络化转型"提供资金、技术和人才支持，保证"网络化转型"的顺利实施。

2. 构建物理网络

在这个阶段，企业通过构建内联网(Intranet)，并和互联网相连，做到企业内部信息资源的共享，并通过互联网为外部客户提供产品、服务等信息。物理网络的建设可以根据企业的实际量力而行，软/硬件设施的配置应坚持"适用、够用、好用、管用"的原则，切忌盲目追求一步到位，以避免不必要的浪费。

3. 构建客户服务系统

构建网络化企业组织的主要目的是为了实现"最终客户价值的最大化"。因此，企业必须将客户是否满意作为衡量网络化企业组织成功与否的重要标准。在这个阶段，企业必须充分发挥物理网络在创造客户价值方面的作用：通过内外网络的互联互通，做到信息资源的内外共享；外部网站要为客户提供完备的订货系统、技术在线支持系统、售后服务反馈系统；内部网络要为企业提供自动化办公系统、部门间信息共享系统等，并能形成与外部网络系统之间的闭环。

4. 构筑网络化企业的组织架构

这个阶段是企业在业务系统网络化应用的基础上，不断地总结经验，优化企业的组织架构，通过网络集成企业各部门的职能，使调整后的企业整体组织构架与产品和客户服务系统的网络化应用相适应。同时，不同分工的企业或生产经营单位之间通过互联网紧密连接，企业间和企业内部的各项经营运作将全部依靠网络平台来运作。

网络化企业组织的构建是一个长期而复杂的过程，企业必须审慎规划、周密部署、有序推进，逐步走出一条适合自身发展需要的网络化企业组织之路。

2.5 典型案例 海尔集团的网络化转型

海尔集团是世界白色家电的领导者，是一家以全球数亿个家庭为主要服务对象、以制造业为主体业务的跨国巨型企业。作为海尔集团的创始人，张瑞敏在早年间就敏锐地意识到，互联网将打破企业科层制，与客户实现零距离，这会导致背后的一切发生变化，海尔集团要适应这种变化，否则就会被市场淘汰。为此，海尔集团开启了从传统企业组织结构向网络化企业组织转型的探索，提出了"无处不连接，无时不协同，无人不分享"的愿景，取得了业界领先的成果。

2.5.1 发展背景

海尔集团成立于1984年，由当时已经资不抵债、濒临破产的青岛电冰箱厂一步一步发展而来，在现任海尔集团董事局主席兼首席执行官张瑞敏的带领下闯出了一条跨越式的发展道路。从1984年创立至今,海尔集团已经经历了六个战略发展阶段,分别是:名牌战略阶段(1984—1991年)、多元化战略阶段(1991—1998年)、国际化战略阶段(1998—2005年)、全球化战略阶段(2005—2012年)、网络化战略阶段以及从2019年12月开始的第六个战略发展阶段,即生态品牌战略阶段。每个战略发展阶段有不同的目标,而随着目标的变化海尔集团也相应地在发生变化。

进入互联网时代后,张瑞敏对海尔集团的未来做出了以下四个方面的判断:

第一,未来的市场变得越来越不确定,个性化趋势越来越明显。如何应对这种不确定性和市场的个性化特点,唯有通过小微企业才能实现,原来的组织是大兵团,现在需要更多的游击队作战。所以,企业必须要打碎以往的应对大规模生产的企业组织模式,重构适应市场新特点的小微组织模式。

第二,传统的家电业运营模式已陷入困境。企业想要找到新的出路只能依靠社群经济,就是要让企业变成以社群为中心和用户融合到一起,让用户成为企业当中的一员,企业的主要收入将依靠社群产生,社群规模和社群成员的终身价值决定着企业的未来。

第三,平台型网络化企业组织将发挥主导作用。将来的企业一定都是网络化企业组织,是互联网的节点,而不是自成体系。连上互联网,企业可能得到无限的资源;脱离互联网,企业将有可能无法生存。

第四,要与用户建立深度关联。在过去,企业只是卖产品,用户都是匿名的,但在互联网时代,用户必须能与企业开展交互,并形成大数据。用户有什么要求,企业就必须不断地对产品进行迭代以满足他们的要求,从而打造一种终身关系。

基于以上的分析和判断,海尔集团充分认识到,企业转型互联网,既不能跟风,也不能去简单地模仿,必须要结合企业自身的实际,深度分析互联网社会已经带来的重大影响和未来的发展趋势,选择适合企业的网络化转型道路。

2.5.2 网络化转型

2012年12月,海尔集团发布网络化战略,正式宣布进入互联网时代,全面对接互联网。此后不久,海尔集团提出要达到"三无"境界,即"企业无边界,管理无领导,供应链无尺度"。海尔集团实施网络化战略意味着它从传统制造家电产品的企业转型为面向全社会孵化创客的平台,致力于成为互联网企业,颠覆了传统企业自成体系的封闭系统,变成网络互联中的节点,促进各种资源互联互通,打造共创共赢新平台,实现攸关各方的共赢增值。为此,海尔集团在以下六个方面进行了探索:

(1) 战略,即建立以用户为中心的共创共赢生态圈,实现生态圈中攸关各方的共赢增值;

(2) 组织,即变传统的自我封闭为开放的互联网节点,颠覆科层制为网状组织;

(3) 员工,即员工从被雇用者、执行者转变为创业者、动态合伙人,变被动为主动;

(4) 用户,即与用户共同构建社群最佳体验生态圈,满足用户的个性化需求;

(5) 薪酬,即将"企业付薪"变为"用户付薪",驱动员工转型为真正的创业者,在为用户创造价值的同时实现自身价值;

(6) 管理,即通过对非线性管理的探索,最终实现引领目标的自演进。

为了建立起后电商时代的共创共赢新平台,海尔集团将"一薪一表一架构"融入转型的六个要素中:

(1) 一薪,即用户付薪,这是互联网转型的驱动力;

(2) 一表,即共赢增值表,其目的是促进边际效益递增;

(3) 一架构,即小微对赌契约,它可以引领网络化转型的自演进。

这三者相互关联,形成闭合链条,共同推进互联网转型。图 2-1 为海尔集团网络化战略的体系架构。

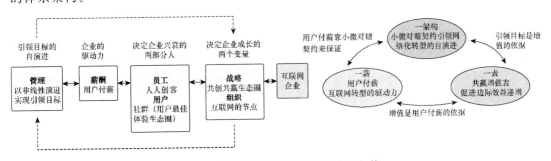

图 2-1　海尔集团网络化战略的体系架构

2.5.3　"人单合一"的组织模式

海尔集团认为,互联网时代的到来使用户与企业的关系出现了三个新的特征:一是零距离,企业和用户之间实现了信息零距离,原来企业的大规模制造注定要被大规模定制所代替;二是去中心化,每个人都是中心,金字塔型的企业组织架构变得扁平化;三是分布式管理,全球的资源都可以为企业所用,全球就是企业的研发部和人力资源部。在新的经营环境下,用户已被互联网"激活",传统企业的"生产—库存—销售"模式无法满足用户碎片化、个性化的需求。为此,海尔集团创造性地提出了"人单合一"的组织模式,这一组织模式把员工和用户连接在一起,"激活"每位员工,让员工在为用户创造价值的同时实现自身的价值,让每个人成为自己的首席执行官。与此同时,海尔集团的内部员工全部变为接口,接入全世界一流的资源,将世界变成海尔集团的研发部和人力资源部。

为了适应新的发展环境和发展形势,海尔集团明确了"企业平台化,员工创客化,用户个性化"的基本发展方向。为此,海尔集团"外去中间商,内去隔热墙",把架设在企业和用户之间的引发效率迟延和信息失真的传动轮彻底去除,让企业和用户直接连在一块,把传统的串联流程转型为可实现各方利益最大化的并联生态圈。变革后的海尔集团没有层级,只有围绕着用户转的以下三种人:

(1) 平台主。平台主从管控者变为服务者,员工从听从上级指挥到为用户创造价值,必须要变成创业者、创客。这些创客组成小微创业企业,创客和小微主共同创造用户、市场。

(2) 小微主。小微主不是由企业任命的,而是由创客共同选举产生的。

(3) 创客。创客和小微主之间可以互选,根据需要进行自由组合和灵活调整。

在"人单合一"的组织模式下,海尔集团从出产品的企业变成了出创客的平台,激发了每个人的创新活力。经过多年的实践,"人单合一"的组织模式不但在农业、医疗业、传媒业等众多行业实现了跨行业复制,而且还在日本三洋公司、新西兰斐雪派克以及美国 GE Appliances 实现了跨文化复制。

2.5.4 海尔集团网络化转型的七个要点

2018年,全球知名的战略大师、伦敦商学院加里·哈默教授在对海尔集团进行长期跟踪研究后,在《哈佛商业评论》中发表了题为《科层制的终结》的案例研究报告,对海尔集团的网络化转型、构建网络化组织做出了七个方面的总结,这里对此进行简要概括:

一是从传统的大型企业转变为创新型小微企业。海尔集团将原有层级分明、紧密整合的大型企业毫不留情地解体,分解为成千上万个由10~15名员工组成的小微企业。小微企业以用户为中心进行自组织,拥有充分的决策权、用人权和分配权,能够快速地发现新机会,进入新市场。

二是从增量目标到领先目标。在实施网络化转型的过程中,海尔集团改变了过去以业绩作为未来增长参考依据的做法,而是设定追求增长和转型的"引领目标",将目光锁定在外部动态变化的市场环境之中,以实现企业长期高速可持续的发展,尤其是对如何构建生态,实现生态收入有效增长成为海尔小微企业的共同目标。

三是从内部垄断到内部契约。海尔集团改变了传统的企业内部财务、行政、法务等部门长时间与市场绝缘的做法,将财务、人力、法务等部门整合为大共享平台,为其他的小微企业提供服务,并与外部的市场形成有机的生态体系。同时,海尔集团还在内部打破垄断,形成较为完善的市场体系,小微企业既可以选择从其他的小微企业处购买服务,也可以从它们认为更好的供应商处选择服务,由此促进了良性竞争、提高了效率、降低了成本。

四是从自上而下的协调到自发协作。海尔集团的"人单合一"的组织模式为小微企业提供协同、孵化等支持,小微企业间会基于用户需求进行自主协同,实现共同发展。比如制冷平台,为了实现在智能家居领域的引领发展,海尔集团开发出了"馨厨"系列智能冰箱,并以此为基础构建生态圈。在这个过程中,市场、技术等部门会主动地加入协同,共同去实现创造最佳体验的目标。

五是从界限严格到开放式创新。海尔集团将企业变成网络化组织,让组织成为网络节点,这样不仅可以吸引一流的资源和人才加入其中,而且用户也可以参与产品的设计与开发。这种开放式创新机制打破了企业闭门造车、封闭搞研发的模式,让用户既是消费者也是参与者,从而推动了大规模定制的实现。

六是从恐惧创新到造就规模创业。"人单合一"的组织模式激活了小微企业创新、创业的活力,小微企业自组织、自创业、自驱动,成为企业创新和创业的主力军、先锋队。海尔集团以小微企业为引领,快速进入游戏笔记本、无人机、智能机器人等领域,创出了"雷神""乐家"等新的品牌,为企业的发展和壮大带来了源源不断的生命力。

七是从员工到主人。在海尔集团,小微企业的创业者拥有充分的决策权、用人权、分配权以及与之相对应的目标绩效,而不再是过去只需按部就班、埋头干活的普通员工,而且各自的薪酬也与小微企业的目标达成状况密切相关。因此,小微企业的成员已变成积极主动的创业者,只有实实在在地树立起主人翁的心态和思想,才能真正有机会取得成功。

加里·哈默教授对海尔集团所实现的颠覆科层制的实践赞赏有加,他评价说海尔集团是打破企业家精神与企业规模之间矛盾的典范,每个雇员都是开放式的网络,都有机会成为企业家,这种模式不仅可以解决欧洲企业官僚主义的大企业病,还有可能成为未来资源配置的社会模式。

2.5.5 案例评析

随着互联网时代的到来,传统的制造业企业正在迎来十分严峻的挑战,原有的从设计、研发、制造、营销、服务一直到最终用户这种串联式制造模式越来越难以适应需要,因为设计、研发与最终用户之间被一个又一个的中间环节所割裂开来。而互联网则拉近了企业与最终用户的距离,促使传统的金字塔型的企业组织架构向扁平化转变,同时还要求企业能消除企业的边界,整合全世界的各种资源。

海尔集团认清形势进行了大刀阔斧的改革,通过组织架构的重新设计,建立起了独特的"人单合一"的组织模式,让小微企业变成"自组织、自创业、自驱动"的"三自"组织,让员工变成了拥有决策权、用人权和分配权的"三权"在握的"自主人",搭建起了人人都有机会成为创业家的平台,将企业的使命从原来的生产产品转变为造就创客,将企业家精神从经济学家约瑟夫·熊彼特"创造性破坏精神"转向了"现代管理学之父"彼得·德鲁克"人人都是首席执行官"的精神,激发了每个人的创新、创造活力,在一定程度上完成了从工业经济向数字经济的跃升,成为传统企业转型升级的重要典范。

电子商务催生了企业组织结构变革,而企业组织结构的变革则进一步助力电子商务的发展,两者相互促进、互为因果,共同为提升企业的市场适应能力和竞争实力贡献力量。

2.6 本章思考题

1. 学习企业组织结构的相关理论,并对企业组织结构理论的新发展进行分析和讨论。
2. 举例说明企业组织结构的主要类型,并对各种类型的优点和缺点进行分析。
3. 分析说明传统企业组织结构存在哪些主要缺陷。
4. 在电子商务快速发展的环境下,企业组织结构的演进会出现哪些新趋势?
5. 传统的企业在向网络化企业组织转型时会遇到哪些问题和困难?
6. 收集和分析传统企业实现网络化企业组织转型的相关案例,对相关的发展模式进行评述。

第 3 章

电子商务与企业竞争

伴随着现代信息通信技术日新月异的发展,人类社会正面临着前所未有的数字化挑战,由此带来的方方面面的变革正以润物细无声的态势悄无声息地展开。对于全球的产业界而言,电子商务正成为推动经济增长方式转变和产业转型升级的重要驱动力,由此而带来的竞争方式的转变和竞争格局的重组,将会对企业的生存与发展造成非同寻常的影响。

不断提升企业的竞争实力和适应能力是每个企业所共同追求的目标。毋庸置疑,在新的环境和形势下,加快电子商务的发展和应用是企业创造新的竞争优势、提升自身的竞争力的有效途径。掌握企业竞争力的基本理论,理解电子商务与企业竞争力的相互关系,把握利用电子商务提升企业竞争力的发展机遇,对于广大企业来说有着十分重要的战略意义。

3.1 企业竞争力与竞争优势概述

在市场经济条件下,竞争普遍存在,企业竞争力的高低对企业的生存与发展有着生死攸关的影响,培育和提升企业竞争力是每个企业共同面临的使命。

3.1.1 对"竞争"和"竞争力"的理解

1982年诺贝尔经济学奖获得者、产业组织理论大师乔治·斯蒂格勒认为,凡两方或多方力图取得并非各方都能获得某些东西时,就会产生竞争。他指出,所谓竞争(Competition)就是个人、集体或国家之间的角逐。由此可见,竞争普遍存在于不同的竞争主体之间,市场通过竞争实现资源的有效配置。竞争力(Competence)是指竞争主体力争比其他的竞争者获得更多的利益或资源时的能力。根据竞争主体的不同层次,通常竞争力可以分为国家竞争力、产业竞争力、企业竞争力和产品竞争力四个层次。

1. 国家竞争力

国家竞争力是指一个国家能够生产出符合市场需求的,并且能扩大国民收入的商品和服务的综合能力。世界经济论坛(World Economic Forum,WEF)把一国的开放程度、政府、金融、法规制度、基础设施、技术、管理和劳动等八个生产力要素指标作为衡量一个国家的整体竞争力的基本指标,涵盖了决定国家实力的主要方面。

2. 产业竞争力

产业竞争力是指生产相同或相近产品的企业群体,由于其整体优势而形成的占有市场并且获得长期利润的能力。产业竞争力主要取决于产业的生产要素、需求条件、相关产业的表现、企业的策略、企业的结构和产业的竞争者状况等因素。我国在国际上有较多的产业具有较高的竞争力,以高铁为例,经过10余年的快速发展,我国已成为领先世界的高铁强国,当前我国高铁的营业里程突破3.5万千米,稳居世界第一,高铁的制造技术、建设水平和营运管理等各个方面都堪称世界一流。

3. 企业竞争力

企业竞争力是指企业基于一系列的特殊资源而形成的比竞争者能获得更多的长期利润的能力。企业竞争力是企业赖以生存与发展的根基,是其市场地位和发展潜力的综合体现。在国际上,每年一次由美国的《财富》杂志评选出的世界500强企业排行榜是企业竞争力的重要评价指标,目前我国进榜的企业已达100余家,数量上仅次于美国,而且处于不断上升的态势。

4. 产品竞争力

产品竞争力是指一种产品或服务由于其特殊性或优势而形成的占有市场、获得持续盈利的能力。产品竞争力往往针对某个特定企业而言,如惠普公司自1984年发起激光打印革命以来一直站在全球打印产品的时代前沿,其销售量一直遥遥领先,在打印机产品领域始终保持着全球无与伦比的竞争力。

在以上四个层次的竞争力中,国家竞争力是一个整体的概念,在很大程度上取决于该国的产业和企业所拥有的竞争力的强弱。同样,产业是由一个个企业组成的,产业竞争力的高低最终还必须依靠企业。而产品是否具有竞争力,产品本身不是能动者,改良产品增强其竞争力的能动者还是企业。因此,企业是社会经济生活中最基本的"经济细胞",研究企业竞争力是研究其他竞争力的基本出发点。在电子商务快速发展的背景下,提高对企业竞争力的认识,探索科学有效的企业竞争力培育方式显得十分必要。

3.1.2 企业竞争力概述

国内外学者对企业竞争力的研究一直颇为热衷,但迄今为止尚没有一个能够被各方所共同接受的定义,其中比较有代表性的观点如下:

(1) 世界经济论坛《关于竞争力的报告》定义,企业竞争力是"企业在目前或未来在各自的环境中以比国内外竞争者更有吸引力的价格和质量进行设计和销售货物以及提供服务的能力和机会"。

(2) 联合国贸易和发展会议认为,企业竞争力可以被定义为是单独企业在可持续基础上保持或提高其市场份额的能力;或者是企业降低成本或提供物美价廉产品的能力;或者是来源于利润率的竞争力。

(3) 世界著名的竞争战略研究专家、美国哈佛商学院教授迈克尔·波特认为,企业竞争力是"一个企业对其行为效益有所贡献的各项活动,例如,对创新、具有凝聚力的文化或有条不紊的实施过程等是否恰如其分的把握和运作的能力"。

(4) 日本东京大学教授藤本隆宏认为,企业竞争力可以从静态的能力、改善的能力和进化的能力三个方面进行考察:静态的能力是指实际上企业已经达到的竞争力水平;改善的能力是指不断地维持和提高竞争力的能力;进化的能力是指建立在前两者能力之上的能力。

(5) 日本学者石原正太郎认为,竞争力是企业在公平、自由的市场上保持长期、稳定的优势的能力。

类似以上这样的定义不一而足,对我们更好地把握企业竞争力的本质有着重要的参考价值。

通过分析"企业竞争力"的不同定义,我们可以看出其共同之处,即企业竞争力是企业通过市场表现出来的一种能力。因此,本书对"企业竞争力"的定义如下:独立经营的企业,基于自身所拥有的特定资源,通过市场表现出来的,相较于竞争者而言的一种全方位的生存与发展的能力。这一定义包括以下五层含义:

(1) 企业竞争力是企业内在的一种能力,对企业的发展至关重要;
(2) 企业竞争力不仅包括当前的生存能力,而且还包括潜在的、未来的发展潜力;
(3) 企业竞争力是企业基于自身所拥有的一系列特定资源而获得的;
(4) 企业竞争力是通过市场竞争表现出来的;
(5) 企业竞争力是相对于竞争者而言的。

总体来说,企业竞争力包括三个方面的能力:一是企业现实的竞争力,即企业在现有条件下的生存能力,包括企业产品的生产能力、市场占有率、现有技术条件等;二是企业未来的竞争力,即企业潜在的、预期的发展潜力,包括企业的研究开发能力、人力资源状况等;三是企业将潜在竞争力发展为现实竞争力的能力,包括企业的发展战略能力、创新能力等。与此同时,企业竞争力还受到企业内、外部经济环境和政策法规、社会环境等多种因素的影响。

3.1.3 企业竞争力的来源

企业之所以比竞争者具有更强的市场竞争力,是因为其拥有特定资源,即独特的经营资源。这些经营资源在市场竞争中占有优势,从而为企业带来持续的营利能力和广阔的发展空间。构成企业竞争力的主要因素有以下十种:

1. 人力资源

随着数字经济时代的到来,资本的约束已不再是首要问题,越来越多的企业经营者已经认识到人力资源已成为实现企业目标的核心因素,企业必须将员工作为一种具有潜能的资源来加以激励和发展,应充分发挥员工在企业的生产和经营活动中的创造作用。因此,对于任何一个企业来说,如何吸引高素质的员工,怎样对他们进行有效的培训、激励和发展,使他们能竭尽全力为企业的发展奉献自己的才智是一个至关重要的问题。因此,拥有一流的人力资源是企业保持长久竞争力的基本命脉。

2. 研究与开发能力

企业的研究与开发(Research and Development,R&D)能力是企业获得领先的制造技术或专利技术,从而为企业带来长时期高额利润的一种能力。它是企业竞争力的重要组成部分。企业的研究与开发能力取决于研究与开发人员的数量和素质、研究与开发经费的投入数量等。

3. 核心技术

核心技术是指企业拥有的,虽然已经公开但受法律保护的专利技术,以及一系列技术秘密,如顾客偏好技术、制造技术和原理技术等。核心技术是企业生存与发展的"秘密武器",对企业竞争力至关重要。

4. 供应链

供应链是由原材料和零部件的供应商、产品的制造商、分销商和零售商到最终用户的价值链组成的,它完成由顾客需求开始到提供给顾客所需要的产品或服务的整个过程。有效的供应链能做到在正确的时间、正确的地点,以正确的数量向顾客提供正确的产品或服务,从而提高顾客的满意度,实现销售的快速增长、成本的显著降低和资产的高效利用,最终达到提高企业竞争力的目的。

5. 营销组合

营销组合即企业通过高效的产品、价格、渠道和促销共同组合的"4P's",向顾客提供满足其个性化需求的商品和服务。它取决于企业人力资本和经验的积累、技术手段和营销信息系统的应用等因素。在数字经济时代,积极发展以电子商务为核心的网络营销组合可以为企业拓展更大的市场空间,科学的营销组合是企业竞争力的重要表现。

6. 营销网络

营销网络是企业通过一定的管理技术将配送中心、营销网点、信息资源和信息系统等联结在一起,形成覆盖较大区域市场的营销网。从企业竞争力的角度来分析,企业的营销网络一旦形成并完善,就将成为后来者进入市场的壁垒,从而使企业在相当长的时期内获得超额利润。对于后来者而言,只有花费大量的投入与现有企业展开竞争,才有可能在市场上获得自己的空间。

7. 客户资源

在"以客户为中心"进行企业经营管理的今天,客户资源在企业的营销活动中占据支配地位,因为企业任何产品的销售都是建立在良好的客户关系基础之上的。客户资源主要包括企业与客户的关系、客户的经营发展战略、销售收入、原材料需求、生产规模、产品质量、研发能力以及服务水平等各种资源。企业通过掌握客户资源,分析客户需求,赢得客户的信任,制定出科学的企业经营发展战略和市场营销策略,生产出适销对路的产品,提供满意的客户服务,可以提高客户满意度和市场占有率,从而增强企业竞争力。

8. 管理能力

管理能力是企业具有的信息获取能力、推理能力、决策能力和迅速执行决策能力的组合,它是企业竞争力的核心内容。从某种意义上来说,企业的管理能力取决于企业是否拥有一支具有较高组织管理才能的经理人队伍。管理能力的提高有利于企业更有效率地利用其各种资源,扩大经营范围,提高在市场中的竞争力。

9. 企业信誉

在市场竞争中,企业信誉既是企业对客户做出的提供优质的产品和服务的承诺,也是企业向投资者、员工以及关联各方履行相应职责的保证等。虽然企业信誉不一定具有法律效力,但如果企业不讲信誉就会失去客户和投资者的信任。因此,企业信誉不仅仅是一个道德问题,从某种程度上来说它也是一种制度。对于生产复杂产品或提供智力服务的企业来说,由于客户或投资者一时无法判定最终产品或服务的结果,这时企业只能依靠良好的信誉才能赢得对方的信任,否则就无法得到市场机会。所以,企业信誉是企业生存与发展的"无价之宝",它是构成企业竞争力的重要因素。

10. 企业文化

企业文化是企业及其员工在生产经营和变革的实践中逐渐形成的共同的思想、作风、价值观念、行为准则以及具有相应特色的行为方式,是企业经营理念及其具体体现的集合。建设符合企业特色的企业文化,可以使企业整合更大范围的有效资源,不断地提高市场竞争力。在电子商务发展的环境下,企业文化呈现出新的特征和要求,推进适应电子商务发展的企业文化建设将成为新的重要任务。

3.1.4 企业竞争力与企业核心竞争力的关系

与"企业竞争力"高度相关的"企业核心竞争力"的概念是由美国密西根大学商学院教授普拉哈拉德和伦敦商学院教授加里·哈默尔于1990年在《哈佛商业评论》上发表的论文《企业核心竞争力》(*The Core Competence of the Corporation*)中正式提出的。他们认为"企业核心竞争力是企业的积累性学识,特别是关于如何协调不同生产、管理技能和有机结合多种方法的学识能力",具有"偷不去、买不来、拆不开、带不走、溜不掉"的特点,具体表现如下:

(1) 企业核心竞争力的载体是企业整体,而不是企业的某个业务部门、某个行业领域;

(2) 企业核心竞争力是从企业过去的成长历程中积累而产生的,而不是通过市场交易而获得的;

(3) 企业核心竞争力的关键在于"协调"和"有机结合",而不是某种可分散的技术和技能;

(4) 企业核心竞争力的存在形态基本是结构性的、隐性的,而非要素性的、显性的。

他们还认为,就短期而言,企业产品的质量和性能决定了企业竞争力;但就长期而言,要增强竞争力,关键是要造就和增强企业核心竞争力。

由此可见,"企业竞争力"和"企业核心竞争力"是一对既有联系又有区别的概念:企业竞争力的范围较宽,企业核心竞争力的范围较窄,企业核心竞争力是企业竞争力的重要组成部分;企业竞争力着重强调企业和其竞争者相比较而言的"比较竞争力",企业核心竞争力则着重强调企业作为一个整体,在长期的生产和经营活动过程中形成的,能带来未来持续经济利益的,且竞争者又难以模仿的独特竞争力。

3.1.5 企业竞争优势

企业参与市场竞争必须依赖自身的竞争优势,而竞争优势更多地来自于企业核心竞争力。企业竞争优势是指企业在发展规模、组织结构、劳动生产率、品牌、营销、产品质量、企业信誉、研究与开发以及管理等方面所具有的各种有利条件,成为企业的独特优势。企业竞争优势是企业所具有的各种有利条件组合而成的整体优势,是企业竞争力的综合体现,两者相辅相成,共同促进企业更好地应对市场竞争。企业竞争优势主要表现在以下四个方面:

1. 成本优势

成本高低是企业参与市场竞争能力高低的重要表现,企业的成本优势体现在生产、销售、采购、服务等各个环节。

2. 差异化优势

差异化优势是指企业通过创新的手段实现与众不同,能更好地满足用户多元化和个性化的需求,做到"人无我有、人有我优"。企业的差异化优势体现在很多的方面,如产品设计的差异、品牌的差异、渠道的差异、服务的差异等,只要受用户认可的差异都是竞争优势的重要体现。

3. 目标集聚优势

目标集聚优势是指企业在若干个细分市场找准定位,占领较大的市场份额,并能形成较高的市场壁垒,以阻止竞争者进入。企业的目标集聚优势往往采用"集中优势兵力进行单点突破"的策略,在取得局部胜利的基础上快速扩展。

4. 无边界扩张优势

无边界扩张是指企业不受地域限制的规模扩张或资源整合,以弥补自身发展的短板,形成新的竞争优势,达到迅速做大做强的目标。以往的管理理论认为,企业存在着一个最优边界,但随着电子商务时代的到来,这种最优边界被突破,企业可以实现无边界扩张,典型的例子就是虚拟企业的出现。由于无边界扩张优势是基于企业有效处理市场信息和充分利用市场知识而形成的,因此,无边界扩张优势又被称为知识优势。

3.2 电子商务在提升企业竞争优势中的作用

企业竞争优势是企业立足于市场、取胜于市场的基本前提,而企业竞争优势必须来自企业内部的各个方面。对于企业来说,基于互联网的电子商务可以为企业带来显著的竞争优势,在提升企业竞争力方面发挥着不可低估的作用。

3.2.1 电子商务自身所具有的优势

就电子商务本身而言,它在推进企业商务活动的运作方面有着以下四个方面的优势:

1. 覆盖面广

互联网遍及世界上的每个角落,处在全球任何一个位置上的企业都可以通过互联网与其贸易伙伴传递商业信息和相关文件。这种由互联网创造的商务模式打破了时间和空间的限制,可以使企业快速、方便地实现商品交换,无形的、交互式的网络交易体系大有取代传统的市场之势。

2. 费用更低

互联网的使用费用比传统的各种信息交流方式低得多,这一点对于中小企业来说尤为重要。在过去的市场竞争中,很多大型企业往往靠自身过硬的技术优势和庞大的销售网络在同行中具有很强的竞争力,中小企业往往难以企及。电子商务时代的到来使中小企业与大型企业在互联网上拥有同样的竞争机会,中小企业只要通过互联网就可以在全球范围内物色贸易伙伴,寻找贸易机会,寻求更大的发展空间。

3. 使用灵活

基于互联网的电子商务可以不受特殊数据交换协议的限制,直接在计算机上完成与纸质单证格式一致的表格、文件的书写,省去了翻译环节,业务人员可以方便快捷地处理相关业务。使用的灵活性使电子商务迅速成为风靡全球的商业活动实现方式,为越来越多的企业和客户所接受。

4. 功能丰富

电子商务可以完成包括网上宣传、网上交易、网上支付、网上服务和网上管理等在内的几乎所有的业务功能。完善的业务功能不但为企业全面开展各项商业活动带来了极大的便利,而且使商业活动的效率和水平都得到了显著的提升。

3.2.2 电子商务为企业创造的成本优势

电子商务为企业创造的成本优势主要体现在以下三个方面:

1. 电子商务能降低生产成本

据有关资料显示,一般产品的设计成本占产品生产成本的比例十分可观,而且按照顾客的要求开发出新产品的时间占新产品生产周期的比例也很高。电子商务在降低产品的设计成本和缩短产品的生产设计周期方面具有独特的优势,可以显著降低这两个指标。随着现代信息通信技术的快速发展,企业可以和它的供应商以及客户建立起一种电子网络联系,通过该网络企业能以比以前更快的速度传输和接收采购订单、发票等商务文件,甚至通过网络共享产品设计、开发资源,以便加快产品设计和开发的速度。

互联网的发展加强了企业联系的广度和深度,分布在不同地区的人员可以通过互联网协同工作,共同完成一个研究与开发项目,大大缩短产品的生产周期,节约大量的时间和经费,使企业比竞争者更好、更快地开发出新产品,进而占领市场,为企业带来强大的竞争优势。

2. 电子商务能降低管理成本

在电子商务时代,企业可以组织成为一个集规模化、柔性化和集成化为一体的有机系统,企业内部的各个环节可以共享信息资源,分摊管理成本。另外,企业的管理层利用网络收集、处理、传递各类信息的效率大为提高,突破了传统的管理幅度,提高了管理效率,降低了管理成本。

在企业的成本管理中,库存成本占有重要位置。电子商务可以降低企业的库存,使零库存生产成为可能。在过去,企业必须先把产品生产出来放在商场中等待销售,这样必然会占用资金和库容。应用电子商务后,产品如果没有需求企业就可以暂时不生产,等到新的需求产生后再进行生产,这样就可以大大降低库存成本。

3. 电子商务能降低交易成本

电子商务可以在两个方面促进企业降低交易成本:一是降低企业的促销成本。企业可以通过网站详尽地展示相关产品的信息,如价格、性能、式样等。国外的研究表明,企业使用互联网作为广告媒介,进行网上促销活动,可以增加数倍的销售量,而成本只有传统广告及邮寄广告的1/10;通过网络传递文件,其速度较普通方法可以提高81%;因错漏造成的经济损失可以减少40%。同时,企业还可以节省广告印刷费及电话、传真及差旅费的开支,从而降低促销成本。二是降低企业的采购成本。相对于传统的专用于电子数据交换(Electronic Data Interchange,EDI)等的专用网络而言,企业可以从互联网低廉的传输费用中得益。由于专用网络的接入成本较高,企业以前多通过传真和电话等联系业务,而电子商务以互联网为基础,互联网的应用可以大大降低处理费用,为企业开展完全的电子化交易创造了条件。

3.2.3 电子商务为企业创造的差异化优势

电子商务在为企业培育差异化优势方面有着多方面的作用,具体表现在以下四个方面:

1. 电子商务能全面展示企业差异化的独特形象

企业可以通过精心制作的网站向客户或潜在的客户群充分展示本企业的独特形象。这种形象宣传是传统的企业所无法比拟的:一是信息量大,以往很少有企业可以做这样内容丰富的形象宣传;二是面向数量庞大的潜在客户群,访问者通过企业的网站就能在无形之中感受到企业与众不同的形象魅力;三是展示范围遍布全球,不管访问者身居世界的何处,都可以领略到企业的差异化形象。另外,网站制作的个性化风格本身也是一种差异化。

2. 电子商务能提供差异化的客户服务

企业可以使用互联网进行客户服务,在网上介绍产品、提供技术支持、查询订单处理等信息。这样可以减少企业的客户服务人员的数量,让他们腾出时间来改进服务,协调与客户的关系,提高服务质量,使客户更加满意。如企业可以利用电子邮件接收客户的报修信息,企业在出售产品给消费者的同时向其提供有关报修的电子邮件的地址,当消费者所购买的产品出现故障时可以向企业发送电子邮件要求进行维修。

电子商务可以实现 7×24 小时的在线服务,任何人都可以在任何时候从网上查找企业的信息,寻求问题的答案。如果没有理想的答案,消费者还可以通过电子邮件以及微信、微博等方式进行询问。消费者即使不了解某个企业存在与否,也可以通过互联网上的搜索引擎中输入关键字的方式进行查找。企业的网址已成为永久性的地址,为全球的消费者提供不间断的信息源,向客户提供更方便的网上交易。在线式商店就能全天候、不间断地经营,这在传统的市场上是很难做到的。

3. 电子商务能满足顾客的个性化需求

电子商务使企业可以迅速地了解、分析顾客的个性化需求,并通过企业的自动订货系统,在第一时间满足顾客的这种个性化需求。如企业可以开设顾客服务邮箱,了解顾客的反馈意见。企业的电子论坛可以供顾客自由地发表对产品的评论,它是企业了解顾客对本企业的产品、服务等全方位真实评价的有效工具。通过与顾客在网上的讨论与交流,企业可以及时了解顾客的需求以及市场动态,为企业改进和开发产品提供信息,并通过网络反馈的顾客的需求信息,使面向顾客的活动更趋于个性化。

4. 电子商务能进行差异化的企业管理

电子商务将信息传递数字化,能有效地改善管理环境。企业通过内联网实现了企业内部信息的低成本共享,管理信息可以通过网络迅速地传递到每个部门和责任人员,实现信息传递的扁平化,从而可以实现中间管理人员的削减,降低管理成本,信息的传递也会快捷而准确。同时,通过接入互联网,企业可以实现外部信息的内部化,管理人员可以及时地获得各种商务信息,从而加速决策速度。

企业管理的方法也从硬管理逐步过渡到软管理。传统的企业强调机构、组织、计划、控制等技术性、经济性的强制性管理,而电子商务企业由于以知识为核心、以信息化为结构体系,因此更强调个性化、人性化的软管理,通过团队文化的培育,激发员工的积极性和创造性。

3.2.4 电子商务为企业创造的目标集聚优势

电子商务对企业形成目标集聚优势有着不可或缺的作用,主要表现在以下两个方面:

1. 电子商务能为企业增加商业机会

电子商务的触角可以延伸到世界各地,在互联网上,企业可以进入一个新的市场,这个市场是传统的人员促销和广告宣传所无法有效进入的。如原来销售能力不足的小供应商现在可以在网上寻找买主、介绍产品。类似的,一个卖主的销售能力可能无法满足全国几百万个家庭的需求,但通过电子商务,借助于数据库的应用,这个卖主就有可能建立起一个数量庞大的营销网络,从而增加新的商业机会。

2. 电子商务能创造未来发展机遇

电子商务为企业提供了巨大的潜在顾客群,给企业带来了未来发展的竞争优势。电子商务提供了经济有效的方式及与顾客联系沟通的网络站点,让顾客可以搜寻到他们所需要的信息,能为顾客提供企业的基本情况和可以提供的商品和服务的状况。同时,网络站点不间断地开放,只要有顾客来访问企业的站点,他就成为企业潜在的消费者,庞大的顾客源为企业的长远发展提供了充分的保障。

3.2.5 电子商务为企业创造的无边界扩张优势

无边界扩张优势是与互联网的特性相对应的,伴随着电子商务的发展与应用,这样的优势会逐渐得到显现。对于企业而言,实施电子商务,不但可以实现企业内部的扩张,而且还可以实现企业外部的扩张,虚拟企业将成为一种重要的企业组织形式。

虚拟企业这种特殊的企业组织形式,打破了企业之间、产业之间、地区之间的界限,使企业的各种经营资源组合成一种没有围墙、超越时空约束,利用电子手段联系、统一指挥的经营实体,为企业实现无边界扩张创造了条件。虚拟企业通过柔性化的网络将具有运作能力的资源联系起来,使企业的有限资源得到最优化的配置,对提高企业适应市场的能力和参与竞争的实力有着很强的促进作用。

3.3 利用电子商务强化企业的竞争优势

电子商务对企业的竞争优势有显著的影响,特别是对竞争优势的正面影响尤为鲜明。在数字经济时代,对于企业来说,只有成功地把握电子商务的发展机遇,充分发掘出电子商务的独特优势,才能尽快提高自身的国际、国内竞争力。如果与电子商务失之交臂,无视它蕴含的种种商机,企业就会在激烈的市场竞争中失去招架之力,最终被电子商务发展的大潮淘汰出局。因此,尽快实施电子商务战略已成为企业提高竞争力的必然选择。总的来说,企业实施电子商务强化竞争优势应采取以下对策:

3.3.1 提高对发展电子商务的认识

企业要通过成功地实施电子商务来强化竞争优势,首要的一条就是要转变观念,从思想认识上确立"电子商务是强化竞争优势的必由之路"的观念。从发展的趋势来看,电子商务必将成为未来商务活动的主要方式,企业如果不尽快地向电子商务转型,不但难以提高自身的竞争力,而且连基本的维持生存恐怕都难以做到。另外,企业实施电子商务战略,还要澄清一些片面的认识,走出观念上和认识上的误区,确确实实地对电子商务有一个正确、全面的认识。有些企业简单地认为,实施电子商务只要有相应的技术就能解决问题了。这种观念是很不正确的,"电子商务"必须依靠相应的技术做支撑,但它的本质是"商务",而不是"电子",否则就本末倒置了。还有一些企业正在逐步实施电子商务战略,但因为没有立即看到实施电子商务所创造的效益,于是开始有些怀疑起来。其实,实施电子商务战略是一项长期的系统工程,企业必须用长远的眼光来看待。据统计,美国有80%的商业机构在电子商务实施初期是亏损的,10%的商业机构盈亏相抵,盈利的商业机构只有10%。也就是说,在实施初期,企业不能见到预期的效益是正常的,可能的原因主要是由于大量的基础性投入所带来的资本消耗。但即使如此,实施电子商务可以看到企业的效率提高是非常明显的,对于推动产品的创新也是极为有益的,而这些正是企业未来竞争力的源泉。因此,企业不能被短期行为所迷惑,错失了提高竞争力的机遇。

当然,电子商务的发展必然会产生相应的成本,主要包括以下五个方面:

一是应用成本。电子商务为企业带来的低成本优势是在一定范围和一定阶段内的,电子商务本身会带来一系列的应用成本。

二是技术成本。技术成本包括硬件购买与维护费用,软件购买、开发和升级费用,以及对员工应用电子商务技术进行培训的学习费用和时间成本等。

三是安全保障成本。为了保障网上交易的安全性,企业必须开发一系列的技术保障措施,这些技术保障措施的增加加大了电子商务的营运成本。

四是物流配送成本。随着电子商务的发展,物流配送环节常常需要剥离出来,由专门的物流公司来承担物流配送任务,但是物流配送的独立操作引发的物权归属、风险责任、产品质量和争议解决等问题必将带来一系列额外的开支。

五是法律纠纷成本。电子商务带来了安全性、保密性、网上欺诈、知识产权保护和授权认证管理等法律问题,企业需要建立一系列规则,这些规则虽然可以有效地减少交易纠纷,但同时也增加了操作难度和成本负担。

3.3.2 积极稳妥地推进电子商务实施

企业实施电子商务是一项涉及方方面面的复杂的系统工程。因此,企业在实施电子商务战略之初就必须通盘考虑,做出一个全面合理的规划。全面合理的规划包括企业实施电子商务战略的宗旨、长期目标和短期目标,电子商务的资金投入和人力资源配置计划,电子商务硬件、软件的系统规划,各个部门的具体工作安排,工作进程的计划,风险评估等,它还要求企业能够合理地选择整体解决方案,该方案可以委托专业公司来设计。通过全面合理的规划,企业可以在内部达成共识,以便更好地协调各种资源,为进一步的具体实施做好准备。实施电子商务战略是一项长期性的工作,既不可能一蹴而就,也不可能一劳永逸,所以企业不能盲目地追求"一步到位",可以选择标准化程度高、交易量大的网络营销和电子化采购作为切入点,有计划、分步骤,由浅入深不断地拓宽企业的电子商务应用领域,逐步实施电子商务的全面发展战略,这样才能保证提高企业竞争力的可行性。

3.3.3 充分发挥人力资本的独特作用

企业要实施电子商务,就必须高度重视人力资本的价值和作用,因为人才是企业最重要的财富和战略资源,企业必须配备包括系统开发人员、维护人员、专业操作人员等在内的各种信息技术人才和经营管理人才。

企业可以通过良好的用人机制吸纳一批专业技术人才,发挥他们在电子商务发展中的核心作用。一方面,企业可以用美好的事业前程、优厚的物质待遇、真诚的人本精神让他们为企业提高竞争力奉献自己的才华;另一方面,企业要高度重视对原有员工的培训,因为引进的人才毕竟是少数,只有让全体员工都树立起利用电子商务来提高企业竞争力的观念,并且掌握一定的专业技能,电子商务才能在企业真正蓬勃地发展起来。在具体的培养方式上,企业可以通过自主培养或与高校、科研机构合作等多种形式培养出适合企业电子商务发展需要的各种专业人才。除此之外,企业还要通过企业文化建设,增强员工团队精神,形成一致的价值取向,增强企业的凝聚力,创建学习型组织和创造型组织,使广大员工不断地掌握新知识、新技能,适应电子商务时代的发展需要,为全面提高企业竞争力提供支撑。

3.3.4 为电子商务的发展提供运营支撑

在电子商务的发展过程中,企业内部的各个部门之间,企业和外部的厂商、客户之间,企业的物流、信息流和资金流之间的运作方式都将发生本质性的变化。可以说,和企业价值增值相关的所有活动构成的价值链都将发生巨大的变化。因此,企业只有为电子商务的发展提供相应的运营支撑,才能适应新的发展变化。

为了达到电子商务发展所需要的运营要求:一方面,企业要确保组织结构更加精简,业务流程更加高效;另一方面,企业要使各个部门依托电子化的手段实现作业过程的并行化、规范化和标准化。

3.4 典型案例 电子商务助华为"荣耀"强势崛起

华为集团(以下简称"华为")是全球领先的信息与通信基础设施和智能终端提供商,在电信网络、企业网络、消费者和云计算等领域构筑了端到端的解决方案优势。华为的产品和解决方案已经应用于140多个国家和地区,服务全球1/3的人口。"荣耀"作为华为的子品牌,以电子商务作为基本的运营模式,经过数年的快速发展取得了卓尔不凡的成效,不但使"荣耀"在强手如林的手机终端市场中脱颖而出,而且还为华为面向电子商务的转型提供了强有力的支撑。

3.4.1 发展背景

手机终端是华为重要的产品。2011年,华为终端公司开始谋求向个人消费者市场转型,公司的理由是:要想打造全球顶级消费者品牌,华为终端公司必须具备强大的产品能力和创新能力。为此,华为制定新战略,决心建立"以消费者为中心"的文化,从而支持终端业务部门应对我国以及全球的竞争。为了更好地实施这一战略,华为采用的是双品牌计划:一个是"华为"主品牌,定位为高端市场,采取高价位、高规格营销策略;另一个则是"荣耀"子品牌,定位为中低端市场,以性价比高、价格亲民为特色。2011年年底,华为推出了第一款荣耀"Honor"手机,型号为U8860,当时的定位是华为云手机战略机型。这款手机凭借出色的配置、良好的体验及高性价比的价格,迅速获得了市场的认可,销售量与口碑急剧上升,随后的"荣耀2"和"荣耀3"也都成绩不菲,累计出货量破500万部。

在起初的几年,"荣耀"系列产品都是由华为终端公司一个相对独立的团队运作,除了与线下其他的产品线共享集团的技术、服务支撑以外,其余均较为独立。不过,在后来的发展中,以电商为主战场的"荣耀"产品与华为自身线下产品"打架"的问题日益增多,如产品规划、上市定价、渠道策略都相互影响了各自产品的正常发展周期等。与此同时,当时"荣耀"的发展还面临着"小米"的直面竞争,"小米"采用电商模式近乎一骑绝尘,连创佳绩。"荣耀"被迫与之正面竞争,"荣耀1"对"小米1"、"荣耀2"对"小米2"、"荣耀3"对"小米3"……双方短兵相接、胜负难分。为了适应新的形势的需要,"荣耀"必须在电商领域与"小米"抗衡。要拥抱电商,规避体制壁垒,避免线上与线下"打架",于是"荣耀"于2014年正式独立运作。

3.4.2 电商布局

"荣耀"独立运作启动后,如何利用电商来彰显竞争优势是华为首先需要思考的问题。如何对电商进行定位在华为内部曾引起过不小的争论,尤其是将"荣耀"看作是电商的渠道还是电商的品牌,是一个令人纠结的问题。经过深入的研究后,华为最终形成了一致意见,认为电商渠道只是一种渠道模式,只是电商最初级的阶段,而电商的成功需要改变一种观念,打造一种新的模式,包括产品研发、渠道、营销等都要有所变化,所以单纯地将电商当作一种渠道是不符合"荣耀"的发展需要的。而且,"荣耀"之所以走电商这条路是看到了自身在电商领域中的机会和可能性,具体包括:一是要避免线上、线下的渠道打架或是窜货的问题,这样就必须是"线上"+"线下"(运营商与社会公开渠道)双轮驱动的模式,以满足各类想要"荣耀"的消费者;二是在销售平台上要全面开放,包括京东、天猫、苏宁易购、1号店、唯品会、亚马逊等电商平台均能全面开售;三是在海外要采用灵活多变的商业模式,针对不同的产品寻找最适合自己的商业模式。

明确了发展方向和定位后,"荣耀"最终选择了走电商品牌化的道路,坚持以产品为中心,以高质量和高性价比来打造"荣耀"品牌,并在产品的研发和制造过程中利用互联网广泛地征集用户对产品的建议,为用户提供更加贴心的体验。

3.4.3 电商的发展过程

确定了发展思路后,"荣耀"开发出了一系列信号超强、品质优良、设计美观、超长续航和价格适中的产品,其中"荣耀6"于2014年6月在多个电商平台上市,广受欢迎,紧接着同年8月"荣耀3C畅玩版"上市,也在市场上引起了巨大的反响。在2014年独立运作的一年里,"荣耀"的销售额即从1亿美元迅速增长到20亿美元,增长近20倍,"荣耀"也成为历史上最快到达10亿美元销售额的品牌。这一速度竟然达到了我国手机2014年增速的100倍。

"荣耀"在海外的成绩更是堪称奇迹,2014年下半年才正式进军海外市场的"荣耀"在短短6个月内就突破了57个全球市场,"荣耀6"及"荣耀3C"都成为各地的热销机型。"荣耀6"在德国、法国、西班牙、意大利和英国荣登畅销榜,特别是在法国的亚马逊网站上,"荣耀6"在亚马逊全部科技类产品中超越iPhone6位列第四名;而在手机品类中,"荣耀6"的黑款和白款分别一举包揽了最畅销手机的第一名和第二名。与此同时,"荣耀"的用户成为互联网时代最活跃的用户群体。在"荣耀"手机内置的应用市场内,每天有超过3500万的下载量;而"荣耀"手机的用户每天上网平均时长达到13个小时以上,"荣耀"手机成为名副其实的互联网手机。

3.4.4 电商竞争优势的形成

"荣耀"品牌传承了华为"以客户为中心,以奋斗者为本"的价值观,用相对"笨"的方法讲诚信、做实事,希望传递正能量的品牌形象,形成一种独特的文化。"荣耀"的竞争优势主要体现在以下四个方面:

1. "荣耀"的成本优势

企业利用传统的线下渠道进行销售,手机的营销渠道和广告费用一般要占到30%～50%,而利用电子商务手段进行手机销售,可以节省近30%的成本,大大提升了产品的竞争力,因此价格优势十分明显。以单款手机总销售量达到800万部的"荣耀3C"为例,售价798元的手机的各项参数都要比当时市场上千元的手机高出不少。因为价格实惠、性价比高,"荣耀"每次推出新款产品均能取得良好的市场反响,尤其是受到年轻人的普遍欢迎。"荣耀"的成本优势除了来自于电子商务的应用以外,另一个来源是对零部件供应商的有效管控,这有赖于华为在通信行业的独特地位以及对供应商的长期互惠互利的合作。

2. "荣耀"的差异化优势

"荣耀"建立起了一支全情投入的创新团队,团队成员具备"以用户为先"的战略思考能力,并能在克服阻力的同时推进创新,有力地保证了"荣耀"产品的创新能力,为差异化优势的形成提供了强有力的保证。以操作系统改进为例,"荣耀"不是单纯地进行界面叠加,而是基于对操作系统的深刻理解,对每个安卓模块都进行了代码级的分析和优化,使得"荣耀"的操作系统有了更加专业化和个性化的支持,给用户带来与其他品牌风格迥异的感受。

3. "荣耀"的目标集聚优势

"荣耀"有十分明确的市场定位——面向年轻人的互联网科技第一品牌,提炼出了"勇敢做自己"的宣传口号,充分吸收全球优质的文化和设计基因,关注全球年轻人对美的追求。华为在国内聘请吴亦凡为代言人,在全球聘请布鲁克林·贝克汉姆为代言人,在法国聘请歌手露安·艾梅哈为代言人,形成了一种传递正能量的新青年文化。

"荣耀"的主要目标客户是18—37岁的移动互联网重度用户,这一群体的用户更加追求极致的性价比,有超长的续航能力要求,同时对软件升级要求快速迭代,能得到各种与众不同的应用体验。"荣耀"通过电子商务的手段,专注于这一特定的目标用户群,成为这一用户分布极其密集的细分市场的主要服务商。

4. "荣耀"的无边界扩张优势

电子商务为"荣耀"的业务拓展提供了无边界扩张的可能,尤其是在国际市场的开拓方面,电子商务更是功不可没。"荣耀"优先选择电子商务发展潜力巨大的国家作为突破口,包括印度、巴西、西班牙、印度尼西亚以及墨西哥等,并根据当地市场的需求进行有针对性的设计和开发。如印度的用户更喜欢色彩艳丽、背景丰富的产品,于是"荣耀"就专门开发了相关的产品。为了引领适合年轻人追求的时尚,"荣耀"还在巴黎和伦敦打造了美学设计中心,为消费者带来引领国际时尚潮流的体验。

在国际市场上,"荣耀"积极与各类电商合作伙伴结盟,如通过与东南亚著名的电商平台虾皮网(Shopee)合作,"荣耀"成功地进入马来西亚市场,并在该国推出了全球首个魅力红"荣耀V10"手机,随后又推出了"荣耀"首款全屏四摄手机——"荣耀9青春版",均取得了非同凡响的效果。在法国,"荣耀"通过亚马逊电商平台实现了在全部科技品类产品中超越iPhone6的好成绩,深受法国年轻人的追捧。

3.4.5　案例评析

"荣耀"是互联网手机的后来者，在正式独立运作之前，"小米"已经捷足先登，且市场领先优势极其明显。"荣耀"一方面虚心地学习，积极借鉴"小米"的成功做法，另一方面积极创新，探索出一条行之有效的利用电子商务彰显竞争优势的发展道路。

在电子商务的发展过程中，"荣耀"并没有被广为流行的"互联网思维"所左右，而是更多地遵循了传统的以产品为中心的模式，让品质说话，以性价比取胜，并在坚持这一基本原则的基础上充分利用电子商务来控制成本、促进差异化、强化目标集聚并实现无边界快速扩张，在短短的数年中后来者居上，成为我国手机行业中的领军企业。电子商务在"荣耀"的产品规划、产品定位、市场营销和质量管理等诸多环节发挥了十分重要的作用，为凸显企业的竞争优势夯实了基础。

随着5G时代的到来，"荣耀"既面临着不可多得的历史机遇，又将遭遇很多未知的挑战，需要在新的起点重新出发，再创辉煌。

3.5　本章思考题

1. 企业竞争力与企业的竞争优势是一种什么样的关系？
2. 企业竞争力的来源有哪些？
3. 企业的竞争优势主要表现在哪些方面？
4. 电子商务能为企业带来了哪些方面的竞争优势？
5. 收集相关案例，试分析电子商务是如何强化企业的竞争优势的。

第 4 章

电子商务与人力资源管理

在激烈的市场竞争中,人力资源无疑是企业最为宝贵的财富。国内外众多企业的实践表明,企业之间的竞争归根结底是企业人力资源之间的竞争。夯实人力资源的根基,充分发挥人力资源的价值和优势,正成为众多企业的共同选择。电子商务的发展与人力资源管理密切相关:一方面,企业实施电子商务的成效在很大程度上有赖于一定数量和质量的各类专业人才;另一方面,电子商务的快速发展对企业人力资源管理的技术和方法也带来了根本性的变化,使企业人力资源管理进入一个新的发展阶段。因此,传统的以"人事管理"为核心的人力资源管理正面临着重大的挑战,积极利用电子化的手段和方法以实现人力资源管理的跨越和突破是当今时代广大企业所面临的共同任务。

4.1 电子商务对人力资源管理的影响

众所周知,任何一个企业的生产和经营活动都离不开人力、财力和物力三种最基本的资源。对于企业而言,人力资源是指企业组织内外具有劳动创造能力的各种人员的总和。从个体的角度理解,人力资源包括体力、智力、知识和技能四个方面。人力资源的素质则包括文化素质、精神素质和技能素质三个方面,它是个体通过在劳动过程中表现出来的劳动态度、工作质量、创新能力、独立工作能力、动手解决问题的能力、自学能力以及知识水平等来衡量的。电子商务的发展给企业的人力资源管理带来了多方面的影响,主要表现为下六个方面:

4.1.1 人力资源的争夺战已愈演愈烈

现代信息通信技术的发展需要大量高素质的专业人才,尤其是高层次、复合型的高素质人才最为抢手,世界各国纷纷以各种手段展开了人才争夺战:美国每年发放数万个工作签证以引进国外的现代信息通信技术人才;德国在全球范围内实施了招揽现代信息技术人才的"绿卡工程";日本政府除了大力引进现代信息技术人才以外,还决定投入巨资,每年对100

万人进行现代信息技术培训。我国相关的专业人才短缺的现象表现得十分明显,具体体现在以下三个方面:

第一,人才供应严重不足。高等院校是培养高级人才的主要阵地,但是,高等院校培养的人才数量和质量与社会的需求有较大的差距,在很大程度上滞后于电子商务发展的需要。

第二,面临着强大的国际企业的竞争。伴随着信息网络化、经济全球化的快速推进,国内市场的国际化程度越来越高,国际企业的人才本土化战略使国内外企业的人才争夺战不断地升级,国内的企业明显处于弱势。

第三,我国的企业(特别是作为国民经济支柱的国有企业)对人力资源管理的重视程度不足,观念落后。曾长期在计划经济体制下运作的我国企业一向重视"以档案管理为核心"的人事管理,而忽略人力资源的培养、开发和利用,再加上体制的束缚,使得吸引人才、培养人才和留住人才的能力明显偏低,在与国际企业的人才竞争中,无论是企业提供的待遇、工作环境,还是个人的发展空间,都缺乏足够的吸引力。

4.1.2 人才的自主权将显著上升

众所周知,知识经济时代是"人才主导"时代,也就是说,进入知识经济时代后,人才具有了更多的就业选择权与工作的自主决定权,而不是被动地适应企业或工作的要求。电子商务的发展使这一现象表现得更为突出,体现在两个方面:一方面,现代信息通信技术在人力资源管理中的应用使得网上招聘逐渐普及,求职者可以通过网络在全国甚至全球范围内寻找合适的职位,高素质人才跳槽很简单,只需要动动鼠标;另一方面,需要招聘的企业同样可以通过网络在全球范围内搜索到理想的人才,一些优秀的人才在不知不觉之中成为众多企业共同追逐的目标。

电子商务的发展同时也使得人力资源的配置进一步优化,市场配置人力资源的作用得到进一步强化。人才自主权的扩大要求企业充分尊重人才择业的选择权和工作的自主权,并站在人才内在需求的角度最大限度地为他们创造良好的工作条件、宽松的工作环境和符合市场标准的物质待遇,做到"以事业留人,以感情留人,以待遇留人"。

4.1.3 人力资源管理的重心将向知识型员工转移

知识型员工是指主要依靠智力创造物质财富的员工。他们通过自己的创意、分析、判断和设计等为企业提供创造性的贡献,为产品或服务带来高额的附加价值。在一般性的企业里,管理人员、专业技术人员和营销人员等大都属于知识型员工,他们普遍都具有较高的学历和丰富的专业知识,有独到的见解、活跃的思维和强烈的创造欲望,并且希望张扬个性,实现个人的自我价值。

市场竞争的不断加剧使得任何一个企业的生存与发展都必须依靠众多知识型员工作为支撑,电子商务的成功尤其需要知识型员工的智慧和创造性的劳动,同时,电子商务的发展也将造就越来越多的知识型员工。因此,对于求生存、谋发展的企业而言,人力资源管理的重心势必向知识型员工转移。对知识型员工的管理:一方面,企业要充分尊重他们的意愿,为他们创造各种可能的条件;另一方面,企业还要根据他们的特点,采用可行的管理方法,制定高效的激励措施。

4.1.4 学习与培训成为人力资源管理的基本任务

现代信息通信技术的发展使得知识的传播与扩散变得极为快捷、高效、低成本,同时也使得知识的更新速度日益加快,这迫使员工要不断地学习,以提高自己适应新技术和新环境的能力。与此同时,网络技术在企业管理中的应用也使员工的学习与培训要比过去变得更为方便、灵活,并富有成效。因此,在电子商务环境下,组织员工进行学习与培训,提高员工的素质将成为人力资源管理的一项基本任务。对于知识型员工来说,一方面他们希望能够紧跟时代的潮流,不断地更新、提高自己的知识水平;另一方面,他们已不再满足于传统的课堂教学方式,希望能根据自己的时间、个人的兴趣、工作的需要来选择学习内容和学习方式。因此,与此相适应的电子化学习、电子化培训已开始流行和普及。

我国至今仍有很多企业没有对培训工作引起应有的重视,往往停留在由各业务部门分别举办短期、应急型的培训,如引进先进的设备、质量体系贯标等,人力资源管理部门还没有从开发员工的能力、提高企业竞争力的角度,把员工的培训纳入企业长远的发展计划。这一点与国际企业的差距非常大。比如,福特汽车公司的人力资源培训,其高层管理人员认为教育的关键是改变公司员工对公司的态度,要求他们以股东的心态对待工作。在员工培训中,有一门叫"发展创造力"的课程就是以全公司在100多个国家和地区的5.5万名员工为对象,以节省公司的开支和增加收入为目的而提出的,结果员工提出的方案使福特汽车公司的生产效率大幅度提高。又如,成立于1928年的摩托罗拉公司是全球芯片制造、电子通信的领导者。2011年完成分拆并出售移动通信业务之后的主体——摩托罗拉系统公司在全球数字集群通信、无线通信、无线网络和企业移动解决方案等业务领域位居全球前列。摩托罗拉系统公司在中国推行人才本土化战略,每年对中国员工培训的投入达到数千万美元,其中部分用于中国员工到海外受训,以确保员工有更多的机会得到学习和成长。由此可见,提供更多、更有成效的学习与培训的机会将是知识经济时代我国企业人力资源管理工作面临的一项重要任务。

4.1.5 有效的激励与沟通成为留住人才的重要条件

在愈演愈烈的人才争夺战中,如何留住人才并最大限度地发挥他们的积极性和创造性,这是所有的企业经营者都在思考的问题。在以电子商务发展为主要特征的新经济时代,有效的激励与沟通成为企业留住人才的重要条件。

我国企业的激励机制还存在着不少问题,主要表现在以下三个方面:

第一,激励方式单一,激励力度偏低。我国大多数企业基本采用工资、奖金的形式作为员工的物质报酬,而缺少其他有效的长期激励措施。并且,对企业的经营者、技术人员、营销人员的激励水平与国外企业相比明显偏低,不利于调动员工的积极性。

第二,激励对象模糊,分配不公现象严重。在传统的体制下,企业激励对象的选择较为模糊,大家拿的都是差不多水平的工资、奖金,干好与干坏的差别并不大,分配不公平导致企业运作的效率低下。

第三,缺乏科学合理的绩效评估体系。不少企业往往凭经验或个人印象来判定员工的工作业绩和工作能力,因缺乏科学、合理、健全、公正的绩效评估标准,不知不觉地挫伤了广大员工的积极性。

在沟通方面,我国的企业同样存在着不少的问题,表现在以下三个方面:

第一,由于传统的、金字塔型的企业组织结构使得上下级之间的等级观念十分明显,不利于信息的传递和感情的沟通;

第二,由于企业内部条块分割、各自为政的现象严重,导致企业各部门之间的协调合作障碍重重,必然会影响企业的运营效率;

第三,由于过分强调个人利益服从集体利益,却忽视了个人利益和情感需求的满足,在无形中影响了员工的积极性的发挥。

企业要想留住人才,更好地发挥他们的积极性和创造性,就必须探索积极有效的激励措施,切实加强企业内部上下级之间、各部门之间、员工与员工之间的交流与沟通,特别是要注意应用电子沟通的方法营造平等、高效、和谐的沟通环境,更好地满足员工的心理需求。

4.1.6　人力资源管理人员的地位和素质要求提高

在全球经济一体化和电子商务共同发展的大背景下,企业的人力资源已成为企业竞争力的基本来源,企业的人力资源管理部门也由此而上升为企业的战略决策部门。因此,企业的人力资源管理人员的地位和素质要求与传统的计划经济体制下的人事管理相比已不可同日而语。在国外的不少企业中,人事副总裁或人力资源部经理已成为企业高层决策班子的主要成员,对企业的发展起着举足轻重的作用。企业的人力资源管理人员必须要有前瞻性的战略眼光,能审时度势把握企业的发展方向,为企业的持续、稳定发展做好人力资源的开发与管理工作。他们应具有专业的知识和技能,要有爱岗敬业的精神,同时还必须懂得与职业相关的规则。在美国,人力资源管理人员的基本素质被概括为以下七个方面:

(1) 具有善于交际的技巧,能够倾听和理解他人的需求和想法;

(2) 具有较高的语言表达能力;

(3) 具有协调解决问题的能力(即协调雇员关系);

(4) 能运用统计技巧阐述劳动及相关状况;

(5) 具有法规方面的知识(如劳工法);

(6) 具有管理领导能力(即能引导和培训各层管理者建设性地做好管理工作);

(7) 对企业的发展战略目标要了如指掌,并参与职能部门的目标制定工作。

4.2　电子商务环境下人力资源管理的实施

从企业管理的角度来看,电子商务的发展对传统的人力资源管理的思想和模式提出了多方面的挑战。就我国企业而言,为了更好地适应电子商务发展的大潮,必须建立起以人力资源开发与利用为核心的人力资源管理体系,需要从职务分析、招聘安排、培训体系、工作环境、职业生涯规划、绩效考评、激励机制和沟通渠道等多个方面入手实现全面的创新。

4.2.1 科学的职务分析

职务分析又称工作分析,是指人力资源管理人员根据企业的生产经营目标,对某项特定的工作进行详细、准确的描述,对工作的职责、权利、隶属关系、工作条件等进行具体的说明,并对完成该项工作所需要的行为、条件、人员等提出具体的要求。职务分析由工作描述和工作说明书两个部分组成:工作描述主要用来确定工作的具体特征,包括职务名称、工作活动和工作程序、工作条件、工作内外部环境以及聘用条件等;工作说明书是对任职人员提出的具体要求,包括一般要求(如年龄、性别、学历、工作经验、专业特长等)、生理要求(如身体状况、身高、视力、感官灵敏度等)和心理要求(如观察能力、学习能力、记忆能力、理解能力、决策能力、事业心、合作精神等)。

科学的职务分析是企业进行人力资源管理的基础,它对企业能否招聘到合适的人才以及怎样更好地使用人才、激励人才和留住人才起到极为重要的作用。表 4-1 是关于某农产品公司电子商务部经理的职务分析。

表 4-1 某农产品公司电子商务部经理的职务分析

职务名称:	电子商务部经理。
上级主管:	营销公司总经理。
职位目的:	开发线上销售市场,为网上客户提供相应的服务。
工作职责:	1. 负责网上重要客户的信息收集; 2. 网上特殊订单的处理; 3. 网上促销活动的设计; 4. 网上客户特别投诉的处理; 5. 网上重要客户的走访; 6. 协调网上特殊订购商品的生产与设计; 7. 负责与银行的协调,网上支付特殊问题的处理; 8. 与营销公司的其他部门共同制订营销方案……
任职要求:	1. 年龄不超过 35 周岁; 2. 男女不限; 3. 经济管理类专业本科以上学历,有良好的信息通信技术应用能力; 4. 从事营销管理工作 3 年以上; 5. 有良好的合作沟通能力; 6. 英语熟练……

我国有不少的企业一般要等到出现岗位空缺时才进行职务分析,这样往往会滞后于人力资源使用的需要。人才市场的激烈竞争要求企业必须审时度势,把握现在和未来的发展方向,做到未雨绸缪,以企业战略为指导,将职务分析经常化、战略化和超前化,从而更好地发挥职务分析在人力资源管理中的基础作用,不断地提高企业人力资源管理的水平和适应能力。

为了得到科学、合理的职务分析报告,人力资源管理部门可以采取多种有效的方法以获取相应的信息,主要的方法有以下四种:

1. 问卷调查法

问卷调查法是指人力资源管理人员利用已编制好的问卷,请被调查者按要求填写,以此来获取有关工作信息的一种快速、有效、低成本的方法。这种方法一般要求被调查者对各种工作行为、工作任务、工作特征和工作人员的重要性、执行的难易度以及出现的频率等进行等级评定,以此作为评价实际工作内容和要求的基础。

2. 观察法

观察法是指人力资源管理人员通过人工或运用仪器设备在工作现场对员工的工作活动和行为进行观察,并运用文字或图表的形式对观察结果进行记录,从中获取职务分析信息的一种方法。

3. 访谈法

访谈法是指人力资源管理人员就某项工作与从事该项工作的个人或小组,或其上级主管领导,或过去的在岗人员就工作特征、工作性质、工作内容和工作要求进行访谈、讨论或交流的一种方法。

4. 直接参与法

直接参与法是指人力资源管理人员通过直接参与某项工作,从而全面细致、深入系统地体验、分析和了解某项工作的特点、内容与要求的一种方法。

4.2.2 周密细致的招聘安排

人才招聘是企业引进人力资源的基本环节,它既是外部人才了解企业的状况、决定是否加盟的一次机会,也是企业选择优秀人才的一项活动,在人力资源管理工作中具有重要的地位。在日益激烈的人力资源争夺战中,人才招聘已成为展示企业的实力、弘扬企业文化的一个缩影,有人把它比喻成企业之间人力资源争夺接力赛中的"第一棒"。如果"第一棒"接不好,那么企业难免在更复杂的竞争中陷入被动。电子商务的发展对人才招聘最直接的影响是网上招聘为企业提供了一种方便、快捷、全球化、全天候、低成本的招聘方式,可以说是人才招聘方式的一场革命。但是,企业无论是采用网上招聘还是传统形式的招聘,能否招聘到合适的人才,周密细致的招聘安排是必不可少的,具体包括以下四个方面:

1. 科学合理的招聘计划

在招聘之前,企业必须对拟招聘的岗位和人员的要求提出具体方案;对招聘信息的内容和发布方式进行确定;对应聘者的测试程序和测试要求予以公布;对招聘费用做出预算;对新录用的员工何时到位做出说明。近年来,国内外IT企业在招聘过程中投入的人力、物力已极为可观,对吸引高级IT人才、经营管理人才等真可谓不惜重金。对于开展电子商务的企业来说,其所需要的基本都是社会热门专业的人才,为了招聘到适应企业发展需要的合格人才,企业就必须积极参与到人才招聘的竞争中去。因此,企业的领导者必须高度重视人才招聘工作,并在人力、物力等方面给予充分支持,以保证招聘工作的顺利进行。

2. 选择合理的人才来源渠道

对于各种类型的企业而言,选择人才来源的渠道是多方面的,主要包括以下四种类型:

(1) 内部选拔。

内部选拔是指在企业内部选择合适的人才。这是一种投资最少、见效最快的人力资源开发方法,能使企业的员工进一步得到合理配置,并且可以大大提高员工的积极性和主动性。

(2) 员工推荐。

员工推荐是指员工将朋友、同事或相应的合作伙伴推荐给企业,然后由企业通过面试考察等方式予以录取。企业通过与电子商务结合的方式可以给员工开辟推荐人才的宽阔渠道。

(3) 通过猎头公司物色。

通过从事高端人才中介服务的猎头公司提供帮助也是企业招聘特殊人才的重要渠道。猎头公司可以随时根据企业的需求展开相应的行动,帮助企业解决人才危机。

(4) 通过人才市场招聘。

这是企业招募一般性人才的主要渠道,有招聘需求的企业通过专门的人才交流会、招聘会从大量的应聘者中选择企业所需要的人才。由于可供选择的人才数量比较多,相对而言企业对人才的甄选、测评的工作量会比较大。

3. 把好人才"入门关"

招聘到的人才是否合适关系到企业今后的长远发展,因此企业必须坚持"公平竞争、宁缺毋滥、优才优聘"的原则。招聘过程中的公开、公平、公正是关系到企业声誉的大事,企业决不能因为各种阻力而使招聘工作流于形式;企业对一时招聘不到合适人选的岗位宁可暂时空缺,也不应让不合适的人员占据;企业对确有真才实学、急需的人才一定要打破常规,不惜代价地争取。

4. 严格的招聘测试

为了选聘到更合适的人才,招聘测试正受到越来越多的企业的重视。招聘测试包括面试、心理测试、知识测试和情景模拟等。

(1) 面试。

面试是指企业对应聘者的外在气质、个人修养、语言表达和反应能力进行综合测试的一种方法。面试是招聘测试不可缺少的组成部分,它的方式有非正式的聊天型面试、特定时间和特定地点的正式型面试、随机抽签型答题式面试和论文答辩型面试等,其中较为常见的是前两种面试方式,对一些要求较高的特殊职位的招聘则可以采用后两种面试方式。企业可以按自己的实际需要选择合适的面试方式。

(2) 心理测试。

心理测试是指企业通过一系列科学的方法来测量应聘者的智力水平和个性方面差异的一种测试方法。心理测试具体包括智力测验、个性测试、特殊能力测试等,近年来国外不少的企业把情商[①]测试作为心理测试的重要内容,同样值得我国的企业借鉴。

(3) 知识测试。

知识测试是指企业通过书面的形式对应聘者的知识广度、知识深度和知识结构进行综合测试的一种方法。其测试内容包括专业知识和一般性知识等。当然,我们对知识测试应

---

① 情商(Emotion Quotient,EQ)又称情绪智力,是指人在情绪、情感、意志、耐受挫折等方面的品质。一般认为,情商水平的高低对一个人能否取得成功也有着重大的影响作用。情商主要包括五个方面的内容:一是个体认识自身的情绪能力,因为只有认识自己,才能成为自己生活的主宰;二是妥善调控自己情绪的能力;三是自我激励的能力,它能使人走出生命中的低潮,勇敢地面对各种挫折;四是认知他人情绪的能力,这是个体与他人正常交往、实现顺利沟通的基础;五是处理人际关系的能力,即领导和管理能力。

有一个正确的认识,对于刚从正规院校毕业的应聘者,更主要的是看他在校期间的专业课的成绩,而不必再由企业组织测试。另外,如果企业要求应聘者花大量的时间进行准备,或者测试的范围漫无边际,往往会使一些优秀的应聘者或因放弃测试,或因测试结果不理想而与企业失之交臂,这种情况应引起企业的注意。至于对一些需要特殊知识的岗位或对应聘者的真实水平缺乏了解时,企业就有必要进行知识测试。

(4) 情景模拟。

情景模拟是指企业根据应聘者可能担任的职务,设计出一套与该职务实际情况相似的测试项目,将应聘者安排在模拟的工作环境中,要求应聘者处理可能出现的各种问题,以此来测评其应变能力、心理素质和处事水平的一种测试方法。采用情景模拟对于大多数企业来说还具有较大的难度,企业可以委托专业的顾问公司来组织,因为它们拥有丰富的实践经验和良好的测评工具,能够得到相对准确的测评结果。当然,专业的顾问公司在测试之前应做好详细的职务分析工作,全面了解企业和岗位对人才的要求,只有这样才能得到更为科学、合理的评价结果。

4.2.3 完善的培训体系

培训是指企业通过鉴别和确定员工为胜任现在或将来的工作所必备的能力及相关技能,组织员工通过有计划的学习,使他们提高这些能力和技能并达到相应要求的一系列的活动。企业竞争力在很大程度上取决于员工的素质,员工素质的提高在很大程度上必须依靠持续、科学、全面的培训。培训的作用在吸引员工、增强企业竞争力等方面表现得十分突出。美国的《财富》杂志每年都要评选出美国100家最适宜工作的企业,评价指标包括工资与福利、招聘实习、内部沟通方法、培训和多元化措施,其中培训是十分重要的衡量指标。多年来一直荣登榜首的谷歌公司十分重视对员工的培训,公司每年为不同的员工提供数十甚至近200个小时的培训。在那些最适宜工作的企业里,员工都由衷地感到教育和培训是企业提供给他们最好的福利,是比金钱更重要的激励措施,因为他们知道,无论是在本企业还是在其他的企业,教育和培训是个人事业发展的基本前提。

1. 选择合适的培训方法

不同的企业应根据不同的培训目的和培训要求采用不同的培训方法。企业比较常用的培训方法有以下五种:

一是教师讲授法。这是一种最常见的培训方法,优点是组织起来容易、成本不高,但由于缺乏交互性,培训的真实效果很难及时反馈。

二是研讨型培训法。这种培训方法多以专题演讲为主,培训对象可以直接发表意见,并可以在中途或会后与演讲者进行交流,适合于企业的高层管理人员或专业技术人员。

三是案例分析法。这种培训方法通过培训教师向培训对象提供相关的背景资料,让其寻找到合适的解决方法,由此可以激发学员的学习兴趣,启发学员进行思考,对提高学员分析问题和解决问题的能力有很大的帮助。

四是情景模拟法。即学员在培训教师设计的工作情景中扮演适当的角色,其他的学员与培训教师在学员表演后作适当的点评。这种培训方法富有趣味性,适用于人际关系处理等方面的培训。

五是个人自学法。这种培训方法比较适合于一般性知识的学习，对于具有一定学习能力与自觉性的学员来说是一种既经济又实用的方法。随着现代信息通信技术的发展，培训中所应用的技术手段也越来越多，最常见的有视听技术、网络技术等，用得较多的设备有手机终端、电脑、投影仪等。

2. 确定恰当的培训内容

针对不同的培训对象，企业对其所培训的内容也大不相同，以便更好地达到培训的目的。企业针对新员工进行的培训内容主要包括：一是公司概况，具体包括工作场所与基本设施，企业的历史、使命与前景规划，企业的产品、服务及工作流程，企业的客户和市场竞争情况，企业的组织结构及领导人物等；二是职位说明及任职要求，包括特定员工的职位要求、工作职责、工作方法和工作技能等；三是法律、法规、公司的规章制度和行为准则等。对在职人员进行培训是企业培训的重中之重，世界各国的大企业都不惜花费巨资来完善企业的在职培训体系。

3. 西门子公司的培训案例

成立于1847年的西门子公司在人才培训方面开创出独具特色的培训体系，它的管理教程培训举世闻名，值得我国的企业借鉴。管理教程分为五个级别，各级别的培训分别以前一级别的培训为基础，员工从第五级别到第一级别所获得的技能依次提高。其具体培训内容大致如下：

（1）第五级别：管理理论教程。

① 培训对象：具有管理潜能的员工。

② 培训目的：提高参与者的自我管理能力和团队建设能力。

③ 培训内容：西门子的企业文化、自我管理能力、个人发展计划、项目管理、了解及满足客户需求的团队协调技能。

④ 培训日程：与工作同步的一年培训；为期3天的两次研讨会和一次开课讨论会。

（2）第四级别：基础管理教程。

① 培训对象：具有较高潜力的初级管理人员。

② 培训目的：让参与者准备好进行初级管理工作。

③ 培训内容：综合项目的完成、质量及生产效率管理、财务管理、流程管理、组织建设及团队行为、有效的交流和网络化。

④ 培训日程：与工作同步的一年培训；为期5天的研讨会两次和为期2天的开课讨论会一次。

（3）第三级别：高级管理教程。

① 培训对象：负责核心流程或多项职能的管理人员。

② 培训目的：开发参与者的企业家潜能。

③ 培训内容：公司管理方法、业务拓展及市场发展策略、技术革新管理、西门子全球机构、多元文化间的交流、改革管理、企业家行为及责任感。

④ 培训日程：一年半与工作同步的培训；为期5天的研讨会两次。

（4）第二级别：总体管理教程。

① 培训对象：必须具备下列条件之一——管理业务或项目并对其业绩全权负责者；负责全球性、地区性的服务者；至少负责两个职能部门者；在某些产品、服务方面是全球性、地

区性业务的管理人员。

② 培训目的：塑造领导能力。

③ 培训内容：企业价值、前景与公司业绩之间的相互关系，高级战略管理技术，知识管理，识别全球趋势，调整公司业务，管理全球性合作。

④ 培训日程：与工作同步的培训两年；每次为期 6 天的研讨会两次。

(5) 第一级别：西门子执行教程。

① 培训对象：已经或者有可能担任重要职位的管理人员。

② 培训目的：提高领导能力。

③ 培训内容：根据参与者的情况特别安排。

④ 培训日程：根据需要灵活掌握。

4.2.4 营造平等、信任、灵活和相互尊重的工作环境

电子商务时代一个很重要的特点是知识型员工在企业的生存与发展中将起到极为重要的作用，他们的积极性和创造性的发挥在很大程度上取决于企业能否提供一个平等、信任、灵活和相互尊重的工作环境。因此，企业的人力资源管理把"信任人、尊重人、理解人、关心人、爱护人、帮助人和造就人"作为一项基本原则，并贯彻到日常的管理工作中去。

美国心理学家马斯洛把人的需要分成五个层次：生理需要、安全需要、感情需要、尊重需要和自我实现需要(如图 4-1 所示)，只有排在前面的那些需要得到满足以后才能产生更高一级的需要。对于知识型员工来说，尊重需要已成为基本的需要，没有尊重需要的满足也无法达到自我实现需要的满足。而尊重需要的实现要求企业能够营造平等、信任、灵活和相互尊重的工作环境。

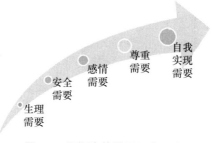

图 4-1 马斯洛的需要层次理论

电子商务对传统的金字塔型的组织结构带来了根本性的变革，对工业经济时代讲究等级、强调上下级地位差别的做法也产生了重大的冲击。因此，电子商务的发展非常注重领导层与员工之间、员工与员工之间的平等、信任和相互尊重，拒绝官僚主义，排斥猜疑和隔阂。"平等"要求领导层放弃"官本位"的思想，要处处考虑广大员工的利益，要充分吸收来自不同层次员工的各种意见和建议，要为每位员工提供公平、公正的发展机会；"信任"意味着领导层对员工能力的肯定，意味着员工对领导层决策和指挥能力的认可，也意味着员工之间的精诚团结、真诚合作；"灵活"就是指可变的工作时间，只要员工能获得预期甚至超过预期的业绩和成果，无论是在家里还是在办公室上班，或者在什么时候上班，这都将变得无关紧要；"相互尊重"要求企业考虑员工个人的意愿，要求领导层维护员工的个人尊严，要求企业的每

位员工更多地从对方的角度考虑问题,尽可能地为别人提供各种方便。

创造平等、信任、和谐的工作环境,肯定个人的尊严,对员工始终保持不变的尊重,这是摩托罗拉系统公司[1]经年不衰的重要原因。在摩托罗拉系统公司,人的尊严被定义为:

(1) 实质性的工作;

(2) 了解成功的条件;

(3) 有充分的培训并能胜任工作;

(4) 在公司有明确的个人前途;

(5) 及时中肯的反馈;

(6) 无偏见的工作环境。

在摩托罗拉系统公司,每个季度每位员工的直接主管会与其进行单独的面谈,就以上六个方面或更广的范围进行探讨。在双方取得共识后,员工会将自己对以上六个方面的评价输入一个全球性的电子系统中传送到总公司进行汇总并存档。在谈话中发现的问题将通过正式的渠道加以解决。此外,摩托罗拉系统公司的员工还享有充分的隐私权,员工的机密记录(包括病例、心理咨询记录和警方调查清单)等都与员工的一般档案分开保存,公司内部能接触到员工机要档案的仅限于"有必要知道"的有关人员,这种对员工隐私的周密保护也充分体现了该公司尊重人性的原则。

工作环境的灵活性是企业管理的显著特征之一。网络的广泛使用使得办公变得更加虚拟,只要能够将自己与整个网络连接起来,原先要求严格的工作时间、工作进度变得不再重要,员工在工作的时间、地点以及任务和进度安排方面有更多的自主选择权,而不是被传统的冷冰冰的命令体系控制住。

人力资源管理人员必须适应这种新的变化,因为在未来的人力资源管理过程中,不是让个性丰富、需求多样、经验各异的员工来适应人力资源管理人员单一的要求,而是人力资源管理人员必须通过积极的努力适应不同层面的员工的需求。这包括:在恰当的时候为企业提供恰当的人才;在薪酬体制上,应该更加重视经营结果,而不是其他的细枝末节之处;在员工管理方面,应该善于把具有价值的人才和一般劳动力、核心人才和边际雇用人才区分开来,让核心人才拥有更利于其才能发挥的工作环境与工作空间,而不应简单地把其束缚住。与此同时,人力资源管理人员还要善于运用覆盖面广泛的网络,创造共享、合作的企业文化,促进员工的沟通,让大家彼此合作、共同分享、共同解决问题,因为灵活的工作环境更利于创新灵感的激发,在自己卓越创造与贡献基础上的合作与共享是未来工作模式的主流。

平等、信任、灵活和相互尊重的工作环境既是企业员工的创造力之源,也是企业竞争力之本。这一目标的实现不能只停留在领导者的口头上,也不能光做成标语挂在墙上,它既需要企业上下持之以恒、脚踏实地的努力,也需要企业破除传统的观念,更需要创新的思想和行动。

4.2.5 满足员工个人发展的职业生涯规划

随着知识经济时代的到来,越来越多的知识型员工把追求个人事业的发展作为人生奋

---

[1] 作为手机的发明者,全球通信行业巨头摩托罗拉公司在经历了手机业务分拆之后,保留了以任务关键型通信为核心业务的摩托罗拉系统公司,是美国500强企业之一。

斗的重要目标。他们进入企业后就开始了自己在该企业的职业生涯,他们可能在这个企业只待上短短数月,也可能一二十年,甚至终生在该企业工作。员工的去留在很大程度上取决于这个企业能否为其设计出符合个人发展需要,同时又能使企业受益的职业生涯规划。每位员工都有从当前或未来的工作中得到成长、发展和获得各种回报的愿望和要求,他们为此而不断地追求理想的职业,寻求更大的发展空间,制定和不断地完善个人职业生涯规划是他们实现人生目标的重要内容。企业的人力资源管理部门必须充分考虑员工个人成长与发展的方向及兴趣,在企业条件许可的前提下,要尽可能使员工的个人发展愿望与企业的发展需要统一协调起来,使两者互为因果、同步发展,产生"企业以我为荣,我为企业添彩"的效果。

设计合理的个人职业生涯规划需要最大限度地体现出企业对员工价值的承认和对个人发展愿望的尊重。我国很多的企业长期强调"个人利益服从企业利益",对于它们来说认同员工的个人职业生涯规划首先必须树立起"充分尊重员工个人发展需要"的思想。不可否认,越来越多的企业管理者已经认识到了关心人、重视人的重要性,但他们往往把这个"人"看作是企业整体的"人",这样一来员工的价值和利益就等同于企业的价值和利益了,但事实上员工在追求利益时大多是以个体的形式表现出来的。因此,企业只有首先承认员工的个人追求,尊重员工的个人价值和尊严,才能使企业形成强大的凝聚力。从市场竞争的角度来看,不管企业规模的大小和实力的强弱,最终体现在企业拥有的人才的竞争实力,而企业的人才群体都是由独立的个体组成的,没有个体能力和积极性的提升,整体的力量往往是十分脆弱的。所以,国外很多优秀的企业都树立起了"只有员工的成功,才有企业的成功"的理念,以员工个人能力的提升和待遇的提高及成就感的满足来换取企业不断增长的经济效益。因此,员工的个人职业生涯规划在企业内的实现是大多数员工个人事业成功的重要标志。

4.2.6 公开、公平、公正的绩效考评

绩效考评(Performance Evaluation)是企业人力资源管理的重要环节,是指通过对某位特定员工的工作表现和工作成果的信息收集、分析判断和评价考核,做出全面、系统的考评结果的一项活动。对于某位员工来说,绩效考评是对其为企业所做出的贡献、所具有的能力和所表现出的工作态度的一个综合测评,测评的结果既是决定其报酬水平、福利待遇、职务升降、调动或辞退的重要依据,也是发挥其积极性的重要措施。对于企业而言,企业的战略目标和战略任务的实现有赖于各个部门分目标、分任务的实现,而这些分目标和分任务最终必须落实到每位员工的身上,所以对员工的绩效考评实际上也是对企业的战略目标和战略任务完成情况的总结。对于人力资源管理部门来说,对员工的绩效考评既是对招聘、培训、激励等工作的成效的检查,也是调整和优化人力资源政策的基本依据。因此,建立起公开、公平、公正的绩效考评体系对企业和员工的发展都具有重要的意义。

传统的绩效考评主要集中在业绩考核、能力考核和工作态度考核等方面。一般来说,企业对管理人员的业绩考核往往采用定性的方法,而对生产工人和工作可以量化的部门的员工则采用完成工作的数量和质量来进行考核;能力考核主要是企业对员工在执行工作中表现出来的能力进行考核,着重对知识技能与工作经验的考核;工作态度考核主要是企业对员工的组织纪律性、积极性、协调性、责任感和工作勤勉性等因素的考核。电子商务的发展使

得传统的绩效考评方法无法适应新的需要,主要有三个方面的原因:第一,电子商务要求发挥员工极大的创造性,并要在工作方式、时间安排等许多方面表现出较大的灵活性,这与传统的绩效考评方法是不相兼容的;第二,传统的绩效考评多关注员工过去的业绩,并不能对员工的潜能作前瞻性的预测,既不利于企业为员工设计出理想的个人职业生涯规划,也不利于企业人力资源规划的实施;第三,工作态度考核得到的可能只是员工较为片面的态度,有的员工对互联网、对新事物的真正热情往往不能得到真实的评价,从而影响了这些员工的开拓、进取精神。

因此,为了更好地适应电子商务的发展,在业绩考核中,企业要鼓励员工的创新精神,允许员工冒险、出现失误,要增加考核的弹性,同时要改变过去考核中"重德不重绩"的做法,对工作成果增加量化指标,对创新性成果要加大奖励力度,使业绩考核更具有鞭策作用;能力考核需要对员工的潜能进行把握与开发,企业可以借助于人员素质测评中的某些工具和方法来测量员工的基本素质,并以此作为对员工基本素质考查和潜能开发的重要依据;工作态度考核要加强对员工的性格、职业兴趣等方面的测试,以利于做好员工的职业生涯规划,把员工放到他最有热情、最有兴趣的工作中去,这样既有利于员工的个人成长与发展,也有利于企业整体绩效的提高。

在绩效考评方面,美国的通用电气公司为我们积累了很多有益的经验,值得我国的企业学习和借鉴。该公司采用的"360度考核法"在全球具有一定的影响力,具体是指被考核员工的上级、同级、下级和服务的客户对他进行全方位的评价。该员工通过评论知晓各方面的意见,清楚自己的长处和短处,以此来达到提高自己的目的。员工如果想知道别人对自己是怎么评价的,自己的感觉跟别人的评价是否一致,就可以主动提出来作一个360度考核。在使用360度考核法时,分为与被考核员工有联系的上级、同级、下级、服务的客户共4组,每组至少选择6人。然后,公司用外部的顾问公司来作分析、出报告交给被考核员工。考核的内容主要是跟通用电气公司的价值观有关的各项内容,4组人员根据对被考核员工的了解来判断其符合不符合价值观的相关内容,除此之外,再给出被考核员工3项最强的方面。上级、同级、下级对被考核员工都会有不同的评价,顾问公司据此分析得出对被考核员工的评价结果,被考核员工如果发现在某一方面有的组比同级给的评价较低,他就可以找到这个组的成员进行沟通,提出"希望帮助我",大家敞开交换意见。这种考核是背对背的,之所以称为"360度",是为了避免在考核中出现人为因素的影响,最终结果是为了让员工的业绩、能力和素质等方面得到全面提升。

4.2.7 富有吸引力的激励机制

激励是指企业通过各种客观因素的刺激来引发和增强员工工作动机的行为。换句话说,激励是企业为了完成预定的任务、达到预期的目标,采用各种物质和非物质的手段,最大限度地调动员工的积极性、主动性和创造性的过程。积极、高效、富有吸引力的激励机制是吸引人才、留住人才和发挥人才作用的重要条件。国外学者对激励的研究已有很长的历史,形成了众多有代表性的观点。如马斯洛的需要层次理论、美国心理学家弗雷德里克·赫兹伯格的"保健-激励"双因素理论、美国心理学家亚当斯的公平理论等。需要层次理论已在前面述及,这里简要介绍后两种理论的主要观点:

美国心理学家弗雷德里克·赫兹伯格在20世纪50年代提出了"保健-激励"双因素理论。他认为,保健因素犹如卫生保健对人的需要一样,当保健因素不能满足人的需要时就会引起员工的不满;但当保健因素超过员工的需要时,并不能产生更强的激励作用。保健因素包括企业组织的政策、行政管理、基层管理人员的质量、与主管人员的关系、工作的环境与条件、薪金、与同事的关系、个人生活、与下级的关系和安全等十个方面。按照弗雷德里克·赫兹伯格的观点,管理者首先必须保证员工的保健因素得到满足。激励因素是指能够激励员工的积极性、提高工作效率的因素,包括工作成就、工作成绩得到肯定、工作富有挑战性、责任感、个人得到成长和发展、个人得到提升等六个方面。他认为,这些激励因素对员工起到直接激励的作用,管理者必须尽力为员工提供具有挑战性的工作,为其做出更大的贡献、发挥更重要的作用创造各种条件,并对员工所取得的成绩和进步给予充分的肯定和奖励,促使他们为企业的发展尽最大的责任。

公平理论是由美国心理学家亚当斯于20世纪60年代提出来的,主要是讨论报酬的公平性对员工工作积极性的影响。他认为,员工常常通过横向比较和纵向比较来判断自己所获得的报酬是否公平。当某位员工与别人相比觉得自己得到了过高的报酬或者付出了较少的努力时,他可能会自觉地增加努力的程度,但一般不会要求减少报酬。这时,管理者要及时地增加员工的工作任务,否则会导致该员工因重新过高地估计自己的工作成果而产生错觉,认为高报酬是理所当然的。当该员工与别人相比觉得自己得到了过低的报酬或付出了较多的努力时,他必然会感到不公平和不合理,这时他会要求增加报酬或自觉地减少对工作的投入,严重者可能会想到离职。这是需要管理者极力避免的,员工的不满往往不是因为他得到的报酬低,而是因为他觉得不公平。

电子商务的发展对企业的激励机制提出了新的要求:一方面要求企业针对不同员工的独特需求提供个性化的激励措施;另一方面要求企业在提高薪酬激励方面能够坚持市场标准。对于知识型员工而言,他们对激励措施的需求是多方面的,传统的金钱财富激励对于他们来说未必是最重要的方式。实践证明,不同的激励措施在知识型员工中的相对权重存在着很大的差别,具体内容参见表4-2。

表4-2 不同的激励措施在知识型员工中的相对权重

激励措施	个人发展	工作自主	工作成就	金钱财富	其他	合计
相对权重	34%	31%	27%	6%	2%	100%

美国的《财富》杂志也曾对100位美国最佳企业的员工进行调查,得出的结论是:当员工决定去与留的关键因素时,几乎没有人提及金钱。这一结论与我国的企业普遍认为的"金钱是第一激励要素"的观念有较大的出入。在计划经济体制下,我国企业实行的是普遍的低工资,薪酬收入是员工养家糊口最基本的收入来源,直到今天,很多员工还是把工资、奖金收入作为基本生活来源。但是,对于高素质、高学历、高层次的知识型员工而言,金钱的激励作用已退居相对次要的地位:一方面是因为他们的收入水平总体较高,大都属于高收入群体;另一方面,他们更看重个人未来的发展,追求更为长远的目标。基于这一点,一些发达国家的企业越来越重视把非物质激励作为"锁定"员工的重要举措。诱人的企业发展前景,可望又可即的个人发展愿景,良好的工作环境,合作、信任、尊重的企业文化对每位有志者来说都具有强大的诱惑力。

近年来,一些发达国家的企业把培训作为激励措施的一种重要形式,即企业通过为员工提供各种培训和学习的机会来达到激励员工的目的。这种方式突破了常规培训的限制,对表现突出、有较大发展潜力的员工专门通过培训的形式予以奖励,以促使其能力和素质的提高、自身人力资本的增值,并为其将来更好的发展打下坚实的基础。除此以外,增强员工的参与感、授予各种荣誉称号、提供带薪休假等方式在企业中也颇为流行。

在薪酬激励方面,企业必须改变单一的"工资+奖金"的激励方式。对于一个确实希望留住精英人才并希望他们能安居乐业的企业来说,提供富有市场竞争力的薪酬是必需的。薪酬的组成包括工资、奖金、股票和股票期权等,一般来说,工资和奖金属于短期激励方式,而股票和股票期权则属于长期激励方式。发达国家的企业非常注重股票和股票期权在长期激励中的作用,特别是用股票期权来吸引员工的方式应用得越来越多。股票期权是指企业的员工在某一段时期内有按照某一约定的较低价格买进企业的股票的权利,员工在买入期权时多会将股票卖出,他的收益等于期权有效期内股票市价与固定的合同买入价之差。这样可以促使员工努力地提高企业的长期盈利水平,让股票升值。在我国,有条件的企业应积极探索行之有效的激励方式,使薪酬激励更加科学、更富有吸引力。

世界著名的直销巨头安利公司在激励制度方面具有自身的独特性,主要包括以下四个方面:

一是合理的奖金制度。安利公司针对销售人员设计的奖金制度曾被美国著名的哈佛商学院收入教材,这一奖金制度不仅更好地激发了销售人员的销售热情,同时也把安利公司和危害社会的非法传销组织"老鼠会"区分开来。因为在这一制度下,销售人员不可能一劳永逸或者不劳而获,只有销售业绩上升了,收入才会水涨船高;反之,如果销售人员抱着拉人头、一劳永逸的思想,收入就会下降,甚至为零。

二是花红的可世袭性。当销售人员为安利公司的事业发展所做的贡献达到一定程度时,就能享受可以世袭的管理花红。前人栽树,后人乘凉,以人为本,为员工着想,安利公司利用这种方式较好地解决了员工发愤图强、取得成绩之后的后顾之忧。

三是别具一格的游学研讨会。无论是在享有"购物天堂"美称的香港,还是在素有"欧洲之花"之称的巴塞罗那,人们都可以看见不同肤色的安利公司的销售人员的身影。对于安利公司的销售人员来说,这种活动既丰富了知识、增加了阅历,又陶冶了情操、放松了身心,有力地激发了广大销售人员的工作热情。

四是内容丰富、形式各异的各类培训。安利公司通过不间断的延续型培训,为提升员工的技能和素质提供了保障,这在无形当中增加了整个销售团队的凝聚力和战斗力。

4.2.8 开放、顺畅的沟通渠道

沟通是指可理解的信息或思想在群体中传递或交换的过程。有效的沟通既是协调、处理企业内部各部门、各群体之间关系的重要方式,也是领导者激励下属,共同实现企业目标的基本途径,还是企业与外部环境之间建立有效联系的主要措施。有效的沟通,不但能使员工对企业产生信任感和认同感,而且还可以使员工树立起与企业一致的价值观,愿意为企业的生存与发展尽心尽力。所以,沟通是企业发展和员工事业成功的重要环节,如果企业与员工之间没有有效的沟通,就没有相互信任,就没有统一的思想,也没有相互之间的默契与配

合。人力资源管理部门应构筑开放、顺畅的沟通渠道,这对保证领导者与员工之间、员工与员工之间的思想交流、信息传递、知识共享具有极为重要的意义。电子商务的发展为企业更好地开展网上沟通创造了条件,使沟通变得更加便捷、快速、高效。

为了促进交流与沟通,不少企业的人力资源管理人员经常通过参与员工的生日聚会等方式来倾听员工对企业和人力资源管理的意见,引导员工全面了解企业的发展目标,参与企业各方面的管理,满足员工的成就感,使员工感觉到自己的存在和对企业的影响力。不少企业的人力资源管理人员还经常向各领导层反映员工所关心的问题,提出解决问题的意见、建议,帮助企业上下建立开诚布公、互相尊重、关心、协作的工作环境。如日本的丰田汽车公司就专门设立了"畅所欲言"沟通热线,让员工表达他们的各种想法,公司保证员工所有的询问都能得到全面、及时的解答。如果某个问题也是其他员工感兴趣的,那么公司就会把问题和答复一起贴在布告栏里,供全体员工参考。

构筑开放、畅通的沟通渠道,形成有效的沟通氛围,对我国的很多企业来说并非易事。因为,在初期沟通必然会暴露出各种矛盾,会触及一部分人的既得利益,也会在一定程度上影响上下级之间、员工与员工之间的关系,但这些现象将会随着沟通的不断深入而逐渐克服,领导层一定要顶住压力,为形成民主、平等、信任、尊重的企业文化而竭尽全力。企业在促进有效的沟通时应注意以下三个问题:

(1) 企业要为员工提供发表意见的机会,让他们随时都能表达自己的意见、建议和愿望,特别是应让更多的员工参与企业的重大决策,由此体现出企业对员工的信任、尊重,激发他们的主人翁思想,真正让他们与企业共命运、同发展;

(2) 领导层必须充分重视员工的各种意见、建议,及时、真心诚意地做出回复,对合理的建议要给予必要的奖励,并付诸实施,同时还应注意为员工保密,尽可能保护员工的利益不受侵犯;

(3) 企业应建立多种方式,主动让员工随时了解企业的情况,不应在企业出现问题或各种谣传后再来做各种解释,而应让员工通过直接沟通或其他各种方式全面了解企业内部有关的政策和生产、经营、管理、培训及发展各方面的情况。只有这样,企业上下才能团结一致、同心同德,最终形成强大的凝聚力和战斗力。

4.3 电子化人力资源管理概述

以互联网为主要表现形式的现代信息通信技术在人力资源管理中的应用产生了电子化人力资源管理这样一种新的形式,为人力资源管理的理论创新和实践发展注入了新的内容。

4.3.1 电子化人力资源管理的概念

电子化人力资源管理(Electronic Human Resource Management,e-HRM)是指企业利用电子化手段来实现人力资源管理的部分职能。广义地看,电子化人力资源管理可以看作是电子商务在人力资源管理中的应用。

目前,根据国内外企业的实践,电子化人力资源管理的主要形式有电子化招聘、电子化培训、电子化学习、电子化沟通、电子化考评和电子化薪酬与休假管理等。其中,尤以电子化招聘和电子化培训的发展最为迅速。

4.3.2 电子化人力资源管理的价值

与传统的人力资源管理方式相比,电子化人力资源管理的优势不仅表现在以计算机代替人工管理,从某种意义上可以说是人力资源管理方式的一种革命。它的价值体现在以下五个方面:

1. 显著提高人力资源管理的效率

人力资源管理业务流程包括员工招聘、人员培训、薪酬福利、绩效考评、激励、沟通、退职、退休等大量事务性、程序性的工作。这些工作都可以借助于现代信息通信技术的应用,通过授权员工进行自助服务、外协及服务共享等,不仅可以实现无纸化办公,而且还可以大大节省费用和时间,在降低成本的同时显著地提高效率,使人力资源管理从烦琐的行政事务中摆脱出来。

2. 更好地适应员工自主发展的需要

员工(尤其是知识型员工)十分注重个性化的人力资源发展计划,他们需要对自身的职业生涯规划、薪酬福利计划、激励措施等有更多的决策自主权。网络的交互性、动态性可以使人力资源管理部门根据员工个人的需求和特长进行工作安排、学习培训和激励,让员工实施自我管理成为可能,并能更加自主地把握自己的前途。

3. 加强企业内部的相互沟通以及与外部业务伙伴之间的联系

随着企业规模的不断扩大,企业各部门之间、员工与员工之间、企业与外部业务伙伴之间的沟通往往会变得十分困难,但激烈的市场竞争使得这种全方位的沟通显得极为必要。计算机网络不但可以成为企业员工之间的纽带,帮助他们逾越部门不同、工作时间不同、工作地点不同的障碍,促进他们相互了解和相互沟通,同时还可以促使企业与外部业务伙伴之间在人才、技术、知识等方面的资源共享,有效地提高适应市场的能力。

4. 有力促进企业电子商务的发展

电子商务的发展有赖于人力资源管理的不断完善,在电子化人力资源管理中,职位空缺公布、专家搜寻、雇员培训与支持、远程学习等将变得更为高效。与此同时,电子化人力资源管理对企业建立虚拟组织并实现虚拟化管理,建立知识管理系统,创建学习型组织,都将起到积极的推进作用。

5. 提升企业人力资源的开发和利用

电子化人力资源管理通过计算机网络和数据库的应用,使企业的人力资源管理更为科学、人才配置更为合理,同时也使人力资源管理更加公正、透明,有关人力资源管理方面的各种政策、规定也将因为员工的广泛参与而变得更加实际、可行,这对提高企业的人力资源开发和利用的水平大有裨益。

4.4 电子化人力资源管理的主要应用

电子化人力资源管理作为现代信息通信技术在人力资源管理中的深度应用,衍生出各种新的模式,推动传统的人力资源管理的转型升级和管理模式的创新。当前,电子化人力资源管理的主要应用有以下六个方面:

4.4.1 电子化招聘

不可否认,互联网由于自身所独具的全球性、交互性和实时性的特点,已成为迄今为止最有效的广泛传播空缺职位和人力资源信息的途径。经过多年的发展,电子化招聘已成为网络技术在人力资源管理中应用最快的领域之一。简单地说,电子化招聘是指企业利用电子化手段来完成与招聘相关的一系列活动。与传统的招聘方式相比,电子化招聘的优势是显而易见的,集中表现在以下四个方面:

(1) 招聘范围的全球性:电子化招聘突破了传统招聘的地域性限制。

(2) 招聘费用的经济性:电子化招聘节省了传统招聘活动中的参会费、交通费、差旅费等开支。

(3) 招聘过程的隐蔽性:网上的人力资源争夺战虽然悄无声息,但更有杀伤力,求职者可以不动声色地找到理想的去处。

(4) 招聘活动的灵活性:进行电子化招聘的企业可以每周 7 天、每天 24 个小时向全球范围内的求职者发出招聘信息,求职者也可以随时随地与招聘单位联系,这样大大方便了双方的信息交流和沟通。

但是,电子化招聘的缺点也是企业不可忽视的,主要有以下三个方面:

(1) 由于发送求职材料简单、便捷,这样会造成企业招聘站点的虚假繁荣,势必给企业的人力资源管理部门带来判断、筛选的压力;

(2) 有一些本没有诚意、只是一时冲动发送应聘材料的"消极求职者"会干扰企业招聘工作的正常进行;

(3) 那些真正优秀的,也是企业急需的人才,可能因为不经常使用网络而与招聘单位失之交臂。特别是在我国,年龄偏大、经验较为丰富的专业人才不上网的情况还较为普遍,对于他们来说,电子化招聘很难起作用。

企业要想使电子化招聘成功的关键之处在于必须建立一个不断完善的招聘管理系统,应突出招聘单位和求职者的交流与沟通的功能,选用合适的能自动分析、处理求职者初步信息的软件。与此同时,企业应对求职者尽快做出回应,确保有较高的办事效率,以便充分节省求职者的时间,在条件成熟时,逐步过渡到实施完全电子化招聘。企业从事招聘工作的人力资源管理人员要借鉴以往区分积极求职者和消极求职者的经验,注意区分求职者的诚意,另外还要重视在网下提供人性化的服务,这在企业尚未实现完全电子化的阶段显得尤为重要。

如美国思科系统公司的门户网站上的招聘栏目已成为非常有效的招聘渠道。求职者可以通过关键词检索与自己的才能和兴趣相匹配的空缺职位,也可以发送简历或利用思科系统公司的简历创建器在网上制作一份简历。值得一提的是,该招聘网站会让求职者和其公司内部的一位志愿者结成"朋友"。这位"朋友"会告诉求职者有关思科系统公司的情况,把求职者介绍给适当的人,带求职者完成应聘程序。但是,思科系统公司的招聘栏目真正的威力不在于它让积极求职者行事更加快捷,而在于它把思科系统公司推介给那些满足于现职、从未想过在思科工作的人。

4.4.2 电子化培训

互联网使知识的更新速度越来越快,越是先进、流行、新颖的知识,其生命周期就越短。网络经济时代的企业必须成为学习型组织,通过持续不断的培训,提高员工的整体素质,增强企业的竞争实力。电子化培训与电子商务相伴而生,无疑将成为未来企业开展培训活动的主要方式。顾名思义,电子化培训是指企业通过互联网等信息传播媒体来实现培训的目的。与传统的、让员工在某一时间集中在某一地点统一进行培训的方式不同的是,企业实行电子化培训是把培训内容送到员工的面前,而不是把员工送到老师的面前,它的优势主要体现在以下六个方面:

(1) 培训成本显著降低,包括培训的场地设施、教材、教师的讲课费、差旅费等费用在很大程度上将会被取消或削减;

(2) 跨越时空界限,方便员工随时随地接受培训,培训的灵活性显著上升;

(3) 多媒体的应用和交互式的特性使培训的形式生动活泼,有利于激发员工的学习兴趣;

(4) 便于为员工量身定制培训方案,大大提高了培训的针对性;

(5) 易于随时掌握培训的效果,及时改进培训的内容和要求;

(6) 提高员工对变化的适应能力,培养其学习型的人格特征。

电子化培训并不是一蹴而就的,需要企业的人力资源管理部门不断地开发培训课程,逐步积累培训经验,及时进行培训结果的考评,并对考评结果进行较大力度的奖惩。企业要使电子化培训成为员工成长与发展的重要途径,从而为创建学习型组织服务。

电子化培训也不可避免地存在着一些问题:它是否真正有效?分散在各地的学员如何进行培训管理?电子化培训可以代替传统的培训方式吗?这些问题需要企业在实践中加以解决与完善。其实,对于大多数企业而言,比较可行的做法是把电子化培训作为传统培训方式的一种补充,将以前集中的传授式教学方式转变成员工的自主式学习,这样更能激发员工的自主性。与此同时,企业还应采用一套强大的管理系统来准确地传递知识,并能有效地对电子化培训的学习结果进行跟踪和评估。

通用电气公司在电子化培训管理方面的一些经验值得我们借鉴。该公司制定的培训课程通过网络进行发布,员工可以在线申请培训课程。由于网络的互动性和共享性,总部和不同下属公司安排的所有培训课程可以协调管理,这使得各个公司的培训课程不再有重复和参加人员的限制,每位员工可以申请适合自己的培训课程,使资源达到充分共享。培训主管根据员工的报名情况及时地确认参加者名单,并及时地通知员工参加培训。如果某项课程超员或无人报名,培训主管也可以及早作调整。培训结束后,员工可以在线输入反馈意见,培训主管通过查阅反馈调查表对培训课程作相关的总结,并改进以后的培训计划。

4.4.3 电子化学习

电子化学习(e-Learning)是指员工自发的、通过网络进行的、以提高自身素质为主要目的的获取知识的过程。这种方式是在员工自愿的基础上,让员工选择自己感兴趣的学习内容,既可以是为了获取"文凭",也可以是为了了解某个专业的知识,还可以是为了丰富自己的业余生活。电子化学习与电子化培训紧密相关,但各有侧重,前者主要的目的是为了提高员工的业务水平和岗位技能,而后者则侧重于提升员工自身的素质和拓展知识边界。电子化学习突破了企业的界限,员工学习的内容更加广泛,学习时间更加自由,形式也更加灵活。电子化学习不仅受到了世界各国企业的广泛重视,而且广大员工也积极参与,已成为知识经济时代人们实现终身学习的最主要的途径。

基于电子化学习的强大功能,它与传统的学习方式相比具有以下五大优势:

第一,电子化学习扩大了学习内容的覆盖面,可以适应员工的各类需求。员工可以在海量的网络学习资源中根据自己的兴趣和需要来选择学习课程。

第二,人力资源管理部门对学习进行电子化管理,包括学习跟踪、报告及评价等都可以通过网络来实现,增加了学员之间、学员与教师之间进行的电子化的协作,加强了学习的效果。

第三,通过在线的评价及预见性的学习内容设置,学习的速度可以加快,而且学习再也不用受到教师及教室的限制。

第四,对于学员来说,电子化学习的方式突破了时空的限制,使所有的课程内容可以在线获得,学员可以随时随地地学习,从而可以按照自己的工作日程有效地安排学习时间,提高了学员的学习效率。

第五,学习的成本也将大大降低,不仅是时间成本和交通费用的节省,教师及其他教学资源由于更多的学员可以共享使用,其利用效率也可以提高。

电子化学习在提高人才素质和推动企业信息文化发展上具有重要意义:第一,企业鼓励员工参加电子化学习,对提高员工的综合素质、创建学习型组织大有好处;第二,企业在为员工提供个人事业发展与成长的环境和机会的同时,电子化学习帮助企业发现和培养高素质的员工,提高企业在人才方面的竞争力;第三,电子化学习系统在企业的广泛应用可以促进员工掌握先进的信息化工具,迅速推动企业文化的转型,使整个企业养成浓厚的学习气氛,营造出富有活力和创新精神的学习文化。

电子化学习系统除了要具备传统学习的功能和效果以外,还应包括通信以及沟通的功能,企业可以将各类学习课程制作成通俗易懂的多媒体或者互动式课件,并发布在企业内部的电子学习门户上。员工可以在任何时间通过网络查找自己希望参加的那些培训课程并提出申请,在符合企业政策的情况下可以在线学习这些课程,并能够通过网络进行在线测试,进行学员之间的互相交流或进一步向相关领域的专家提问。

电子化学习正成为一种趋势,为越来越多的企业、教学服务机构和员工所关注,其蕴藏的市场潜力十分可观,必然会成为未来企业人力资源管理发展的一个新的热点。如思科系统公司将电子化学习融入电子化培训系统中,利用电子化学习内容解决方案可以建立端对端工作流程(End-to-End Workflow)、实时的随选沟通(On-Demand Communication)模式,员工可以轻易找到自己所需要的数据及课程,管理层可以监督学习过程并加强互动,此举为思科系统公司大幅度降低了学习课程的制作成本,学习效果更加显著,使得产品开发周期缩短、客户满意度提升,且大大减少了公务旅行的支出。国内许多企业开始仿效发达国家企业的电子化学习的成功经验,尤其是需要大量的数据内容进行管理的产业,皆以知识管理与人力资源整合为最终目标,借由电子化学习增进员工的知识技能以及企业核心竞争力。

4.4.4 电子化沟通

电子化沟通是指企业通过电子化方式进行的、非接触式的沟通。作为互联网在人力资源管理中的重要应用,电子化沟通正在为越来越多的企业所实践,由此而产生的信息快速直接流通、思想感情的交流融合,充分显示出电子化沟通的魅力所在。传统的人力资源信息沟通主要是通过召开会议、下发文件、举办座谈会等方式进行的,以单向的链式沟通为主。随着企业规模的扩大、业务的增加以及办公区域的分离,这种传统的沟通方式所存在的问题逐渐暴露:一是由于信息传递的环节较多,信息沟通效率不高;二是由于信息覆盖的范围不足,信息沟通不完全、不到位;三是信息反馈的通道不畅,使管理者无法及时地掌握员工的工作情况、思想动态或对企业的建设性意见和建议等。这些问题的存在使企业的内部沟通始终处于被动状态,无法有效地调动员工的积极性、主动性和创造性。

企业开展电子化沟通的意义不仅仅在于员工之间突破了时空的限制,在很大程度上可以避免正面沟通所产生的摩擦,同时还可以逾越员工和管理者之间的各种距离和隔膜,使管理者能够充分地倾听员工的心声,使工作氛围更加民主和融洽,使整个企业的凝聚力、员工工作的积极性得到很大的提高。建立一套先进的电子化沟通系统不但可以使沟通的信息容量增加,而且还可以增加大量传统的沟通方式无法传递的信息,使信息沟通的速度加快、信息的受众增加、信息的存续时间延长、信息的真实性与完整性得到进一步保证,并且由于实现了信息的双向沟通,信息的反馈通道也变得更为顺畅。

电子化沟通的形式有很多种,企业可以在内部网站上建立员工的个人主页,也可以开设在线论坛、聊天室、建议区、公告栏、QQ、微博、微信以及公开企业各管理层的电子邮箱等。为了使电子化沟通更好地发挥在营造优良的企业文化、促进企业经营管理水平的提高、增强企业的凝聚力和激发员工的进取心、创造力等方面的作用,企业的领导者既要积极地支持电子化沟通的开展,更要积极参与、及时回应。在电子化沟通的内容安排上,企业可以做得更加人性化一些,如员工的生日、试用期满、合同到期、员工使用的公司财物列表等,系统可以做自动提示;对于许多重要事件,系统可以自动保留历史记录并能输出统计报表;对于员工的部门调动、职位升迁、加薪等,系统能自动发送电子邮件提示员工;对于员工在工作、学习中遇到的问题可以在系统上自由地进行交流和沟通;开设专门的交流平台就企业发展的各类问题进行研究和探讨等。

4.4.5 电子化考评

随着网络技术在人力资源管理中应用的不断深入,电子化考评已在一些企业出现,但更多的还是在探索之中。传统的考评过程如图 4-2 表示。

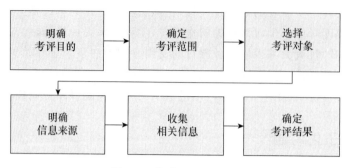

图 4-2 传统的考评过程

这种考评方式存在着一定的不合理性,如人情式管理使"人治"大于"法治";客观的事实难以有文字性的客观证据;无法进行远距离考评等。电子化考评则利用先进的现代信息通信技术,使空间距离的界限变得不再明显,计算机的应用使得考评指标更加科学,考评方式也更趋灵活。电子化考评可以利用信息系统对员工的工作成果、学习效果进行记录;主管可以随时看到来自各地的下属定期递交的工作报告,并进行指导和监督;员工的工作进展介绍和述职均可以通过网络实现。与此同时,管理者可以通过电子化考评系统中实时录入的资料不断地发现并改进企业管理中存在的问题,使绩效考评中的人为因素的影响大大减少。

国内外很多企业的实践表明,电子化考评对建立规范化、定量化的员工绩效考评体系,代替以经验判断为主体的绩效考评手段有很大的作用,使绩效考评更加科学、公正、合理。

4.4.6 电子化薪酬与休假管理

利用电子化手段开展员工薪酬管理和员工网上休假管理正成为电子化人力资源管理新的应用,其发展态势较为迅速。

企业采用电子化薪酬管理,摈弃了原有打印工资单的方式,首先降低了人力资源管理的工作量和管理成本。企业在人事和薪酬管理的日常工作中涉及的所有数据均可以进行统计分析并产生报表和统计图表,在 Web 上也可以进行统计分析,并可以将报表输出至 Excel、Word 等应用软件。其次,该方式还可以使员工的工资信息得到保密。电子化薪酬系统可以实现工资单的网上查询,每位员工通过自己的用户名和密码就可以在网上查阅自己当月的工资单以及历史工资单。最后,这个系统可以提供诸如销售提成等明细查询,使员工可以通过网络来获得自己有关薪酬方面的所有信息。

企业采用电子化员工休假管理,管理者可以通过网络发布全年休假计划,员工可以参照整体休假计划制订个人休假计划,并在网上进行申请;部门经理参照整体休假计划和部门员工的实际休假申请进行审批,同时提醒员工在最适当的时间休假。这样,由于网络可以提供实时的数据,就给管理者提供了决策的参考,在实际工作中就会避免员工集中休假情况的发生。其具体的网络化管理流程如下:员工通过查询自己的休假历史记录、各种假期结余,进行网上休假申请;对于申请休假的种类、起止日期、审批主管等,系统会自动检验其休假结余是否够用、是否可透支、是否有足够的审批周期等,并自动提示其审批主管进行批复。审批主管可以直接进入批复页面输入批复意见和备注信息,同时还可以查询该员工的休假记录和假期结余。

4.5 典型案例1 谷歌公司人力资源管理案例

作为世界互联网领域的巨擘,谷歌公司应互联网而生,并随互联网的兴起而赢得了跨越式发展。出色的人力资源管理是谷歌公司取得成功的重要保障,也是行业内企业学习和借鉴的重要典范。

4.5.1 案例背景

谷歌公司成立于1998年,总部位于美国加利福尼亚州的硅谷,由拉里·佩奇和谢尔盖·布林共同创建。谷歌(Google)这一名字源自一个数学表达式,表示数字1后面带100个零。谷歌公司自成立伊始,就不按常规行事,"打破常规"是其基本的风格。

不懈地寻求更合乎用户意图的答案是谷歌公司一贯秉持的核心理念,如今谷歌公司拥有众多的员工,分布在几十个国家和地区,成功地开发出了数百款产品,用户遍布全球,被公认为是全球最大的搜索引擎公司。该公司的业务包括互联网搜索、云计算、广告技术等,同时开发并提供大量的基于互联网的产品和服务,其主要利润来自于 AdWords 等广告服务。几台笨重的台式计算机、一张乒乓球桌和浅蓝色的地毯,早期谷歌公司的员工就是在这样的办公环境中夜以继日地打拼,这种凡事讲究色彩缤纷的传统一直延续至今。尽管谷歌公司已成为互联网搜索服务等领域的领军者,但致力于打造让人人受益的科技产品的初心却始终未改。谷歌公司是伴随着互联网、电子商务和数字经济快速成长起来的创新实践者,在人力资源管理方面有很多自己的独到之处,非常值得我们学习和借鉴。

4.5.2 谷歌公司的人力资源管理概述

谷歌公司致力于营造开放自由的工作环境,并努力为员工创造发挥才能的各种条件。总体来说,谷歌公司从以下八个方面入手,以便推进人力资源管理更好的发展:

1. 让员工牢记使命并坚信工作的意义

谷歌公司的使命是"整合全球信息,供大众使用,让人人受益"。谷歌公司要求员工不管工作多么微不足道,每个人都必须拥抱这个使命,并为之贡献自己的智慧和力量。这一宏大的使命照亮了众多谷歌人前行的路,让他们愿意留下来为公司效命、敢于冒险,并拿出最好的表现。无论他们从事什么工作,他们都会想到自己的付出总会有人因此而受益,因此值得自己用心付出。

2. 信任员工

信任员工,并向他们进行必要的授权,是激发员工的积极性、主动性和创造性的重要条件。谷歌公司通过设立建议邮箱、主管接待、定期主题研讨等多种方式,让员工对工作中的具体问题提出具有针对性的建议,并设立了相应的奖励制度,鼓励员工大胆尝试、敢于犯错,点燃创新的火焰,寻找各种新的机会。

3. 网罗出众的人才

一位谷歌公司的人力资源主管曾说过"一流的工程师的价值比普通工程师要高出300倍甚至更多,我宁愿失去一个班级的工程专业毕业生,也不愿失去一个顶级的技术专家",由此足以看出谷歌公司对网罗顶尖人才的渴望。谷歌公司发动各方面的力量来强化招聘的组织工作,并在事前设定了近乎严苛的客观标准,且绝不妥协。此外,谷歌公司还要定期对新录用的人员进行评价和考核,坚持宁缺毋滥的原则,以此确保人才队伍的高标准和高质量。

4. 员工发展与绩效考核分开

谷歌公司根据绩效考核的结果告诉员工哪些方面可以继续进步,而不是简单地加以处罚,这样更能让员工发现自己存在的问题并能更加积极主动地去改进和完善。谷歌公司在每个绩效周期结束后会与员工进行坦诚的沟通,说明他达到了哪些预定目标,个人绩效又与薪酬奖励如何连动,但沟通时聚焦在结果而非过程,这样可以让员工更好地发现努力的方向,并转化为前进的动力。

5. 聚焦顶尖员工与落后员工

对于顶尖员工,谷歌公司不惜代价帮助他们更好地发展、更快地成长,为他们发挥更好的作用提供全方位的支持。对于表现相对较差的员工,谷歌公司认为这些员工多半是因为被放错了位置,并非没有能力,公司要帮助他们找到更加适合的职位。若成效依旧不明显,谷歌公司会立即让他们辞职,以发现更有利于他们发展的平台。

6. 提供各种保障支持

谷歌公司为员工提供了一流的福利,并配备了各种先进的基础设施,包括学习场所、娱乐器材、休闲栖息等,这样员工几乎不需要承担什么开支就能享受各种服务。与此同时,谷歌公司对员工的紧急就医、新生儿诞生和生日庆祝等方面不吝开支,为员工解决了后顾之忧,让他们充分体会到家一般的温馨和全方位的关爱。

7. 提供差异化的薪酬待遇和精神激励

在谷歌公司的各类团队中,顶尖员工的贡献远超普通员工,为了更好地体现贡献的价值,谷歌公司通过拉大薪酬差距,尽可能地体现多劳多得、优劳优酬。除了金钱奖励以外,谷歌公司也不吝于公开赞赏员工,给予各种形式的精神激励。

8. 为员工提供深造的机会

谷歌公司为员工的深造提供了专门的资助计划,公司在斯坦福大学设立了"联合培养"计划,以满足在特定领域需要技术专长的工程师培养的需要,并由公司为参加该项目学习的员工提供全部的费用支持。为了鼓励员工接受更高的教育,谷歌公司的全球教育休假计划允许高达5年的休假和高达15万美元的学费资助,这在同行业的企业中是不多见的。

4.5.3 谷歌公司的培训体系

作为一个以年轻人为主、发展历史相对较短的创新型企业,面对快速发展的挑战,谷歌公司以加强培训作为应对策略,每年为员工提供120个小时的强制性培训任务,是同行业平均水平的 3 倍。经过较长期的探索,谷歌公司已形成了较为完整的培训体系。

1. 培训业务需求分析

为了更好地把握培训的业务需求,谷歌公司从三个方面进行需求分析:一是根据公司的业务发展来确定组织规模,并以此确定相应的人力资源培训总体需求;二是通过工作岗位分析来确定完成工作任务的具体要求;三是成本-效益分析,用于决定培训方案和培训活动的实用性。

2. 培训项目设计

谷歌公司的培训项目设计主要考虑两个方面:一是根据员工和公司之间的关系模型,分析员工对培训项目的需求,以期通过培训来拓展彼此的关系;二是以结果为导向,既要能确保培训项目的实际效果,又要让员工能有充分的学习热情。

3. 培训方式

作为全球互联网领域的翘楚,谷歌公司除了利用传统的面对面培训方式以外,还充分利用互联网手段进行培训。比如,基于情景的在线讨论,既让员工能跨越时空对自己感兴趣的话题充分地发表意见,同时也能倾听从不同角度分析的意见;又如,在线的业务培训让接触新业务的员工能够快速地理解工作任务、项目和产品的细节,更好地适应业务发展的需要。

4. 培训评估与总结

谷歌公司的培训项目采用描述性和总结性两种方式进行评估:描述性的评估侧重于特定的培训项目对员工产生的实际影响;而总结性的评估则从培训对于某一特定组织和成员的影响、培训活动的合理性以及成本、费用等角度进行分析总结,以评估得失,并为后期改进培训项目提供依据。

4.5.4 谷歌公司的招聘体系

谷歌公司每年新招聘员工的数量平均约为 5000 人,应聘人员常常超过 100 万人。为了更好、更快地招聘到合适的人才,谷歌公司采用多种方式进行招聘:一是利用公司的招聘网站来接收求职者的个人材料,并与他们开展多种形式的互动;二是鼓励公司内部推荐,调动员工参与人才招聘的积极性和主动性;三是通过自行研发的招聘工具"gHire"建立求职者数据库,并辅以各种强化工具对求职者进行筛选和跟踪;四是利用来自领英公司以及各种社交媒体等渠道的数据,对每位求职者进行个性化数据分析,获得合适候选人的相关线索;五是通过第三方猎头公司进行招聘,以满足一些特殊岗位的招聘需求。

为了防止一些优秀的求职者因"误伤"而被拒,谷歌公司专门开发了一个算法,用于对被拒者的个人分析,在实际应用中发现约有 1.5% 的被拒者属于这种情况,于是谷歌公司对他们重新进行审核,以便让一些真正的优秀者最终能如愿以偿。

4.5.5 谷歌公司的面试流程

在谷歌公司中,人员的聘用是由团队进行决策的,以防招聘经理因为满足短期需要而随意聘请员工。面试是谷歌公司招录人员的必经流程,每位最终被录用的员工至少要经历 4 次面试,每位面试官都需要给求职者打分,具体流程如下:

(1) 由一位经验丰富、熟悉应聘岗位各方面需求的专业人员负责对求职者的材料进行筛选，缩小选择范围；

(2) 电话面试，通过筛选后的求职者进入视频面试环节，以确保对求职者的基本情况有更进一步的了解；

(3) 对通过视频面试的求职者组织现场面试，由招聘经理、未来的同事、相关职能部门的人员组成面试小组，面试官独立打分后形成正式的反馈意见；

(4) 招聘委员会对面试结果进行审核，审核通过后提交给首席执行官进行审核；

(5) 为最终的录用者发放录用通知。

4.5.6　谷歌公司的薪酬体系

具有极大吸引力的薪酬体系是谷歌公司取得成功的重要原因，谷歌公司的薪酬体系主要包括以下五个方面：

1. 薪酬与绩效高度相关

科学合理的薪酬必须与员工的绩效结合起来，做到公司的利益与员工的利益相统一，员工在为自己的利益奋斗的同时也给公司创造了价值，以达到"互利共赢"的效果。为此，谷歌公司建立起了一系列可量化的薪酬体系，以促进薪酬与绩效的紧密结合。

2. 兼顾薪酬公平

俗话说："不患寡而患不均"，员工对薪酬差别的敏感程度要远远高于薪酬本身的水平。所以，合理的薪酬机制必须建立在公平的基础之上，以防员工因薪酬分配不公平而产生怠慢情绪。为此，谷歌公司采用了透明公开的薪酬体系，力争做到公平和公正。

3. 确立合理的薪酬层次

合理的薪酬差距能够鼓励后进员工、勉励先进员工，但合理的薪酬差距也是必不可少的。谷歌公司确立了不同级别的薪酬体系，规定了每一职级的任职要求和对应的薪酬待遇，形成了较为清晰的薪酬晋升路线图。

4. 平衡薪酬结构

在薪酬中，固定薪酬和可变薪酬的比例是薪酬结构的具体表现，不同的岗位以及同一员工在不同的职业阶段都有不同的薪酬结构。作为专注于互联网业务的创新型企业，谷歌公司根据自身的实际推出了相应的薪酬结构，鼓励员工更加积极主动地贡献自身的聪明才智。

5. 灵活的福利政策

诸如休假、出游等福利是员工报酬的一种十分重要的补充形式，往往能起到非同一般的激励效果。谷歌公司为员工设立了灵活的福利政策，允许员工自己进行选择，把个人需求与福利相结合，更好地满足员工个性化的需要。

4.5.7　谷歌公司的绩效考核体系

绩效考核是每位员工十分关注的重要问题，因为它关系到员工自身能够享受的待遇以及未来个人的发展机会。谷歌公司的绩效考核体系包括业绩考核和能力评估两个部分，在考评结束后，绩效面谈经理将与员工开展绩效面谈。

1. 业绩考核

业绩考核包括以下相互关联的五个步骤：

(1) 目标设定：每位员工必须清晰地掌握自己所应达到的目标。

(2) 自我评估：员工要反思自己的绩效表现，充分理解自己的优点和不足。

(3) 同事评估：多位同事从不同的角度参与评估，提供不同的视角，得出较为客观的结论。

(4) 校准会议：在自我评估、同事评估之后，再由总经理进行综合评价，最后进入到校准会议进行最后的审核。

(5) 绩效面谈：通过校准会议确认最终的考核结果后，绩效面谈经理和员工将进行面对面的绩效面谈。

2. 能力评估

谷歌公司的能力评估标准包括以下六个方面：

(1) 谷歌公司的价值观：对员工是否认同谷歌公司的价值观进行评估，比如信息永无止境；信息需求，没有国界；没有最好，只有更好；心无旁骛、精益求精；不做坏事也能赚钱等。

(2) 解决问题的能力：从公司解决实际问题的需要来评估，提供多种评估工具进行评估。

(3) 执行力：从工作能力和工作态度来评价员工保质保量地完成具体任务的能力。

(4) 思想领导力：从是否具有创新的思想从而能引领他人的能力的角度进行评价，鼓励员工以思想影响他人，引领潮流发展。

(5) 新兴领导力：评价年轻人是否具有领导潜质，并在实际项目中得以展现。

(6) 存在感：评价员工在组织中如何发挥自己的能力，体现自己的价值。

业绩考核和能力评估的有机结合使谷歌公司的绩效评价更加科学、合理，同时也更具有针对性和可操作性。

3. 绩效面谈

绩效评估结束后，谷歌公司的绩效面谈经理将会和员工展开两次绩效面谈，他将从以下四个方面进行准备：

一是要明确面谈目的。两次面谈各有侧重，前者是为了提高绩效，让员工了解自己的优点和不足，后者则是为了加薪和晋级。

二是明确谈话结构。绩效面谈经理要掌握好谈话的内容和层次，做到有条不紊、紧张有序，这样能起到良好的沟通效果。

三是精心准备面谈材料。绩效面谈经理要全面收集和整理面谈对象的各种材料，做到一应俱全、有备无患，要用事实说话、用数据分析，而不是凭主观印象，拍脑袋作决策。

四是鼓励员工敞开心扉。绩效面谈经理要积极鼓励员工畅所欲言地表达自己的观点，而自己要尽可能地根据实际需要进行提问，双方要坦诚相见。

4.5.8 谷歌公司的福利和津贴

在福利和津贴方面，谷歌公司在业界可谓有口皆碑，比较吸引人的福利内容如下：

1. 工作时间的二八原则

谷歌公司允许员工把 80% 的时间用来工作，其余 20% 的时间可以做自己的事情。员工有了充分的自由时间后，感觉到自己被尊重，能有更大的热情和激情为自己的兴趣而工作。

2. 提前感知未来

谷歌公司以推动技术进步而闻名，而谷歌公司的员工会更早地接触到那些代表未来的新科技，同时也能成为最初的测试者感知未来，这对新科技敏感的年轻人来说有着极大的吸引力。

3. TechStop 团队

谷歌公司内部的 TechStop 团队可以为员工提供与技术相关的问题，包括手机进水、电脑故障、服务器特殊配置、代码检测等技术问题均能在第一时间得到解决，为员工带来了强大的技术体验。

4. 丰富美味的食物

谷歌公司为员工提供一日三餐免费的食物，其品种丰富、色香味俱佳，同时还提供免费的果汁和咖啡，深受员工的欢迎。

5. 迷你厨房

在谷歌公司各楼的办公室里，每隔一段距离就配备了迷你厨房，提供有机水果、咖啡、零食等，让员工在上午或下午的工作时间可以暂时放下工作走进厨房，一边享受一边和其他的员工进行交流，以便更好地激发员工的创意和灵感。

6. 医疗保险计划

谷歌公司为员工提供了健全的医疗保险计划，包括公司内部的医务人员。员工随时可以享受公司提供的医疗服务，免除医疗开支的后顾之忧。

7. 关爱家庭生活

谷歌公司的很多福利计划和内部便利设施都是为了让员工和其家人快乐地度过人生的不同阶段而设计的，比如产假政策、退休储蓄计划和死亡抚恤金等都非常慷慨，新出生婴儿的爸爸可以得到 6 个星期的带薪假，女员工可以在孩子出生后得到 18 个星期的带薪假。

8. 鼓励员工享受美好时光

谷歌公司鼓励员工从工作中抽身去充电、旅行、处理个人事务或与家人和朋友共度美好时光，员工可以选择去度假、做志愿者或灵活地安排工作时间，从而协调好个人需求和公司需求，让自己达到最佳状态。

9. 健身服务

谷歌公司尽最大的努力为员工的健康保驾护航，公司提供了游泳池、健身房以及各种各样的健康辅导课，比如自由搏击、瑜伽等。

10. 免费乘车和报销部分旅行费用

谷歌公司为员工提供免费的公共汽车服务，而且所有的公共汽车都配备了 WiFi 设施。此外，员工出门旅行还可以报销部分费用。

11. 支持回馈

对于慈善捐赠，员工捐赠多少，谷歌公司就捐赠多少。另外，谷歌公司还会根据员工做志愿者的工作时间增加捐赠的数量。

12. 保持财务健康

谷歌公司提供了诸多资源（例如颇受好评的退休储蓄计划、财务顾问和规划服务等）来帮助员工保持良好的财务状况。

13. 投资员工学习

谷歌公司为员工提供了大量的学习机会，希望借此让他们的个人生活更加精彩，并推动他们的职业发展。无论是员工一直想学习的公司内部编码课程、烹饪课程，还是他们一直喜欢的吉他课程或其他感兴趣的项目，只要员工喜欢均可得到相应的支持。

14. 解决生活琐事

谷歌公司有专门的服务团队帮助全公司的员工张罗日常生活琐事，比如寻找能干的水电工、订购要送人的鲜花和礼物、寄送或收取快递等，以节省员工处理这些琐事的时间。

15. 死亡补助

谷歌公司提供了员工死亡保险金，如果在职员工死亡，那么他的股票可以立即兑现，员工的配偶可以获得去世员工未来10年薪水的一半。如果员工有孩子且小于19岁，那么孩子每个月还可以额外获得1000美元的资助。

4.5.9 案例评析

谷歌公司在总结自身快速发展经验的时候提炼出了以下十条信条：(1) 以用户为中心，其他一切自然水到渠成；(2) 专心将一件事做到极致；(3) 追求无止境；(4) 越快越好；(5) 网络上也讲民主；(6) 信息随时随地可得；(7) 赚钱不必作恶；(8) 信息无极限；(9) 信息需求无国界；(10) 认真不在着装。这十个方面的信条为谷歌公司提供了独特的人力资源管理的文化，也为其在人力资源的开发与利用方面提供了重要的依据。创新和高效的人力资源管理为谷歌公司注入了强大而持久的活力，让每位员工都有足够的空间发挥自己的才能，并尽最大的努力绽放光芒，最终让谷歌公司大放异彩。

4.6 典型案例2　小米公司的人力资源管理案例

小米公司正式成立于2010年4月，是著名的互联网高科技公司，在较短的时间创造了从零到数百亿美元市值的飞跃，已成为我国最有国际竞争力的互联网企业之一。小米公司的成功与其独特的人力资源管理模式有很大关系。解析小米公司的人力资源管理之道，对我们更好地把握在电子商务环境下如何实现人力资源管理的创新具有重要的参考意义。

4.6.1 案例背景

小米公司是一家以手机、智能硬件和物联网（Internet of Things,IoT）平台为核心的互联网公司。该公司由著名天使投资人雷军带领创建，共有七名创始人，分别为创始人、董事长兼首席执行官雷军，联合创始人兼总裁林斌，联合创始人及副总裁黎万强、周光平、黄江吉、刘德、洪锋。小米公司的创业团队主要由来自微软、谷歌、金山、MOTO等国内外IT公司的资深员工所组成，全都具有技术背景，创业时平均年龄为42岁，经验极其丰富，大家的理念一致，大都管理过超过几百人的团队，充满了创业热情。

在小米公司，几乎没有冗长无聊的会议和流程，每位小米人都在平等、轻松的伙伴式工作氛围中，享受着与技术、产品、设计等各领域顶尖人才共同创业成长所带来的快意。小米公司的使命是，始终坚持做"感动人心、价格厚道"的好产品，让全球每个人都能享受科技带来的美好生活；小米公司的愿景是"和用户交朋友，做用户心中最酷的公司"；小米公司的产品理念是"为发烧而生"。2018年7月9日，小米公司成功在香港主板上市，成为香港交易所首个同股不同权上市公司，创造了香港地区历史上最大规模科技股 IPO(Initial Public Offering,首次公开募股)，以及当时历史上全球第三大科技股 IPO。许商业以敦厚，许科技以温暖，许大众以幸福，小米公司不断追求极致的产品和效率，创造出一个又一个成长的奇迹。

4.6.2 小米公司的人力资源管理概述

小米公司在多年的快速发展中，形成了自己独特的人力资源管理体系，夯实了强有力的人力资源管理基础。

1. 小米公司的用人观

无可争议，出色的人才队伍是小米公司取得成功的核心原因。因此，小米公司高度重视人力资本的作用，尤其是一流人才的价值，其所奉行的基本理念之一是"最重要的是团队，其次才是产品，有好的团队才有可能做出好产品"。在员工招聘方面，小米公司的做法是要用最好的人。雷军认为，研发本身是很有创造性的，如果人不够放松或不够聪明，都很难做得好，要去找到最好的人，一个好的工程师不是顶10个，是顶100个。让员工和一群聪明人一起共事，为了挖到聪明人不惜一切代价，这是小米公司进行人力资源管理的基本出发点。雷军认为，如果你招募不到人才，只是因为你投入的精力不够多。当小米公司还只是一家刚起步的创业公司时，雷军每天都要花费一半以上的时间用来招募人才，前100位员工每位员工入职时他都亲自与其见面并进行沟通。面对有些候选人的犹豫，雷军和创始人团队凭借对人才的极度"饥渴"与尊重，想方设法网罗这些才华出众的非凡人才。

小米公司在寻找最合适的人才方面，坚持要求员工要有创业心态，对所做的事情要极度喜欢，这样他们就会自我燃烧，有极强的驱动力，你只要让他去干他喜欢的事情，他就会有更高的主动性，真正地做出一些事情，既能打动自己，也能打动别人，这样就不需要设定过于复杂的管理制度来进行约束。最后能进入小米公司工作的人基本都是真正干活的人，他们天资聪明、技术一流，有战斗力、有热情做好一件事情，这样的员工为小米公司的快速成长奠定了强大的基础。有些企业不肯在寻找人才方面投入时间和资金，随便找个人就了事，不想花太多的时间。但是,事实上,多花时间招揽人才有其重要的价值,企业花80%的时间招人也不为过,团队才是企业发展的核心价值。

2. 小米公司的绩效观

为了更好地发挥员工的主观能动性,小米公司在内部普遍淡化对绩效的考核,不像其他的互联网公司那样对KPI(Key Performance Indicator,关键绩效指标)高度依赖。在小米公司内部,员工每周工作6天、每天工作12个小时的方式已经坚持了多年,维系这样高强度的工作,从来没有实行过打卡制度,这在很大程度上依靠员工的自觉和自发的热情。比如MIUI系统的开发,设计师、工程师都会全方位关注论坛,确保每周快速地根据用户的意见来迭代更新。这种力量是循环互动的,当员工很认真地对待用户的时候,用户也会用心地对待企业。

小米公司强调员工要把同事的事当成首要的事,要有责任感。比如,员工甲的代码写完了,一定要请别的工程师检查一下,别的工程师再忙也必须在第一时间先检查甲的代码,然后再做自己的事情。在其他的公司,员工可能会为了晋升而做事情,这样会导致其为了创新而创新,不一定是为了用户而创新。其他公司对工程师强调的是把技术做好,而在小米公司则不一样,它要求工程师把事情做好,工程师必须要对用户价值负责。

所以,小米公司特别强调要轻绩效,但这并不等于没有绩效。因为除了绩效以外,人力资源管理人员还有很多更重要的工作要做,比如做人力资源管理人员的战略职能、服务职能,而不是死死地盯在绩效流程与过程的事情上,无谓地浪费时间与精力。

3. 小米公司内部的沟通机制

小米公司的组织架构没有层级,基本上是三级:七名联合创始人—部门负责人—员工。除了七名联合创始人有职位以外,其他人都没有职位,都是对应级别的工程师,晋升的唯一奖励就是涨薪。这样员工不需要考虑太多的杂事,没有太多的杂念,没有太多的利益纠葛,只要一心把工作干好即可。这样的管理制度安排无疑减少了层级之间相互汇报浪费的时间,大大提高了管理效率。

雷军对自己的第一定位并不是首席执行官,而是首席产品经理,他把大量的时间用于参加各种产品会,每周定期和MIUI、硬件和营销部门的基层同事坐下来,举行产品层面的讨论会。很多产品的细节就是在这样的会议当中和相关业务一线产品经理、工程师一起讨论决定的。雷军认为,我国的市场很长时间是产品稀缺,很多企业是粗放经营,做的很多却很累,结果还是干不好,就盲目地认为是雇用的员工不够好,就得搞培训,但从来没有考虑怎样深入基层,去倾听用户和一线员工的意见,所以小米公司将追求管理的扁平化作为一项重要的目标,通过减少管理层级,加强公司内部高效顺畅的沟通,最大限度地调动员工的热情和激情,努力提升效率,争取把各项事情做到极致。

4. 小米公司的利益分享机制

小米公司有一个理念,就是要和员工一起分享利益,尽可能多地分享利益。小米公司刚成立的时候就推行了全员持股、全员投资的计划。小米公司最初的56位员工自掏腰包总共投资了1100万美元——均摊下来每人投资约20万美元。小米公司给了员工足够的回报:第一是在薪酬水平上处于主流的水平;第二是在期权上有很大的上升空间,而且每年公司还有一些内部回购;第三是团队成员做事确实有时候压力很大,但他会觉得有很强的满足感,很多用户会极力鼓励他,这种精神激励对员工来说是非常有效的。

小米公司的福利在行业中有较高的知名度,也是其吸引无数的新人不断加入的重要原因。小米公司的福利主要体现在衣、食、住、行四个方面:

(1) 在"衣"方面的福利:小米公司定期为员工发放工服,如入冬以后发放羽绒服,各种重要的活动专门定制高档服装。

(2) 在"食"方面的福利:小米公司拥有自建的食堂,员工可以以非常低的折扣价用餐,并与附近的诸多餐厅、饭店进行合作。与此同时,每天下午小米公司还为每位员工准备了下午茶,让员工能天天享受到美食。

(3) 在"住"方面的福利:小米公司通过与各大房产中介公司合作,定期在公司内部网络上发放公司附近的房源信息,员工如果通过合作的房产中介公司租房可以免去中介费。另外,小米公司也在积极地与房产开发商合作为员工开发价格明显低于市场价的住宅。

(4) 在"行"方面的福利:小米公司每天早、中、晚都配备了往返于地铁站和办公楼之间的大巴车,以方便员工的出行,同时为驾驶电动车的员工提供充电便利。

5. 与"米粉"的互动

小米公司的经营理念是要真心实意地与"米粉"交朋友,并学习和借鉴海底捞的经验。比如,当用户投诉或表示不满的时候,客服人员有权根据自己的判断赠送其贴膜或其他小配件。又如,小米公司在微博客服上有个规定:15分钟快速响应,并为此还专门开发了一个客服平台。有了这个平台,不管是用户的建议还是吐槽,很快就有小米公司的人员进行回复和解答。包括雷军在内,小米公司的高层管理者们每天会花1个小时的时间回复微博上的评论。对于小米公司的所有工程师而言,是否按时回复论坛上的帖子是工作考核的重要指标。

为了让工程师拥有产品经理的思维,小米公司从一开始就要求所有的员工,在亲朋好友使用小米公司的手机的过程中遇到任何问题,无论是硬件还是软件,无论是使用方法或技巧的问题,还是产品本身出现了漏洞,都要以解决问题的思路去帮助他们,甚至要求所有的工程师通过论坛、微博和微信等渠道与用户直接取得联系。

4.6.3 小米公司的电子化人力资源管理

作为一家以创新为驱动力的互联网高科技公司,小米公司积极探索用电子化手段来提升人力资源管理的能力和水平,以打造适应公司快速发展要求的人才供应链、人才学习发展链、员工服务链以及合理的薪酬绩效政策。

1. MI-HR 智能平台

MI-HR 智能平台(MI-HR Intelligent Platform,MI-HRIP)是小米公司实现电子化人力资源管理的主要载体,从发展初期至今已经历了从外部租用技术平台到自主研发这一平台,并利用大数据挖掘的方式在人才和组织管理上为业务提供决策支持,逐步建立起了涵盖员工的生活、学习、工作、发展的完整服务生态圈。

2. HRSSC 工具

为了让人力资源管理人员从大量重复性、事务性的工作中解脱出来,以便更好地支持企业战略目标的落地,小米公司专门开发了集基础管理、数据存储和调用于一体的 HR 管理平台工具——HRSSC（Human Resources Sharing Service Center，人力资源共享服务中心）。这一工具可以让员工通过 PC 端或手机 App 轻松、便捷地完成休假申请与查询、薪资查询、政策咨询、业务办理预约与状态查询、流程发起与审批等操作，实现集中和标准化服务，并提升服务质量和员工满意度，形成智能云网络自助服务体系，辅佐高层管理人员更好地完成人才甄别和绩效管理等工作。

3. 小米 wiki 平台

为了更好地促进员工之间的相互交流，小米公司内部还开发了一个专门的信息共享平台——小米 wiki。每位员工都可以在上面上传自身的工作经验、心得体会以及自己编写的代码，有需要的员工可以在上面进行检索后自由下载。这个平台极大地激发了员工的交流分享的兴趣，很多一线的程序员都会自发贡献自己的编程作品，同时在有问题和困难时也可以通过该平台寻求帮助。

4. 电子化招聘

随着小米公司业务边界的不断拓展以及新产品开发和老产品迭代的提速，人力资源管理部门所面临的招聘压力也与日俱增，一方面大量的求职者急迫地希望叩开小米公司的大门，成为小米公司的一员，另一方面业务部门也急切地希望招聘到能胜任业务需求的员工。为此，小米公司的人力资源管理部门开发建设了电子化招聘管理系统，通过公司人工智能云团队大数据能力的输出，扫描海量的员工简历、历史面试通过的候选人的简历、面试反馈信息、能力模型数据，再结合人才盘点结果、历史面试通过率、邀请接受率等数据设计出了一套人岗匹配预测模型，用于实际的招聘业务。同时，该系统会根据不断地修正预测结果，使得预测准确率不断地提升。图 4-3 为小米公司的电子化招聘评估模型。

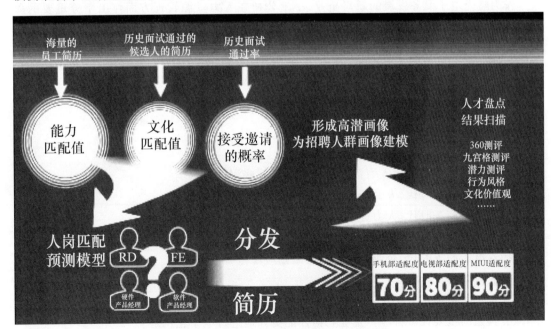

图 4-3 小米公司的电子化招聘评估模型①

---

① 在图 4-3 中，RD 是 Research and Development 的缩写，指研发；FE 是 Front-End 的缩写，指前端。

如图 4-3 所示,以小米公司从高校应届毕业生中招聘的管培生为例,他们在小米公司工作一年后,经过 360 测评、九宫格测评、潜力测评、行为风格和文化价值观等方面一系列的综合评价后,能为每位管培生提供详细的分析报告,建立起小米管培生素质模型,既有助于实现更精准的轮岗部门匹配,也能为校招团队提供可靠的决策依据。

5. 电子化学习系统

2018 年,小米公司针对公司年轻人数量众多、学习需求旺盛等特点,正式启动了名为"云学习 ELN"的电子化学习系统建设。该系统能根据不同的职能和岗位,为每位员工提供个性化的推荐课程。同时,为了保证课程的品质,系统每月只会更新 2~3 门公开课,如果员工想提前学习下一个月的课程,就必须先将规定的课程学习完毕,挣取相应的积分后才能用积分去提前解锁新的课程。同时,每个人的学习状态都是可控、可跟踪的,培训成果清晰可见,真正做到让每位员工自主学习,使学习的成效得到进一步的保障。此外,定期的讲师答疑和分享,针对不同的课程建立起相应的课程群组织活动,也大大调动了员工参与学习的积极性。

4.6.4 案例评析

小米公司是伴随着移动互联网的快速发展而成长起来的一家本土企业,智能手机的爆发式增长为小米公司的壮大提供了千载难逢的机会,短短数年时间,小米公司一跃成为国内最有潜力的移动终端制造商之一。小米公司的成功有很多方面的原因,但是独特的互联网思维和适应电子商务发展的人力资源管理模式无疑是其取得成功的重要法宝之一。

作为顺应电子商务发展的新兴企业,小米公司在人力资源管理方面作出十分重要的探索。无论是用人观、绩效观,还是具体的行动,抑或是在电子化人力资源的实施方面,都具有极大的创新性和前瞻性,同时又能充分地切合实际,走出一条行之有效的跨域式发展道路。

4.7 本章思考题

1. 电子商务的发展对人力资源管理产生了哪些深远的影响?
2. 在电子商务时代,人力资源管理人员应具备哪些素质?
3. 在电子商务时代,人力资源管理人员如何进行职务分析?
4. 在电子商务时代,企业的培训主要应侧重哪些内容?
5. 在电子商务时代,企业对员工进行激励应注重哪些内容?
6. 企业如何进行电子化招聘?
7. 电子化培训和电子化学习的区别和联系是什么?
8. 沟通的重要性有哪些?企业如何才能更好地进行电子化沟通?
9. 选取企业进行电子化人力资源管理的相关案例,对其电子化人力资源管理的应用情况进行分析。

第 5 章

电子商务与财务管理

　　财务管理作为企业管理的核心业务,正面临着电子商务发展所带来的各种冲击。在电子商务环境下,企业财务管理的对象、内容、目标、组织结构和业务流程都在发生着重大的变化,传统的财务管理的理论和实务的根基不再坚不可摧,一场深层次的财务管理的变革——以电子商务作为驱动力量的网络财务革命正在来临。与此同时,网络财务的快速发展又进一步促进电子商务全面、深入和多层次的发展。可以说,电子商务与网络财务是一种融合发展、彼此促进的关系,两者的深度耦合对全面提升企业的管理能力和管理水平有着重要的推动作用。

　　网络财务的发展对财务管理人员提出了新的要求,财务管理人员必须是既懂财务知识,又懂计算机网络知识的复合型人才。与此同时,财务管理的重心将转向事前监督和事中监督,加强对资金的有效管理和控制。财务管理的工作方式也将发生极大的变化,财务工作的时间、空间、效率等观念都将发生巨变:在时间上,财务管理人员不仅要关注企业过去的经营成果和现在的财务状况,而且还要对未来的发展趋势进行预测,并要越来越多地关注企业财务信息的时效性;在空间上,财务管理人员不仅要关注企业内部的财务信息、业务信息,而且还要关注关联企业、供应链、客户等外部信息;在效率上,电子商务在提高了企业财务管理效率的同时也对其提出了更加高效的要求。

5.1 电子商务对财务管理的影响

　　电子商务的发展不但对企业财务管理的运作模式提出了新的要求,而且对传统的财务管理的理论和方法也带来了实质性的影响,具体表现在以下十个方面:

5.1.1 电子商务对财务管理对象的影响

　　在企业的生产和经营的过程中,实物商品不断地运动,其价值形态也在动态地发生变化,由一种形态转化为另一种形态,周而复始、不断循环,从而形成了资金运动。企业的生产和经营活动,一方面表现为实物商品的运动,另一方面表现为资金运动。资金运动是企业再生产过程的价值体现,它以价值形式综合地反映了企业的再生产过程,构成企业经济活动的一个独立方面,具有自己的运动规律。传统的财务管理的对象就是这种不断循环周转的资金运动,这种对资金运动的财务管理活动和企业的业务管理活动是相互独立的。在电子商务环境下,企业通过互联网与供应商和客户进行交易,财务信息和业务信息实时地反映在互联网上,企业的物流、信息流和资金流走向了高度统一,财务管理的对象已不单单是企业的资金运动,财务管理与业务协同管理既成为必要,也有了可能。在这样的背景下,财务管理对象的重点已转向了对电子商务活动产生的大量数据的管理,数据成为财务运转的"血液",变成财务管理的核心对象。

财务与业务的协同运作包括对企业内部协同、企业与其供应链的协同以及企业与其他第三方的协同等。企业内部的各个部门、各地的分支机构以及客户、供应商等每个节点在生产、供应、销售等业务活动过程中每时每刻都在产生各种各样的业务信息,如果这些业务信息伴有财务信息,需要财务系统进行处理,企业就可以将这些业务信息实时地并行传入财务系统进行处理,财务系统再将处理加工过的财务信息反馈给业务系统,以保证财务与业务的协同运作并最终集成企业需要的各种管理信息,提供给企业的各级管理者,供各级部门做出相应的管理决策。

5.1.2 电子商务对财务管理内容的影响

一般来说,传统的财务管理的内容主要是企业的财务活动及其所体现的经济利益关系。财务活动是指资金的筹集、投放、使用、收回及分配等一系列行为,主要包括筹资活动、投资活动、资金营运活动和分配活动等。财务关系是指企业在组织财务活动过程中与有关各方所发生的经济利益关系,主要包括企业与政府、企业与投资者、企业与债权人、企业与债务人、企业内部各单位以及企业与员工的关系等。

随着电子商务的普遍运用,企业将成为全球网络供应链中的一个节点,企业的众多业务活动,如网上交易、网上结算、电子广告、电子合同等,都将在网上进行处理,传统的财务计价、财务预算、财务控制、财务分析等都会发生根本性的变革,这些都将成为企业财务管理的崭新内容。计算机网络技术的发展还使得财务与业务的协同运作成为可能,财务管理的触角必将全面延伸到企业的产品和市场中。

与以往主要关注企业内部财务资源相比,网络财务更多关注的是整合企业外部的财务资源。在数字经济时代,虚拟企业将成为常见的企业组织形式,网络财务活动必然会越来越多,表现的形式也将越来越丰富,如从网上预订、网上采购、网上销售到网上结算、网上催账、网上报税和网上报关,从网上服务到网上理财,从网上法规及财务信息查询到支持网上询价,从网上银行到网上保险、网上证券投资和网上外汇买卖等,都将成为网络财务形式多样的具体应用,呈现出精彩纷呈的应用生态。

5.1.3 电子商务对财务管理目标的影响

财务管理目标是指企业在特定的理财环境中,通过组织财务活动、处理财务关系所要达到的结果。从根本上来讲,企业的财务目标既取决于企业的目标,也取决于特定的社会经济模式。在以往的社会经济模式下,一般把利润最大化作为企业财务管理的目标;在现代企业制度下,以股东权益最大化作为企业财务管理的目标。人类从事生产和经营活动的目的就是为了创造更多的剩余产品,而剩余产品的多少可以用利润这个价值指标来衡量。企业作为自主经营的主体,所创造的利润是企业在一定期间内全部收入和全部费用的差额,它直接反映了企业创造的剩余价值,并在一定程度上反映了企业的经济效益和社会贡献,因此把利润最大化作为企业进行财务管理的目标。

在电子商务环境下,以利润最大化作为企业财务管理的目标已不现实。如大多数互联网公司在创建初期甚至连续几年并无利润可言,但是,投资者却对其抱有信心,因为人们看好的不是它的现时利润,而是其未来巨大的、传统产业所无法比拟的盈利空间。互联网不但要以更快捷、更低成本的技术手段创造价值,更为重要的是要不断地发掘出创造价值的机会。因此,企业价值最大化将成为企业财务管理的目标,这种企业价值不是企业账面资产的总价值,而是企业全部资产的市场价值,是企业潜在的、预期的价值。许多电子商务公司经过一二十年的快速增长,资产迅速增加。谷歌公司于 2004 年 8 月 19 日上市时发行价为 85 美元,总市值为 230 亿美元。在上市之前的 2004 年上半年,谷歌公司的总收入仅仅为 13.51 亿美元。到 2020 年 4 月 24 日,谷歌公司的股票价格已经飙升到 1256 美元,总市值超过 8600 亿美元,成为全球市值最高的企业之一。

5.1.4 电子商务对会计假设的影响

会计假设是人们在长期的财务实践中总结出来的从事财务工作所要遵循的共同约定,是组织财务管理的基本前提条件。在我国,会计假设包括会计主体、持续经营、会计分期、货币计价和权责发生制共五个方面。在电子商务发展的环境下,传统的会计假设受到了不同程度的冲击。

1. 电子商务对会计主体假设的影响

会计主体是指应用相应的会计规则的特定单位,它规定了会计活动的空间范围。财务管理应以会计主体发生的各项经济活动为对象,与其所有者、其他主体的经济业务分开核算。决定是否构成一个会计主体主要有两个依据:一是根据所能控制的资源、承担的义务并进行经营活动的规模大小来确定;二是根据特定的个人、集团或机构的经济利益的范围来确定。

在传统的财务会计理论中,会计主体一般是有形的实体。在电子商务时代,企业作为最大量的会计主体,其内涵和外延都在不断地发展变化之中,以往确定是否构成一个会计主体的依据已不再适用。有经济学家认为,具有自己现金流量的单一产品也可能构成一个公司。随着互联网的盛行,虚拟企业等新的企业形态应运而生,它是为了适应快速、多变的市场需求,由制造商联合供应商、经销商、顾客,以共同、及时地开发、生产、销售多样化、个性化的产品的一种企业模式,它既可以是一种临时结盟体,也可以是众多企业之间关联程度较高业务的有机组合。由于这种企业在空间存在上非常灵活,会计主体变化频繁,这就给会计主体的认定、判别带来了困难,传统的会计理论定位在这种条件下已失去意义。美国会计学者瓦尔曼指出:"虚拟公司使企业的空间范围能够根据迅速变化的市场灵活的重构和分合,从而使会计主体具有可变性,并使传统的会计主体假设具有新的含义。"

2. 电子商务对持续经营假设的影响

持续经营假设是指除非存在明显的反证,会计主体都将持续、正常、无限期地经营下去,而不被终止清算。持续经营假设规定了财务活动的时间延续性,要求企业做到持续经营。

在电子商务环境下,会计主体十分灵活,存续时间的长短有很大的不确定性。虚拟企业也许会在较长时期延续下去,也许很快就会解散,更多的可能是根据实际情况的需要随时增加或减少组合方。因其组合方并未发生解散或清算,即使发生,也非虚拟企业本身清算的问题,但虚拟企业又确确实实不再持续经营,这就使得持续经营假设变得模糊不定。在传统的财务会计中,非持续经营条件下应使用清算会计;而在网络财务中是使用清算会计还是创建新的会计体系或会计方法,还有待进一步明确。

3. 对会计分期假设的影响

会计分期是指人为地将持续不断的企业生产和经营过程划分为一个个首尾相接、时间相等的会计期间,以便定期地向有关方面提供财务信息。会计分期假设规定了财务核算的时间和范围,会计期间通常为一年,称为会计年度,会计年度内还可以根据需要细分为季度和月份。

在电子商务时代,企业已经发生的财务信息都实时地反映在网络上,财务信息的使用者在任何时间和任何地点都可以轻而易举地从网络上获得动态的财务报告,根本不需要等到某个会计期间结束。虚拟企业无须对外报送财务报表,只需要向虚拟企业内部各成员提供管理信息即可。因此,人为地按年、按月报告财务信息的意义不大,而按照交易周期报告财务信息则更有利于企业进行决策。

4. 对货币计价假设的影响

货币计价假设是指会计主体运用货币对企业的活动进行计量,并且币种唯一、币值不变。在传统的财务管理中,货币作为商品价值的表现形式而成为核算中的最佳计量单位。电子商务的发展对企业传统的货币和结算体系造成的冲击是巨大的:数字货币会渐渐冲击支票、现金的主导地位,客户信用体系的重构已成为现实。所以,在电子商务时代,通过货币所反映的价值信息已不足以成为企业的管理者和投资者进行决策的主要依据。相反,另一些能够体现企业竞争力的指标,如创新能力、客户满意度、市场占有率、虚拟企业创建速度等,更受到企业的管理者和投资者的关注。对于虚拟企业来说,人们更为关心的是与企业决策相关的非货币化信息,如生产能力、产品质量、人力资源和创新能力等。另外,在电子商务环境下,企业的经营活动往往是多币种的,币种唯一的限制也已经不大现实。

5. 对权责发生制假设的影响

权责发生制原则是指财务核算以权责发生制为基础,凡本期实际发生、应属本期的收入和费用,不论其款项是否收到或付出,都应作为本期的收入或费用入账;凡不是本期发生,不属于本期的收入或费用,即使其款项已经收到或付出,也不作为本期的收入或费用来处理。权责发生制原则与会计分期假设相伴而生。

前面已述及,由于会计假设已被淡化,权责发生制的根基也相应地发生了动摇。在网络环境下,电子货币支付方式将使现金流量大大加快,信息使用者更为关心的是企业现实的和未来的信息,有关现金流量的信息与企业未来的经济活动更为相关。所以,在电子商务时代,企业采用收付实现制更具有现实意义。

5.1.5 电子商务对财务核算一般原则的影响

我国《企业会计准则——基本准则》(2014年修改)规定,财务核算有8条一般原则,即可靠性原则、相关性原则、明晰性原则、可比性原则、实质重于形式原则、重要性原则、谨慎性原则和及时性原则。在保持原有的一些会计一般原则的基础上,将权责发生制原则改为会计假设,历史成本原则划分为计量属性,一贯性原则与可比性原则进行了合并,配比性原则与划分收益性支出和资本性支出原则被取消,直接在会计要素的确认和计量中去规定。随着电子商务发展的不断推进,新修改的财务核算一般原则将更适合网络经济的发展,尤其是可靠性原则、及时性原则、相关性原则的关系更为密切。

1. 电子商务对可靠性原则的影响

可靠性原则是会计信息的主要特征之一,具体是指财务管理工作的结果应该毫不歪曲地对企业的经济对象作真实和准确地反映,该原则与国际上通行的客观性原则差别并不大。为了保证会计信息的可靠性,从经济业务的发生到会计凭证的取得、账簿的登记以及财务报告的编制等都必须以事实为依据。

在电子商务环境中,数据信息通过网络得以传递,发送者和接收者都希望确保收到的信息同发送者传送的信息没有任何出入,即保证信息的完整与真实。由于财务数据流动过程中的签章等传统确认手段不再适用,财务信息被截取、被篡改,财务机密被泄露的风险大大增加,如何保证信息的真实性成为亟待解决的问题。

2. 电子商务对及时性原则的影响

及时性原则是指财务核算应当及时进行。该原则要求财务事项的处理必须在经济事项发生时及时进行,不得拖延,要做到及时登账、结账和编制财务报表,以便决策者使用。

虽然及时性原则在传统的商务模式和电子商务模式下都是适用的,但其内涵和要求相差很远。传统的财务系统按月、按年提供财务报表即可称得上"及时",而在电子商务时代,很多业务的市场生命周期大大缩短,信息使用者可能随时随地都需要做出经营决策,等到月末年终再获得财务信息就为时已晚。因此,电子商务时代的"及时性"在很多情况下是要求财务信息可以通过网络实时获得。

3. 电子商务对相关性原则的影响

相关性原则是指会计信息要同信息使用者的经济决策相关联。相关性原则要求会计信息不但要满足国家宏观经济管理的要求,满足有关各方了解企业的财务状况和经营成果的需要,而且还要满足企业加强内部经营管理的需要。随着企业筹资渠道的多元化,企业之间的经济联系迅速增强,会计信息的外部使用者已不再局限于国家,而是扩大到其他的投资者、各种债权人等与企业有经济利益关系的群体。同时,随着企业自主权的扩大,会计信息在企业内部的经营管理中发挥着更大的作用。

相关性原则在传统的商务模式和电子商务模式下均适用,尤其是在电子商务环境下,该原则能够得到更好的体现。电子商务的应用使得企业内部以及企业与外部的沟通变得更加顺畅和便捷,企业内部通过电子商务实现的信息交换对加强企业内部的资金流和物流的管理起到了至关重要的作用;通过互联网,与企业相关联的其他企业可以查询该企业的财务状况。

5.1.6 电子商务对财务核算基本方法的影响

财务核算基本方法主要有借贷记账法、收付记账法和增减记账法等。企业一般采用借贷记账法来进行财务核算。在电子商务时代,借贷记账法具有很大的局限性,表现在以下三个方面:
(1) 借贷记账法只反映价值信息,而不反映非价值信息;
(2) 借贷记账法只反映与资产负债表相关的经济活动,而不反映其他的重要信息,如证券价格信息等;
(3) 借贷记账法只反映会计主体内部的有关信息,而不反映其供应链上的其他重要信息,如供应商的原料信息、客户的需求信息等。

但是,借贷记账法所不反映的这些信息,往往是电子商务时代企业的管理者和投资者所关心的重要信息。

5.1.7 电子商务对会计要素的影响

会计要素是对会计具体内容所做的分类,是会计报表的基本组成要素。由于会计报表的需求信息是确定的,因此传统会计要素的分类也是确定的,即分为资产、负债、所有者权益、收入、费用和利润等六大类。

在电子商务时代,会计报告要求是实时、动态、全方位的,是建立在信息需求多样化基础之上的,事先明确数据分类和处理程序已非必要,对会计要素事先作固定的分类同样也没有必要。在新的条件下,会计要素必须作进一步的细分,以便更全面、更具体地反映企业的经济活动。另外,在电子商务时代,原来的资产、负债、所有者权益等概念的内涵和外延也相应地发生了变化,如在一般意义上,资产是企业拥有或者控制的、能为企业提供未来经济利益的经济资源,可以分为固定资产、无形资产等。在电子商务环境下,人力资源、知识产权、客户关系数据库、以域名为表现形式的网络品牌等将成为无形资产的崭新内容,这在传统的财务管理中是根本找不到的。

5.1.8 电子商务对财务管理理念的影响

管理理念是管理思想、管理宗旨和管理意识等一系列观念性因素的综合体现,在财务管理的过程中,企业的经营者所坚持的财务管理理念将会直接影响财务管理模式。电子商务因自身独有的特性对财务管理理念产生了巨大冲击,企业将从封闭式财务管理走向开放式财务管理,从静态财务管理走向动态财务管理,从经验性财务管理走向科学性财务管理,传统的财务管理理念必须随之发生新的变化。

在电子商务环境下,企业供应链管理所涉及的对象将不仅仅局限于企业内部的资源,而是扩展到了企业外部,包括企业的供应商和客户,这就使得企业的财务管理所涉及的范围变得更加宽泛,企业的财务管理也将由封闭式走向开放式。在电子商务环境下,财务信息能够实现高效快捷的传递,使得动态财务管理成为可能。在电子商务环境下,财务管理将从事后的静态监督达到事中的动态监督,从而大大地丰富财务信息的内容,并提高财务信息的价值;在电子商务环境下,企业的信息流通渠道是完全通畅的,信息的质量可以得到进一步的保证,企业的管理者可以与财务管理部门进行实时信息沟通,管理者根据客观条件做出的判断也将会更加准确、及时,更能体现科学性。与之相对应的是,企业管理者的管理理念必须与时俱进、开拓创新。

5.1.9 电子商务对财务管理组织结构的影响

根据亚当·斯密的分工理论建立起来的企业组织结构一直是企业运营的主体构架,这种层层分工、金字塔型的管理模式在传统的经济环境下可以有效地达到分工与协作,进行标准化的大量生产,从而实现规模经济效益。企业内部则按照财务管理的不同职能分别设置不同的岗位,如出纳岗、总账岗、材料岗、成本岗、计划岗、报表岗等,各岗位的财务管理人员根据各自的分工完成自己的岗位职能,总公司对其分支机构的财务管理往往是松散的,企业集团集中式的财务管理也是难以实现的。

在电子商务时代,由于电子商务可以支持在线管理和集中管理,时间差距和地理差距不再成为障碍,电子商务系统可以跨区域实时动态地收集和处理数据。因此,企业集团及其分支机构可以利用电子商务系统对所有的分支机构实行集中记账、集中资金调配、远程审计、远程保障等财务活动。分支机构将成为企业集团的一个财务报账单位,基层单位的财务管理人员和财务开支将大大减少,企业集团的总部可以对数据进行及时的处理和分析,以实现决策的科学化、业务的智能化,企业集团内部的信息资源得到充分的共享。

随着电子商务系统的运用,企业内部的财务管理部门将与其他部门相互融合,出现模糊分工状态,以往由财务管理部门处理的一些核算业务将按其业务发生地点归到制造、营销、供应等部门来完成,财务管理部门内部的人员分工、岗位设置也将发生巨大变化。对于企业集团而言,由于账务集中处理,其分支机构可以不再设置账务处理职能,取消总账岗、报表岗等,而代之以原始数据收集、审核和传输岗等。对于财务与业务的协同运作做得比较好的企业,可以取消二级核算,改为一级核算,内部岗位设置也可以大大削减,从而达到财务分工的扁平化。

5.1.10 电子商务对财务管理业务流程的影响

在传统的财务管理模式下,财务管理人员运用纸笔、计算器等工具对大量的原始凭证进行处理,产生记账凭证,再逐笔登入账簿,以人民币为记账本位币编制会计报表。管理会计根据已经发生的信息,代入固定的公式或模型,计算得出相关参数,用来指导、改进企业今后的管理,财务管理则按照从财务预测、财务决策、财务预算、财务控制和财务分析等环节的顺序进行。

在电子商务时代,企业内部实行网络化集成管理。计算机网络代替了纸笔、计算器等,电子单据在线录入,电子货币自动划转,财务与业务协同,所有的信息即时产生,物流、信息流和资金流"三流合一"。财务管理无须再事先固定地划分成一个个各自独立的环节,所有的信息汇成了一条连续的信息流,财务管理人员需要任何财务信息就可以直接从网上获得。传统的大约每30份单据才能完成一笔交易的时代终将成为历史,纸质的凭证、账簿、报表显得可有可无,传统的财务管理工作业务流程将面临一次全面的重组。

5.2 网络财务概述

伴随着电子商务的快速发展,财务管理正在进入一个新的发展阶段——网络财务阶段,相关的理论体系和实践发展正在逐步成熟之中。

5.2.1 网络财务的概念

"网络财务"这一概念早在1999年时就已经出现了,一般认为,网络财务是基于互联网平台的财务核算、财务管理在电子商务中的应用,它是一种基于计算机网络技术,以整合实现企业电子商务为目标,以财务管理为核心,财务与业务协同,支持电子商务,能够提供互联网环境下财务核算、财务管理及其各种功能的、全新的财务管理模式。作为电子商务的重要表现形式和基本组成部分,网络财务应包括以下五层含义:

(1) 网络财务的技术基础是网络,是互联网/内联网协同的开放式网络;
(2) 网络财务的目标是实现财务和业务管理的电子化;
(3) 网络财务的功能不仅仅在于财务,而是财务与业务的协同运作;
(4) 网络财务是企业级的财务应用;
(5) 网络财务是企业电子商务的重要组成部分。

5.2.2 网络财务产生的背景

电子商务的普遍运用对传统的财务管理产生了深刻的影响,需要传统的财务管理做出相应的变革,构建起一种基于网络技术的新型财务管理模式。同时,采用传统财务管理的现代企业对这种新型财务管理模式也有强烈的需求;现代信息通信技术尤其是网络技术的发展为这种新型财务管理模式提供了可靠的技术条件;国家对《中华人民共和国会计法》(以下简称《会计法》)和《企业会计准则——基本准则》的修订又为这种新型财务管理模式开辟了法律环境。于是,这种基于网络技术的新型财务管理模式——网络财务应运而生。

1. 传统的财务管理存在的缺陷呼唤网络财务

在电子商务快速发展的背景下,传统的财务管理正在暴露出越来越多的问题和矛盾,具体表现在以下三个方面:

（1）传统的财务信息失真，难以为企业管理提供科学决策依据。

从本质上来看，现代企业管理最根本的问题是对信息的管理。企业只有及时地掌握准确、全面的信息，才能有效地进行管理，对物流、信息流和资金流实施有效的控制。但是，事实上我国至今仍有相当多的企业信息非常不透明、不对称和非集成。企业的各部门之间信息沟通不及时、不全面，企业的高层决策者难以获得准确的财务信息。更有甚者，有的企业还人为地制造虚假信息，汇总起来的信息失真更是普遍现象。据相关机构所作的财务信息质量抽查证实，全国80%以上的企业财务信息存在着不同程度的失真，财务信息难以为企业管理提供科学的决策依据。

（2）传统的财务管理监控力度不足，缺乏事前监督和事中监督。

目前，在一些企业中，所有者对企业、母公司对子公司、总公司对分公司、公司的管理层对下属机构的资金运作环节普遍存在着监控不力的情况，擅自挪用资金甚至侵吞国有资产的现象时有发生。相当多的企业在重大投资问题上还没有形成有效的决策约束机制，不搞招标、投标，或者只是走过场，重大决策个人说了算，出现了资金的流向脱离控制等现象。不少企业的领导者对自身的财务状况搞不清楚，财务管理人员对经营管理又不甚了解，造成财务管理人员听命于领导者、跟着领导者走，致使财务监督流于形式。

（3）传统的财务管理效率低下，资金运用散乱。

传统的财务管理技术含量低，管理效率不高。企业内部机构众多，财务信息来源滞后，资金周转环节众多，程序复杂。由于传统的财务管理模式与新兴的电子商务发展的要求不相吻合，因此亟须实现网络财务，才能与其相适应。

2. 网络财务产生的法律环境

我国的《会计法》和《企业会计准则——基本准则》是网络财务实现的重要法律依据，相关的立法保障包括四个方面：一是进一步强调了会计资料的真实、完整和及时，对会计工作的要求更规范、更全面、更具体，客观上需要有一种新型的财务管理模式与之相适应；二是首次确立了电子单据的法律地位，使得网络财务管理有法可依；三是增加了电子交易的核算处理内部控制制度，如网上结算管理制度等，使网络财务作为电子商务的一部分具有法律保障；四是促进对各行业、各地域会计制度的统一，使网络财务的异地协同处理成为现实

5.2.3 网络财务的特征

在网络环境下，财务信息的整合可以用网络的方式从企业内部的财务信息"孤岛"直接转向客户、供应商、政府部门及其他相关部门进行采集。特别是由过去的少量个体依靠单机或局域网参与财务决策的方式，在网络环境下可以变成由分布在世界各地的有关人员通过网络互动功能同时共同决策。这种空间的拓展使得财务管理更加从分散走向集中，从企业的总部走向企业的全部，从企业的内部走向企业的外部。所以，网络财务与传统的财务管理相比，主要具有以下六个特征：

1. 与现代信息技术高度融合

网络财务按照财务信息处理的要求，充分利用现代信息通信技术，对企业的财务工作方式、工作方法和业务流程进行重新构建，以适应现代企业瞬息万变的管理要求。网络财务并

非传统财务作业的"模拟系统",而是以现代信息通信技术为依托,同21世纪社会、经济和技术环境相适应的、崭新的财务管理模式。

2. 数据传输方式无纸化、网络化

网络技术的发展使财务信息不断地走向无纸化、网络化,具体表现在三个方面:一是数据输入的无纸化、网络化。财务原始数据可以直接来源于网上的业务信息,如电子发票、电子汇票等,无须纸质凭证,也无须手工录入。二是传输过程的无纸化、网络化,如原始凭证直接通过财务管理软件的处理后变成记账凭证,水电费直接变成生产成本等。三是财务信息输出的无纸化、网络化。电子符号代替了财务数据,电磁介质代替了纸介质,网页数据代替了纸页数据并成为财务信息输出的崭新方式。

3. 财务与业务的高度协同运作

互联网的发展对企业经营中的财务与业务的协同运作提出了更高的要求,财务与业务的协同运作成为网络财务的显著特征。财务与业务的协同运作的主要表现有:一是企业内部的协同,如网上采购、网上资金准备、网上销售、网上预算控制等;二是企业与其供应链的协同,如网上询价、网上催账、网上制订生产计划等;三是企业与其客户的协同,如网上订单、网上支付等;四是企业与社会相关部门的协同,如网上银行、网上年检、网上报税、网上报关等。

4. 高效集中式管理

在现实经济生活中,一些企业特别是企业集团,由于受到空间距离的限制,苦于缺乏集中管理的技术手段,往往对分支机构的控制不够,甚至导致决策失误。互联网的出现和网络财务的产生使集中管理成为可能。通过集中管理,企业集团可以加强对分支机构的财务监控,有效地整合整个企业的财务资源,降低企业的运营成本,提高经营管理效率。

5. 高度实时动态管理

传统的财务管理模式是建立在会计分期假设的基础之上,它侧重于事后管理,是一种静态管理。网络财务借助于计算机网络技术,将改变这一历史,变传统的事后静态核算为高度实时化的动态核算,从而更加有利于企业的管理。

6. 支持强大的远程处理

互联网的发展使企业与企业、企业与客户之间的空间距离变成了鼠标距离,财务管理人员轻轻一点鼠标,企业财务管理的触角就可以伸到全球的任何一个节点。方便快捷的远程报账、远程报表、远程查询、远程审计等,不但保证了财务信息的客观、实时,而且极大地提高了企业管理的效率。以我国信息化示范企业中兴通讯为例,在实施网络报销系统一段时间后成效初步显现,在各方面均取得了可喜的回报,企业不但收到了良好的直接效益,而且间接效益也十分明显。既提高了企业内部整体的运作效率,降低了财务成本、节约了员工的时间,也解决了企业在跨国经营中遇到的一些难题。

5.2.4 会计电算化和网络财务的区别

网络财务是一种新型的财务管理模式,它不但有别于传统的财务管理,而且也有别于会计电算化。会计电算化是"电子计算机在会计中的应用"的简称。会计电算化在过去发挥了积极的作用,大大减轻了财务管理人员的工作量,提高了财务信息的质量和财务管理的效率。但是,会计电算化只是电子计算机在财务管理中的简单运用,远不同于网络财务,两者的差别主要有以下五个方面:

1. 会计电算化和网络财务的基础不同

会计电算化也称桌面财务,是基于桌面电脑和财务软件实现的;而网络财务是建立在计算机网络基础之上的。

2. 会计电算化和网络财务的功能不同

由于基础不同,会计电算化和网络财务实现的功能也就不同:会计电算化无法实现远程管理的功能;而网络财务不但可以实现会计电算化的所有功能,而且还可以很方便地实现远程管理功能。

3. 会计电算化和网络财务的处理模式不同

会计电算化在使用了计算机后,虽然解决了会计工作量的问题,提高了财务信息处理的速度,但是仍然没有改变传统状态下财务处理远远落后于实际业务发生时间的状况,仍然是一种事后的静态处理;而网络财务则将实现财务与业务的协同运作,彻底改变了财务处理滞后于实际业务发生的问题,实现了财务管理的实时动态化。

4. 会计电算化和网络财务的财务信息提供方式不同

会计电算化处理后的财务信息一般存储于硬盘,还要打印生成纸质的凭证、账页、报表;而网络财务则实现了无纸化办公,纸质的凭证账页、报表变得可有可无,网页数据代替了纸页数据、硬盘数据。

5. 会计电算化和网络财务的管理模式不同

会计电算化对企业集团无法实现集中管理;而网络财务则可以较好地对企业集团实现集中管理,企业集团可以运用网络财务系统对所有的分支机构实行集中记账、集中资金调配等,分支机构将成为企业集团的一个财务报账单位。

5.2.5 网络财务产生的意义

网络财务的产生,不仅仅是用计算机网络技术来记账的问题,它对于会计学科的发展和企业管理都具有重大的历史意义和深刻的现实意义。

1. 已成为会计发展史上的第四个里程碑

会计发展史上经历了三次大的变革,被称为会计发展史上的三个里程碑,分别是:1494年意大利数学家、会计学家卢卡·帕乔利发表了《算术、几何、比及比例概要》(即《数学大全》)一书,该书第一次系统阐述了复式记账原理及其应用方法,成为会计发展史上的第一个里程碑;1854年,苏格兰爱丁堡会计师协会成立,使会计成为一个服务行业,被认为是会计发展史上的第二个里程碑;第二次世界大战以后,财务会计和管理会计学科的分化指出了会计发展的新方向,被认为是会计发展史上的第三个里程碑。与这三个里程碑相比,网络财务同样具有划时代的重大历史意义,表现在:(1) 网络财务第一次运用了网络技术,抛弃了手工操作方式和计算机的简单模拟;(2) 网络财务第一次实现了无纸化办公,实现了办公方式的革命;(3) 网络财务第一次"漂洋过海",实现了集中管理和远程管理,将全球距离缩短为鼠标距离;(4) 网络财务使财务信息披露更充分、提供更及时、使用更高效,开启了一个新的财务管理时代——网络财务管理时代。因此,网络财务被公认为是会计发展史上的第四个里程碑(如图 5-1 所示)。

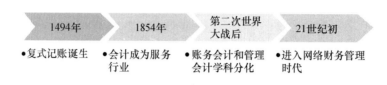

图 5-1　会计发展史上的四个里程碑

2. 促进了企业管理的数字化发展

网络财务采用了互联网/内联网技术,使企业管理和经营的信息都以电子的方式运行,从而使企业的管理对象和管理流程都可以数字化,管理成为可计算的活动。管理的可计算性促进了企业管理的自动化,进而实现了企业管理的数字化。20 世纪 90 年代以来,管理理论得到了空前发展,最终实现管理信息化成为所有管理者的共同追求。现在,世界由于网络财务的产生使得全面的数字化管理成为现实,这些都将大大推动实现企业管理信息化的进程。

3. 促进了企业电子商务的发展

一般来说,财务信息占企业全部信息量的 70%,它是以货币形式反映企业整个的物流活动和经营管理活动的综合经济信息,是直接为现代企业管理服务的最重要的经济信息。企业要建设和发展具有竞争力的电子商务应用,就必须建立基于网络技术的、财务与业务协同运作的网络财务信息平台,做好企业运营必需的财务与业务信息管理,这是电子商务发展必要的基础。网络财务成为企业电子商务的重要组成部分,并全面支持电子商务,使企业能紧跟时代潮流,从电子商务的角度进行业务重整,加强企业的竞争实力,促进企业电子商务的全面发展。

5.3　网络财务的技术实现

网络财务的技术实现主要包括网络财务解决方案的选择、网络财务软件的开发和应用等两个方面。

5.3.1　网络财务解决方案的选择

网络财务是企业电子商务的重要组成部分,企业如何选择适合自身的网络财务解决途径和方案,以推进网络财务的运用,主要取决于企业自身的运营规模、管理需要、技术条件等因素。网络财务解决方案的选择主要有两种途径:一是自主开发。对于大中型企业而言,由于企业自身的经营规模大、管理要求高,并且具备雄厚的技术条件,因此可以自行建立完善的企业内联网,可以自己确定企业网络财务的实施方案。二是业务外包。对于许多中小企业而言,如果自身确无必备的条件,并且企业管理要求上也没有自己建设的必要,就可以考虑"借船出海",通过业务外包,借助于专业财务软件公司现成的产品和服务,一样可以走上网络财务之路。

1. 大中型企业网络财务的自行解决方案

大中型企业自行实施网络财务解决方案,一般要遵循以下四个步骤:

第一步,企业根据自身实际的经营管理情况进行动因和需求分析,明确要利用网络财务系统完成什么工作、网络财务系统应用要达到什么样的目标和要求。如深圳市燃气集团股份有限公司根据自身业务迅速发展、财务需要集中监控、企业管理核心在于抓财务的实际情况出发进行网络财务的需求分析,确定了开展网络财务应做的工作和要求:

(1) 要使财务管理与业务管理紧密配合,全面实现财务与业务的协同运作;

(2) 要实行集团财务集中管理监控;

(3) 支持企业电子商务,能提供方便的网上应用,可以同时使用浏览器界面和GUI界面(Graphical User Interface,图形用户界面);

(4) 具有良好的可扩展性和融合性;

(5) 软件功能适用。

第二步,组织技术力量,对照企业的需求,开发网络财务软件。

第三步,根据企业的需求进行网络财务解决方案的设计。企业根据自身的实际需要,确立适合需要的网络财务解决方案,既要做到建设费用的经济合理,也要确保系统运行的稳定可靠。

第四步,进行网络财务系统的实施。网络财务解决方案确定后,企业可以结合自身的需要进行网络财务系统的实施。

2. 中小企业借助于财务软件公司的解决方案

对于许多中小企业来说,它们可能想推行网络财务,但由于自身缺乏必要的条件,无法自行开发独立的网络财务系统,这时它们可以借助于专业财务软件公司现成的产品和服务。有的企业甚至只要通过互联网直接登录到远程的服务商主机上,就可以享受到专业的理财服务。网上专业理财服务,以出售应用许可的方式代替了出售软件,以集中管理的形式代替了上门调试和维护,降低了中小企业进行理财的费用。同时,7×24的全天候服务模式又可以使企业随时和服务商进行沟通。专业财务软件公司根据用户的具体需要,一般可以提供以下一些服务内容:

(1) 提供网络财务软件;

(2) 提供基于互联网的服务业务,包括提供网络财务软件的在线支持和内容服务,建立专业网站,提供网上理财服务等,企业用户无须购买软件就可以通过专业的网站获取理财服务并按服务项目和服务数量付费;

(3) 为企业用户提供全套服务,包括帮助企业设计和构建网络体系,提供软件并帮助进行安装和维护等。

5.3.2 网络财务软件的开发和应用

网络财务的实现需要企业的管理者、财务管理人员观念上的认同和采取积极有效的推进措施,需要政府提供政策和法律的有力保障,需要具有稳定性能的硬件平台作支撑。但是,光有这些是不够的,实现网络财务管理的核心应该是网络财务软件。

1. 网络财务软件的概念与特征

网络财务软件是指开发人员站在企业管理者的角度设计的,旨在实现企业经营业务、财务核算和财务管理的协同运作,提供事前计划、事中控制和事后分析的手段,帮助企业提高市场竞争力的管理软件。网络财务软件应是一种财务和业务一体化的管理软件,是面向企业资源实现全面管理的企业级管理软件。由于网络财务软件是一种财务和业务一体化的管理软件,因此其主要功能将集中在需求计划、生产计划、生产流程管理、人力资源管理和成本管理上,财务核算和财务管理只是其中的一个子系统。该子系统与其他的子系统的信息高度共享,充分发挥信息的作用,以便提高企业管理的效率。与会计电算化等软件相比,网络财务软件的特征主要有以下十个方面:

(1) 从桌面计算走向网络计算。

互联网的核心动力是网络计算,网络财务突破了会计电算化的桌面计算,走向电子商务时代的网络计算。网络计算使财务管理在时间、空间和效率等三个方面发生了重大变化:在时间上,财务核算从事后核算走向实时核算,财务管理从静态走向动态;在空间上,财务管理的边界从内部延深到了外部;在效率上,财务管理从单机管理走向网络管理,从低效管理走向高效管理。

(2) 从静态核算走向动态核算。

传统的财务核算是一种静态核算,也即经济活动发生以后,财务管理人员根据一定的财务核算组织程序将业务信息转化为财务信息,并定期打印出报表。财务管理部门与业务部门之间的信息交流是以静态方式进行的,信息从业务部门传递到财务管理部门需要一定的时间,这样财务报表所反映的只能是以前发生的财务状况,企业根据这样的信息做出的决策不得不大打折扣。

网络财务软件基于电子商务并且是电子商务的重要组成部分。企业的业务活动在网上进行,与此同时实时产生财务信息。财务管理部门的预算控制、资金准备、网上支付、网上结算等工作与业务部门的工作协同进行。在经济业务发生的同时,财务信息也相应地得到更新,财务核算从静态走向动态,从而极大地丰富了财务信息的内容,提高了财务信息的利用价值。

(3) 从财务与业务脱节走向协同。

在网络财务软件出现之前,财务管理人员不过问业务问题,业务人员也不过问财务问题,财务与业务是脱节的。网络财务软件作为电子商务的重要组成部分,从根本上促进了财务与业务的协同。网络财务软件可以通过内联网实现企业内部的协同运作；通过外联网（Extranet）/互联网实现企业与供应链的协同运作；通过互联网实现企业与社会相关部门的协同运作等。

（4）从纸质凭证支付走向电子货币。

在电子商务时代，企业不需要再发生大量的现金交易，也不再固守支票、本票和汇票等传统的纸质凭证支付方式，大部分业务将通过电子货币交易来完成。电子单据和电子货币既是电子商务的基本实现手段，也是网络财务的重要基础。货币的电子化以及在此基础上实现的网上支付、网上结算，不仅极大地提高了结算效率，而且加快了资金周转速度，降低了企业资金的运用成本。

（5）从纸页数据走向网页数据。

在网络财务下，财务信息的提供方式也发生了极大的变化，从传统财务管理的纸页数据、会计电算化时期的磁盘数据走向网络财务管理时期的网页数据。网页数据与传统的财务信息提供方式的最大区别在于信息的时效性显著增强。此外，还带来了 7×24 全天候服务。

（6）支持在线财务管理。

基于企业的财务信息是实时动态的，因此首席执行官和首席财务官将能够及时地据此做出反应，部署企业的经营活动并做出财务安排。通过各种经营指令和财务指令，财务管理部门实现了在线管理，如在线资金调度、异地转账、在线证券投资、在线外汇买卖等。

（7）支持集团式集中管理。

在网络财务软件出现之前，企业集团只能按照传统的财务管理模式，由基层单位编制财务报表，然后层层汇总上报，最后由总部机构对汇总的报表进行分析，根据分析结果做出决策。这种金字塔型的财务管理模式必然导致财务信息滞后，其信息有用性也大打折扣。

网络财务软件采用集中管理的模式，消除了地理距离和时间差距，企业集团可以利用网络财务软件对所有的分支机构实现集中记账、远程报账、远程审计、集中资金调配等财务活动。

（8）支持远程处理。

网络财务软件支持远程处理工作，能够保障企业顺利地实现远程报表、远程报账、远程查账、远程审计、远程咨询等远程处理。

（9）支持移动办公。

网络财务使财务管理方式发生了巨大的变化，可以真正实现财务管理工作的移动在线办公。库存部门和销售部门的业务员可以利用手持的信息设备输入各种商品或商务的数据，再联网传输给网络财务系统。企业的员工可以借助于联网的信息终端进行考勤、申请借款，填报各项收支等。企业的高层管理人员可以利用移动终端联网查询各种财务数据，财务管理人员也可以轻松地实现家庭办公。

（10）支持网上理财服务。

随着互联网的进一步普及，财务处理方式和财务软件的提供方式也发生了变化，网上理财服务成为网络财务软件的一个新的重要内容。用户要进行财务处理，不一定要购买应用软件，可以直接从网上获得授权和账号。用户对应用软件的更新、升级、数据管理及设备管理均由 ASP(Active Server Pages,动态服务器页面)提供,企业只需按服务项目和服务工作量交费即可。

2. 网络财务软件的功能要求

网络财务软件应具有以下九个方面的功能要求:

(1) 能实时监控财务状况,规避运营风险。

通过简单的 Web 登录,企业集团可以轻松地实现集中管理,对所有的分支机构实现集中记账、集中资金调配等,企业集团的财务状况置于企业决策者的有效控制之下。企业的决策者无论身在何时何地,都可以查询了解到企业集团的资金信息和分支机构的财务状况,真正做到移动办公。

(2) 财务与业务协同运作,统筹资金和存货,提高资金运作效能。

网络财务软件的财务与业务协同运作的特征使企业能够整合供应链资金,集团采购和集团供应实现统一调配,企业的资金运作效能得到提高。应收款管理不再是令人头痛的难题,企业通过 Web 即可在线监督客户及供应商的资金往来状况,实时监控往来余额,在催账的时候能够心中有数。

(3) 实现在线供应链管理,提升供应链管理效能。

企业能够全局掌握供应资源,无限拉大对供应商的管理视野,对货物流动、价格信息进行动态把握,实现网上询价、网上采购。分布式供应、分布式生产、分布式销售将提升供应链的周转率和企业的运营效益。

(4) 企业的决策者掌控企业的经营信息,实现动态决策。

企业的决策者可以全面掌握整体经营指标、销售快报、资金状况、成本费用、利润状况等经营信息,并且给决策者建立了直观的决策数据来源。企业内外所有的决策数据及报表都可以通过网络或 Web 进行报送,使企业的业务进展做到动态实时更新,决策依据都是真实反映当前状况的数据。

(5) 实现供销存业务与财务的协同管理。

企业进行采购、销售业务时,相应的入库单、出库单自动生成,库存管理模块在进行出入库管理的同时自动生成存货成本核算,并将核算凭证转入总账模块。依据网络的追踪溯源功能,充分实现从总账到明细账,到记账凭证,再到原始单据的渗透查询,最终实现财务与业务的协同管理。

(6) 实现成本控制的有效化。

成本控制是传统的财务管理的重点和难点。网络财务软件在成本数据归集方面设计了全面的数据自动来源。成本管理模块从存货核算、工资管理、固定资产管理和总账中自动提取数据。每个成本期间,财务数据同步自动生成。在成本计划方面,企业可以编制全面的成本计划。成本核算工作结束后,针对此计划的成本差异分析结果自动生成。在成本预测和分析方面,企业可以根据不同的需要做出部门成本预测和产品成本预测等。

(7) 实现财务运营风险的有效控制。

网络财务软件通过财务与业务的协同运作,使任何一笔业务的发生都会立即显示在财务账上,从而真实地反映产品库存数量和库存成本的变动,并真实地反映分散在经销环节的库存信息和销售信息,从而更加有利于控制财务运营风险。

(8) 提供企业级的分析决策信息。

网络财务软件是一个跨部门、跨区域应用的软件系统,系统内存储了大量的财务信息和业务信息,可以满足用户全面了解企业的现状、发展前景和经营风险的需要,为企业的管理者提供科学的预测分析和决策分析。

(9) 提供网络财务系统的扩充机制。

网络财务软件应包括扩充机制这一内容。企业财务管理和经营管理的需求是动态变化着的。网络财务软件应该有企业根据变化以后的管理需求嵌入新开发的功能模块。企业新增功能模块的使用可以采用功能程序的调用方式、链接方式或宏嵌入方式来解决,同时还要注意接口的统一,以确保扩充后的系统和原来的系统是一体化的。

3. 网络财务软件应用中的难点

网络财务顺应了电子商务时代的发展潮流,构成了企业电子商务的重要组成部分。网络财务具有十分显著的优势和强大的生命力,但是,网络财务软件在应用中也遇到了一些难以解决的问题。这些问题虽然可以在制度上、事先防范上得到一定程度的解决,但是都不足以彻底根除、一劳永逸,因此需要企业不断地加以探讨和解决,相关的难点问题主要集中在以下四个方面:

(1) 标准化问题。

网络财务在通过网络传递各种财务数据、财务报表时,标准繁杂是制约其顺利、快速发展的一个重要因素。因此,必须有一个统一标准的"网上交通标志"和"网上交通规则"才能够保证信息流顺畅其间,不致发生"网上交通事故",否则将会影响网络财务软件的进一步发展。

(2) 网络安全问题。

网络财务所依托的是开放式的 TCP/IP 协议,它以广播的形式进行传播,有利于进行搭载侦听、口令字试探和窃取、身份假冒,这在技术上容易引起安全问题,"差之毫厘"就可能"谬以千里"。网络财务全面支持电子商务,对电子单据、电子货币多有涉及,又很容易成为不法分子的攻击对象。企业内部在使用网络财务软件时,如果权限划分不当、内部控制不严,也容易造成信息的滥用和向外流失。另外,网络财务软件还有可能感染计算机病毒。企业推行网络财务以后,财务与业务实行一体化管理,企业的经营管理活动几乎全部依赖于网络系统,一旦出现问题将会严重影响企业正常的生产和经营活动。

(3) 网上犯罪问题。

网络财务软件实现了财务信息的资源共享,这就使得精通网络知识的人进行犯罪有了可能。比如,不法分子在神不知鬼不觉的情况下可以在网络财务软件中嵌入非法的舞弊程序,利用舞弊程序侵吞他人的资产或达到其他目的。又如,已在全世界范围内多次发生的勒索邮件给当事人带来了极大的困扰。

(4) 财务档案保管问题。

电介质的财务档案缺乏有效的安全和保密措施,难以对其进行长期保管。此类载体信息具有可变性、可操作性和对系统的依赖性,计算机软/硬件更新换代频繁,无法解决隔代兼容的问题,因此财务档案的保管是个问题。如果将财务信息再打印生成纸质材料就违背了网络财务的初衷,背离了电子商务时代发展的方向。因此,网络财务开发企业需积极研究出一套既方便高效又确保安全的两全其美的办法来。

尽管网络财务在开发和实施过程中存在着诸多的问题,但这些都会在发展中逐步找到可行的解决办法。

5.4 典型案例 大华股份全球云财务共享案例[①]

成立于2001年3月的浙江大华技术股份有限公司(以下简称"大华股份")是全球领先的以视频为核心的智慧物联解决方案提供商和运营服务商,产品覆盖全球180个国家和地区,是"全球安防50强",2019年排名全球第二位,年销售额超百亿元。在新兴技术快速发展的大背景下,大华股份围绕"云生态、智未来"的战略,推进"全智能、全计算、全感知、全生态"的策略落地,推动产业转型升级。经过多年的探索,大华股份走出了一条基于生态链的全球云财务管控体系发展道路,形成了独特的发展模式,取得了业界领先的发展成效,为促进传统财务管理体系的转型升级提供了重要的示范。

5.4.1 案例背景

随着业务的快速扩张,大华股份的财务需求也随之不断地提升,云财务管控体系逐步成为适应新的业务发展需要的重要选择。在2004年之前,大华股份的组织、产品、业务还相对单一,财务管理部门能提供的服务项目也非常少,财务与业务没有实现一体化,会计核算工作处于半手工状态。2004年12月,长期在知名企业担任财务总监、具有十分丰富的财务管理信息化经验的魏美钟走马上任,担任公司的副总裁兼财务总监,开启了大华股份财务管理信息化的新征程。他在上任伊始,经过大量的调研,前瞻性地提出"打造集团内部全面财务共享服务中心"的目标。随后,他负责整个公司各部门的ERP系统上线,在实施过程中,当时仓库和财务两边用的网络无法打通,魏美钟开创性地使用两套不同的ERP系统在仓库和财务同时上线,并在半年后顺利地将两个系统合并成一个,这一颇具独创性的做法为后续全球云财务管控体系的建设奠定了良好的基础。

随着公司不断地发展壮大,大华股份使用的ERP系统也经历了从新中大ERP到金蝶K3 ERP再到Oracle ERP系统的更新换代,尽管每次的切换都需要更多的调试和更深度的开发,但基本达到了理想的效果。除了ERP系统以外,大华股份还先后部署了客户关系管理(Customer Relationship Management,CRM)系统、产品生命周期管理(Product Lifecycle Management,PLM)系统和电子化学习系统等,为企业的信息化应用奠定了坚实的基础。图5-2为大华股份各信息系统之间的相互关联。

---

① 相关资料根据浙江大华技术股份有限公司的公开内容整理而成。

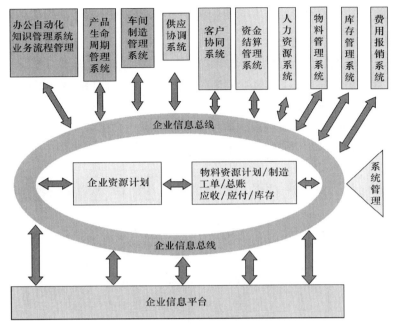

图 5-2 大华股份各信息系统之间的相互关联

在业务迅速发展的过程中,大华股份的财务管理面临着体系越来越复杂、效率越来越难以适应业务发展需要等难题,具体的业务痛点表现在以下各个方面:

(1) 财务管理难以适应分支机构快速增设的需要;
(2) 供应商和产品的数量繁多,管理难度高;
(3) 费用报销流程复杂,管控困难;
(4) 跨区域、跨行业经营导致资金管理风险不断地上升。

5.4.2 财务共享部署

大华股份的财务共享经历了集团总部共享、集团异地共享和共享服务外包三个阶段,最终建立起了覆盖国内外 50 多家核算体、员工超过万人、销售额超过百亿元的新型财务共享体系。

这一账务共享体系具有两个显著的特征:一是内部共享,即在集团总部建立财务共享中心,为集团内各分支机构提供财务服务;二是全面共享,财务共享中心既提供了应付、费用、应收、成本、税务、项目核算、总账、资金等传统财务模块服务,也提供了信用管控、预算分析与考核、内部控制及流程优化、投资管理、三大财经体系(产品线财经、供应链财经、区域财经)这些管理会计模块,为集团各成员企业、业务单元(区域维度、产品线维度、行业线维度)提供全方位立体式的财经服务。

5.4.3 应付与应收共享

应付与应收既是大华股份财务管理的核心业务,也是其实行财务共享的重点所在,经过多年的探索,取得了良好的成效。

1. 应付共享

大华股份的供应商有将近200家,大华股份利用财务共享平台与供应商之间建立起高效顺畅的数据交换体系,既能准确快捷地向上游供应商传递政策、通知、新品信息,同时将采购订单实时传递给上游供应商,也能实现跟上游供应商的实时对账,并开发成功了供应商的采购竞价功能,取得了良好的效果。通过供应商协同平台,大华股份既实现了与供应商实时对账,也能更好地了解供应商的库存,大幅度提高了业务运营的效率。图5-3为大华股份的应付共享系统的流程,是其当前国内采购的基本运作模式。

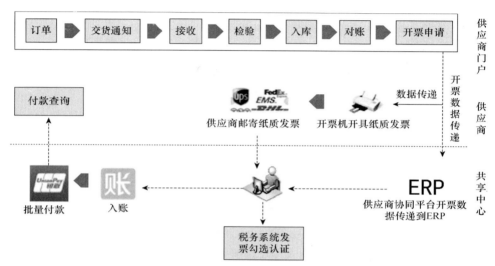

图5-3 大华股份的应付共享系统的流程

2. 应收共享

大华股份的业务遍布国内和国外,实现应收账款的数据共享对提高业务运营效率,实现财务与业务的高度协同运作有着重要的作用。大华股份的应收共享系统的流程如图5-4所示。

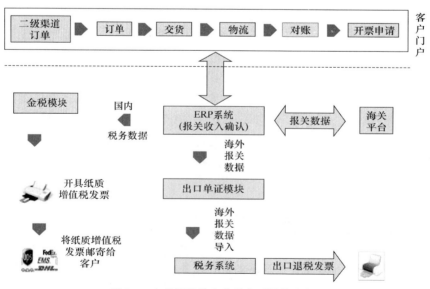

图5-4 大华股份的应收共享系统的流程

如图 5-4 所示,大华股份的应收共享系统的客户门户主要实现二级渠道订单、订单、交货、物流、对账和开票申请等数据的传输,并通过数据交换系统将数据传输到 ERP 系统,然后再将数据根据需要生成国内金税模块所需的税务数据、传递到海关平台的报关数据以及出口单证模块所需的海外报关数据,以满足实际应用需求。

5.4.4 资金共享

大华股份的资金中心在杭州和香港分别建立了境内资金管理平台和境外资金管理平台,统筹管理全球 40 家分支机构的 300 多个银行账户,统一管理公司所有的收支,实现经营现金流报表按日编制,利用外汇及闲置资金进行理财,推进上下游供应链融资。

1. 国内资金管理

大华股份国内的资金管理是典型的虚拟财务公司,依托跨银行现金管理平台(Cross-bank Solution Cash Management,CBS)系统来实现,极大地提高了资金管理效率、降低了管理成本。大华股份的国内资金管理采用了银企直联的方式,图 5-5 为其国内资金管理银企直联的流程。

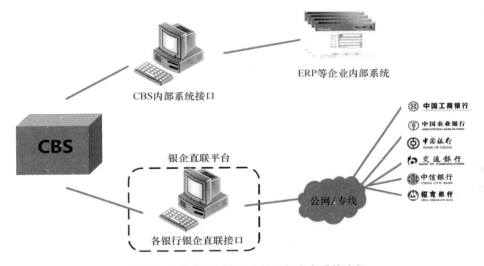

图 5-5 大华股份国内资金管理银企直联的流程

如图 5-5 所示,银企直联具有以下特点:
(1) 提供标准的数据接口;
(2) 与各商业银行的网上银行或核心业务系统对接;
(3) 实时获取各银行账户信息并进行有机整合;
(4) 向银行传递账户交易指令和接收反馈信息;
(5) 与企业的财务系统或 ERP 系统直联对接。

2. 国外资金管理

大华股份对国外资金的管理同样采用了银企直联系统,与国内资金管理系统不同的是,涉外资金管理一般需要通过环球同业银行金融电讯协会(Society for Worldwide Interbank Financial Telecommunications,SWIFT)系统来实现,其流程如图 5-6 所示。

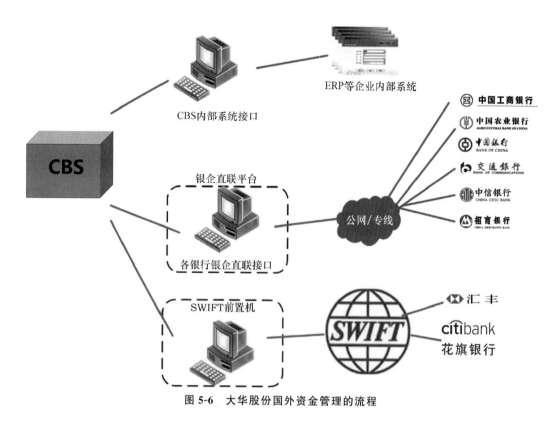

图 5-6　大华股份国外资金管理的流程

如图 5-6 所示，国外资金管理系统由于涉及 SWIFT 系统，该系统需要通过前置机才能接入 CBS 系统，以实现对国外资金的管理。

5.4.5　供应链金融

利用供应链金融平台为上下游合作伙伴提供快速、简便的融资支持，既可以将资金投入再生产、扩大业务规模，又能增强合作伙伴与大华股份的合作黏稠度，最终能实现合作伙伴、大华股份和融资银行的三方共赢。大华股份的供应链金融平台实现了电子商票融资、网上保理融资和电子票据池融资等业务功能，为合作伙伴带来了极大的便利。

1. 电子商票融资

利用电子商票进行融资是大华股份的客户重要的融资手段，这种融资方式的流程如图 5-7 所示。

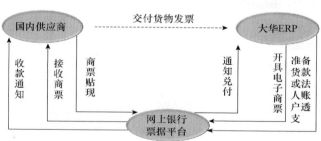

图 5-7　电子商票融资的流程

这种融资方式的业务特点如下：
(1) 以商票作为融资载体,贴现利率随行就市,降低了供应商的融资成本；
(2) 商票的账期为 90 天；
(3) 一月开票一次,开票日为每月 7 日,节假日顺延。

2．网上保理融资

预付卖方融资又称保理融资,一般由作为卖方的供应商将赊销所得的应收账款债权转让给银行,应收账款到期后由买方直接偿还给银行。大华股份开通了网上保理业务,其流程如图 5-8 所示。

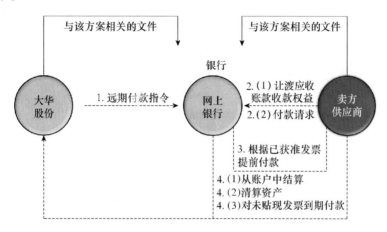

图 5-8　网上保理融资的流程

如图 5-8 所示,其整个过程分成四个环节：一是大华股份向银行发出远期付款指令；二是由卖方供应商向银行让渡应收账款收款权益,同时向银行提出贴现付款请求；三是银行根据已获准发票提前向卖方供应商付款；四是从账户中结算,清算资产或对未贴现发票进行到期付款。

3．电子票据池融资

利用电子票据进行融资是大华股份为国内供应商提供融资的一种方式,其流程如图 5-9 所示。

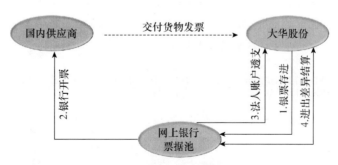

图 5-9　电子票据池融资的流程

电子票据池融资的业务特点如下：
(1) 企业可以在收到银行承兑汇票后将其存进银行,实现与现金存款一样的使用效果；
(2) 在结存票据余额内,企业可以自由开具任意账期和面额的银行承兑汇票。

5.4.6 费用共享与对私结算

作为业务覆盖全球的跨国企业,大华股份的财务报销是一项庞大而复杂的工程,曾经让公司各相关部门和业务人员为之困扰,后通过建置"每刻报销云平台"形成了新的模式,取得了理想的成效。

1. 每刻报销云平台

为了解决分散在世界各地的业务人员以及涉及不同业务的费用报销问题,大华股份创新性地开发出了每刻(英文为"Maycur")报销云平台(如图5-10所示)。这一平台通过HR系统、财务系统和CRM系统的集成,实现每日定时支付,提高了员工的满意度。

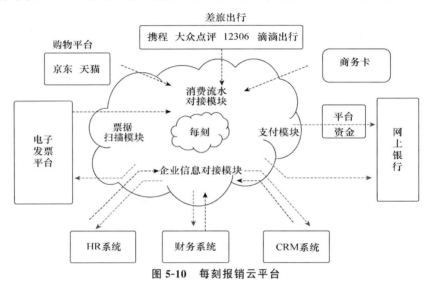

图 5-10 每刻报销云平台

2. 发票电子数据平台与每刻报销云平台的关联

每刻报销云平台实现了跨地域、跨部门的报销数据的集成与共享,提供了集中开票和电子开票的融合,支持拍照读取发票电子数据,并可以实现消费大数据应用和智能分析,大大提升了报销的效率,同时也有效地降低了成本和差错率,受到了各方的认可。图5-11为发票电子数据云平台与每刻报销云平台之间的关联。

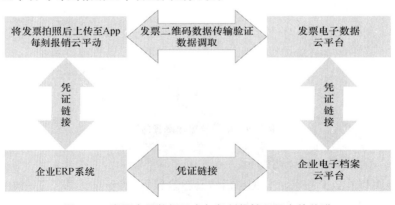

图 5-11 发票电子数据平台与每刻报销云平台的关联

这一解决方案通过大华股份自主开发的一套支持流水式的费用报销平台,并将该平台与公司正在使用的 ERP、HR、CRM、银行信用卡系统、电子银行系统、携程商旅平台、商业智能分析系统(Business Intelligence,BI)充分集成,做到数据共享互联、流程自动,有效地实现了传统报销业务的转型升级。

5.4.7 主要经验

大华股份通过多年来卓有成效的探索,走出了一条适合自身业务发展需要的道路,其发展经验值得相关企业参考:

第一,大华股份并没有从财务管理部门单独拆剥出一个独立的共享服务中心,所有的财务职能都集中在总部,全球各地的子公司、分公司全部由总部提供财务管理、人力资源管理、IT 共享服务。这样做的目的是能够更好地整合资源,防止因资源分散而导致的财务管理能力跟不上业务发展的需要的问题。

第二,在大华股份的财务共享系统中,"内部共享"与"全面共享"是其所推行的"集团内部财务共享模式"的基本特点,做到了内部共享和合作伙伴共享的完美结合,使财务数据能得到更加高效的利用和更加充分的流转。

第三,大华股份所构建的财务共享系统是开放的,尤其是在费用管控环节打通了银行、第三方消费平台、税务系统与企业内部系统的互联互通,这在技术上有一定的难度,也对信息安全提出了严峻的挑战,但大华股份的成功实践为其他企业提供了可行的路径。

第四,摈弃了传统的凭证扫描的方式。大华股份在实践中发现,传统的凭证扫描模式已显得难以适应新的形势需要,其既不环保也不经济,现有的资源及技术已经不需要扫描,尤其是在电子发票已经合法化的今天就更不需要扫描,不应对此再进行无谓的投入了。

第五,大华股份对财务共享所需的软/硬件设备所采取的基本原则是"能租不买,能买不自行开发",能买的前提是软件架构符合自主二次开发的要求,但不能影响未来升级。

5.4.8 案例评析

大华股份在业务快速发展的同时,以财务共享为特征的财务系统升级取得了极大的进展,基本形成了特色鲜明、功能完善和成效明显的新型财务管理体系,公司的财务共享中心正在逐步转变为数据价值中心,为公司创造出更大的价值。大华股份的探索为我国企业的财务转型升级提供了重要的借鉴。

第一,财务云化已成为新的趋势。大华财务云的建设策略是私有云与公有云共存,私有云平台部署了 ERP、供应商采购协同平台、客户销售协同平台、人力资源管理、客户关系管理、产品生命周期管理、制造执行管理等核心应用系统,SaaS(Software-as-a-Service,软件即服务)公有云平台部署了每刻报销云平台、视频会议云平台、资金云平台、电子商票云平台、电子票据池云平台、在线保理云平台、发票电子数据云平台、电子印鉴云平台、客户关系管理云平台等典型的外围应用云平台,私有云与公有云的互补组成了一个相对完整的基于生态链的云平台体系。从未来的发展趋势来看,大华股份将逐步会用公有云取代私有云,以促进财务的全面云化。

第二,生态链共享模式将形成新的财务管理模式。大华股份主导的生态链共享模式借助于第三方轻型化的移动互联网费用管理云平台,致力于全链条无纸化、不受地域限制的员工报销作业,在提高企业的消费能见度、提升财务处理效率的同时也大大降低了企业的管理成本,使员工和财务管理人员在费用报销环节获得了前所未有的体验。

第三,财务共享系统是充分释放财务生产力的利器。财务共享模式在大华股份的全面应用,有力地推动了财务与业务的深度融合,进一步提升了规范化、标准化和自动化的发展水平,既在企业重大决策中发挥出重要作用,又为业务活动的顺利开展提供了强有力的保障。

第四,加快向SaaS模式迁移已成为大势所趋。SaaS云平台打破了企业的边界,让企业对私与对公的业务全部打通,而且无论是手机端、PC端,还是服务器端都能够完全加密,提高了安全防护等级,尤其是在报销方面通过银行、消费平台、消费电子数据、电子发票以及打通企业财务系统API(Application programming interface,应用编程接口)的方式,实现了全链条的无纸化。从未来的发展方向来看,财务面向SaaS迁移已成为必然的趋势。

大华股份的实践表明,未来的财务共享必将基于移动互联网、云计算、物联网、人工智能和区块链等新一代信息通信技术,建立起以"数据"为血液的生命系统,形成新型的应用生态链,真正构建起满足新形势下企业发展需要的现代化财务管理的新模式。

5.5 本章思考题

1. 电子商务对传统的财务管理造成了哪些影响?
2. 传统的财务管理应如何应对电子商务的挑战?
3. 什么叫网络财务?它有哪些特征?
4. 网络财务软件应具备哪些功能?
5. 如何解决企业在网络财务发展过程中遇到的问题?
6. 请你收集并整理与网络财务相关的案例,并进行有针对性的分析。

第 6 章

电子商务与虚拟企业管理

伴随着经济全球化、信息网络化的快速发展,国际竞争国内化、国内市场国际化趋势变得越来越明显,消费需求也变得越来越多样化,传统的大规模、少品种、大批量的企业生产模式已受到了严峻的挑战,尤其是一些重资产、多人工的制造业遭遇着越来越大的困境。西方发达国家的企业要求变革组织与制造方式的呼声越来越高,一些新的企业运作模式应运而生,其中"虚拟企业"模式以其具有对市场的极大适应能力,并能提供高效率、低成本、高质量的产品和服务的优势受到了企业界的广泛关注,并随着电子商务的迅猛发展而风行全球,成为电子商务时代企业运作的一种普遍的模式。

世界上有很多著名的企业(如苹果、耐克、阿迪达斯等)长期以来都采用虚拟制造的形式为全球客户提供优质的产品,并取得了显著的效益,成为虚拟经营的典范。在我国,小米、美特斯邦威等企业也都通过虚拟化经营的方式取得了成功,成为行业中的佼佼者。

20 世纪 90 年代以来,国内外学者对虚拟企业进行了较为深入的研究,并取得了不少有价值的成果。随着电子商务在世界范围内的迅速发展,借助于网络技术的应用,虚拟企业已变得越来越普遍,所产生的价值也变得越来越显著。掌握虚拟企业的相关原理,并在实践中加以应用,将会给广大企业带来新的、更大的机会。

6.1 虚拟企业概述

虚拟企业作为一种新的企业运作模式,自提出以来受到了全球范围的广泛关注,尤其是伴随着电子商务的迅速普及,虚拟企业的经营模式在实际中的应用越来越多,所取得的成效也越来越显著。掌握虚拟企业的基本理论是实施实际运作的基础,我们必须对此有一个系统的了解。

6.1.1 "虚拟企业"概念的由来

"虚拟"(Virtual)一词在英文中的意思是"虽然没有实际或明确的存在,但却能够一样有效"。在计算机领域,虚拟内存、虚拟主机都是人们熟悉的概念:虚拟内存可以使计算机能够运行远远大于它的物理内存允许范围的程序;虚拟主机通过把一台 UNIX 或 NT 系统整机的硬盘划细,细分后的每块硬盘空间被配制成具有独立域名和 IP 地址的服务器,使其具有独立主机的功能。

"虚拟企业"的概念最早出现在 20 世纪 90 年代初,当时美国《敏捷企业》杂志的主编肯尼斯·普瑞思与另外两人合作编写了《21 世纪的生产企业研究:工业决定未来》的报告,这份报告第一次提出了"虚拟企业"的概念,认为它是一种"比较重要的企业系统化革新手段"。美国的威廉·戴维陶和麦克·马隆在《虚拟企业》一书中对"虚拟企业"的概念进行了全面的阐述,由此引起了学术界的广泛关注。到目前为止,"虚拟企业"的概念有较多的表述,比较有代表性的观点如下:

(1) 虚拟企业是指把人、资金和思想整合在一个临时的网络中,一旦任务完成随即解散;

(2) 虚拟企业像一个公司一样,临时把各方面联合在"一个变形的企业内",在共同信任的基础上,建立一个长久的联盟,其成员包括制造商、供应商、分销商和顾客等;

(3) 虚拟企业又称动态联盟,是由独立存在的企业组成的临时性、动态性、虚拟性的企业;

(4) 虚拟企业的基本精神在于突破企业的界限,延伸企业的企图,借用外部资源进行整合;

(5) 虚拟企业是一种能对市场或每位顾客的需求迅速做出回应的组织,它生产及运输符合成本效益原则、费时短,且可以同时在许多地点为顾客提供多样化选择的产品;

(6) 虚拟企业是指组织结构无形化、通过信息网络加以联结的企业组织,网上商店、网上银行等是虚拟企业的典型形态。

总结以上不同的观点,本书认为,虚拟企业是指由不同的企业或组织共同参与,并通过计算机网络等手段连接起来的,旨在共享资源优势,以便更好、更迅速地对市场需求做出回应的一种企业组织形式。作为一种新的企业运作模式,虚拟企业之所以会在全球范围内大行其道,有以下四个方面的原因:

第一,全球经济一体化的趋势使得单靠一个企业的自有资源已无法充分满足市场的需求。比如,在新技术研究与开发方面,没有一个企业能拥有研制新产品的全部先进技术,即使像微软公司、谷歌公司这样的行业"霸主"同样也面临着许多新的挑战者。

第二,企业的内部资源(指企业拥有所有权和使用权的资源)总是有限的,并且内部资源的各种组合往往存在着差异。比如,有的企业拥有雄厚的资金,但缺乏有前途的投资项目;有的企业具有较强的研究与开发能力和拥有良好市场前景的产品,却苦于缺乏资金;有的企业长于生产却短于营销;有的企业却精于营销而苦于生产能力不足等。

第三,企业的外部资源(指不为企业所有,但对企业有现实或潜在使用价值的一切资源)相对于单个企业的自有资源来说几乎是无限的。为了充分发挥单个企业有限资源的功能,借助于外部资源对内部资源进行重新整合变得十分必要。

第四,电子商务的发展使企业的边界能够突破有形的界限,企业通过计算机网络与外部的联系变得既十分便捷、高效,又显得极为必要。

由于以上各方面因素的共同作用,使得虚拟企业这种新的企业运作模式焕发出了旺盛的生命力。

6.1.2 虚拟企业的主要类型

在互联网出现之前，一般认为虚拟企业是指企业虽有完整的功能，如研究、开发、生产、营销、财务等，但企业内部却没有完整地执行这些功能的组织。也就是说，过去所说的虚拟企业主要是指功能型虚拟企业。随着电子商务的发展，基于互联网的"虚拟市场"日益成为商业活动的重要阵地，由此而导致另一种虚拟企业——网络型虚拟企业开始如雨后春笋般地出现，也出现了不少成功者。因此，虚拟企业可以分为两大类：功能型虚拟企业和网络型虚拟企业。目前，人们对虚拟企业的研究主要还是集中在功能型虚拟企业上，对网络型虚拟企业的研究和实践则显得相对不足。

1. 功能型虚拟企业

功能型虚拟企业是指企业仅在内部保留其核心或关键的功能，如把品牌、专利技术、专有技术等对企业的生产和经营活动最为重要的资源牢牢控制住，而把自己不擅长、实力不够或没有优势的其他功能通过契约的形式外包出去，借助于外部资源来实现运营的一种企业运作模式。功能型虚拟企业按虚拟功能的不同可以分为以下六种：

（1）虚拟生产。

虚拟生产是虚拟企业最早出现的形式，是指把劳动密集型产业的生产部分采用业务外包的形式虚拟化，通过契约来约束质量、价格和交货日期等因素，以达到迅速扩大生产规模的目的。虚拟生产最为典型的代表是运动鞋生产企业耐克公司，这家控制全球高档运动鞋主要市场的跨国企业自己并没有生产运动鞋的工厂，它只生产运动鞋中的核心部件——气垫系统，而其他的部分均由外部的供应商来完成。耐克公司把最主要的资源集中在产品设计、市场开发、品牌经营和成品销售等。由此可见，虚拟生产对于一些拥有品牌、技术、营销网络等核心资源的企业来说，确实是一种行之有效的经营方式。

（2）虚拟研发。

虚拟研发是指不同的企业通过计算机网络连接起来，围绕特定的研究目标和研究内容，共享各自的核心资源和竞争优势，及时地把所需的各种研究资源和必要的组织功能联合在一个"柔性研究所"中，建立起一个较为紧密的、跨越时空的合作联盟，共同开展某种技术或某项产品的研究与开发。其宗旨是以最高的效率、最好的效果并最大限度地满足市场需求的原则来整合研究资源，以企业的相互渗透、智慧的集成、团队与个人相结合的思想来提升合作企业的研发水平，提高企业适应市场的能力。如美国的英特尔公司、IBM公司和AMD公司共同进行虚拟研发，并在有关芯片专利权方面相互授权，不但缩短了新型芯片的研发周期，而且还大大节省了相关的研究与开发的费用。更为重要的是，这三家公司共同联合，获得了在芯片制造方面的先行优势。

（3）虚拟营销。

虚拟营销是指企业专注于产品的研发与生产，而把营销职能虚拟化，由其他的企业来完成营销职能。虚拟营销的具体形式有以下两种：

一种形式是企业在组织销售时不再自己花费时间和精力去组建自己的营销网络，而是将营销工作交给专业的营销公司去做，委托其负责市场调研、市场开发、广告宣传、产品销售等工作。比如，苏宁易购代理了国内外大量知名品牌空调的销售业务，许多空调生产企业把部分或全部的销售职能通过合同的形式委托给苏宁易购来完成,自己则把更多的精力投入到新产品的开发和生产中。

另一种形式是公司总部把下属的营销机构剥离出去,使其成为独立的、具有法人资格的专业销售公司,公司总部通过契约的形式委托其销售本公司的产品。这样做一方面可以充分调动专业销售公司的积极性和主动性;另一方面,也可以使公司总部节省管理成本和市场开发费用。当然,公司总部必须拥有具有市场前景的产品,并能以自身的品牌和技术创新优势保持其稳定性,以防止独立以后的专业销售公司见异思迁、另择高枝。

(4)虚拟服务。

虚拟服务是指企业把服务职能部分或全部虚拟化,以提高服务效率、降低服务成本。这里所指的服务既包括产品的售后服务,也包括企业的后勤服务。在市场竞争越来越激烈的今天,产品的售后服务水平的高低会直接影响企业的市场地位和竞争实力。但是,由于产品销售范围的不断扩大,特别是电子商务的应用使市场范围突破了地区和国界的限制,在这种情况下企业进行售后服务的难度大大上升,成本也急剧增加,如果企业仍然依靠自身的力量进行售后服务显然是不明智,也是不经济的。愈来愈多的企业开始考虑把售后服务虚拟化,通过外包的形式委托专业的服务机构来完成。在家用电器、电脑设备等行业,这种虚拟服务的形式已经较为普遍。比如,戴尔(中国)有限公司把电脑产品的售后服务外包给国内几家专业的电脑维修服务商,不但降低了公司的服务成本,而且还有效地提升了服务的水平和质量,取得了十分明显的效果。

后勤服务虚拟化对于曾经长期在计划经济体制下运行,注重"大而全""小而全"的我国企业来说,尤其具有现实意义。很多企业已经把过去属于企业的学校、医院、食堂等独立出去,然后通过契约的形式有偿使用,既使企业的职能得到了精简,大量的富余人员分离出去,降低了企业生产和经营的成本,也使得传统的后勤职能更好地与市场接轨,对提高从业人员的积极性和创造性,增强他们的责任感具有重要作用。

(5)虚拟管理。

虚拟管理是指企业把一部分管理职能交给外部专业的管理公司来执行,企业内部不再设置相应的机构。这样做既可以节省管理费用,又可以弥补因管理人员的数量和质量的不足而带来的困扰。虚拟管理对于大量的中小企业来说无疑具有重要的借鉴意义。中小企业完全可以通过虚拟管理来提高自身的管理能力,提升企业适应市场的能力。较为典型的虚拟管理有以下五种:

① 虚拟财务管理。

一些企业由于缺乏称职的财务管理人员,往往委托专业的会计公司或聘请外部的财务管理人员来帮助企业理财,以达到较高的财务管理水平。

② 虚拟人力资源管理。

越来越多的企业都在改变过去那种"围着档案转"的人事管理方法,逐渐抛开档案的约束,委托专业的人才流动中心负责调动、档案管理、党团关系接转、职称评定等工作,有的企业甚至把招聘、培训等工作也外包给专业的人力资源管理公司。在我国,很多外资企业把人事档案的管理交给专业的机构来处理。

③ 虚拟战略决策。

制定企业的战略决策是事关企业长远发展的大计,但往往由于决策层缺乏对宏观大势的把握或者能力有限,仅仅依靠自身的力量制定战略决策显得力不从心,国外的很多企业都委托专业的咨询公司来制定自身的发展战略。总体来说,战略决策虚拟化对于提高企业战略决策的科学性、可行性有很大的帮助。

④ 虚拟信息系统设计。

现代信息通信技术与企业的高度结合已成为大势所趋,特别是电子商务的迅猛发展更使越来越多的企业认识到"无电不商"的道理。但是,信息系统的设计与规划是一项复杂的系统工程,很多企业或由于缺乏专业人员,或由于缺乏必要的条件,因此很难开发出经济、实用的信息系统,所以委托专业的系统开发商来进行开发必然是一种明智的选择。

(6) 策略联盟。

策略联盟是指数家与市场相关、彼此拥有不同战略资源的企业,为了共同的利益而进行策略联盟,以共享各自的资源从而赢得更大的竞争优势。其较为典型的代表是微软公司与英特尔公司的联盟,微软公司的软件和英特尔公司的硬件结成的"Wintel"联盟曾经几乎控制了全球的计算机市场,它们通过制定技术标准、控制价格等形式使其他的软/硬件厂商难以望其项背。

2. 网络型虚拟企业

网络型虚拟企业是近年来随着电子商务的发展而新出现的一种虚拟企业存在形式,其最本质的特征是网络化生存。网络型虚拟企业不一定具有严密的组织结构,也很难见到基本的营业场所,甚至连真实的营业地点也很难搞清楚,但是它们通过网络实现的交易是实实在在存在的,而且交易的成本低于传统的实体企业,成交的速度却大大提升。

(1) 网络型虚拟企业的概念。

一般认为,网络型虚拟企业是指通过计算机网络的应用,依靠契约关系把相关的、分布于不同地区的人、财、物、客户、信息等各种资源整合起来,并借助于网络达成交易的一种新型的企业存在形式。大量的网上销售公司、网络银行、网上旅游公司、网上咨询公司、网上商业社区等正在蓬勃涌现。网络型虚拟企业由于组建容易、成本低廉、潜在顾客数量庞大、运作管理简便等多种优势,无疑将成为电子商务时代一种极为重要的企业经营方式,对传统的经营活动必将带来根本性的变革。

(2) 网络型虚拟企业的形式。

与功能型虚拟企业相类似,网络型虚拟企业的存在形式也变得越来越多,目前比较常见的有以下三种类型:

① 网络型虚拟营销。

随着电子商务的发展,网络营销正在成为一种新的虚拟营销模式。企业在网络上进行虚拟营销,可以大大降低在营销方面的投入,以取得更大的经济效益。同时,网络营销给企业带来了一系列变化,比如企业之间的竞争更趋于自由平等,企业与客户之间的距离缩短了,产品能更好地满足消费者的个性化需求,服务更及时有效等。总之,网络虚拟营销拓宽了企业的销售渠道,使得企业在设计、生产、销售和服务等方面相互配合,既有效地降低了库存,又极大地提高了企业的生产效率,增强了企业在现代市场条件下的竞争力。

② 网络型虚拟服务。

许多企业在传统服务的基础上,利用网络进行一系列服务,包括利用网络进行市场调查、收集消费者与客户的反馈意见等,从而开展一系列与之相适应的服务。网络型虚拟服务比较适合可以直接通过网络提供的相关服务,如软件在线升级、资料在线更新等。

③ 网络型虚拟管理。

利用网络手段进行虚拟管理的形式很多,如中小企业利用网络手段把财务管理、人力资源管理等职能分解出去,直接通过网络委托一些专业的管理公司来完成,这样既可以减少相应的管理成本,又能享受到专业的管理服务,是一种简便有效的提升管理水平的方法。

6.1.3 虚拟企业的基本特征

与传统意义上的实体企业相比,虚拟企业的基本特征可以概括为以下十个方面:

1. 人力虚拟化

虚拟企业是为了对复杂多变的市场需求做出敏捷反应而组建的,组建虚拟企业的成员企业必须根据自身的人力资源的状况,迅速地从企业外部调集相应的人力资源,通过信息网络把不同组织的人员集中在一起,一旦目标达成、虚拟企业解体后,虚拟企业的成员企业就分别回到原来所在的单位。所以,虚拟企业实际上可以看成是一个虚拟的团队,这个团队是通过一系列的合同联结起来的,各成员企业之间并不存在从属关系,共同的目标和任务是联结它们的纽带,这与实体企业的人力资源局限在企业内部有本质的区别。

2. 运作弹性化

虚拟企业可以看作是为了完成特定任务而建立起来的独立企业之间的联合体,虚拟企业的成员企业是独立的运营关系,每个成员企业都拥有相当大的弹性。比如,当市场需求旺盛时,通过组建虚拟企业,在不增加大量投入的情况下,即可迅速扩大生产规模;当市场需求萎缩时,虚拟企业即可自行解体,从而避免了大量固定资产、人力资源的闲置,减轻或缓解了生产与经营的风险。它可以随时根据市场需求调集成员企业的相关资源进行动态组合,以最快的速度、最低的成本生产出市场所需要的产品,最大限度地满足客户的需求。因此,虚拟企业的运作并不需要专门的组织结构。当某一项目完成后,虚拟企业就不再存在;当某一新的项目产生时,新的虚拟企业将会产生。相对于传统的企业来说,虚拟企业的组织结构是动态、暂时的,具有较大的灵活性。

3. 核心能力专长化

虚拟企业的成员企业并不需要具备完整的能力,只要在某一方面具有专长,即可通过与具有其他专长的企业的联合,形成优势互补、资源共享,从而达到单个企业难以具备的整体实力。比如,A 企业专于设计与研发,B 企业擅长生产与制造,C 企业有较为完备的营销体系,如果 A 企业、B 企业和 C 企业合作组成虚拟企业 D,则虚拟企业 D 对市场的适应能力必将大大超过 A 企业、B 企业和 C 企业三家企业之和。所以,注重核心能力的培养是组建虚拟企业的重要条件,没有核心能力支撑的虚拟企业就只能是各自为战、不具有真正竞争力的"企业松散联合体",没有存在的意义。

4. 信息网络化

虚拟企业作为一种新的企业运作模式提出已经几十年了,但只是在以互联网为核心的现代信息通信技术应用较为普及后,才使得虚拟企业真正发展起来。企业通过各种网络手段实现了与其他企业的信息共享,使各成员企业形成了平等与合作的互利关系,这样就为虚拟企业的运作创造了良好的网络支撑环境。由于合作各方通过网络进行合作，跨越了时空的界限，保证了合作各方能充分自由地进行合作，从而使虚拟企业在时间、质量、成本、服务和环境等方面具有较强的竞争力。

5. 存在方式分散化

虚拟企业是由一些独立的企业为了一个共同的目标而组织起来的临时组织，并不一定有专门的办公地点和固定的组织系统，外在表现可能仅仅是一个网站，甚至连网站都不一定存在。但是，虚拟企业的运作必须依靠各个成员企业提供的各种核心资源，这些资源的地理分布是呈分散状的。由于互联网的联结，企业之间超越了时空的限制，各种资源要素尽管在空间上是分散存在的，但在实际运作过程中又是连续的。而对于传统的实体企业而言，各种机构、人员、资源、功能等必须集中在一个特定的地理范围内，该范围之外的资源被排斥在外，这必然造成一定的局限性，虚拟企业资源分散化经营是对传统的实体企业集中化经营方式的否定。

6. 运作方式合作化

虚拟企业中的每个成员企业都必须依赖外部资源的作用，如果不能充分利用动态联盟中其他的成员企业所拥有的资源，虚拟企业就不再具有完整的功能和资源。所以，虚拟企业的各成员企业之间建立起相互信赖的伙伴关系是成功的重要条件，它改变了过去各竞争者之间你死我活、你输我赢的"零和"竞争方式，取而代之的是各成员企业充分分享技术、人才、资金和市场等资源优势，共摊费用、同担风险，追求"双赢""群赢"的合作结果。

7. 管理信息集成化

虚拟企业的运作离不开快捷、高效、低成本的信息交流与沟通，以弥补各成员企业因地理位置分散造成的缺陷。随着网络技术应用的普及，虚拟企业内部各成员企业之间越来越依靠互联网建立广泛的联系，通过互联网上的 Web 服务器共享产品开发、设计制造、零部件供应及产品销售和售后服务等各种信息。由于虚拟企业是一种跨企业、跨行业、跨地区的组织形式，成员企业之间的信息交流和数据共享必须坚持共同的标准，以支持不同计算机平台的互联互通。因此，作为虚拟企业运作的"血液"——管理信息必须是高度集成化的。

8. 管理技术智能化

虚拟企业通过把各成员企业的商流、物流、信息流和资金流进行有效结合，以达到技术、利益与资源共享的目的。所以，虚拟企业管理是一种以信息流为核心的、综合性的智能化管理。管理技术智能化是由智能管理系统来实现的，这个系统又包括智能制造管理子系统、智能销售管理子系统、智能财务管理子系统以及智能数据库管理子系统等。虚拟企业的智能管理系统是由管理人员、计算机、通信网络、生产设备等共同构成的、复杂的"人-机"系统，它的高效运作有赖于各成员企业的紧密合作，并在实践中不断地创新。

9. 作业程序并行化

虚拟企业使传统企业的运作方式中时间和流程上处于先后关系的职能和运营环节得以改变，也就是说，企业的作业程序正从"串行"向"并行"转变。在虚拟企业中，各成员企业的活动在空间上是分布的，在时间上是并行的。比如，虚拟企业的研究开发人员在研究开发的同时必须关注生产和销售的情况，并要经常与生产部门和销售部门的人员就各种新出现的问题进行讨论。网络技术的发展使这种并行分布式的作业方式得以实现。相对于传统的以时间先后为序的"串行"作业来说,"并行"作业节省了作业时间、提高了效率、降低了成本。

10. 企业文化整合化

虚拟企业是由来自不同企业的员工共同进行运作的,不同的企业文化必然会在虚拟企业内部交叉、碰撞,难免会产生冲突,导致虚拟企业的运作效率下降。在这样一个包含多重文化的组织内,虚拟企业的运作者只有对各种企业文化进行系统的整合,确立虚拟企业员工共同的价值观和行为规范,才能使虚拟企业有确定的发展方向,员工有共同的奋斗目标,消除企业在运作过程中的内耗,减少不必要的管理协调的开支,从而创造更加理想的效益。

6.1.4 虚拟企业的主要优势

虚拟企业作为一种新的企业运作模式,相对于传统的、只注重企业内部资源开发和利用的经营方式来说,具有较为明显的优势,具体可以概括为以下八个方面:

1. 有利于企业充分利用自身的资源优势

面对竞争日渐激烈的市场环境,任何一个企业,特别是新成立的中小企业,很难具有全面的资源优势,要想在市场竞争中取胜,就必须借助于外部各种资源优势的整合。组建虚拟企业的精髓就是企业将有限的资源集中在附加值高的功能上,而将附加值低的功能虚拟化,以达到在竞争中最大限度地发挥自有资源优势的目的。因此,企业在并不需要有较大的资金、人力、物力投入的情况下,就可以仅仅依靠专利、专有技术、品牌、营销渠道等一项或数项具有高度增值能力的资源,利用组建虚拟企业的形式,即可具有"完整"的设计、生产、营销等功能,以便更好地参与市场竞争。

2. 有利于企业赢得成本优势

低成本是企业获取竞争优势的重要条件。在传统企业的运作过程中,要形成某种产品的生产能力,企业必须对厂房、机器设备、人员招聘等进行全方位的投资,其中固定成本的数额占到很大的比例,并按比例分摊到每件产品中,这势必会提高成本水平,从而影响产品的市场竞争力。虚拟企业在降低企业的生产和经营成本方面具有显著的优势,表现在以下三个方面:

(1) 最大限度地利用成员企业现有的生产和经营能力。因为虚拟企业是围绕市场需求而组建的动态联盟,成员企业在充分利用各自核心能力的前提下组合在一起,在不增加或很少增加投入的情况下即可利用现有资源条件组织生产和经营活动。

(2) "成本最小化"是组建虚拟企业的基本原则。当某个企业决定以自己独特的核心能力组建虚拟企业时,它必然会坚持以"成本最小化"的原则来选择自己的合作伙伴,以便获得更大的成本优势。

(3) 管理协调的成本降到最低限度。虚拟企业没有专门的管理机构和专职的管理人员,只是通过临时性的组织和人员进行管理协调,并借助于互联网等工具进行信息沟通,使管理费用的开支大大减少。

3. 有利于企业获得速度优势

在激烈的市场竞争中,速度的快慢已日益成为企业能否把握市场机遇的一个至关重要的因素,尤其是在电子商务发展阶段,"以大吃小"的竞争规则正在被"以快制慢"的新法则所取代,那些对市场反应迟钝、动作缓慢的企业必将逐渐被网络经济的大潮所淹没。组建虚拟企业对传统的企业获得速度优势大有裨益,主要表现在以下三个方面:

(1) 虚拟企业是为了适应快速的市场变化而组建的一种动态联盟,"以快取胜"是虚拟企业运作的重要原则;

(2) 能否对市场做出迅速的反应是选择虚拟企业组成成员的一项重要指标,各成员企业应该是各领域具有成熟经验和显著优势的"领先者",它们应都能更快、更好地完成相应的任务;

(3) 网络技术的应用使信息的交流、知识的共享以及与顾客的沟通都能做到实时动态化,传统的以"月""日"计算的速度概念在虚拟企业的运作过程中已不复存在,代之而起的是以"分""秒"来衡量的速度观念。

4. 有利于企业更好地满足个性化需求

市场需求的快速变化导致产品的市场生命周期越来越短,多样化、个性化、多品种、小批量成了客户需求的新特点。为了满足不同客户的特殊需要,产品设计和生产的复杂性也大大提升。在这种情况下,依靠单个企业的力量去适应瞬息万变的市场需求显得势单力薄,往往会产生"新产品还没有投产就已经被市场淘汰"的结局。因此,企业为了更好地适应市场需求的变化,一方面需要牢牢把握客户需求的变化方向,另一方面需要借助于外部资源对客户需求迅速地做出反应。建立虚拟企业的一个十分重要的目的是把客户需求引入虚拟企业内部,为各成员企业所共同把握,围绕客户个性化的需求组织开发、生产与营销,以便最大限度地满足客户个性化的特殊需求。特别是随着电子商务的广泛运用,企业通过网络更容易开展电子问卷调查,收集到广泛的意见和建议,这使得企业在设计、研发、生产、营销、服务等方面更加注重是否符合客户的个性化需求。

5. 有利于提高企业的研究与开发能力

不断变化的市场环境对企业的研究与开发能力提出了更高的要求。企业不但要大大缩短研究与开发的时间,降低研究与开发的成本,而且还要分散研究与开发的风险。如果企业只依靠自己的力量从事研究与开发,既需要有较大的投入,也会遇到很大的风险。虚拟企业可以充分利用各成员企业的技术优势,在最短的时间里开发出符合市场需求的新产品,既可以避免单个企业进行研究与开发的盲目性,也可以避免各成员企业的重复劳动和资源浪费,有利于降低研究与开发的成本,并分散风险。

6. 有利于实现多角化经营

当一个企业的核心业务所处的外部环境发生变化或内部具备相应的条件时,往往会选择多角化经营战略来谋求自身的生存与发展。但是,当企业要涉足一个完全陌生的新领域时,既会遇到众多的竞争者,也会受到技术、资金、营销网络等因素的限制。在正式进行多角化经营前,与外部相关企业组建虚拟企业,可以缩短企业进入新领域的时间,有利于新市场的开发和风险的分散,使企业能够在短时间内在新的领域创造新的竞争优势。

7. 有利于提高企业的学习能力

在人类社会进入知识经济时代的今天,企业的知识创新能力、产品的知识含量、掌握知识和处理信息的能力在市场竞争中所起的作用已变得越来越重要。这些竞争因素都有赖于企业学习能力的提高,企业只有善于学习、勤于学习,不断地在学习中实现创新,才能使自身保持旺盛的生命力。虚拟企业的各成员企业彼此在设计、研发、生产、营销、服务等不同的领域各有所长,并有各具特色的经营管理经验,为相互学习、交流创造了便利的条件。因此,各成员企业在技术、知识、信息、企业文化、管理经验等多方面的学习和探讨必定会使所有的成员企业受益。虚拟企业在一定程度上已经具备了学习型组织的条件,为成员企业提高学习能力创造了良好的组织环境。

8. 有利于提升供应链管理的能力

在电子化虚拟环境下,各企业之间的竞争不再单纯的是企业与企业之间的竞争,而是逐步演变成供应链与供应链之间的竞争。各成员企业以它们所形成的整体实力最优为出发点,提高了整个供应链提供给消费者的价值,减少了彼此之间可能出现的无谓竞争的损耗,提高了整体效益。

6.2 虚拟企业的信息系统

顺畅、高效、快捷、低成本的信息流是维系虚拟企业运作的基本保证。因此,虚拟企业的信息系统有其自身的特点,并通过不同的计算机网络来实现信息流通。

6.2.1 虚拟企业的信息系统的特点

虚拟企业作为由不同的成员企业组成的动态联盟,其信息系统一方面要适应业务流程不断变化的要求,另一方面要满足成员企业动态变化的要求。因此,虚拟企业的信息系统应具有以下六个方面的特点:

1. 开放性

虚拟企业是一种组织构成呈现动态变化的企业,它要随时接受成员企业的加盟和退出,同时还要经常接受客户信息的输入,因此其信息系统必须具有开放性。

2. 兼容性

信息集成是虚拟企业的重要特性,它要求把虚拟企业的产品生产销售情况、研发信息、客户数据和各成员企业的相关数据集成在一起,各子系统之间的兼容是虚拟企业正常运转的重要条件。

3. 柔性

柔性是指信息系统适应变化的能力和特性,用以度量从某种产品的生产转向另一种产品的生产的难易程度。信息系统的柔性要求虚拟企业在现有的设备和生产条件下,能根据市场的不同需求依靠信息系统的变换达到功能组合和调整的目的,以适应多品种、小批量的生产需求。

4. 安全可靠性

由于虚拟企业的信息系统具有开放性的特点,就必然要求信息系统有较高的安全可靠性,以防止非授权的访问和黑客的侵扰,并保证虚拟企业的正常运行。与此同时,虚拟企业的信息系统要同时满足企业内部和动态联盟各成员企业之间进行信息集成和管理的需要,能支持多部门、多层次地域上分布的大规模协同工作,因此安全可靠是保证信息系统有效运行的前提。

5. 可管理性

由于虚拟企业本身的构成不像传统的企业一样采用集中管理的形式,各成员企业具有很大的自主性,因此要求信息系统要提供有效的手段来控制和管理成员企业,使其能按期完成规定的任务,而不至于影响整个进度。

6. 标准统一性

虚拟企业的运作必然涉及相应的标准,这些标准在不同的领域与产品信息的表达和交换紧密相关,要想使虚拟企业在不同领域中的信息应用都能得到满足,信息系统就必须解决标准之间的映射和协调问题。

6.2.2 虚拟企业的信息系统的组成

虚拟企业的信息系统的组成可以从网络组成和功能组成两个方面来理解。

1. 虚拟企业的信息系统的网络组成

虚拟企业的信息系统与传统的管理信息系统具有明显的区别,因为虚拟企业的信息流包括各成员企业内部的信息交流、成员企业之间的信息交流和虚拟企业与外部的信息交流三个部分。所以,相应的信息系统由三种不同的网络组成:一是内联网,主要用于传输成员企业内部人、财、物、产、供、销、研发、预测和决策等方面的信息;二是外联网,主要用于各成员企业之间的信息传输;三是互联网,主要面向全球的、无障碍的虚拟市场,为虚拟企业的发展提供极为广阔的发展空间。

2. 虚拟企业的信息系统的功能组成

一般来说,虚拟企业的信息系统应包括以下七个方面的功能模块:

(1) 协同设计功能模块,用于不同的成员企业之间进行协同设计,完成特定的设计任务;

(2) 相互协调功能模块,在各成员企业之间进行沟通协调,形成一致的协调行为;

(3) 财务管理功能模块,用于虚拟企业之间的财务核算,实现相应的财务管理职能;

(4) 销售管理功能模块,用于虚拟企业的销售管理,以满足销售管理的业务需求;

(5) 订单管理功能模块,对虚拟企业的订单进行管理,进行成员企业之间订单的协调;

(6) 库存管理功能模块,对成员企业之间的库存管理进行协调,共享库存信息;

(7) 采购管理功能模块,对各成员企业的采购进行协调,解决采购过程中出现的各种问题。

以上七种功能模块相互作用、互为整体,共同支持虚拟企业的有效运行。

6.2.3 虚拟企业的信息系统建设"五步曲"

虚拟企业的生存与发展必须依靠计算机及计算机网络来构建高效的信息系统。按照美

国"数字经济"之父唐·塔斯考特的观点,传统企业转型为虚拟企业,其信息系统建设分为以下五个步骤:

第一步,企业内部普及个人电脑的应用。这一步可以将信息传输效率转变为学习效率,大幅度提升个人工作与学习的效率,让员工成为高效率的工作者。

第二步,建立内联网。利用内联网可以使员工突破空间的限制,还可以同时进行并行工作,不必等到上游的人完成工作才动手,这样可以改变组织的工作流程与工作内容,建立起高效率的团队。

第三步,利用内联网将企业内部原本各行其是的众多部门整合为一体,促使组织转型。

第四步,建立外联网。在企业之间建立起外联网,直接与组织外的生产合作伙伴、供应商、销售商甚至竞争者交换信息,使企业的边界得以拓展,对外关系得到重整。

第五步,接入互联网。通过互联网将相关行业联结成商业网络,创造出新的商机。

6.3 网上虚拟企业群

近年来,随着互联网在商业活动中应用的日渐深化,出现了一种新型的虚拟企业形式——网上虚拟企业群。它由一组相互独立的企业通过规定的准则在一起和谐运作,以求达到相互密切合作的商业目标,如提高营业额、降低成本、进行更有效的商业运作以及创造规模经济效益和更为可观的市场价值等。较为典型的网上虚拟企业群有两种类型:一是采购型虚拟企业群;二是营销型虚拟企业群。

6.3.1 采购型虚拟企业群

一般来说,采购的价格与数量和频度成反比。对于中小企业而言,因为采购原材料或零部件的数量较少,频度也不高,若单个企业独立采购则成本相对较高,在竞争中将处于劣势,这对企业的发展极为不利;而对于大型企业来说,虽然采购的数量和频度都较高,但在传统的采购方式下,企业在采购中所投入的人力、物力都极为可观,这在很大程度上也大大提高了采购成本。

采购型虚拟企业群是通过网络把具有相同或相近采购需求的企业整合在一起,并一致对外,共享采购规模效应。这种采购型虚拟企业群满足了买方更好地适应市场高度分散的需求,如解决在分散市场中寻找合适的供应商的困难和时间的消耗。采购型虚拟企业群的成员可以通过集中采购来降低采购价格,减少采购环节人力、物力的投入,这样必然会取得显著的采购效益;供应商则可以借助于网络直接进入整个采购市场,对扩大商机、提高交易效率、削减交易开支无疑也具有重要意义。

6.3.2 营销型虚拟企业群

与采购型虚拟企业群类似,营销型虚拟企业群是通过网络把提供相同或相近类型的产品或服务,或者拥有相同或相近目标市场的企业整合在一起,形成共同的电子商业社区,为目标客户提供广泛的比较和选择,在降低交易成本的同时,使企业的营销活动更具有针对性。

与传统的B2B(Business to Business,企业对企业)中介型电子商务网站不同的是,营销型虚拟企业群更注重产品或服务的专业化、规模化,犹如传统商业中的专业化大市场。另外,这类虚拟企业群往往是由众多的实体企业共同出资组建的,它既是一个完整的整体,但各成员企业又具有相对的独立性,还有专门的协调、管理机构,以杜绝价格战、虚假广告等行为的产生。

在未来,营销型虚拟企业群将成为企业进行市场开拓的主战场,它将汇集特定行业的主要客户,并将对整个行业的发展产生重要影响。比如,这一虚拟市场上的成交价格将作为其他交易方式作价的重要依据,它的涨跌会直接影响该行业的资源配置。

6.4 虚拟企业的经营策略

虚拟企业的运作模式在我国随着国企改革的纵深化发展和电子商务的深层次应用而得到越来越多企业的青睐,如何更好地开展业务的运作是一个需要不断探索的现实问题。虚拟企业的经营是一个复杂的系统工程,具体的经营策略包括以下五个方面:

6.4.1 加强自身核心竞争力的培育

核心竞争力是由企业所拥有的诸如著名品牌、专利技术和专门人才等独特的资源所产生的竞争者难以模仿的能力,在激烈的市场竞争中,它的强弱直接决定着企业的市场地位和发展潜力。在过去,我国的企业对核心竞争力的重视程度不足,不少的企业虽然规模很大,但没有强大的核心竞争力做保障,导致它们的生命力十分短暂。

我国的企业应充分利用自身的优势培育自己的核心竞争力,努力使自己在某一方面或某几个方面超过竞争者,而不必把自己的有限资源分散到各个环节以求面面俱到。虚拟企业的运作模式告诉我们,只要企业拥有较强的核心竞争力,就可以通过把自己处于弱势的职能虚拟化,借助于外部资源实现优势互补,从而获得更大的发展。

6.4.2 选择具有互补的核心能力的合作伙伴

虚拟企业是建立在各成员企业优势互补、资源共享的基础上的。因此,虚拟企业的各成员企业在选择合作伙伴时,必须把对方是否具有互补的核心能力作为加盟的重要依据,而不应以地理位置的远近或企业规模的大小为标准,只有各具优势的核心能力才能使虚拟企业获得比单个的实体企业更强的竞争优势,赢得更大的发展空间,从而使合作方共享"1+1＞2"的效应。

必须注意的是,合作各方的相互信任是虚拟企业得以维持、发展的基石。合作各方达成合作意向后,必须始终站在虚拟企业的角度为合作伙伴着想,坚持局部利益服从整体利益的原则,打破过去那种资源内部化的观念,在相互信任的基础上获得共同的竞争优势。

6.4.3 树立合作与竞争的观念

我国的企业由于受体制的束缚,长期以来条块分割现象严重,不但使不同类型的企业之间的合作无法实现,而且即使同是国有企业,因为隶属关系不同相互进行合作也困难重重,从而严重地阻碍了企业的发展。虚拟企业这种新的企业运作模式的出现,促使我国企业的经营者要尽快转变观念,在充分利用企业内部资源的前提下,积极开发丰富的外部资源,通过多层次、多角度的合作,变竞争者为合作者,以谋求共同的发展。当然,在强调合作的同时,还必须坚持竞争。只有竞争才能使虚拟企业优胜劣汰,只有竞争才能使虚拟企业充满活力,更好地适应市场。因此,虚拟企业的各成员企业应确立"以合作求生存,以竞争促发展"的经营理念。

6.4.4 最大限度地满足客户的需求

虚拟企业的主要优势之一是把客户的需求纳入生产和经营活动之中,成员企业围绕客户的需求组织设计、生产、营销和服务。所以,最大限度地满足客户的需求是虚拟企业经营活动的基本出发点。网络技术的应用虽然为这一目标的实现创造了极为有利的条件,但我们也应看到,在网络经济时代消费者的需求是瞬息万变的,而且他们始终把虚拟企业和它的竞争者作全方位的对比,虚拟企业只要在某一方面做得不尽其意,他们就有可能离虚拟企业而去。在这种情况下,虚拟企业的经营一方面要最大限度地满足客户的现实需求,同时还要准确地把握客户需求的变化趋势,发现客户的潜在需求。换句话说,虚拟企业的经营要从发现客户的需求开始,进而适应需求、满足需求,再到创造需求,成为客户忠实的伙伴、值得信赖的顾问。

6.4.5 以多重创新谋求跨越式发展

我国的企业要借鉴虚拟企业这种新的企业运作模式,无论是从经营者的思想观念,还是从企业的组织结构、人力资源条件等许多方面都存在着不小的障碍。在网络经济时代,国际、国内的竞争在很大程度上已在网络上展开,充分利用网络资源是我国的企业谋得新的竞争优势的重要手段,组建虚拟企业是网络应用的重要内容,需要企业的经营者大胆创新、勇于实践。相应的创新具体包括以下三个方面:

一是观念创新。我国的企业要改变过去那种一味依靠自有资源进行经营的做法,对外部资源应树立起"不求所有,只求拥有"的观念,要学会"借船出海",力争以最快的速度、最小的投入对市场需求做出迅速的反应。

二是组织结构创新。虚拟企业的界限较为模糊,一个虚拟企业可以由许多个实体企业共同组建而成,而一个实体企业同样可以参与许多个虚拟企业的运作。因此,无论是实体企业还是虚拟企业,都应对企业的组织结构进行创新,使新的企业组织结构具有敏捷化、扁平化和动态化的特点。

三是人力资源管理创新。因为虚拟企业的员工可以分散在世界各地,组织对他们的约束和指导相对较少,这就需要员工高度自律,特别需要他们具有良好的团队合作精神。因此,虚拟企业的人力资源管理部门应加强对员工的培训、激励和学习,营造宽松、自由、协作、鼓励创新的企业文化,使员工在虚拟的管理环境中最大限度地发挥自己的积极性、主动性和创造性。

6.5 典型案例 苹果公司的虚拟经营

苹果公司是世界著名的高科技公司,自1977年创办至今,以创新的电子科技产品著称于世,走过了一条非同寻常的发展道路,成为当今全球市值和品牌价值位居前列的企业之一。纵观苹果公司的成长和发展经历,充分利用虚拟企业这种新的企业运作模式实现"苹果设计,虚拟运营,中国制造"是其成功的重要法宝,包括富士康科技集团(以下简称"富士康")在内的大量合作伙伴是其开展虚拟经营的重要支撑。

6.5.1 案例背景

苹果公司由史蒂夫·乔布斯、史蒂夫·沃兹尼亚克和罗·韦恩创立于1976年4月1日。1977年苹果正式注册成为公司,并启用了沿用至今的新苹果标志。1980年12月12日,苹果公司公开招股上市,在不到1个小时的时间里460万股股票被抢购一空。2018年8月2日,苹果公司成为全球第一家市值超过1万亿美元的高科技公司。

苹果公司的第一代电脑到第三代电脑分别于1976年、1977年和1978年推出,均取得了良好的市场反响。1981年,苹果公司推出了以首席执行官史蒂夫·乔布斯女儿的名字命名的新型电脑Apple Lisa,这是全球首款将图形用户界面和鼠标结合起来的个人电脑,开启了个人电脑发展的新征程。1984年1月24日,自带全新的、具有革命性操作系统的电脑——苹果麦金塔(Apple Macintosh)电脑问世,成为计算机工业发展史上的一个里程碑。在巨大的成功之后苹果公司的危机开始显现,由于史蒂夫·乔布斯坚持将苹果电脑的软件与硬件进行捆绑销售,致使苹果电脑不能快速普及,再加上漠视合作伙伴,在新系统开发上市之前并不给予合作伙伴兼容性技术上的支持,从而将可能的合作伙伴全部排除在外,使苹果公司一度陷入困境,史蒂夫·乔布斯也愤而离职。在微软公司的Windows95系统诞生之后,苹果电脑的市场份额一落千丈,几乎处于崩溃的边缘。

离职后的史蒂夫·乔布斯随即创办了一家名为Next的软件开发公司,不久,该公司成功制作了第一部电脑动画片《玩具总动员》并大获成功。1997年8月,苹果公司宣布收购Next公司,史蒂夫·乔布斯由此重新回到了苹果公司,并再次执掌公司。1998年6月,苹果公司推出了自己的传奇产品iMac电脑,这款拥有半透明的、如果冻般圆润的蓝色机身的电脑堪称工业设计的典范,在3年内销售了500万台,苹果公司再次走上振兴之路。1999年,苹果公司推出了第二代iMac电脑,因其款式多样而受到市场的认可。1999年7月,融合了iMac电脑独特的时尚风格、具有最新无线网络功能的苹果电脑iBook面世,同年10月夺得了"美国消费类便携电脑"市场第一名。

2001年3月,基于性能强大、运作稳定的UNIX系统架构的苹果电脑新一代操作系统MacOSX的推出,逐步形成了与微软公司的操作系统相抗衡的实力,为苹果公司的强势崛起奠定了基础。

2007年夏季,具有划时代意义的iPhone智能手机横空出世。该产品提供音乐播放、电子邮件收发、互联网接入等功能,将部分电脑的功能和手机的功能合二为一。2009年7月,苹果公司又推出了3G版iPhone智能手机,此后iPhone智能手机成为最受全球消费者关注的创新产品,并成为手机终端的标杆。2010年4月3日,苹果公司另一具有代表性的产品iPad问世,这一产品以独特的体验、丰富的功能和精美的设计在短时间内风靡了世界。iPad兼具手机和笔记本电脑的诸多优势,携带方便、操作便捷,广泛应用于教育、娱乐、商务、媒体等领域。

苹果公司除了拥有各种具有创新领先优势的智能产品以外,基于自身iOS操作系统而构建的应用生态系统构成了软/硬件融合的独特体系,成为其独特竞争力的主要来源。苹果公司的市场遍布全球,其产品门类十分丰富,为了以更低的成本、更快的速度、更好的服务、更高的效率满足市场的需要,苹果公司采取了虚拟经营的方式进行运作,并取得了显著的成效。

6.5.2 美国制造的困惑

在苹果公司自行开发的电脑产品受到市场的高度认可时,形成能满足市场需求的产能成为苹果公司的当务之急。早在1983年,苹果公司开始在其总部对面建造生产麦金塔电脑的工厂。这个工厂采用了当时领先的技术,自动化程度极高,机器制造的人力成本仅占整个制造成本的2%。对于第一个在美国建成的苹果工厂,史蒂夫·乔布斯对此十分自豪地表示,麦金塔电脑是一台真正美国制造的机器。当时工厂的装潢也保持了苹果公司一贯的极简风格,墙面被统一刷成白色,史蒂夫·乔布斯希望建立起可以比拟日本工匠精神般的制造业文化。图6-1为麦金塔电脑工厂的内部实景。

图6-1 麦金塔电脑工厂的内部实景

不幸的是,还没等这个工厂真正地开花结果,史蒂夫·乔布斯就因公司内部的纷争于 1985 年被迫离开了苹果公司。此后,工厂的管理出现了混乱,市场也出现了大的变化,库存积压与日俱增,经营状况每况愈下,直到 1992 年这个被寄予厚望的现代化工厂最终以彻底关闭而告终。

史蒂夫·乔布斯在离开苹果公司后同样希望能建设新的工厂以振兴自己的产业,为此他投入 1000 万美元在距离麦金塔电脑工厂 1.5 英里外,建造了另一个用来生产 Next 公司所推出的个人工作站产品的工厂,但史蒂夫·乔布斯再次败走麦城,这个工厂最后同样以市场萎缩、成本高企而失败。图 6-2 为史蒂夫·乔布斯当时在工厂的情景。

图 6-2　史蒂夫·乔布斯当时在工厂的情景

史蒂夫·乔布斯因麦金塔电脑工厂的倒闭和自建工厂的失败而深受打击,同时也对此进行了深刻的反思,认识到在美国建设苹果公司的制造工厂并非良策。从此以后他变得不再固执,尤其是在再次登上苹果公司首席执行官的宝座后,他力排众议让曾在 IBM 公司供职 12 年、在康柏公司任职才满 6 个月的蒂姆·库克担任全球运营高级副总裁。蒂姆·库克到任后,发现苹果公司是一个自给自足的保守型企业,自己生产芯片、主板并自己进行组装,这种生产模式在 IT 产业分工精密、技术和设备要求日渐提高的环境下早已不合时宜,而且库存臃肿、制造部门的效率低下,仅仅在 1997 财年苹果公司的损失就超过了 10 亿美元。在经过进一步的调查后他发现,苹果公司一直自己生产 PC 机的主板,但在当时一些生产商的主板的质量已经好于苹果公司生产的主板。因此,蒂姆·库克决定将这一业务出售,并将生产外包给那些更为出色的生产商。在此基础上,蒂姆·库克开始大规模削减苹果公司的制造资产,将全部简单的非核心业务全部剥离出去,外包给其他的公司实现虚拟化生产。这样,苹果公司就能专注于自身最为擅长的设计和营销,所需要的零部件大部分从世界各地的零部件厂商和组装厂商那里进行采购,然后通过虚拟化生产,不断地彰显自身独特的竞争优势。

6.5.3　富士康支撑的虚拟化生产

苹果公司的合作工厂遍布世界各地,其中总部在中国台湾的富士康作为其进行装配集成的主要合作伙伴，是全球 iPhone 智能手机的主要生产商。成立于 1974 年的富士康是专业从事计算机、通信、消费性电子等 3C 产品的研发与制造的高新科技企业，长期专注于代工服务，研发、生产精密电气元件、机壳、准系统、系统组装、光通信元件、液晶显示件等 3C 元器件上下游产品及服务。富士康自 1988 年在祖国大陆投资建厂以来迅速地发展壮大，是全球雇员人数仅次于沃尔玛的企业，员工总数超过 100 多万人，其中 90% 的员工分布在大陆，厂区主要集中在珠三角、长三角、环渤海、中西部等人口密集的地区，其中位于河南的富士康郑州科技园是 iPhone 智能手机的主要生产厂。

该科技园主要生产计算机、通信、手机、消费性电子等零组件、机构件及系统软件等，员工总数近 40 万人，有上百条生产线。工人组装一部 iPhone 智能手机大约需要 400 个工序，包括抛光、焊接、钻孔和上螺丝，在这个园区的整个流程被称作"最终组装、测试和包装"。富士康郑州科技园大约每分钟可以组装 350 部 iPhone 智能手机，每天的产量达到 50 万部，全球一半以上的 iPhone 智能手机生产自郑州的富士康工厂。图 6-3 为苹果公司的首席执行官蒂姆·库克在富士康郑州科技园考察的情景。

图 6-3　苹果公司的首席执行官蒂姆·库克在富士康郑州科技园考察的情景

富士康郑州科技园设立在郑州新郑综合保税区内。该保税区采用了当时国内最先进的电子关卡系统，通过卡口安装的电子数据采集系统、地磅系统，重车通过卡口时，司机只需刷卡就能实现系统的自动数据比对，当确认无误后可以实现卡口自动放行。同时，该保税区还建设了专门的口岸作业区，货物在保税区内打板、安检、商检和海关报检后，可以直接装机外运，实现了"一次申报、一次查验、一次放行"，大大提高了通关效率，降低了通关成本。为了降低富士康的运营压力，在投产的前五年，郑州市政府免去了富士康的企业税和增值税，在后五年则提供税收减半的支持。与此同时，富士康的员工还可以享受社保及其他费用的减免，这在一定程度上提升了富士康的经营效益。

富士康在 iPhone 智能手机的生产、装配中所起的作用非同小可，一位苹果公司的前高管这样描述说：某一次苹果公司在最后一刻更改了 iPhone 智能手机的屏幕设计，导致整条流水线需要改装，新的屏幕面板在午夜运达工厂。在任务紧急的情况下，富士康工厂的一位负责人第一时间叫醒了正在宿舍中熟睡的近 8000 名工人，他们把每一块新屏幕镶嵌到面板上，仅仅用了 96 个小时的时间便使这家工厂生产的 iPhone 智能手机的产量达到每天 1 万台，让他这位美国人叹为观止，发出由衷的感慨——他们的速度和灵活性难以置信，没有哪家美国工厂能够胜任。从中我们可以看出，以富士康为代表的中国制造在很大程度上已形成了难以撼动的竞争力，是苹果公司的不二之选。

6.5.4 虚拟生产的运营

富士康作为苹果公司的核心生产装配厂商，与苹果公司有着非常特殊的关系。富士康生产苹果公司的产品所需要的零部件和相关材料，并不是独立地从供应商处采购获得，而是都必须向苹果公司采购。相关数据显示，2015 年、2016 年、2017 年三年中，富士康的主营业务成本为 2439 亿元、2431 亿元和 3177 亿元，其中直接零部件和原材料的成本占比为 82.02%、83.21% 和 86.51%，这足以看出采购的比重非同寻常。当富士康按照苹果公司的要求完成生产后，再把成品按相应的定价出售给苹果公司，从中赚取一定的差价。交易和结算的过程大部分都是用电子方式进行的，这样可以让苹果公司能够把部分利润转移到一个设在爱尔兰的分支机构，以享受爱尔兰提供的税收优惠。从本质上来看，苹果公司与富士康之间是"既买又卖"的关系，富士康向苹果公司购买零部件和原材料，苹果公司则向富士康采购成品，它们之间的关系如图 6-4 所示。

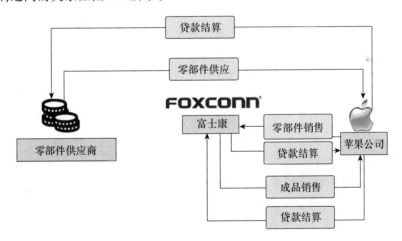

图 6-4 富士康与苹果公司之间的关系

在这一生产模式中，苹果公司作为主导者掌控着账期和资金周转的节奏。当苹果公司向零部件供应商和富士康工厂进行采购时，往往采用延长账期的做法，一般是先拿货，然后在 100 天左右的时间内支付账款；而向富士康出售零部件时一般会压缩账期，要求在 28 天内支付货款。苹果公司产品的销售周期非常短，一般在出厂后的六七天之内就能被移动运营商、零售渠道买走而迅速回款。所以，仅仅因为对账期的灵活掌控就使得苹果公司的资金周转十分高效，由此而产生的间接经济效益也极为可观。

6.5.5 苹果供应商体系

苹果公司控制零部件和原材料的采购，其供应商遍布世界各地，数量众多的供应商为苹果公司各种产品的生产提供"粮食"，是构筑苹果公司产业帝国的强大根基。从2018年公布的数据来看，苹果公司最大的200家供应商提供的零部件和原材料约占其2017年全球原材料、制造和组装支出金额的98%，其中中国台湾地区占据51家，日本占据44家，美国占据40家，中国内地和中国香港地区占据34家，韩国占据11家，德国占据6家，全球其他7个国家占据14家。中国台湾地区的供应商无论是数量还是供应规模都首屈一指，如果再加上日本、韩国、中国内地和中国香港地区，整个东亚地区占苹果公司供应商总数的近70%，占比远超其他区域。苹果公司的产品最重要的零部件主要包括显示面板、半导体器件、摄像头模组、功能器件、被动元件和结构共六种，不同的区域位居前五位的供应商说明如下：

1. 中国台湾地区的前五大供应商

在中国台湾地区的51家供应商中，前五大供应商如下：

（1）台湾明安国际企业股份有限公司：主要为苹果公司供应复合材料零组件。

（2）日月光集团：全球最大的半导体制造服务公司，主要为苹果公司提供WiFi、Touch ID传感器和3D Touch组件的系统级封装业务。

（3）奇鋐科技股份有限公司：主要为苹果公司供应散热模块。

（4）嘉联益科技有限公司：主要为苹果公司提供软式电路板及柔性电路板。

（5）可成科技股份有限公司：主要为苹果公司提供金属外壳。

2. 日本前五大供应商

日本前五大供应商如下：

（1）阿尔卑斯电气株式会社：主要为苹果公司供应触控面板。

（2）旭硝子株式会社：主要为苹果公司供应手机玻璃屏幕。

（3）第一精工株式会社：主要为苹果公司供应接续基板与液晶面板等组件的微细连接器。

（4）大金工业株式会社：主要为苹果公司供应电子零组件。

（5）迪睿合株式会社：主要为苹果公司供应电子部件、连接材料和光学材料。

3. 美国前五大供应商

美国前五大供应商如下：

（1）3M公司：主要为苹果公司供应背胶、数据线、隐私屏贴膜等。

（2）安靠科技公司：主要为苹果公司提供全面的集成电路封装测试服务。

（3）安费诺集团：主要为苹果公司供应连接器，共有4家工厂为苹果公司供货，其中3家工厂在中国（杭州、上海、深圳），1家工厂在美国。

（4）亚德诺半导体公司：主要为苹果公司供应芯片。

（5）阿波罗全球管理公司：共有2家工厂为苹果公司提供服务，分别在新加坡和马来西亚。

4. 中国内地和中国香港地区前五大供应商

中国内地和中国香港地区前五大供应商如下：

(1) 瑞声科技控股有限公司：主要为苹果公司供应声学组件，是苹果公司最大的扬声器供应商。

(2) 伯恩光学有限公司：主要为苹果公司提供手机屏幕。

(3) 京东方科技集团股份有限公司：主要为苹果公司供应 OLED(Organic Light-Emitting Doide, 有机电激光显示)。

(4) 香港华彩印刷集团：主要为苹果公司供应核心包装材料。

(5) 比亚迪股份有限公司：主要为苹果公司提供电池及附件产品。

5. 韩国前五大供应商

(1) 高伟光学电子株式会社：主要为苹果公司供应相机模块。

(2) Interflex 公司：主要为苹果公司提供挠性印刷电路板。

(3) LG 化学公司：主要为苹果公司供应电池。

(4) 乐金显示公司：LG 集团旗下的子公司，主要为苹果公司提供显示屏。

(5) 乐金伊诺特电子有限公司：LG 集团旗下的子公司，主要为苹果公司提供 3D 感应模组。

6. 新加坡前五大供应商

(1) 博通公司：主要为苹果公司提供 WiFi 芯片和蓝牙芯片。

(2) 伟创力有限公司：共有 5 家工厂为苹果公司代工。

(3) 赫比公司：主要为苹果公司提供机身及其他组件。

(4) 史威福公司：主要为苹果公司提供塑胶模具。

(5) 联钢集团：世界上最大的硬盘紧固件供应商之一，主要为苹果公司提供结构件或机壳。

7. 德国前五大供应商

(1) 卡士莫公司：主要为苹果公司提供电子附属产品。

(2) 汉高公司：主要为苹果公司提供黏合剂。

(3) 英飞凌公司：德国 IGBT(Insulated Gate Bipolar Transistor,绝缘栅双极型晶体管)供应商，全球前二十大半导体厂，主要为苹果公司供应芯片。

(4) 博世有限公司：全球最大的汽车零部件供应商，主要为苹果公司提供汽车相关零件。

(5) 维克德钢铁集团：主要为苹果公司提供金属复合材料。

6.5.6 案例评析

苹果公司是当今全球以创新为引领的高科技企业，在技术和产品创新方面发挥着领头羊的作用。苹果公司正视美国在产品制造中存在的各种劣势，通过虚拟生产的模式实现取长补短、优势互补，并取得了非同寻常的成果。为了凸显自身的优势，苹果公司以产品设计、技术研发和品牌经营为重点，而将生产制造环节"虚拟"给更具有优势的富士康等企业，建立起一个由芯片研发、操作系统开发、软件商店运营、App 开发为内核,以零部件供应厂商、组装厂、零售体系为保障的"生态系统",形成了竞争者难以企及的"护城河"。从目前的发展来看,苹果公司所采用的模式是成功的,而且已形成了对虚拟生产的高度依赖,必将在现有基础上不断地深化。

从苹果公司的发展中我们可以看出,过硬的技术、创新的产品、卓越的品牌是企业占据市场的重要条件,至于生产过程如何实现、由谁生产、在哪里生产都不是根本性问题,关键是如何选择合适的合作伙伴,并能在零部件供应的数量、质量、进度和成本等方面进行有效管控,通过各方的通力协作,形成既相互独立又互为整体的一个有机生命体,共同创造广阔的市场机遇。

6.6 本章思考题

1. 虚拟企业有哪些基本特征和主要优势?
2. 电子商务的发展对虚拟企业的运作有什么样的作用?
3. 请你谈谈虚拟企业的经营策略还有哪些。
4. 收集相关案例,进一步分析虚拟企业运作的具体思路和具体方法。

第 7 章

电子商务与采购管理

物资和服务的采购是企业开展生产和经营活动的基本前提,采购的成效对控制经营成本、提高经营效益有着至关重要的影响。因此,采购作为企业生产和经营活动全过程中举足轻重的组成部分,应与企业的营销、研发、生产和财务等其他业务部门一样,受到企业管理者的高度重视,以便更好地发挥其在创造经济效益、提升企业竞争力中的作用。采购管理是指企业对所需要采购的物资或服务的数量、质量、采购价格、到货期、库存、供货和结算方式等进行全方位的管理。采购管理是企业生产和经营管理的核心内容,采购管理水平的高低对企业的资金调度、盈利水平有着不可低估的影响,采购响应速度与企业适应市场和满足客户需求的能力都有着非常密切的联系。

电子商务的发展对企业的采购管理产生了极为深刻的影响:以现代信息通信技术在采购管理中的应用为主要标志的电子化采购使得采购业务在企业内部更好地与企业的营销、研发和生产等业务产生协同,可以显著地提高企业的经营效率、降低经营成本;企业使用电子化采购方式,通过网络与业务伙伴发生联系,加强了企业对外部资源的控制,使企业的应变能力大大增强。目前,电子化采购的理论和实践研究还处于初级阶段,本章拟对电子化采购的一些基本问题进行阐述。

7.1 采购简述

采购是所有的企业开展业务活动的基本内容,提高采购的效率和水平是企业提升经济效益的重要法宝。了解采购的基本含义,懂得传统的采购的弊端,对企业全面推进电子化采购的实施有着重要意义。

7.1.1 采购的定义

采购是指企业为了进行正常的生产、服务和运营而向外界购买物资和服务的行为。它连接生产与销售等各个环节,对生产、销售以及企业最终利益的实现有着很大的影响。采购可以分为直接采购和间接采购两种:前者是指与企业的生产直接相关的原材料、零部件、生产设备等的采购;后者是指企业日常用品和服务的采购,包括通信、资本性设备、计算机软/硬件、广告、办公用品、差旅、娱乐性支出、办公设备、设备维修与维护以及日常经营性商品等。企业进行直接采购通常有固定的供应渠道,有采购供应商的选择、比较程序,在企业的管理中处于重要地位,管理程序也相对比较固定;间接采购的随意性则较大,管理控制也较为困难。

7.1.2 传统的采购的弊端

传统的采购有着多方面的弊端,在一定程度上成为阻碍企业发展的重要因素,特别是随着企业电子商务的发展,传统的采购活动暴露出越来越多的不适应之处。概括起来,传统的采购主要存在以下八个方面的弊端:

1. 采购成本居高不下

在一般性的工业企业中,物资采购的成本占到企业生产总成本的70%以上,从事采购工作的员工的数量和日常支出也极为可观。以大型制造业企业为例,物资和服务的采购费用通常为生产成本的55%~75%。因此,企业的采购成本水平对企业产品的总成本有直接的影响,并进而影响企业产品的市场竞争力和企业的盈利水平。在传统的采购方式下,由于企业采用人工和传统的方式进行处理,因此在降低成本方面已显得十分困难,特别是随着采购范围的扩大、采购需求的提升,相应的开支必然迅速上升。以我国最大的通信设备制造企业华为为例,最近数年光用于芯片的采购支出就超过1400亿元,是全球第三大芯片买家。由于采购的门类复杂、供应商又较为分散,对于一般性企业而言,要在全国范围内物色合适的供应商已经相当不易,更何况在跨国范围内选择。并且,由于新产品的出现频率极高,采购目录的调整较为频繁,这给采购人员和供应商都带来了相当大的困扰。在这种情况下,保证采购供应成为企业的采购部门的首要任务,它们对降低采购成本往往显得心有余而力不足。

2. 采购周期冗长

在传统的采购方式下,企业采购的周期较为冗长,主要有两个原因:一是企业在采购过程中选择合适的商品及其供应商极其不易,采购人员需要从众多的供应商目录里查询产品及其定价信息,由于信息来源的多样性和不确定性,要最终确定一定数量的候选供应商往往必须花费很多的时间和精力,如果要到企业进行实地考察更要花费较长的时间;二是由于企业的采购是一项跨部门和跨组织的工作,每个环节都有较为复杂的处理程序,要保证采购的物资按时到位,就必须要求物资使用部门提前较长时间申报采购计划,因为资金不能及时到位或因有关部门的协调不力,采购周期拖长的情况也极为常见。在国内,不少的企业一般对国产原材料的采购周期为一个月,进口原材料的采购周期要3~6个月。如果在采购的过程中遇到一些突发事件,可能会造成采购物资供应的中断,给企业造成损失。

3. 采购信息缺乏沟通与共享

传统的采购活动由于缺乏实时、动态、双向交互的信息沟通手段,使企业的采购信息不能得到及时的沟通与共享。在企业内部,生产部门往往只关心企业生产的实际需要,而很少考虑某种原材料的市场供应情况、价格水平;而财务管理部门更愿意选择那些现金支付数额小、价格低的供应商;采购部门考虑更多的是要求供应商能及时供货、质量有保证,却很少会关心新产品的研究与开发、制造成本的节约以及企业产品的市场情况等。由于各业务部门"各自为战",导致采购信息在企业内部不能得到及时顺畅的流转,因此影响了采购效率的提高。在与外部供应商沟通的过程中,采购部门一般处于主要地位,生产部门和研发部门很少有机会与供应商直接接触,对于缺乏经验的采购人员或有较高技术要求的采购物资来说,经常会产生所采购的物资与实际需求不符的情况,既造成资源浪费,又可能耽误生产经营的正常进行。

4. 采购文档处理费时费力

传统的采购活动需要处理大量的纸质文件资料,从生产部门采购需求的提出,到采购部门与供应商的各种联系,再到交货及资金的结算,整个过程都需要各种纸质单证,如领导者的批示文件、合同、收货单据等。这些单证的制作、填写、保存牵涉到各部门员工大量的精力,常常会因某个单证的错误或遗漏而影响整个采购工作的进行。与此同时,由于单证的制作和印刷一般要先于业务的发生,所以,也会出现由于单证本身设计的不科学而影响了采购业务的运作的情况。由此可见,繁杂的采购文档再加上复杂的采购程序势必会导致采购活动的低效率。

5. 库存积压和物资短缺并存

在消费者需求越来越追求多样化和个性化的今天,如果企业有过多的库存成品就必然会加大销售的压力。过高的原材料、零部件的库存同样也会给企业增加经营负担,产生较高的存货成本,进而提高产成品的成本。但是,由于传统采购过程的低效率,很多企业特别是大企业常常保有大量的原材料和零部件,以防止供应脱节。这样,不少的企业需要支付数额可观的存货费用,但这些存货既可能在数月以后使用,也可能永远也派不上用场,最终造成库存积压。与此同时,几乎所有的企业都会出现部分物资短缺的现象,特别是价值较高、平时使用量不大、当地市场不易买到的一些原材料、零部件,因为特殊物资的供应短缺,必然会产生停工待料的情况,造成生产计划延期。

6. 采购范围受地理局限

在传统的采购业务中,采购部门选择供应商在很大程度上受到地理位置的局限:一方面,与外地的供应商联系,交通、差旅、通信等费用较高,无形中会增加企业的负担;另一方面,与外地的供应商发生业务联系,往往在资信、运输等方面会加大风险,因此很多企业会优先选择当地的供应商作为自己的业务伙伴。由于受地理条件的影响,不少的企业就可能人为地设置一些障碍以排斥外部新的、更优秀的供应商的进入,这在一定程度上会造成采购物资"质次价高",从而影响企业的生产和经营。

7. 采购环节监控困难

很多企业都或多或少存在着一些不规范的采购行为,如不按正常的程序采购、随意变更合同条款等,这些行为必将给企业带来不可估量的损失。特别是采购中的回扣现象,既使很多价格偏高又不符合企业要求的物资在回扣的"掩护"下大摇大摆地进入企业,同时又使很多企业的领导者、采购人员因此走上违法的道路。尽管如此,传统的采购活动在监控方面却有很多困难,因为有许多权力和关系在采购过程中发挥作用。尽管有的企业为了加大对采购监管的力度建立起了一套分级采购审批程序,以防止采购费用的过度支出和滥用职权,但这种审批程序为本来就低效的采购工作又增添了新的负担。

8. 采购招标往往流于形式

采购招标是传统的采购模式中比较科学和有效的采购方法，特别是在大额采购或高价物资的采购中用得很普遍。但是，在传统的采购招标过程中，真正达到招标目的的采购活动并不多见，不少流于形式，主要体现在两个方面：一是由于受到地域、供应商资历等条件的限制，不能使真正有实力和优势的供应商参与竞标，也有可能出现参加竞标者联手对付招标者的现象，导致招投结果发生偏差；二是招标只限于对各供应商的报价进行比较，企业往往选择出价最低的竞标者，这样的结果很容易出现"价虽廉而物不美"的情况，在一定程度上影响了企业采购目标的实现。

综上所述，传统的采购由于存在着以上多个方面的弊端，已经很难适应新形势下企业采购管理工作的需要，需要采用新的电子化采购方式。

7.2　电子化采购概述

随着现代信息通信技术的迅猛发展，企业的运作模式、组织结构都在发生着深刻的变革，企业的采购活动也正在快速地向网络化、无纸化、数字化的方向发展，迎来了电子化采购的新时代。从未来的趋势来看，电子化采购已成为企业采购的发展方向和必然选择。

7.2.1　电子化采购的含义

简单地说，电子化采购是指企业以互联网等新一代信息通信技术为手段来实现采购管理的相关职能。电子化采购使企业通过网络寻找、管理合格的供应商和采购对象，随时了解市场行情和库存情况，编制采购计划，在线采购所需的物资与服务等标的物，并对采购订单和采购标的物进行在途管理、台账管理和库存管理，实现采购的自动统计分析，以显著地提升采购效率。建立电子化采购管理系统最大的困难莫过于业务流程的改变，企业需要将自己原有的业务迁移至互联网上，这往往涉及经营理念、人力资源管理、业务处理过程和工作流的重新定义等，其中，经营理念是企业必须认真对待一个问题。

7.2.2　电子化采购的流程

传统的采购流程一般分为供应商信息的收集、供应商的考察与认证、商务谈判、合同签订、采购物资交付、签收、结算等，整个过程时间跨度大，牵涉到的人力、物力多。由于信息资源和时间的限制，认证的结果往往与实际情况存在着一定的偏差，企业进行商务谈判的结果也很难达到理想的状态，实际操作效率严重偏低。与传统的采购方式相比，电子化采购在采购需求的提出、订单的产生、商品的运输以及存货的管理等方面都发生了重大的改变。互联网的应用使采购流程得到优化，并在降低成本、提高效率、增加采购透明度等方面使采购企业和供应商双方都受益，实现了"双赢"。

与传统的采购相比,企业的电子化采购的流程并没有根本性的变化,不同点在于其业务的运作都是通过电子化的方式实现的(如图 7-1 所示)。

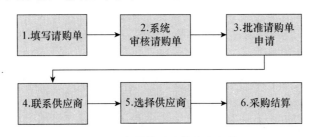

图 7-1　电子化采购的业务运作

如图 7-1 所示,电子化采购的各项业务运作如下:

(1) 填写请购单:采购部门的员工或采购申请部门通过采购管理软件提供的界面提出采购要求并填写请购单。

(2) 系统审核请购单:这个步骤一般通过采购管理软件自动进行,审核的规则由企业根据采购的需求来确定。

(3) 批准请购单申请:对电子化采购管理系统自动审核的请购单进行核准,对超过限额或一些特殊的订单提交企业的主管进行审核,并批准符合要求的请购单。

(4) 联系供应商:采购单批准后,采购部门就通过网络联系供应商。供应商根据企业的采购需求,通过网络提供相应的商品或服务的信息。

(5) 选择供应商:采购企业根据供应商提供的各种资料和信息进行比较、选择,择优选定一家或数家供应商。

(6) 采购结算:采购企业通过相应的软件进行采购货款的结算,借助于银行的参与实现货款的支付转移。

从上可见,企业在电子化采购的整个流程中,人工参与的因素较少,信息的传递基本依赖网络进行,从而保证了采购过程的公正、高效,对克服采购过程中的"黑箱操作"十分有效。

7.2.3　电子化采购的主要模式

电子化采购的实现有多种模式,主要包括供应商平台模式、采购商平台模式和第三方平台模式等。

1. 供应商平台模式

供应商平台模式是指供应商为了增加市场份额、促进销售,提供了面向采购商的电子化采购平台,它包括一个或多个供应商的产品或服务。采购商登录卖方平台通常是免费的,并由供应商来保证采购的安全。对于采购商来说,使用这一平台的优点是访问容易,能接触更多的供应商,而且无须进行任何投资;缺点是对这一平台的控制能力较弱,对供应商的依附性比较强。这类平台比较适合规模较小的采购商使用,是电子化采购的入门级应用。

2. 采购商平台模式

采购商平台模式是指由采购商自建或与同行企业共同建设电子化采购平台,并由采购商对采购平台进行管理和控制。它通常连接到企业的内部网,或企业与其贸易伙伴形成的企业外部网。采购商建立这样的平台的目的是要把市场的权力和价值转向买方,以利于更好地控制采购资源。它的优点表现在适合大规模购买、客户响应快速、节省采购时间和有利于对采购开支进行控制和跟踪,缺点是需要大量的资金投入和系统维护成本。

3. 第三方平台模式

第三方平台模式是指由独立于供应商和采购商以外的第三方搭建采购交易平台,供采购商和供应商开展采购业务之用。第三方平台模式可以有以下三种不同的表现形式:

(1) 采购代理。

第三方采购代理在为采购商提供一个安全的在线采购场所的同时还提供诸如在线投标和实时拍卖等服务,并把技术授权给各采购商使用,以方便采购商更好地完成采购任务。

(2) 联盟采购。

一组不同的企业将各自要采购的相同(或相似)的产品或服务在数量上加以累计,以增强参与企业的集体购买力,达到获得价格优惠的目的。这种第三方采购交易平台通常由这个自愿形成的企业联盟共同进行开发和维护。

(3) 中介市场。

中介市场由专门的在线采购公司建立,用来与企业和多个供应商的在线交易相匹配,这是最常见的一种第三方采购交易平台。除了提供技术手段以外,中介市场还通过咨询和市场分析等活动为企业的采购流程增值。

对于采购商和供应商来说,利用第三方平台模式不需投入大量的资金,只需购买第三方的服务,利用第三方提供的技术进行在线采购即可。其缺点是第三方提供的服务不一定能满足企业的需要,对于采购业务要求比较高的企业来说显然不太适合。

7.2.4 电子化采购的主要优势

电子化采购通过网络和计算机技术的应用,使传统的采购业务运作方式发生了本质的变化,更重要的是它带来了传统的采购方式所不具有的种种优势,具体可以概括为以下八个方面:

1. 显著降低采购成本

采购成本是构成企业产品成本的主体,节约采购成本实际上就是提高产品的市场竞争力,增加企业的盈利水平。美国《首席财务官》杂志曾刊文指出,降低1%的采购成本就等于增加营业收入的2.3%。所以,降低采购成本是每个企业追求持续竞争优势的重要举措。相对于传统的采购方式而言,电子化采购在降低采购成本方面是极为显著的,原材料、零部件和其他采购商品的采购价格以及各种人工服务费用等都将会大幅度降低,表现在以下四个方面:

(1) 采购企业可以通过网络进行全方位的选择,改变了过去人工采购时供应商数量的局限性,可以在更大范围内进行比较选择,从中选择报价和服务最优的供应商。

(2) 采购过程基本可以在办公室里通过网络进行,采购商和供应商大部分面对面的接触将被信息传输所代替,这样可以大大节省采购人员的差旅费开支,并且一些不规则的采购行为也失去了市场。

（3）采购过程的无纸化，不但可以节省大量纸面单证的制作、印刷、保存的成本，而且还可以减少单证处理人员的工作量，节省了相应的开支。

（4）由于电子化采购使得供求双方直接接触，减少了中间环节的参与，因此会进一步降低采购成本。据美国全国采购管理协会称，使用电子化采购管理系统可以节省大量成本：采用传统方式每生成一份订单所需要的平均费用为150美元，使用电子化采购可以将这一费用降低到30美元。

2. 有效提高采购效率

电子化采购使得以前漫长而艰难的信息收集、认证、商务谈判、资金结算等工作流程大大简化，采购人员可以在很短的时间内得到比以前更广泛、更全面、更准确的采购资料，采购工作的效率也必将会大大提高，具体表现在以下三个方面：

第一，在电子化采购中，采购商和供应商以及采购企业内部烦琐的手续都将得到简化，信息的传递会更加快捷、方便，物流配送可以由专门的第三方物流提供方来完成等，这些都将有效地提高采购的效率。借助于网上的搜索引擎，企业可以在瞬间得到采购信息，过去要在十天、半个月才能生成的采购订单，在电子化采购中可以立即完成。对于那些极为分散、种类多而数量并不大的采购物资，电子化采购的优势将表现得更为充分。

第二，在传统的采购过程中，由于大量的人工数据传输往往会出现一些人为错误，如装运日期、不同规格物资的数量等往往会出现差错，常会给采购工作带来不利影响，甚至造成采购工作的失败，使企业产生不必要的经济损失。电子化采购实现了采购信息的数字化、电子化，减少了重复录入的工作量，也使人工失误的可能性降到了最低限度。

第三，采购过程的自动化，在减少管理人员数量的同时，可以有效地提高采购管理的效率。如在有的电子化采购管理软件中，系统可以自动监测到存货过低的情况，无须经过人工处理便可以主动地通过互联网向供应商下单，还可以提供何时能完成补货工作等信息。

如图7-2和图7-3所示，美国Aberdeen集团对传统的采购和电子化采购在成本和效率方面作了比较。

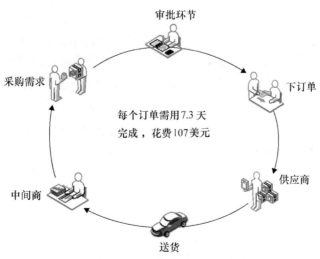

图7-2 传统的采购

图 7-3 电子化采购

3. 获得采购主动权

在传统的采购方式中,采购商根据自己的采购需求向供应商进行咨询、了解,并在此基础上进行谈判、交易,商品的价格以及采购过程相关服务的主动权在很大程度上掌握在供应商的手里,特别是采购量较小的中小企业往往处于被动地位。对于采购商而言,他们都希望获得质量合适、价格较低的物资和服务,这就需要有一个比较和筛选的过程,但要做到这一点对于通过传统的渠道进行采购的企业来讲是十分困难的,因为采购企业无法掌握足够多的供应商的信息,也无法与其共同展开谈判。对于采购技术含量高、规格和质量要求复杂、供货时间紧的物资,采购企业必须要求采购人员具有很高的业务水平并掌握充分的采购信息,但很多采购企业的采购人员往往达不到这个水平,结果会因为信息的不对称性使采购的物资或服务在价格、质量方面不尽如人意。

电子化采购可以使采购企业牢牢地把握采购的主动权。首先,在电子化采购过程中,采购企业要充分考虑自身的实际需求,再通过网络动态地向供应商公布采购需求,这样可以减少采购的盲目性,要求供应商按需提供采购物资。其次,采购价格是竞价的结果,采购商将自己所需的产品信息在网上公布出来,供应商之间展开价格与质量的竞争,胜者负责将质优价廉的采购物资交付给采购商。最后,采购商可以与供应商随时进行沟通,获得即时的售后服务。

获得采购主动权的采购商可以在全球范围内的供应商中进行选择,选择的范围远不止传统的"货比三家",可能是货比十家、百家,甚至更多;采购商还可以通过网络及时了解市场行情和库存情况、科学地制订采购计划,尽量减少盲目采购、不合理采购行为的发生。

4. 优化采购管理

电子化采购对加强、优化企业的采购管理具有重要意义,可以从以下两个方面来理解:

第一,便于对采购业务进行集中管理。由于采购工作牵涉到众多的部门和人员,协调和沟通一直是一项困难的工作,需要耗费企业大量的精力。电子化采购使企业的采购职能通过网络来实现,便于企业把分散于不同部门、不同地点、不同人员的采购行为集中统一在网上实现,这样既可以使企业通过集中采购降低采购价格,又可以使采购活动统一决策、协调运作。

第二,提高企业的存货管理水平。电子化采购是一种"即时性"的作业方式,从提出采购需求到采购物资的到位可以做到各个环节的紧密衔接,不会产生大的延误,这样可以使存货管理达到最优化。因为采购信息的公开化,采购商可以掌握全国甚至全球范围内的供应商的数据,这就使得过去局限在一家或数家供应商的采购渠道得以拓宽,采购企业不必因为一家供应商的停产、减产等原因而准备充足的存货,这样可以大大减少存货量,从而显著降低存货的开支,避免不必要的风险。电子化采购可以逐渐使企业从高库存生产向低库存生产、微库存生产过渡,直至实现零库存生产。

5. 保证采购质量

在激烈的市场竞争中,产品质量的好坏会直接影响企业的市场地位和营利能力。良好的产品质量必须要有质量可靠的原材料、零部件作保证。因此,采购物资的质量能否有保证是采购成功与否的关键因素。在传统的采购活动中,因为有人情、关系、回扣等因素的影响,并且采购的范围相对较小,采购企业只能"货比三家、五家",在采购中出现质量问题是较为常见的,采购企业采购到的可能是"价不廉、物不美"的物资或服务,从而影响了企业的生产和经营。

在电子化采购中,采购商可以在很大范围内选择供应商,尽可能找到质量和价格最为理想的合作伙伴。如果对对方的供货信息有疑问,采购商还可以进行实地考察,防止质量事故的发生。对于原来通过中间商进行采购的企业来说,它们可以直接通过网络与生产商进行联系,以防止假货的骚扰。比如,一家采用进口零部件的制造商,过去因为生产厂家远在万里之外,无法与其直接沟通,只能从中间商那里进货,但却很难断定中间商提供的零部件是真还是假。如果通过电子化采购,制造商只要直接登录到零部件生产厂家的站点,选择所需要的零部件品种,再在网上或用其他的方式支付一定数量的预订金,当生产厂家确认订单后即可为制造商安排货源,通过物流配送部门或设在制造商当地的生产厂家的分支机构送货上门,即可使制造商采购到"正宗"的零部件,并且价格更为合理。又如,微软公司也已经把其软件销售的重点转移到网上,让全球各地的用户直接在网上通过注册购买到正版软件,以杜绝盗版软件的销售。因此,电子化采购的不断普及对保证产品质量、打击假冒伪劣能起到很好的促进作用。

6. 增加交易的透明度

在传统的采购活动中,交易的透明度常常因为采购信息的不充分而受到影响,有的交易是由人为原因造成的"黑箱操作",不仅给企业造成了损失,而且也使不少人犯了错误。电子化采购对提高交易的透明度,减少"黑箱操作"将起到重要的作用。

第一,电子化采购可以提高供应商的透明度。供应商为了被更多的采购商选中,会尽可能在网上提供详尽的信息,并会想方设法在服务、价格等多方面体现出自己的竞争优势,这样就便于采购商进行选择和比较,从而找到理想的合作伙伴。

第二,提高采购商品的透明度。无论是原材料、零部件、还是企业外购的各种服务,在传统的采购方式下,采购商一般都只能在少数几家供应商提供的样品、性能数据中做出比较,因为比较的范围有限,而且供应商提供的数据经常不够全面,因此采购决策无法达到最优化。电子化采购可以为采购商提供数量众多的可选品种,不同品种的采购商品的数据均可详细得到,采购商品的透明度因此显著提高。与此同时,采购商借助于网络还可以得到其他可替代产品或服务的信息,更有利于其做出选择。

第三,提高采购价格的透明度。采购价格一直是传统的采购活动中较为隐蔽的一个因素,因为采购信息的不完全、供应商的数量有限,再加上受地域的局限,采购价格往往只有采购当事人掌握,而且他们得到的价格信息也不一定是真正的市场公平价。而在网络上,众多的供应商"同台竞技",那些价格水分较大的供应商必然会遭到采购商的抛弃。所以,网络使采购价格完全透明,只有货真价实的采购商品才能真正受到采购商的欢迎。

7. 加强供求双方之间的业务联系

在传统的采购方式下,采购商和供应商之间为了更好地保护自己的利益,往往在价格问题上会各不相让,因为价格的不透明性常常对对方有戒备心理。而且,由于供求信息的不充分,有的供应商即使打折也很难卖掉多余的存货。而电子化采购将大量的买方和卖方聚集在一起,形成公平的市场交易价,供求双方必须在公平价格的基础上加强双方的业务联系,以保证双方共同的利益。

为了降低生产成本,采购商会邀请供应商共同设计、改造生产流程,开展多种形式的技术合作,帮助企业提高原材料和零部件的利用率,同时还会要求供应商在合适的时间、合适的地点向采购商提供合适数量和质量的物资,使采购商做到零库存生产;而供应商会更多地从采购商的深层次需求出发,帮助企业设计、生产出价格更低、质量更好的原材料或零部件,电子化采购使供求双方更好地成为利益共同体。

8. 适应电子商务发展大潮

电子商务的快速发展要求企业必须充分把握网上商机,借助于网络实现电子化采购是企业适应电子商务发展大潮的必然选择。

电子化采购相对于利用网络开展营销业务的企业来说,投入少、难度小,而见效十分明显,并且通过实施电子化采购对促进企业全方位实施电子商务具有重要意义。电子化采购顺应了电子商务发展的潮流,对提高企业的市场竞争力和经济效益有很大的促进作用。我国的企业尽快建立起一套完善的电子化采购体系是十分必要的,这也是适应世界经济全球化发展的必然选择。

7.3 电子化采购管理系统

电子化采购在不同的行业、不同的企业有不同的实现方式,在企业内部一般通过内联网实现,然后再通过互联网与供应商相连。对于采购商来说,电子化采购管理系统一般包括采购申请模块、采购审批模块和采购管理模块,不同模块的主要功能概括如下:

7.3.1 采购申请模块

采购申请模块主要应实现以下功能:
(1) 接受生产部门和关键原材料供应部门提交的采购申请;
(2) 接受企业 ERP 系统自动提交的原材料采购申请;
(3) 接受管理人员、后勤服务人员提出的采购低值易耗品、电脑软/硬件或服务方面的申请等。

采购申请应由采购申请人员通过浏览器登录网上采购站点的页面进行或通过 ERP 系统自动传递。

7.3.2 采购审批模块

采购审批模块应主要实现以下功能:
(1) 能根据预设的审批规则自动审核并批准所接收到的各种采购申请。
(2) 对接收到的采购低值易耗品的采购申请,直接向仓库管理系统检查库存;若库存已有,立即通知申请者领用;若库存没有,用电子邮件通知申请者"申请已批准,正在采购中"。
(3) 对于被自动审批未获通过的采购申请,立即通知申请者:采购申请由于何种原因未获批准;请修改采购申请或重新提交采购申请。
(4) 通过自动审批无法确定是批准还是否决的采购申请,通过电子邮件通知申请者的主管领导,由主管领导登录采购管理系统后审批采购申请。
(5) 对于已经通过的采购申请,通过电子邮件通知申请者,并提交给采购管理模块。

7.3.3 采购管理模块

采购管理模块应主要实现以下功能:
(1) 接受采购部门制订的年度或月份采购计划,制定供应商评估等业务规则。
(2) 对所接受的采购申请,依据设定的规则决定是立即采购还是累积批量采购。
(3) 对已生成的订单,依据设定的规则决定是立即发给供应商还是留待采购管理部门再次审核修改。
(4) 所有的订单都依据预设的发送途径向供应商发出。
(5) 自动接受供应商或承运商提交的产品运输信息和到货信息。
(6) 订购的产品入库或服务完成后,系统自动通过电子邮件或采购部门通过电话通知申请者采购申请已执行完毕。
(7) 订购的产品入库或服务完成后,系统自动生成凭证并向财务管理部门提交有关单据。
(8) 依据设定的规则,系统在发出订单时或者产品验收入库后,自动向供应商付款,或者采购部门依据有关收货单据人工通知财务管理部门向供应商付款。

7.4 电子化采购的实施

由于数量占绝大多数的中小企业不具备大企业在市场、渠道、信息和资源等方面的优势,所以中小企业更希望通过发展电子商务来打开企业与市场实时联系、反馈的通道,对发展电子化采购更是倍加青睐。电子化采购的解决方案已成为众多计算机软/硬件厂商开发的新热点,目前成熟的产品也已较为多见,这些解决方案对电子化采购的各个方面进行了设计,使得采购流程更加规范、有序和智能。但是,企业开展电子化采购并不是选用某个公司的软件就万事大吉了,实际上电子化采购不仅会影响企业的采购流程,而且还深入企业整个的运作过程之中,从根本上改变企业的运营方式。企业只有内外结合、"软硬兼施",才能建立起一套运行良好的电子化采购体系,才能充分发挥电子化采购的优势。企业要想使电子化采购取得理想的成效,以下四个方面的实施策略可以作为参考:

7.4.1 夯实企业内部信息化基础

电子化采购的开展必须要有内部信息系统作为支持,只有企业内部实现了信息化才能使电子化采购发挥出更好的优势。当前,我国有一些企业把电子化采购只当作一种尝试,还没有做出全面系统的部署。究其原因,一方面,它们对电子化采购的发展趋势还持怀疑态度;另一方面,因为企业内部没有信息化的配套,其作用很难发挥。因此,加快企业内部信息化建设已成为当务之急,通过建设企业内联网,应用 ERP 管理系统,把企业的进货、销货、存货、生产以及财务、计划等各个环节通过网络连接起来,再把网络延伸到企业的外部,与电子化采购管理系统对接,这样才能成为电子化采购的真正受益者。

扎实的信息化基础是企业开展电子化采购的重要保障,反过来,全面深入地推进电子化采购的发展与应用同样也会促进企业的信息化向更高层次、更富成效的方向发展。

7.4.2 推进高水平的电子化采购管理软件的开发与应用

企业开展电子化采购,要求采购需求的形成、请购单填写、采购审批、订单下达等各项采购工作都可以通过网络并借助于计算机软件来实现。因此,电子化采购管理软件的作用显得十分重要。目前,市场上的这类成品软件十分丰富,但不同的软件的侧重点和出发点也有所不同,不同的软件也各有自己的优势和劣势,这就要求企业要根据自身的采购规模、采购周期等来选用最符合自身需要的软件,既不要盲目地追求功能强大,也不应片面地采用国外大公司的产品,必须坚持"最合适的才是最好的"原则,避免产生"花大钱办不成事"的结局。

一般来说,电子化采购管理软件必须建立在互联网基础之上,包括 CA 认证、咨询和支付等功能;根据需要还应提供商业伙伴目录、定价服务以及集成功能;要能与 ERP 和办公自动化等后台系统集成。另外,采购人员的工作界面必须友好、简单明了、易操作。当然,除了购买成品软件以外,企业也可以委托软件公司或本企业的计算机专业人员专门进行开发,真正设计出符合企业需要的电子化采购管理软件,为企业更好地开展采购业务服务。

7.4.3 加强对采购人员的培训

电子化采购的有效实施离不开高素质的采购人员,他们应当掌握专业的采购管理知识,同时还必须具有较多的计算机和网络应用的知识,懂得电子商务的运作,能够充分利用网络为企业的生产和经营活动服务。这样的人才在国内的传统企业中是十分缺乏的。因此,企业加强人员培训,提高现有采购人员的素质是一项十分重要的任务。当然,企业的领导者重视并身体力行对推动企业信息化建设和提高员工的素质都具有十分重要的影响。

随着电子化采购的深入实施,单纯意义上的采购人员将不复存在,采购工作将会涉及企业整个生产和经营的全过程,几乎与每位员工都有直接或间接的联系,因此企业有必要对关系较为密切的部门的员工进行电子化采购的培训,让他们更好地了解企业内部的采购要求和采购规定,对企业的运作流程有一个系统的认识,从而提高他们参与电子化采购过程的积极性、主动性和创造性。

7.4.4 坚定不移地推进电子化采购的实施

电子化采购作为企业电子商务发展的基本应用,既是企业电子商务实施的重要组成部分,也是对传统的采购方式的一次革命。但是,我们也应看到,对于我国的企业来说,采购部门是一个改革相对困难的领域,因为实施电子化采购会牵涉到许多人既得利益的调整,会使原来的一些"黑箱操作"透明化,会给不具有专业水平的采购人员带来很大的冲击,会使原来的岗位更加精简等,由此而产生的阻力是显而易见的。企业的领导者和采购人员必须认清电子化采购的发展趋势,认识到其在降低成本、提高效率,进而提升企业竞争力中的重要作用,坚定不移地推动企业电子化采购的实施。

我国的企业实施电子化采购应从自身的实际情况出发:有条件的企业应借鉴国内外企业的先进经验,在系统开发、采购管理等方面坚持高起点、高标准、高要求;而对于条件还不成熟的企业,特别是大量的中小企业来说,可以由浅入深,有步骤、有计划地实施,先借助于网络的应用,采用手工处理和自动化处理相结合的方式,逐渐摸索经验,不断地提高应用水平,还可以通过专业的第三方平台来进行,以弥补自身在人才、管理、设施等方面的不足。

7.5 企业对政府的电子化采购

为了加强对财政性资金使用的管理,促进公平交易,保护民族产业的发展,我国的中央政府和不少的地方政府已开始实行"政府采购"(Government Procurement)。随着电子商务的发展,政府采购又出现了新的趋势——政府电子化采购正成为一种既能体现公平、公正、公开、高效和低成本的原则,又能作为一项政府推动企业电子商务发展的重要举措的新型的采购方式,为越来越多的政府部门所实践,并将不可逆转地成为未来政府采购的基本方式。

7.5.1 政府采购的概念

政府采购也称公共采购,是指各级国家机关、事业单位和团体组织,使用财政性资金采购依法制定的集中采购目录以内的或者采购限额标准以上的货物、工程和服务的行为。其中,采购是指以合同方式有偿地取得货物、工程和服务的行为,包括购买、租赁、委托、雇用等;货物是指各种形态和种类的物品,包括原材料、燃料、设备、产品等;工程是指建设工程,包括建筑物和构筑物的新建、改建、扩建、装修、拆除、修缮等;服务是指除了货物和工程以外的其他政府采购对象。政府采购应当遵循公开透明原则、公平竞争原则、公正原则和诚实信用原则,任何单位和个人不得采用任何方式阻挠和限制供应商自由进入本地区和本行业的政府采购市场。

我国的政府采购在国民经济发展中有着非常重要的地位。从采购金额上来看,按照国际惯例,政府采购一般占本国 GDP(Gross Domestic Product,国内生产总值)的 10%～

15%，未来几年我国规范的政府采购量将达到 10 万亿元人民币的规模。从采购的范围来看，大至各种巨型工程，小到纸张、铅笔等办公用品以及各类服务等，涉及面十分广泛。实行政府电子化采购对规范政府行为、促进国民经济发展的意义十分重大。

7.5.2 政府采购方式

按照《中华人民共和国政府采购法》(以下简称《政府采购法》)第二十六条的规定，政府采购分为公开招标、邀请招标、单一来源采购、竞争性谈判和询价等方式。其中，公开招标应作为政府采购的主要采购方式。表 7-1 列举了不同的采购方式之间的差异。

表 7-1 不同的采购方式之间的差异

采购方式	适用条件	投标供应商的数量	数额标准	相关规定
公开招标	集中采购目录以内的或者公开招标数额标准以上的货物、工程和服务	不少于 3 家供应商参加投标	属于中央预算的政府采购项目，由国务院规定；属于地方预算的政府采购项目，由省、自治区、直辖市人民政府规定	不得将应当以公开招标方式采购的货物或者服务化整为零或者以其他任何方式规避公开招标采购
邀请招标	1. 具有特殊性，只能从有限范围的供应商处采购的；2. 采用公开招标方式的费用占政府采购项目总价值的比例过大的	从符合相应资格条件的供应商中，通过随机的方式选择 3 家以上的供应商		
单一来源采购	1. 只能从唯一的供应商处采购的；2. 发生了不可预见的紧急情况不能从其他供应商处采购的；3. 必须保证原有采购项目一致性或者服务配套的要求，需要继续从原供应商处添购，且添购资金总额不超过原合同采购金额 10% 的	从唯一供应商处采购	集中采购目录以内，且未达到公开招标数额标准的货物、服务；未达到公开招标数额标准、采购限额标准以上、集中采购目录以外的货物、服务；达到公开招标数额标准、经批准采用非公开招标方式的货物、服务；按照《中华人民共和国招标投标法》及其实施条例必须进行招标的工程建设项目以外的政府采购工程	在采购活动开始前，报经主管预算单位同意后，向设区的市、自治州以上人民政府财政部门申请批准
竞争性谈判	1. 招标后没有供应商投标或者没有合格标的或者重新招标未能成立的；2. 技术复杂或者性质特殊，不能确定详细规格或者具体要求的；3. 采用招标所需时间不能满足用户紧急需要的；4. 不能事先计算出价格总额的	通过发布公告，从省级以上财政部门建立的供应商库中随机抽取或者采购人和评审专家分别书面推荐的方式邀请不少于 3 家符合相应资格条件的供应商参与竞争性谈判或者询价采购活动，或者竞争性磋商采购活动		
询价	采购的货物规格、标准统一、现货货源充足且价格变化幅度小的政府采购项目，可以依照《政府采购法》采用询价方式采购		符合上述数额标准的货物采购	

7.5.3 政府电子化采购的战略意义

政府电子化采购是指政府采购部门利用电子化的手段和方法履行政府采购的相关职能,已达到政府采购目标的行为。政府电子化采购相对于企业而言,是 B2G(Business to Government,企业对政府)的电子商务;相对于政府而言,是 G2B(Government to Business,政府对企业)的电子政务。两者相辅相成,互为整体。实施政府电子化采购的战略意义主要表现在以下四个方面:

1. 节约政府开支,提高采购效率

由于政府采购的一系列程序都可以通过网络较好地实现,如公开招标、选择性招标、谈判采购、征询建议、询价采购、网上竞价采购等都已经在企业电子化采购中得到很好的实施,因此,政府电子化采购在降低采购成本方面具有很大的潜力。据保守估计,按政府电子化采购平均节省采购成本 10% 计算,每年节约采购资金将达数千亿元人民币,效果十分明显。如果再加上全国范围内政府采购人员精简产生的效益,数额则更为可观。因此,从经济效益的角度考虑,实施政府电子化采购是促进我国经济集约化增长的重要举措。

2. 推动企业电子商务的实施,促进市场经济健康发展

我国各级政府对企业电子商务的发展一直予以高度重视,但是政府主管部门对如何促进企业电子商务的发展一直缺乏有效的举措。实施政府电子化采购对企业电子商务的发展形成了无形的压力,迫使更多的企业通过实施 B2G 电子商务开发这一重要的政府市场,这将会使我国企业电子商务的发展进入一个新阶段。

与此同时,政府电子化采购对消除长期以来形成的地方保护主义也会起到一定的作用。因为网络突破了地域的限制,使采购活动更加透明、高效,让一些质次价高的商品无法进入采购市场,对加强政府采购的监督、约束,减少采购过程中的一些不公平交易将会起到重要作用,有利于促进全国范围内统一、开放、有序的市场格局的形成,进一步加快社会主义市场经济建设的进程。

3. 加快政府信息化进程,加快电子政务的发展

加快政府信息化进程已成为我国众多政府部门共同关注的一个焦点问题,但近年来的实践表明,在通过网络实现政府职能方面还需要有很多方面的突破,离真正地开展电子政务还有较大的距离。

实施政府电子化采购对加快政府信息化进程,推动电子政务发展的意义重大。政府电子化采购有助于政府从外部进行施力,最终将促使其演变成网络时代政府组织的全新形态,促使政府通过电子方式提高行政效率,这对提高政府的透明度、提升政府的形象和促进政府机构改革将起到不可低估的作用。

4. 规范政府的采购行为,密切政府与企业的联系

政府电子化采购由于具有公开透明和公平竞争的特点,可以大大降低腐败行为发生的可能性,引导供应商通过质量、价格、服务等优势更好地参与竞争,对企业的行为也将起到无形的约束作用,而且还可以增进公众对政府采购行为的信任,对树立政府的威信有很大的帮助。

政府电子化采购对加强政府与企业的联系的作用也不可忽视：企业可以随时通过网络了解政府采购的各种需求信息，可以监督政府在采购过程中的一些不公正行为，并可以按政府的特殊需求组织竞标和生产等；政府也可以通过网络了解各供应商的情况，获取相关的采购商品的价格、性能、规格、服务等各种数据，以便更好地做出采购决策。

7.5.4　我国政府电子化采购的实践

为了推动电子化采购的发展，我国各地开展了不同形式的探索，逐步形成了一些具有特色的案例。

在我国电子商务之都杭州，浙江省财政厅与阿里巴巴合作开发和运营了"政采云"平台。该平台集网上交易、网上服务和网上监管于一体，包括网上超市、在线询价、反向竞价、协议+批量、定点采购等电子卖场交易系统。除了交易属性以外，该平台还是一个以备案管理、评审专家、供应商、采购代理机构、商品管理、诚信评价、预警监控、大数据分析等为主要内容的采购监管与服务系统。不难看出，"政采云"平台充分借鉴和吸收了电商平台的成熟经验，对更好地实现政府电子化采购的目标提供了有力的支撑。

北京市政府为了得到合理的采购价格，实现物有所值，其年度办公设备协议采购项目除了30个电商成功中标以外，还选出了40个备选电商，后期对入围的电商进行"淘汰制"动态管理。北京市政府对入围的电商进行综合考评的内容包括销售量、产品上线率和投诉率等，并将按照10%的淘汰率剔除不合格的电商。上海市政府采购平台通过开放接口、打通数据，与公共资源交易平台实现对接，在共享市场主体信息的同时，借力于公共资源交易平台的门户作用，让更多的社会公众了解政府的采购制度与实务，增强政府采购信息的公开透明度，提升采购信息的辐射面。天津的网上商城自上线以来，不断地迭代，通过推出全国首张电子发票，实现了采购人员从智能选择商品、同质同类比价、下单采购、物流信息查询、出具电子合同、打印电子发票、反馈信用评价等全流程电子化。

总体来说，我国政府电子化采购经过较长时间的探索正步入正轨，对促进政府采购的改革，并带动全社会电子商务的发展发挥出了越来越重要的作用。

7.6　典型案例　惠普公司的电子化采购

惠普公司是一家创建于1939年、总部位于美国加利福尼亚州帕罗奥多市的全球性信息技术领军企业，主要专注于打印机、数码影像、软件、计算机与信息服务等业务。作为一家以高科技产品制造为核心的IT巨擘，惠普公司的采购规模极为可观。该公司通过多年电子化采购的探索，取得了卓有成效的成绩，成为业界电子化采购的领先者。

7.6.1　公司概况

"HP"是由毕业于斯坦福大学电气工程系的比尔·休利特（Bill Hewlett）和戴维·帕卡

德(Dave Packard)的名字的首字母组合而成的,是车库创业的成功典型。从1939年开发出第一个产品"声频振荡器"被迪士尼公司选做动画电影《幻想曲》创新音响系统的测试工具而一炮走红以来,惠普公司经历了80多年的风风雨雨。如今,惠普公司在全球的员工总数近5万人,下设信息产品集团、打印及成像系统集团和企业计算机专业服务集团三大业务集团,在笔记本电脑、一体机、台式机、平板电脑、智能手机、移动网络、扫描仪、打印与耗材、投影机、数字产品、计算机周边产品、智能电视和服务产品的生产与销售居于优势地位。尤其是在激光打印领域,惠普公司在过去的30多年中一直占据头把交椅,是全球打印市场的领跑者。惠普公司的愿景是"创造出能让所有人随时随地享受更优质生活的技术,惠及全世界每个人、每个组织、每个社区"。这一愿景激励、鼓舞着惠普公司的员工竭尽所能、尽职尽责,创造不息、革新不止,打造出令人叫绝的客户体验。

面对现代信息通信技术日新月异的变化,惠普公司总结出三大趋势:一是所有的物理流程和内容正迅速转变为数字化、移动化、虚拟化和个性化;二是客户对高科技的简单化、易管理性和适应性的需求将越来越强烈;三是相对于20世纪流行的垂直商业模式而言,具有弹性的横向互联和水平协作的开放式商业模式将日益突出和重要。这些趋势不仅会推动IT市场的演进,而且也会让客户的需求从重视性能价格比转变到重视可管理性及适应性。为此,惠普公司制定了"高科技、竞争力价格和最佳客户体验"三大业务发展战略,其核心价值是以客户接受的价格提供全面的创新科技以及从销售到专业支持的最佳客户体验。惠普公司的三大战略包括:一是高科技。作为美国领先的高科技创新企业,惠普公司坚持不懈地进行创新,使技术更易于使用和管理,并非常注重管理性、安全性、移动性以及数字多媒体等领域的发展和创新。二是提供竞争力价格。惠普公司将创新集中在客户最需要的层面,从而为客户的应用提供了更广泛的技术支持,并最大限度地降低了技术成本。2002年,惠普公司通过与康柏公司的成功合并实现了规模效应。三是提供最佳客户体验。为了创造及交付最佳客户体验,惠普公司将客户群进行专门分类,根据不同类别客户的特点提供个性化服务,并为客户获得最佳体验制定了完整的评估体验和相应的标准。

7.6.2 案例背景

惠普公司既是全球最大的内存、硬盘采购厂商之一,同时也是全球最大的外包制造的用户之一。在快速发展的进程中,由于惠普公司各下属子公司基本处在"各自为战"的状态,使得公司的经营成本失去了竞争优势,特别是由于各子公司分头采购,使得它们采购进来的办公设备、文具用品以及各项服务都是惊人得昂贵,因此惠普公司每年在这些项目上的开销都是一个天文数字,甚至到了难以承受的地步。

惠普公司对这个问题早有察觉,通过相关的调查发现公司的集团购买行为过于分散、过于随意,缺乏统一的规划与控制。因此,惠普公司立即着手准备建立一个基于网络的采购系统,旨在促使公司内部的员工全都从指定的供应商那里取得诸如铅笔、台历和电脑这样的办公用品,铲除"阔少爷买东西"的陋习,全面实现采购的决策与实施过程的无纸化。作为这个过程的一个副产品,惠普公司得以对它们庞大的供应商数据库中的10万个供货点进行筛选,只留下最可靠、最高效的并能够进行网上交易的少数大型供应商。

为此,惠普公司确立了包括两个方面的电子化采购的战略愿景:一是采购供应链应具有全球的可视性，总部的物流部门能够掌握每个地区供应链上的情况，可以提出合并等方面的建议，以达到规模经济，并降低成本；二是维持每个业务系统应当具有的灵活性，维护各个部门在一定程度上分散的权力。基于这一愿景，惠普公司所确立的电子化采购的目标是降低库存成本、降低采购成本、提高采购效率。

7.6.3　电子化采购解决方案

为了更好地实现电子化采购的愿景，达成相应的采购目标，惠普公司采用了 KeyChain 解决方案，要求供应商合作伙伴和惠普公司的员工使用统一的平台，进行一体化的管理。该解决方案包括以下五个核心模块：

1. 电子资源、竞拍与处理模块

电子资源、竞拍与处理模块主要用于通过寻找供应商、竞拍短缺物资以及处置过剩资源等。

这个模块的主要业务功能包括：
（1）在线提供请求信息、建议书与不同项目的报价；
（2）以在线竞标为基础的销售来规范惠普公司的渠道；
（3）期货竞拍；
（4）面向开放市场的在线竞拍销售。

这个模块的业务收益包括：
（1）在使用电子资源方面实现了 10%～40% 的成本节省；
（2）在过剩材料处理方面平均 80% 得到挽救；
（3）利用动态价格每年节省了数百万美元；
（4）在产品短缺期间保证业务流与客户满意度；
（5）产生新的模式与服务。

2. 信息与分析处理模块

信息与分析处理模块主要是针对企业合作伙伴进行扩展分析，以优化采购战略。

这个模块的主要业务功能包括：
（1）花费与价格监测；
（2）账单分析；
（3）采购风险管理。

这个模块的业务收益包括：
（1）降低成本与风险，管理合同文件，进行风险管理；
（2）通过提升供应链的保障来提高营业额。

3. 购买与销售模块

购买与销售模块主要用在互联网上的多合作伙伴的购买与销售功能。

这个模块的主要业务功能包括：
（1）价格保护；
（2）控制供应商条件；

(3) 针对业务集团的累积折扣;
(4) 全球购买与销售的数量统计分析报告。
这个模块的业务收益包括:
(1) 通过价格保护,合作伙伴能够灵活地购买惠普公司的产品;
(2) 惠普公司的各个业务集团能够利用惠普公司的全球资源优势;
(3) 在整个供应链中确保快速支付。

4. 订单与预测协作模块

订单与预测协作模块针对购买订单和预测管理的在线协作业务。
订单与预测协作模块的主要业务功能包括:
(1) 实时信息接入;
(2) 自动改变流程;
(3) 自动观测每天的订单状况;
(4) 自动改变业务流的大小;
(5) 将沟通文件化;
(6) 超出库存的报警;
(7) 无须重新提交请求。
订单与预测协作模块的业务收益包括:
(1) 自动交互流程;
(2) 减少周转时间,降低风险;
(3) 使采购参与各方的沟通实时、无阻;
(4) 对订单的实时监控;
(5) 与后台系统完美结合。

5. 库存协作模块

库存协作模块主要用于互联网环境下的库存与供应协作。
库存协作模块的主要业务功能包括:
(1) 自动管理库存;
(2) 灵活的供应链配置;
(3) 动态库存保证;
(4) 任何库存关系与业务模式的自动化。
库存协作模块的业务收益包括:
(1) 更有效率地管理外包运作与库存;
(2) 向供应商提供统一的界面,确保同步沟通;
(3) 通过实时的采购价格降低、更大的运作效率来降低成本;
(4) 定义供应链使任何人都能够适应。

7.6.4 电子化采购创造的价值

为了让电子化采购能在公司范围内得到更加深入的推进,惠普公司采用了市场化的方式,将电子化采购部门剥离出去,成立了一个完全独立、自负盈亏的商业性服务公司。惠普公司这样做的好处是既大大提升了电子化采购的专业化程度,又有效调动了促进电子化采购发展的积极性、主动性和创造性。

惠普公司在电子化采购方面所获得的成效是十分显著的,相关的数据显示,在物料获取方面平均成本节省超过40%;在采购效率方面平均提升了40%以上;在库存周期方面,从原来每年平均周转11次增加到了后来的24次,提升的效果十分显著。对于常规的采购而言,过去通常需要两个星期的采购过程,现在只需要一天时间即可完成。对于供应商来说,过去所有的开票、调货和支付等问题需要占用70%的工作时间,而采用电子化采购之后相应的时间占用已降低到过去的10%以下,切切实实地创造出了十分显著的价值。

7.6.5 案例评析

惠普公司堪称是IT行业的"巨无霸",面对新的市场环境和技术发展趋势,该公司面临着一般企业所不可能遭遇的挑战。在事关发展全局的采购环节,惠普公司充分利用现代信息通信技术,实现了电子化采购的全方位应用,使得先进的电子化技术与复杂烦琐、牵涉面广、地域分布分散的采购业务流程实现了完美的结合,不但大大降低了采购成本,而且提高了采购的效率及库存周转率。更为重要的是,电子化采购使惠普公司这头"大象"能够面对激烈的市场竞争和快速变化的客户需求轻盈地"舞蹈",做到游刃有余、应对自如、发展有序。

惠普公司的电子化采购本质上是利用网络手段整合供应商的资源,它的成功是建立在对供应商的强大控制力的基础之上的。从某种意义上可以说,电子化采购要取得理想的成效,就必须对供应商具有一定程度的影响力和控制力。这一点值得我国的企业在开展电子化采购时学习和借鉴。

7.7 本章思考题

1. 传统的采购存在哪些弊端?
2. 什么是电子化采购?它的流程如何?
3. 电子化采购管理系统的各模块应具有哪些功能?
4. 电子化采购的实施策略有哪些?
5. 政府电子化采购与企业电子化采购有哪些异同点?
6. 选择合适的电子化采购案例,对其实现过程、实施成效等进行综合分析。

第 8 章

电子商务与服务管理

信息网络化的快速发展使国际、国内的市场迅速融为一体,市场竞争突破了传统的地域界限,从而变得空前激烈。电子商务的兴起使得企业竞争中最为敏感的考虑因素——价格变得异常透明,国内外竞争者的同类产品的价格将一览无余地展示在客户的面前,传统的价格战已变得越来越难以奏效。与此同时,产品的同质化也使得企业要保持特有的技术和质量优势变得更加艰难,企业与企业之间的竞争将会真正进入到一个新的时代。

当市场竞争环境急剧改变时,越来越多的企业发现任何有形的市场优势都会被竞争者无情地模仿,而只有无形的市场优势——"向客户提供优质的服务"却很难被竞争者超越。不难预料,在电子商务快速成长、发展的今天,服务制胜将成为众多企业的成功之道。互联网带给企业的机会并不仅仅是要通过网络实现多少交易额,更重要的是它可以帮助企业向客户提供更友好、更富有个性以及更有亲和力的服务。因此,数字经济在本质上有赖于服务,企业唯有将服务做强、做深才能迎来新的、更大的发展机遇。

8.1 对服务的理解

服务是企业的基本职能,如何提升服务,强化服务的竞争力,这是每个企业共同追求的目标,因此我们有必要对服务的一些基本问题进行探讨。

8.1.1 服务的内涵

传统意义上对"服务"的理解往往是指产品的售后服务,也就是企业为了满足客户在产品使用过程中的服务需求,以解决客户的后顾之忧,其内容包括客户所购商品的安装、调试、维修等。然而,这只是对"服务"的含义狭义的理解,随着服务在市场竞争中地位的上升、作用的增强,服务的内涵变得更加丰富,外延也变得更为广阔。以下是四种对"服务"具有代表性的定义:

(1) 美国市场营销协会认为,服务是用于出售或者是同产品连在一起进行出售的活动、利益或满足感。

（2）营销大师菲利普·科特勒认为，服务是一方能够向另一方提供的任何一项活动或利益，它本质上是无形的，并且不产生对任何东西的所有权问题，它的生产可能与某种有形产品密切联系在一起，也可能毫无联系。

（3）《高超的客户服务》一书的作者罗恩·卡尔认为，真正的服务是企业根据客户本人的喜好使他满意——而最终使客户感到自己受到了重视，并把与企业的交往铭记在心，而且能够不断地与企业进行交往。

（4）从经济学的角度来讲，服务等同于"劳务"，它是指以劳务的形式而不是以实物的形式为他人提供某种使用价值的经济过程。

综上所述，本书认为，服务是指企业为了使客户感到满意，并为了与其保持长期友好的互惠合作关系而建立客户忠诚的一系列活动。我们可以从以下四个方面更好地把握服务的内涵：

1．服务是一种满足感

为客户提供任何一种服务都要预期客户对服务的过程和结果的感觉，如果只是完成了一个服务过程，却没有考虑客户对其服务的评价如何，就可能出现服务失败。

2．服务是一系列行为的集合

客户的忠诚来源于企业一系列的优质服务过程，它的"不可转让性"既是企业特定价值的体现，也是客户对企业认同的重要因素。所以，企业提供的服务不应是短视行为，不应追求表面的轰动效应，而需要对客户的服务需求做出一种具有远见卓识的预期，通过构建科学的、规范的服务行为体系，使员工对企业价值的认同成为永恒的信念，并对自身的职业行为进行习惯性约束，使"为客户提供优质服务"成为一种发自内心的、持久的活动，并转化为自觉的行动。

3．服务是一种尊重

服务作为一种活动，其明显的特征是使服务对象的需求得到满足，它的意义在于使服务的提供者尊重服务的接受者，而不是相反，否则就会影响服务这一"商品"的市场寿命。给予尊重和得到尊重恰恰是企业服务的目的和经济价值的体现。服务始于尊重，终于尊重。

4．服务是一种沟通

众所周知，沟通是服务的延续。实践表明，只有4%的客户能把自己对企业的抱怨通过投诉等形式反映给企业，而96%的客户即使心怀不满，也会在沉默中忍受或另作选择。企业既要面对面地解决4%的客户的问题，又要通过各种方式了解96%的客户对企业的产品或服务的满意程度，使客户把与员工经常沟通的交往行为演绎成企业的价值模式和市场反馈，只有这样企业的产品才能立足市场、服务才能经久不衰。所以，把与客户沟通和交流作为服务的纽带已经是现代企业共同的选择。

8.1.2 服务的特点

与有形商品相比，服务具有以下五个特点：

1．无形性

与实物商品不同，无论是与实体商品相联系的服务，还是以独立方式存在的服务，客户在得到服务之前,它是看不见、摸不着、闻不到的。而且,客户在得到服务以后一般也得不到有形的实物,比如坐飞机旅行、在宾馆住宿等。因此,客户在选择企业的服务时往往会参考个人过去的经历和别人的介绍、评价,这对其选择企业的服务的影响至关重要。

2. 不可分性

与有形产品显著不同的是,服务与其来源是密不可分的。也就是说,服务的提供者和服务的接受者直接发生联系,生产过程同时也是消费过程,两者在空间上和时间上都是不可分的,而且服务的接受者必须介入服务的生产过程中去才能完成整个服务过程。比如,医生为病人诊断、演员在舞台上表演、教师为学生上课等都是如此。而有形产品的生产与消费一般都存在着较长的时间间隔,生产与消费往往也不在同一个地方,从生产、流通到消费存在着一系列的中间环节。

3. 不可储存性

服务不能储存,它有明确的时间性。因为服务的生产与消费同时进行,使其不可能像有形产品一样先储存起来再进行销售。服务的不可储存性往往会导致服务的供给与需求的不平衡,如车船、旅馆、剧场、饭店的空座位有的时候会严重供不应求,而有的时候又会闲置。服务的不可储存性导致的服务需求上下波动要求企业及时地做出需求预测,需要通过价格调整、预订安排等方式做好平衡。

4. 易变性

有形产品一般采取规模化、自动化生产,质量控制较为严格,产品的质量差异相对较小。而服务是直接由人来提供的,不同的人提供的服务可能相差甚远,因而服务质量存在着较大的不确定性。服务质量的好坏在一定程度上取决于由谁提供服务,在什么时间、什么地方提供服务。而且,即使有确定的服务人员、服务时间和服务地点,服务还是会存在着众多不确定的因素。比如,名医为病人诊断,尽管他的医术高超,但如果得不到病人的配合也不可能得到理想的效果;又如,客户对服务质量认识的不一致也会使服务的提供者无所适从。由于服务的易变性,因此服务的提供方很难制定出一个统一的服务评价标准,也很难对服务提供者的服务质量进行有效控制。

5. 易替代性

服务具有较强的易替代性,主要表现在两个方面:一方面是服务需求可以通过多种方式来获得满足,比如在交通服务方面,消费者可以选择坐飞机、火车、汽车等形式,在娱乐消遣方面消费者可以选择观看电影、电视、演出,也可以逛公园、跳舞等;另一方面,服务与有形商品也存在着相互替代性,比如人们购买了洗衣机就会渐渐放弃去洗衣店购买洗衣服务,有了网上书店就很少再去实体书店购书等。服务的易替代性导致客户对服务提供者的忠诚度下降,并对服务提出了更高的要求。

8.2 电子商务与服务的关系

互联网的出现预示着消费者主权时代的到来,消费者必将成为商业活动的主导者。电子商务的发展使商业竞争日趋激烈,越来越多的企业已经认识到"心怀客户"比"应付竞争"更为重要,"最大限度地为客户提供满意的服务"成为企业实施电子商务并获得成功的基本准则。与此同时,互联网的发展为服务提供了前所未有的支撑平台,如何利用这个平台为客户提供简单、实用、可靠、个性化的电子化服务已经成为众多企业关注的重要议题。因此,电子商务的成败在很大程度上取决于服务,电子商务又有助于服务的实现,两者相互促进、互为因果,共同为企业带来转型升级的新机遇。

8.2.1 服务是电子商务的基石

最大限度地满足客户的需求是企业得以生存、发展、壮大的基础,没有满意的客户就没有企业满意的利润,企业也不可能有美好的前途,而满意的客户只有靠优质的客户服务去培育。所以,从本质上来说,服务是电子商务的基石,没有满意的客户服务就不可能有成功的电子商务,具体表现在以下五个方面:

1. 电子商务的机遇需要靠优质的服务去把握

电子商务的快速发展对人类经济活动产生了重大的影响,这已成为不争的事实。我国现在已经成为世界主要的电子商务大国,我国的电子商务已经进入一个全新的发展时期,越来越多的企业将会通过电子商务赢得更大的发展空间,而一些没有把握住机遇的企业则可能因此遭遇困境。美国的调查结果显示,不良的网上客户服务已经成为妨碍美国企业之间(B2B)电子商务发展的绊脚石,也是网上公司建立信誉的主要障碍,有96%的被调查企业为客户提供电子化服务(e-Service),但只有一部分企业提供客户与企业之间的即时网上信息交流工具。该调查还发现,仅有一半左右的公司在6个小时内对客户的电子化咨询做出回应,其中仅有一半的回应提供了解决问题所需的信息。由此可见,企业要想充分地把握电子商务这一极其难得的历史机遇,就必须靠电子商务和客户服务的共同努力。在竞争白热化的电子商务时代,企业仅仅依靠产品和技术出奇制胜将会变得越来越困难,要取得成功,唯一的选择只能是提供优质的服务。

2. 客户的选择标准将会集中于服务

电子商务所产生的一个重要的影响是为客户带来了更大的选择权,大大增加了他们与企业讨价还价的能力。他们可以在网络上通过比较来选择世界范围内的商品,他们有权决定买什么、买多少、什么时候买、以什么价格成交等,对于一些不能提供满意服务的企业,他们往往会"敬而远之"。另外,根据美国市场营销协会的相关统计,客户还可以通过网络迅速地扩散对企业的服务的感受,因为在离线世界客户往往只能把对某个企业不好的评价传播给有限的几个人,而在网络上他只需要发送一条消息就可以把自己的抱怨散播到1000个人、1万个人甚至难以计数的人群之中。当然,他也会把自己愉快的感受迅速地传播给众多的网友。因此,在电子商务时代,"客户是上帝"不再是句空话,他们的评价会直接决定众多企业的前途和命运。

3. 电子化交易呼唤人性化服务

不少人简单地认为,电子商务就是通过网站实现自动交易。这样的理解是十分错误的,也是极其有害的。实际上,因为缺少人性化的服务,网站交易的成功率至今还不高。国外的研究发现,大约有 2/3 的客户因为没有得到人性化的服务而在网站结账前就把购物车里挑选好的商品清空了。这就意味着 2/3 的客户本已决定要成为某个企业的客户,但是这个企业却把他们拒之门外,这是多么的让人感到可惜。试想,一位客户兴致勃勃地到某个企业的网站来购物、洽谈生意,当他对商品的价格、规格以及支付方式等产生疑问而希望寻求帮助时居然得不到及时、周到的服务,他能放心大胆地把资金划拨到企业的账户上吗?电子商务使得面对面的交流、接触减少,但并没有消除客户对服务的需求,相反,面向客户的人性化服务显得更加重要了。

4. 服务是维护客户忠诚度的基本条件

在虚拟世界,客户忠诚度变得十分脆弱,因为客户可以轻而易举地在更大范围内选择商家,当更具有吸引力的商家出现在网上时他会不知不觉地弃企业而去。实践表明,开发一位新客户的成本是保留一位老客户的成本的 5 倍。所以,企业无论如何不能让老客户轻易地流失,唯一的办法是提高客户服务水平,竭尽全力地让客户满意。企业只有提供优质的客户服务才能培养起与客户的感情,才能赢得客户的信任,才能使脆弱的客户忠诚度得到维护、强化。

5. 服务是增强员工凝聚力的重要因素

对一个服务水平低下的企业来说,不仅客户不愿意与其打交道,而且企业内部的员工也不愿意为其尽心尽力地工作。因为他们的努力得不到承认,他们的付出得不到回报。一些实施电子商务的企业就是因为不重视客户服务质量而失去了大量的客户,使员工丧失了信心,最终影响了企业的凝聚力和战斗力。

8.2.2 适应电子商务发展的服务要求

电子化服务作为在电子商务环境下的新的业务模式,不但加剧了企业之间的竞争,而且也向企业的客户服务提出了许多新的要求。促使企业电子化服务成功的关键因素具体表现在以下七个方面:

1. 在客户需要的时候满足客户的需要

企业仅仅知道客户需要什么类型的信息还不够,还必须快速地将信息提供给客户,否则延迟提交客户需要的内容将会招致客户的不满。一个好的电子化服务解决方案必须捕捉客户的需求,并且使用这些信息自动地改进 Web 站点的内容,使未来的访问者得到更好的服务。

2. 使响应内容和响应机制更容易被发现及方便使用

很多的电子商务网站设计者没有考虑客户在遇到问题时如何能够引导客户方便地得到帮助或发送电子邮件请求。很多站点的"联系我们"按钮只是简单地弹出一个预先设置好的电子邮件窗口,却没有信息告诉客户预期的回复需要多长时间或是否有其他寻找信息的方法。很多站点甚至没有留下一个联系电话,当客户需要立即与相关人员通话时却无法得到满足。因此,电子化服务必须使客户易于获得及方便使用。

3. 遵从"80/20"规则

尽管企业保证电子商务站点的内容尽量全面是一个好的想法,但事实上平均所有问题的80％可以由20％的答案来解答。换句话说,只要有相对一小部分的内容就能够带来大量的商机。因此,如果企业延迟发布网站的内容是为了尽可能地回答客户的所有问题,这种做法就不一定是对的。更合理的做法是企业先发布重要的信息,然后再逐渐根据客户的需要添加其他的内容。

4. 主动出击,快速响应

企业了解客户的一个好的方法是询问其是否愿意在特定内容区域发生变化时收到通知,例如产品目录或新闻发布的内容,这种变化通知"推送"机制允许企业充分地利用自己的电子商务站点建造一种与客户的持续的电子关系。

很多企业对在线信息请求的响应速度非常慢,这是电子化服务的大忌。一旦客户或潜在的客户对他们的请求不能及时得到回复而感到失望时,他们一般不会重新请求,因而对企业的总体印象也会发生改变。因此,即使企业只是提供了简单的电子邮件联系方法,也应该保证快速响应(最迟不应超过下一个工作日)。

5. 诚恳的态度,贴心的服务

每个成功的销售人员都知道,虚心地接受客户的"倾听"——客户直接表示出来或进行暗示的消息,对做好营销工作至关重要。企业在网上与客户打交道也是如此,一个有效的网站需求机制和执行方法应该保证企业能听到在线客户所发出的直接的或潜在的请求信息。由于很大比例的站点访问者所遇到的问题会集中在一个较窄的范围内,因此当请求发生时,对请求进程的跟踪就非常重要。对请求的一致跟踪可以使站点内容的负责人知道他们努力的方向——可以更有效地使用人力和基础架构资源。

6. 全面完善的网站服务功能

适应电子商务的服务还要求企业网站的设计要充分体现"以客户为中心"的理念,如充分考虑客户的利益,为客户提供准确有效的信息,不浪费客户的时间,记得企业的客户是谁,让客户更容易地完成订购与交易,确保企业提供的服务能让客户感到愉快,为客户提供量身定做的产品与服务等。目前,我国企业的网站在设计与维护方面主要存在以下一些问题:

(1) 设计定位不准。

网站的定位是网站进行设计的前提,也就是说,企业必须首先搞清楚自己设计的网站主要吸引什么样的客户、他们需要得到哪些信息服务等。一些企业内部的介绍对于客户来说并不重要,重要的是他们花费了时间和宝贵的注意力资源,希望从企业的网站得到有用的信息。

(2) 信息量少,内容缺乏新意。

在我国,不少企业的网站只注重宣传企业的产品、组织机构、领导者及产品如何成交、付款等内容。实际上对于一些首次访问企业网站的客户来说,如果对企业的情况了解不多的话,很少会直接通过网站来实现交易。所以,国外很多企业的网站都非常重视在网站上提供与企业的产品和服务相关的各种信息,他们希望通过这些客户感兴趣的信息来吸引客户的注意力,培养客户忠诚度。我国的一些企业网站提供的信息内容很多但还不够充实,有的提供的各种信息杂乱无章,让客户提不起兴趣。

(3) 缺乏全球化经营的思想。

电子商务在客观上为企业走向国内外市场创造了条件,但是真正地利用网络来开拓国际市场的企业现在还不多,表现在网站设计上就是缺乏全球化经营的思想。我国不少的企业网站在设计中较少考虑国外客户的信息需求,如对不同国家和不同民族的语言、文化、风俗习惯等基本没有引起重视,有中/英文两个版本的企业网站的数量还很少,而且即使有,其英文版本的内容既不够丰富也缺乏良好的创意,很难吸引国外的客户。至于其他语言的版本则更少得可怜,这对企业开拓国际市场极为不利。美国的亚马逊公司为了给客户提供更好的购物体验,让客户感到舒适和可控,在网站设计上做到了以下五个方面:

(1) 满足双重需求的目标明确:从产品搜索和在线采购两个方面的目标着手,满足客户的双重需求。

(2) 根据客户提供的基本信息以及历史访问记录和特定需求,提供具有针对性的服务内容。

(3) 各种具有针对性的提示:包括与市场零售价对比、免费送货、功能展示等。

(4) 方便的导航服务:帮助客户更容易地进行筛选,便于他们做出比较和选择。

(5) 在任何时候都让客户感到舒服和可控:可定制的历史和推荐、额外的购物车选项、在运送(航运)页面更改或删除产品。

由此可见,开展电子化服务的企业要尽可能在网站设计上多下功夫,只有这样才能达到事半功倍的效果。

7. 卓越的人性化服务

毫无疑问,一流的服务必然来自于一流的服务提供者。每个成功的企业都有一大批训练有素、业务娴熟、对客户充满爱心、高水平的客户服务人员。电子商务的运作,无论是在网上还是在网下,都离不开优秀的客户服务人员。适合电子商务需要的客户服务人员应满足以下一些要求:

(1) 热爱服务,视客户为亲人,发自内心地尊重客户;

(2) 经过系统的培训,懂得电子商务应用,具有丰富扎实的专业知识;

(3) 具有良好的交流沟通能力,懂礼貌,对待客户亲切友善;

(4) 经过授权,具有一定的处理客户问题的权限;

(5) 具有良好的团队合作精神;

(6) 具有不断地向客户学习的能力。

除了上述所列要求以外,电子商务服务的要求还可以衍生出很多内容,比如,允许客户自由退货;系统能自动地识别访问者,让访问者倍感亲切;为客户设置各种优惠服务;配备专人负责特定客户的业务等。客户服务的需求会在实践中不断地产生,需要企业的客户服务人员认真地去发现、真诚地去满足。实际上,这些看似简单的服务要求在某种程度上决定着企业实施电子商务的成败。正像很多企业在过去几年所证明的那样,在线客户服务的成功不仅会影响客户对企业的认知,而且还会影响投资者、合作伙伴和其他相关的重要企业对企业的认知,每个有志于开展卓越的电子化服务的企业都不应掉以轻心。

8.3 改进电子商务服务的措施

服务是决定企业实施电子商务成败的关键因素,企业的管理者应予以高度重视。从大的方面来看，企业需要从以下多个方面采取相应的措施以改进电子商务服务，提高客户满意度。

8.3.1 加强员工培训，重视向员工授权

客户服务水平在很大程度上取决于提供客户服务的员工的素质，而高素质的员工必须依靠系统、全面的培训，并通过必要的授权才能慢慢地培养起来。对适合从事客户服务的员工进行有计划、有步骤的培训是国内外企业提高服务水平的主要手段。培训的内容包括多个方面，主要有：对本企业的产品和服务的基本知识的培训，让员工能对基本情况烂熟于心；与客户打交道的各种技巧，包括处理粗鲁无礼的、难以应付的、愤怒的客户的各种方法和态度；处理网上问询的各种方法，如怎样正确快速地回复电子邮件、如何处理客户的商业信息；如何处理客户的投诉以及倾听客户的意见等。培训的内容应不断地进行调整、完善，以适应企业业务不断发展的需要。从长远来看，企业应把培训作为一种制度，成为提高员工素质的一种有效手段。

授权是与培训紧密相关的，因为没有适当的授权，培训就无法产生应有的效果。授权对提高员工的客户服务水平至关重要，但授权又需要处理好各方面的关系，因为授权会影响到管理层的权力，必然会遇到一定的阻力。但是，作为一个直接面对客户的服务人员，如果无论是大事还是小事都必须向领导者请示，势必会失去客户的信任，同时也会影响他们的工作积极性和主动性。所以，正确的授权是十分必要的，关键是要在坚持"最大限度地让客户满意"的原则下，规定员工具体的工作权限和相应的责任，以保证权力的正确运用。

8.3.2 想方设法留住老客户

老客户对企业的作用十分重要，因为老客户的重复购买可以缩短购买周期，减少企业的各种不确定因素，降低营销费用，扩大宣传面，为企业提供真实的产品信息等。实践表明，老客户的再次购买率提高5%，企业的利润就可以增加25%以上。如微软公司所获得的利润有80%来自老客户购买的各种产品的升级换代、维修、咨询等服务。相反，如果老客户因为这样或那样的原因弃企业而去，那么他至少会向10个潜在客户诉说对企业的不满，这会为企业拓展新客户带来极大的负面影响。所以，维系老客户是企业进行客户服务的重要内容。在电子商务环境下，企业想维系老客户并不是一件容易的事，因为每位客户都可以轻而易举地把企业和其竞争者作充分的比较，从这家跳转到那家易如反掌。但是，企业越是难以维系客户，就越有必要维系客户。大多数老客户离开企业是因为得不到自己想要的东西，这往往同价格没有太大的关系，更深层次的原因在于：45%的客户离开是因为企业的服务令他们不满意；20%的原因是没有人关心他们；15%的原因是他们发现了更好的产品；15%的原因是他们发现了价格更低的产品；5%的原因是其他的因素。因此，企业要想更好地维系老客户就必须考虑以下四个方面的措施：

1. 不断地提高产品和服务的质量

提高产品和服务的质量是电子商务和传统的商务都必须坚持的根本原则。企业要想做到这一点：一方面必须通过持续不断的创新，保证产品和服务具有较强的市场竞争力；另一方面，应利用电子商务形成的有利条件，让客户参与产品的开发和设计，充分尊重客户的意

愿,让客户体会到自己的利益得到了足够的关注。

2. 提供有吸引力的价格

价格优惠是企业维系老客户的惯用手段,也是被诸多企业的实践证明是行之有效的措施。在老客户的每次购买之前,企业都必须让其明确相应的优惠标准,保证其随着购买次数和购买数量的上升,优惠的幅度也会不断地提高,使其"舍不得"放弃现有的"购买业绩"去投奔别的企业。

3. 适当的感情投资

这是一种"投资少、见效快"的维系老客户的方式,却往往被一些企业所忽视。企业对客户进行感情投资可以采用答谢、祝贺和参与等形式,比如定期向一些购买次数较多和购买数量较大的客户寄送礼品予以答谢;对客户的重要日子(如生日、结婚纪念日、注册成为企业的客户的日子)等要予以特别关注,最常用的是采用短信、电子邮件等方式予以表达;定期走访客户,了解客户在产品的使用过程中出现的各种问题、新的需求等。

4. 提供人性化的服务

目前仍然有不少的客户对通过电子商务购买的商品的质量、售后服务以及物流配送等问题心存疑虑,这在一定程度上影响了电子商务的发展。一个致力于利用电子商务开展业务的企业必须想客户所想,通过自己扎扎实实的服务赢得客户长期的信任。

8.3.3 正确对待客户的投诉

企业在向客户提供服务的过程中难免会产生让客户不满的情况,但只有极少数的客户会向企业投诉,其他绝大多数客户要么马上离开,要么忍气吞声,要么等待合适的时机离开。正确地对待少数客户的投诉对企业发现自己的服务中存在的问题、防止客户流失具有重要意义。在正确地对待客户投诉方面,企业应注意以下五个问题:

(1) 企业应把客户的投诉看作争取留住更多客户的机会,因为投诉者代表了很多客户的利益,如果企业处理不当就会导致大量的客户流失;

(2) 企业应虚心倾听客户的抱怨,发现问题的症结所在,并及时给出满意的处理办法;

(3) 在处理投诉的过程中,企业应真诚地向客户道歉,请求客户的谅解,及时化解客户的抱怨可以使其成为更为忠诚的客户;

(4) 企业应牢记"客户不一定是正确的,但你最好认为他们是正确的",对客户的错误不应横加指责,而应坚持"有则改之,无则加勉"的原则,改正自己的不足之处,保留自己正确的做法;

(5) 企业不要随意责怪员工,要分析造成投诉的原因,帮助员工改进、提高。

企业正确地处理投诉的目标是:让不满的客户成为忠诚的客户;让存在不足的员工及时发现不足之处,并加以改进;让那些准备离开企业的客户打消离开的念头;让企业的客户服务水平上升一个新台阶。

8.3.4 营建客户服务文化

客户服务文化是企业文化的重要组成部分,它一方面反映了企业对待客户的基本理念,以及企业的员工共同遵循的价值观和信念;另一方面它根植于员工的心中,并通过自身的言行表现出来,反映了一个企业对待客户的精神风貌和基本态度。因此,企业健康、有益的客户服务文化应树立起这样一些思想:

(1) 满意的客户是企业生命力的源泉,竭尽全力为客户提供满意的服务是企业努力的目标;

(2) 满意的利润来自于满意的客户,如果客户不满意,那么再高的利润也是短视行为;

(3) 要真心诚意地成为客户的朋友,了解他们的深层次需求,明确他们的真实想法;

(4) 员工是企业的内部客户,企业如何对待自己的员工,员工就会如何对待企业的客户,员工需要尊重、激励和学习;

(5) 要培养员工的团队精神,提倡相互信任、相互合作、互帮互助互学;

(6) 不要过分去关注竞争,关注客户更为重要;

(7) 电子商务的成功更需要服务,要与客户分享成本降低、速度提高带来的好处,要与客户实现"双赢";

(8) 企业成功的关键并不是销售产品,而是通过出色的服务赢得客户的信赖,建立起牢固的感情。

8.4 电子化服务的实施

电子商务的发展一方面提升了服务的地位,另一方面也为服务的实现提供了更为有利的条件,"电子化服务"的概念也随之变得越来越流行,相应的软/硬件产品也已成为不少IT厂商开发的重点。简言之,电子化服务就是基于互联网的客户服务,也就是说,企业利用互联网等技术手段完成客户服务的一部分职能。随着电子商务的发展,电子化服务已成为许多企业客户服务与客户支持战略的一个重要的组成部分。

8.4.1 电子化服务的优势

电子化服务作为一种新的服务方式具有较为明显的优势,表现在以下三个方面:

1. 方便客户享受服务

互联网是一个每周7天、每天24个小时,面向全球用户开放的信息载体,企业利用其提供客户服务,可以方便客户随时随地取用各种服务信息,得到满意的服务。互联网特有的交互性的特点用在客户服务中更能发挥出方便客户的优势。这种交互式的服务可以借助于代理程序处理所有与客户服务相关的事务,允许客户通过与企业服务系统的交互,获得企业所提供的完善服务。在某种程度上可以说,这种交互式的电子化服务所提供的服务与企业的客户服务人员向客户所提供的服务可以相媲美。而且,电子化服务系统还可以与企业传统的服务系统以及电话客户服务系统进行有机集成,从而形成更强的服务能力。

2. 降低服务成本

企业利用电子化服务可以节省传统的服务方式的成本,如可以减少客户服务人员的数量、降低电话服务的业务量,从而降低客户服务的成本。如美国的联邦快递在采用电子化服务方式提供客户问询之前,采用的是客户免费拨打电话的方式,每一次问询的费用(包括人工、通信等)平均达到数美元,而且由于人工查询需要花较多的时间而常常导致客户产生不满。后来改用互联网提供电子化服务后,该公司直接把包裹的走向在第一时间发布在网上,客户只要凭一个包裹编号就可以直接在网站上查询到最新的包裹投递状态。对于联邦快递来说,这样每次接待客户问询的成本降低为不足 10 美分。因此,企业正确地使用电子化服务策略对降低企业的服务成本大有好处。

3. 提高客户服务水平

企业可以充分利用客户数据库,实现对客户访问网站状况、购物情况、对产品和服务的需求等各种信息的记录、分析和整理,以发现不同客户的现实的和潜在的需求,并针对客户的需求提供个性化的服务,让客户更加满意,从而提高企业客户服务的水平。

8.4.2 电子化服务的实现方式

企业从技术上实现电子化服务有两种方式,一种是自建,另一种是外包。

1. 自建的方式

自建的方式是由企业通过招募人才、购置设备、建立网站、构造电子化服务系统、吸引客户访问企业的主页、直接为客户提供电子化服务几个步骤组成的。对于企业而言,这种方式所耗费的人力、物力比较多,而且还必须通过各种形式的广告来扩大网站的知名度。同时,企业必须对网站的样式进行精心的设计,对网站的内容进行频繁的更新,这样才能达到吸引客户、提供服务的目的。当然,采用这种方式,企业无须依赖过多的外部力量,具有较强的自主性、独立性,并且在企业的网站打开知名度后,可以利用网络品牌效应迅速地扩展新业务、提供新的电子化服务、创造更多的商业机会。

对于客户而言,这种方式显得不够方便,因为企业网站的独立性强,与其他网站的联系不够紧密,虽然可以通过链接进行网站信息交换,但效果不甚理想。特别是不利于为潜在客户、新客户提供服务,因为他们对企业的情况不甚了解,而且也不易发现企业服务的价值。对于知名度较高、资金实力雄厚、现实客户数量较多的企业来说,可以考虑采用这种实现方式。

2. 外包的方式

外包的方式要求企业将所提供的产品或服务以标准化的形式放在网站上,而其他的工作(如联系客户、吸引客户等)则外包给第三方来完成。对于企业来说,采用这种方式所耗费的人力、物力、资源要比自建方式小得多。虽然企业仍需建立网站,但对网站的宣传、维护工作可以降到最低,而且企业也没有必要自购服务器存放网站内容,选择一个比较可靠的虚拟主机或进行服务器托管就可以了。因为由第三方提供的进行网上搜索服务的模块将会全天候地与企业的网站自动链接,并与企业网站中提供服务的模块自动交换信息,核对企业所提供的产品或服务是否满足要求,一旦条件满足,即可促成交易。这样,企业可以只专注于产品或服务的生产开发,而不需要考虑如何吸引客户、联系客户,从而有利于产品或服务质量的提高。但是,企业采用这种方式不能直接打开网站的知名度,而且网站对外部资源的依赖也比较多、独立性不强,企业的发展会受到一定的影响。

对于客户而言,这种解决方案非常方便。客户只需打开一个入口网站,输入所需产品或服务的信息,一次点击就可以通过自动搜索模块和电子化服务模块获得所需的产品或服务的信息。在客户看来,所有提供相同产品或服务的企业构成了一个整体。显然,在满足客户要求的前提下,产品或服务的质量更好、响应速度更快的企业将会赢得大量的商业机会。

对于大量的中小企业来说,由于受到资金、技术、人才的局限,采用外包的方式无疑是一种明智的做法。

8.4.3 电子化服务策略

企业提高电子化服务水平必须多管齐下,可以采取的策略主要包括以下五个方面:

1. 提高网站的有效性

网站是实施电子化服务的载体,网站设计的有效性会直接影响企业进行电子化服务的水平。一个优秀的网站最主要的特征是访问者能方便、快速地找到所需的信息并完成要做的操作。而要达到这一点是有一定难度的,因为访问者的情况各不相同,有企业长期的老客户,有首次光顾的新客户,也有只是"溜达溜达"的上网者,可能跟企业的业务毫无关系;访问者的水平也各不相同,有的是久经沙场的老手,而有的则是刚刚出道的"菜鸟"。所以,网站设计者应充分考虑不同访问者的需求,尽可能让不同类型的访问者满意。以下一些问题有助于改进网站的设计:

(1) 客户能迅速地找到常见问题的答案吗?

(2) 网站能否迅速地回复客户的服务请求?提出疑难问题的客户能在 24 个小时内得到回复吗?

(3) 网站的内容能随着客户的反馈而不断地更新吗?

(4) 网站是否提供电子邮件服务,把站点的最新更新信息传递给访问者?

(5) 最有用或最常用的信息是否首先展示给访问者?

(6) 知道经常光顾网站的人是谁吗?他们对哪些信息感兴趣?

(7) 网站是否建立了一些方法来分析访问者对产品和服务的需求?

(8) 网站是否能经常听到客户对企业站点的正面或反面的评价?

(9) 网站是否能及时地捕捉到本企业员工的想法,并把他们的想法在网站上公布出来?

(10) 网站是否为客户和员工提供了网上反馈的功能,并定期进行收集和整理?

2. 为访问者提供及时、个性化的信息服务

对于每个提交电子邮件问询的访问者来说,他们都希望能迅速地得到准确的答复,企业切忌拖延或答非所问。同时,企业还应对访问者的注册信息认真地进行分析,根据每个人的工作性质、学习背景、收入水平、兴趣爱好等定制出个性化的信息服务,并及时地通过电子邮件推送给客户。访问者的电子邮箱应成为企业网站的延伸,以便更好地为客户提供更深层次的服务。企业的网站还应注意保护客户的隐私和网上交易的安全性,绝不能转让客户的各种信息。当然,考虑到成本的因素,企业对客户的信息需求不能无限地满足,也不可能无限地满足。

3. 突出重点

"80/20"规则在企业实施电子化服务时同样适用,因为在一般情况下80%的访问者会重点关注20%的信息。所以,企业应特别注意20%的重点信息的质量和更新速度。如果企业为了尽可能回答客户的所有问题而影响网站信息发布的速度,这种做法是不可取的。企业经常更新20%的重要信息能使访问者体会到耳目一新的感觉,收到比较好的效果。

4. 及时跟踪

很多访问者的请求会集中在一个比较小的范围内,在请求发生时,企业及时地跟踪这些请求的处理过程很有必要,这样可以让网站的管理人员知道对这类问询的处理办法,以便更加有效地对这些集中问询做出反应。同时,企业还应对客户接收到自身提供的答复后所产生的反应进行跟踪,了解客户是否满意企业的回复、哪些回复不符合要求、哪些回复需要加强,再把这些信息及时地反馈给企业的相关部门,以形成一个完整的信息回路,提高电子化服务的实际效果。

5. 避免过度使用自动化技术

处理大量的电子邮件必然会耗费大量的人力和物力,特别是当网站的访问量达到一定程度时会使网站的管理人员难以招架。在这种情况下,企业有必要应用自动化技术以满足业务迅速增长的需要。另外,网站的管理人员应用相关的软件还可以进行站点的自动维护,自动进行信息收集和客户分析,对一些陈旧的内容进行及时的调整等。但是,对于一个尊重客户,把"以客户为中心"作为自己的经营理念的企业来说,不应过分迷信自动化技术,因为如果客户看到的回复来自于机器,必然会怀疑信息的真实性,并对企业的诚意缺乏信心,不少人会理所当然地打消与企业进一步接触的念头,从而给企业带来不必要的损失。

8.5 电子商务发展中的服务创新

服务是电子商务的基石,与电子商务的发展密不可分。随着电子商务的进一步发展,服务本身也将随之发生新的变化,服务创新是一个永恒的主题。对于长期忽视服务作用的大多数我国企业来说,在电子商务的发展过程中,注重服务创新显得尤为必要。电子商务发展中的服务创新主要包括服务观念创新、服务机制创新和服务特色化创新三个方面。

8.5.1 服务观念创新

企业要想提高客户服务水平,首先必须树立正确的服务观念,提高对服务重要性的认识,特别是应对电子商务发展中服务的地位、作用和意义有一个清楚的认识,以便把"服务是电子商务的基石"的思想贯彻到每位员工的行动中,使员工把"不断地提高客户服务水平"作为努力的方向和前进的目标。企业在进行服务观念创新时必须树立以下四个方面的服务理念:

1. 牢固树立"客户至上"的服务理念

"客户至上"的服务理念可谓人尽皆知,许多企业的领导者也常常把这一口号挂在嘴边,但不少的企业并没有真正地把这一精神贯彻到实际行动中去。产生这种情况,一方面是因为企业缺乏竞争的压力,另一方面是因为企业没有相应的激励措施促进客户服务水平的提高。面对新的市场环境和电子商务发展的大趋势,企业树立"客户至上"的服务理念不应再是说说而已,必须要有实实在在的行动,否则企业将会丧失在市场立足的空间。

2. 牢固树立"用心服务"的服务理念

企业要想提高客户服务满意水平,仅有服务热情是不够的,还必须坚持高标准的服务质量,用真心换取客户的真情;不断地提升客户对企业的忠诚度,要急客户所急、想客户所想;主动了解客户的需求,了解服务工作中存在的各种问题,加强与客户的联系。客户服务水平常用的衡量指标主要有:

(1) 时间的及时性,即企业对客户的反应的灵敏度与动作的迅速性;

(2) 技术的准确性,即客户服务活动的技术、方法、措施是否符合客户所提出的服务要求,节省客户的费用和时间;

(3) 承诺的可靠性,即企业对确定的服务内容是否严格执行。

在电子商务的发展过程中,企业应充分利用先进的网络技术从上述三个方面着手,切切实实地提高客户服务水平。

3. 牢固树立"全员服务"的服务理念

服务是一项系统工程,它不仅仅是某个岗位或某个部门的事情,而是需要企业全员参与,需要生产、技术、管理、营销和信息等多个部门共同配合、密切合作,只有一体化的优质服务才能真正体现高水准的客户服务。企业的全体员工必须充分认识到服务工作的长期性、艰巨性和复杂性,并为之齐心协力、共同奋斗。

4. 牢固树立"服务就是效益"的服务理念

提高服务质量,树立良好的服务形象,对企业面向市场、开拓市场、赢得客户,在市场竞争中争取更大的主动权,从而提高企业的竞争力都将起到至关重要的作用。服务不佳,客户不满,必然会导致客户背离,使企业丢失市场,失去发展的主动权。所以,"服务就是效益"不仅仅是一句口号,而是关系到每位员工切身利益的大事,切不可等闲视之。

8.5.2 服务机制创新

企业的服务机制不健全是导致其服务水平低下的重要原因,比如服务程序不完整、服务流程不清晰、服务体系不完善或服务任务不明确等会导致服务质量的低劣。因此,服务机制创新是服务创新的重要内容,包括以下三个方面:

1. 服务运作机制的创新

很多企业存在着较为混乱的服务运作方式,服务效率因为相互扯皮而下降,技术部门和管理部门、前台和后台的关系没有理顺,各自的服务职责不明确。服务运作机制的创新要求企业建立起"技术为业务服务,后台为前台服务"的全方位服务支撑体系,理顺各个部门的关系,明确各自的职责,建立起规范化的服务业务处理流程,提高服务效率和服务水平。

2. 服务监督机制的创新

企业要不断地完善服务监督机制,逐步采用定量的服务质量标准,加强考核,对经过培训后仍不适应服务工作的员工要予以调整,把真正热爱服务、精于服务的员工充实到服务队伍中来,不断地提高服务人员的素质。

3. 服务激励机制的创新

高效的服务激励机制对调动服务人员的积极性和创造性具有重要意义,企业必须突破传统的观念,加大服务激励的力度,鼓励员工不断地提高服务水准,为企业的客户服务工作尽心尽力。

8.5.3 服务特色化创新

服务已成为企业增强竞争力的重要手段,在电子商务的发展过程中,各种特色化的服务将会层出不穷,需要每个企业勤于探索、勇于实践。企业判断一项特色化的服务是否可行可以参照三个标准:(1) 是否有利于维护客户的利益;(2) 是否有利于企业的发展;(3) 是否有利于提高员工服务的水平。如果符合其中的一条,在条件允许的情况下,企业就要大胆地尝试。当然,为了提高特色化服务的成功率,企业可以考虑由专门的人员或机构负责市场调研、走访消费者、多角度了解竞争者,通过对各类反馈信息进行分类、分析、研究,提出具有针对性和创造性的特色化服务策略。但是,需要指出的是,企业推行特色化的服务必须考虑时机,不要只追求轰动效应,不能因为短期利益而影响长期的发展。

8.6 典型案例 招商银行电子化服务的实践

招商银行是我国第一家完全由企业法人持股的股份制商业银行,在全球银行品牌价值500强榜单上,招商银行已进入了全球10强,2019年位列第9位。卓越的服务是招商银行发展壮大的重要法宝,"因您而变"的经营服务理念不但成为招商银行全体员工的精神食粮,而且也成为我国银行业服务的一面旗帜。招商银行是我国金融领域电子商务发展的排头兵,为金融业的转型升级做出了大量卓有成效的探索。在电子化服务发展方面,招商银行将电子化手段与改善客户服务紧密结合,在服务理念、服务创新、服务方式和服务管理等方面打造出全流程的客户服务体验,将整体的服务能力上升到一个新的水平。

8.6.1 案例背景

招商银行是我国从体制外推动银行业改革的第一家试点银行。在30多年的发展历程中,招商银行伴随着我国改革开放发展的东风,开创了我国银行业的很多个"第一":

(1) 创新推出了具有里程碑意义的、境内第一个基于客户号管理的借记卡——一卡通;

(2) 推出了首个真正意义上的网上银行——一网通,发行了第一张国际标准双币信用卡;

(3) 推出了首个面向高端客户的理财产品——金葵花理财;

(4) 率先推出银行业首个智能投顾产品——摩羯智投,开创了我国财富管理领域"人与机器""线上线下"的融合服务新模式；

（5）在境内银行业率先推出了离岸业务、买方信贷、国内信用证业务、企业年金业务、现金管理业务、银关通业务、公司理财与网上承兑汇票业务等。

近年来，招商银行持续推进"轻型银行"建设，实现了"质量、效益、规模"动态均衡发展，结构更安全，特色更鲜明，模式更清晰。在电子化服务建设和发展方面，招商银行牢牢坚持"因您而变"的经营服务理念不动摇，在业界起到了引领发展的作用。

8.6.2 电子化服务系统的建设

招商银行的电子化服务系统的建设一直是其跨越式发展的强大基础，代表性的建设项目主要包括以下六个：

1. 一卡通

招商银行早在1995年7月就在深圳发行了"一卡通"银行借记卡。这是一张印有金色葵花在蓝色的天空中灿烂开放图案的银行卡，开启了招商银行电子化发展的历程。作为创新型的理财工具，"一卡通"集多币种、多储种存折、存单于一身，并且使用安全、简便、高效，使传统的、单纯的个人储蓄向创新的、综合的个人理财转变，为客户带来了极大的使用便利，曾被誉为"中国储蓄业务领域的革命性产品"。

2. 一网通

在"一卡通"初战告捷的基础上，招商银行从1997年4月开始把目光瞄向了刚刚兴起的互联网，并迅速取得了网上银行发展的优势地位。今天的"一网通"已形成了包括网上企业银行、网上个人银行、网上商城、网上投资理财和网上支付等在内的较为完善的网上金融服务体系，在国内的同行中具有明显的领先优势。

3. 远程银行中心

招商银行的电话银行中心于1999年8月开始试运行，2004年5月实现了全国服务大集中，2010年3月正式更名为远程银行中心。该中心现有员工近2000人，以中/英文双语为招商银行所有的零售银行和批发银行的客户提供全天候服务，已从提供简单咨询的客服中心发展为集服务、营销、交易、投资理财等为一体的远程银行中心，为全行的客户提供涵盖个人银行、公司银行、电子银行、证券、资产、外汇、投资理财、交易、商旅等全方位远程金融服务，为客户带来便捷、安全、舒适的一站式服务体验。

4. 网上企业银行

"网上企业银行"是招商银行集产品、服务、渠道和创新为一体的网上银行知名品牌。自1995年推出至今，网上企业银行已基本形成了企业银行标准版技术平台、企业银行跨银行直联技术平台和企业银行财资管理技术平台三大电子化技术平台，产品线主要包括网上企业银行、跨银行现金管理平台和财资管理平台三大系列。

5. 网上个人银行

网上个人银行主要包括专业版、大众版、网上商城和网上证券等产品线，每个产品线又包括多种具体的产品，以适应市场对银行服务的个性化需求。网上个人银行专业版包括账户查询、转账汇款、自助缴费、外汇管理、投资管理、贷款管理、网上支付、理财计划、财务管理等功能,是客户管理个人账户的主要平台;网上个人银行大众版是主要为客户提供全天候银行金融服务的自助理财系统,包括一卡通理财、存折理财、支付卡理财、一卡通/存折缴费等功能;网上商城是招商银行信用卡的持卡人进行网上购物的网站,商品的类型包括笔记本、通信产品、家电、数码视听设备等,持卡人可以用信用卡消费积分兑换、订购或者用分期付款的方式在网上购买这些商品。

6. 证券交易系统

招商银行的证券交易系统主要包括第三方存管业务系统和银基通业务系统。其中,第三方存管业务系统采用总对总集中处理方案、统一管理、高效运作,防范客户交易结算的资金被挪用;银基通业务系统可以让用户查询基金的净值、费率、收益率等信息及进行在线申购、认购、赎回等操作,同时用户还可以根据自身的需要选择购买或定投的投资方式,设定投资计划、管理资金账户等。

总体而言,招商银行在长期的发展中高度重视电子化建设,并在实际发展中不断地进行探索、创新求变,走出了一条极富成效的发展道路。

8.6.3 "微客服"平台

信用卡是招商银行的核心业务之一,随着业务规模的不断增大且交易笔数的快速增加,电话人工服务需求迅速增长,原有的语音、人工服务渠道的优化改善已无法从根本上满足和改变服务现状,为此招商银行的信用卡中心经过充分调研、论证和沟通,着眼于微信客户群庞大、交流方便、位置服务功能新颖等特点,与微信深度合作,启动了基于移动互联网的智能"微客服"平台的建设,旨在利用微信服务平台为客户打造新的服务体验,向更多"轻渠道"服务方向延展,并能实现"基于互联网的多渠道沟通平台"的服务模式转型。

1. 业务功能

依托这一平台,持有招商银行信用卡的客户只要关注并绑定招商银行信用卡官方微信,就可以直接通过微信对话框与智能机器人交互、查询和办理一般性的业务。若是复杂的业务,客户会被自动引导至手机银行办理,从而确保了服务的安全性。若在交互的过程中智能机器人通过分析发现无法满足客户的业务需求时,就会提示"将会话转接至在线人工服务",层层递进的闭环服务模式更易于客户接受,这样极大地减轻了人工服务的工作量,同时也有效地提升了客户的满意度。

智能"微客服"平台的功能十分丰富:一是权益类的主动提醒服务,包括账单提醒、消费提醒、到期还款日提醒,特别是免费的逐笔消费提醒功能弥补了小额消费短信提醒的空白;二是提供语音交互功能,客户用普通话向智能"微客服"平台提出需求,即能得到较为准确的回复;三是基于位置的特惠商户推荐功能,客户只要点击位置按钮并向平台发送位置信息,平台便会展示距离客户最近的特惠商户的信息,如果按要求回复序号还可以进一步进行分类查询。

2. 服务特色

智能"微客服"平台包括四个方面的服务特色:一是"好",指智能"微客服"平台能与人工客服平台实现无缝对接,为持卡客户提供优质的客户体验;二是"快",是指平台流程体验快速、顺畅,3秒钟即可查询账单、额度、积分,注重利用碎片时间来解决客户的问题;三是"准",指提供服务的准确性,强调点对点、一对一的精准服务;四是"轻",指客户无须下载独立的App就能获得丰富的服务支持。

3. 发展成效

智能"微客服"平台有效地分流了传统电话渠道来电的业务量,显著地降低了人工服务的成本,极大地推动了客户习惯的培养,加速了持卡客户向新型服务渠道转移。与此同时,这一平台还打通了信用卡原有的系统,形成了一个亿级用户规模的移动互联生态体系,实现了信用卡服务的进一步转型和升级,达到了多方满意的发展效果。

8.6.4 生物特征识别技术应用

身份认证一直是银行服务中的重点和难点,如何提供更高效的客户体验,招商银行为之展开了比较多的探索。招商银行通过大量的实际应用发现一项生物特征识别技术能否被成功地应用于金融业务,取决于在相应的应用场景下识别精度、硬件普及率以及便利性方面的表现。对于银行移动端App而言,声纹、静脉、虹膜等生物特征识别技术在识别精度、硬件普及率及便利性方面表现得不尽如人意,人脸与指纹识别技术的应用相对成熟,效果也更明显,但同样受到安全隐患和覆盖范围有限等因素的影响。

基于各类生物特征识别技术的局限性,招商银行融合人脸识别、指纹识别、操作特征识别等各方面的因素构建起了一套多维度的生物特征认证体系,为客户进行身份认证提供了方便、灵活、有效的解决方案。多维度生物特征识别技术建立在各生物特征识别技术的基础之上,具有更好的安全性、可靠性、准确性及灵活性,认证及识别过程将更加精准、安全、有效。图8-1为招商银行多维度生物特征识别体系的组成。

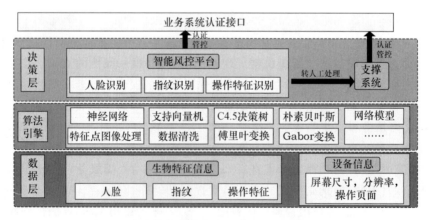

图8-1 招商银行多维度生物特征识别体系的组成

如图8-1所示,数据层涵盖生物特征信息和设备信息两大类型。算法引擎包括当今主流的生物特征识别的相关算法,包括神经网络、支持向量机等。决策层由人脸识别、指纹识别和操作特征识别组成的智能风控平台以及由人工实现的支撑系统组成,通过认证管控的形式连接业务系统认证接口。招商银行通过建立全行统一的客户生物特征库,对外提供统一的认证管控服务,实现了对认证要素和认证服务的统一管理,大大提升了招商银行的风险防控能力和客户服务水平,为客户带来便捷、高效和独特的服务体验。

8.6.5 案例评析

作为国内以"金融科技"为核心竞争力的新型商业银行,招商银行以"网络化、数据化、智能化"为目标,在电子化服务领域一路高歌,创造出一项又一项的发展奇迹,成为金融业技术驱动服务、服务赢得市场的典范。

随着新一代信息通信技术的快速发展,传统的银行业面临着前所未有的压力和挑战,过去银行业是金融业专属,只有有牌照的机构才能开展银行业务,而今天的竞争者已不再局限于银行内部,许多银行业外的竞争者也层出不穷。不过,可以肯定的是,不管技术如何发展、市场怎样变迁,唯有服务才是企业赢得未来的不二选择。"因您而变"的招商银行将会伴随着电子化技术的进步和客户需求的升级而创造出新的辉煌。

8.7 本章思考题

1. 什么是服务?它具有哪些特点?
2. 电子商务与服务是什么样的关系?
3. 企业改进电子商务服务有哪些具体的措施?
4. 企业如何更好地开展电子化服务?
5. 企业在电子商务发展过程中如何实施服务创新?
6. 收集相关案例,对其发展电子化服务的经验和做法进行分析和总结。

第 9 章

电子商务与供应链管理

在 20 世纪 80 年代,企业与企业之间的竞争主要表现为产品质量的竞争,当时的日本产品因出色的质量在国际市场上独领风骚。到了 90 年代,企业竞争的焦点逐渐转变为产品成本的竞争,美国等发达国家的企业凭借规模化生产在产品成本上具有较强的竞争优势。进入 21 世纪后,由于国际、国内市场竞争的加剧,加之客户需求变化的提速,企业之间的竞争也出现了新的变化,主要表现为由原先的单个企业之间的竞争逐渐演变为供应链与供应链之间的竞争。

供应链管理(Supply Chain Management,SCM)覆盖了从供应商的供应商到客户的客户的全部过程,能够帮助企业大幅度地提高运作效率并降低成本,及时捕捉新的市场机会,已成为现代企业提高市场适应能力和竞争实力的重要途径。电子商务的发展既为供应链管理的实施创造了良好的条件,同时也提出了更高的要求。电子化供应链管理将成为未来企业供应链管理的主要形式,将为越来越多的企业所接受,并将带来越来越显著的价值。

9.1 供应链管理基础

自 20 世纪 90 年代初以来,"供应链管理"这一概念伴随着经济全球化、信息网络化的发展在世界范围内受到了广泛关注,学术界对其进行了深入的研究,企业界也进行了各种形式的实践。目前,有关供应链管理的相关理论已较为成熟,应用也变得较为普遍。

9.1.1 供应链管理的含义及产生背景

关于"供应链管理"的定义在国际、国内有很多种,其中美国供应链协会给出的定义比较具有代表性:供应链是指囊括了涉及生产与交付最终产品和服务的一切努力,从供应商的供应商到客户的客户。与此相对应的供应链管理是指包括供应与需求管理,原材料、备品备件的采购、制造与装配,物件的存放及库存查询,订单的录入与管理,渠道分销及最终交付用户。

国内比较权威的定义认为,供应链是指由原材料和零部件的供应商,产品或服务的提供商、分销商和零售商及最终用户组成的一个网络,以实现由客户需求提出到符合客户所需要的产品或服务的提供,客户需求最终得到满足的一个过程。供应链管理是对整个供应链中各参与组织、部门之间的物流、信息流和资金流进行计划、协调与控制等,其目的是通过优化来提高所有相关过程的速度和确定性,使相关活动的价值增值最大化,以提高组织的运行效率和经济效益。在供应链中,物流是指从供应商到客户之间的物质产品流;信息流是指包括客户需求、订单的传递、交货状态及库存等信息的流动;资金流是指资金转移、信用条件、支付方式等信息的流动。物流、信息流和资金流统称为"三流",它们往往是跨部门、跨企业、跨行业流动的。

一般来说,供应链是由自主或半自主的实体企业所组成的网络,这些实体企业共同负责与一类或多类产品相关的各项活动。实体企业主要由供应商、制造商、仓库、配送中心和零售商等组成,处于核心地位的企业称作供应链的核心企业。供应链管理的活动包括原料供应与采购、产品设计、生产计划、材料处理、订购过程、库存管理、运输、仓储以及客户服务等。供应链管理的运行原理如图 9-1 所示。

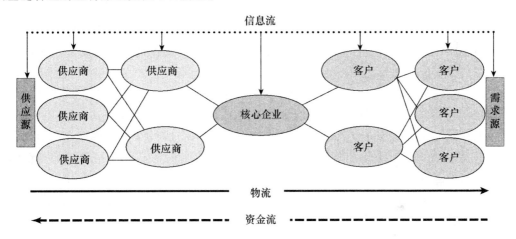

图 9-1　供应链管理的运行原理

"供应链管理"这一概念的提出主要基于两个方面的原因:一是激烈的市场竞争使得原来那种单枪匹马型的企业竞争难以适应快速变化的客户需求,任何一个企业必须在提高内部业务运作效率的基础上加强与上下游企业的紧密合作,才能更好地生存与发展,实施供应链管理是企业降低成本、提高应变能力的重要举措;二是随着现代信息通信技术的飞速发展,企业可以在全球范围内获取资源并销售产品,全球化的业务运作需要有更加有效的管理理念和实现技术作为支撑,供应链管理的思想和方法正好适应了这一需要,由此得到了普遍关注。伴随着电子商务的快速发展,有关供应链管理的研究和应用也随之进入一个新的、更高的层次。

9.1.2　供应链管理的作用

美国麻省理工学院斯隆管理学院的查尔斯·法恩教授对大量的个案进行分析后认为,在今天比拼竞争力的战场上,一个企业最根本、最核心的竞争力在于对供应链的设计。由此

可见,供应链管理在企业的生存与发展中起着至关重要的作用。具体来说,供应链管理的作用主要表现为以下四个方面:

1. 提升企业的竞争能力

供应链管理的根本出发点是为了提高客户满意度和企业竞争力,这就要求供应链中各环节的物流、信息流和资金流能更好地配合运作,以做到"在正确的时间、正确的地点以正确的数量向特定的客户提供正确的产品或服务",最大限度地减少无效作业,消除浪费,为客户创造最大的价值。联邦快递通过与惠普公司和 garden.com 等公司构建的供应链有效地提高了自身的竞争力,惠普公司和 garden.com 公司借助于供应链管理服务将自己的产品储存于联邦快递的仓库中,使其成为公司供应链的一部分,这些公司在受理了来自网络的客户订单后,联邦快递将根据订单受理结果将库存商品迅速地递送至客户的手中,从而极大地提高了这些企业的业务处理效率,同时也为联邦快递带来了滚滚财源,真正做到了优势互补、利益共享。

2. 削减库存,降低成本

降低库存水平一直是绝大多数企业孜孜以求的目标,但降低库存的困难在于既要不经常保持高额库存现货,也要在货品短缺时具有快速地补充货品的能力。而实施供应链管理是企业削减库存的有效途径。如美国运动服装制造商恒适公司生产的服装产品的需求极为不稳定,一场篮球比赛的结果也许会直接影响次日消费者的购买,或者一个大众崇拜的偶像的陨落可能会引起成千上万件 T 恤衫的滞销积压,同时由于季节、运动方式、时尚潮流、尺寸及花色品种的变换等因素将会产生大量的库存积压。怎样在保持最低零售库存的前提下保证有足够的库存以避免缺货,怎样让配送中心保持足够的库存在满足不可预见的事情的同时又不会遭受因价格下跌而过多抛售的风险,该公司为此采取了相应措施,并专门为在大型零售店中出售的运动衣配备了"供应商管理系统"。其方案是和零售商更紧密地协作管理各类服装,包括调整和积极地监控商店一级的各种服装式样的库存,根据 POS 机传输的数据每周进行库存补货,并把带标签的产品直接送至商店。通过管理从零售到生产的整个供应链,恒适公司得以缩短生产和经营的周期、削减库存(比如在零售商的配送中心),从而对多变的消费需求做出更快的反应。根据美国 PRTM 管理咨询公司对汽车、家电、化工、计算机、药品等行业的 225 个企业的调查,发现供应链管理成功的企业比其他企业节省的成本要占到销售总收入的 3%~7%。所以,有效地实施供应链管理是企业提高盈利水平的有效举措。

3. 提高客户服务水平

企业的客户服务水平的高低与供应链管理有紧密的联系,如方便客户订购、按时交货、使客户及时了解订单信息、为客户定制产品等都要求企业通过有效的供应链管理来实现。特别是在电子商务时代,定制化生产将成为主流的生产方式,也是构成企业竞争力的基本因素,必须与供应链管理同步发展。"LEVI'S"(李维斯)是国际著名的牛仔裤生产企业,该公司通过构建供应链来实现定制化生产,尽管费用比原来先生产出来再进行销售的方式每条要高出 15 美元,但由于为客户提供了量体裁衣的服务,完全按个人的需求定做名牌牛仔裤,自然令客户十分满意,销售量也大大上升。在过去,每位客户平均要试穿十几条才能买到称心如意的牛仔裤,有的客户根本买不到合适的牛仔裤,现在却可以轻而易举地买到定做的牛仔裤,显然这是生产方式的一种革命。在该公司,供应链的流畅运转保证了大规模定制的实现,并加深了公司与客户之间的关系。虽然"LEVI'S"是个知名品牌,但这个例子却提醒我们,驱使客户做出购买决定的是出色的供应链而非印在包装盒上的商标。

4. 加强企业之间的合作,实现双赢

在传统的管理方式下,很多企业与供应商之间往往存在着短期利益之争,它们常常在要求供应商提供较长时间的库存缓冲的同时还要竞相压价,结果使供应商的利益受损,两者的关系受到影响。这种"你输我赢"的"零和"竞争最后必然导致两败俱伤。供应链管理要求决策者将供应链上所有企业的利益作为一个整体来看待,不能因为个别企业的利益而损害了整体的利益。因为供应商的成本水平会直接影响下游企业的成本和盈利,所以只有供应链企业成本水平整体的下降,才能使最终客户得到价格低廉的产品,也才能保证供应链企业的整体竞争力。由此可见,有效的供应链管理必然会加强企业之间的合作,实现双赢。

9.1.3 供应链管理的层次

供应链管理按照牵涉的范围不同可以分成三个层次,即企业内部供应链、产业供应链和全球化网络供应链。

1. 企业内部供应链

企业内部供应链既是供应链管理研究早期关注的重点,也是供应链管理的基本组成部分,它是指企业管理者将企业内部生产和经营活动的各业务单元连接起来,构建起贯穿各业务部门的供应链管理体系,使各种业务信息得到有机集成和充分共享。企业的业务单元包括需求预测、订单管理、采购管理、库存管理、生产计划、生产制造、质量控制、运输管理、营销管理、售后服务等以及相应的财务管理、人事管理活动,它们共同构成了如图9-2所示的企业内部供应链。

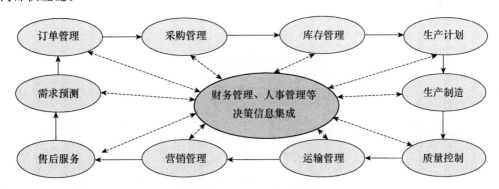

图 9-2　企业内部供应链

企业内部供应链是从需求预测开始,到原材料的采购,进而到生产、运输、营销,最后到售后服务。不难看出,供应链的始端是客户,终端还是客户,所以,客户需求是贯穿供应链始终的重要因素。

2. 产业供应链

产业供应链又称动态联盟供应链,是指同一产业的上下游合作伙伴之间形成环环相扣、高度关联的供应链体系,促进信息共享和作业协同。产业供应链通过把同一产业中的上下游企业纳入同一供应链中,实现了资源和信息的共享,从而大大增强了该供应链在市场竞争中的整体优势,使每个企业均可以实现生产、物流、营销等成本的显著下降,以形成大大超过单个企业独立运作的效率和效益。

产业供应链借助于现代信息通信技术的应用,使得原材料供应商、外协加工和组装商、生产制造商、销售分销与运输服务商、批发商、零售商、仓储商以及最终客户紧密地联系起来,构成一条突破企业界限、以客户为中心的供应链。一般性的产业供应链如图9-3所示。

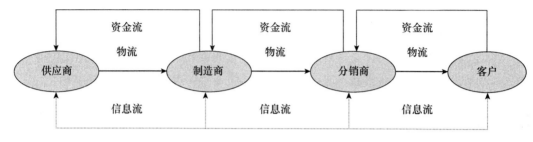

图9-3 一般性的产业供应链

3. 全球化网络供应链

全球化网络供应链是指基于互联网的、面向全球的开放式供应链,是适应电子商务发展的一种新型的供应链形式。在全球化网络供应链中,企业的形态和界限将发生根本性的变化,网络上的企业都将具有双重身份,既是客户也是供应商,成为供应链中一个活跃的节点,整个供应链的协同运作将取代传统的电子订单,供应商与客户之间的信息交流与沟通将是一种交互式的、透明性的协同工作。全球化网络供应链如图9-4所示。

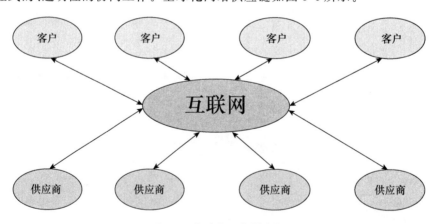

图9-4 全球化网络供应链

在全球化网络供应链中,互联网是传递信息流、资金流和部分物流信息的基本载体,它连接着全球范围内的客户和供应商,成为企业从事生产和经营活动的重要领地。

9.1.4 供应链管理的原则

企业实施供应链管理应遵循以下七个原则:

1. 根据不同客户的服务需求划分客户群

传统的企业划分客户的主要依据有行业、产品或营销渠道等,并为同一类型的客户提供统一的服务。但是,这种划分客户的方法使企业提供的服务一方面超过了一部分客户的实际需求,而另一方面又无法满足另一部分客户对服务的较高要求。所以,传统的客户划分方法与客户对服务的真正需求之间存在着较大差距。供应链管理应强调企业根据客户的不同状况和实际需求来划分客户群,并对具有不同服务需求的客户群提供具有针对性的服务,以充分满足特定客户的服务需求。

2. 根据客户需求设计企业的后勤网络

企业对后勤网络的设计,传统的做法是采取整齐划一的方法,在组织库存、仓储和运输等方面提供统一的标准,也就是说,企业后勤网络的设计只是为了满足所有客户的平均需求。这样做必然会导致后勤网络与客户的实际需求脱节,供应链管理则要求企业根据客户的实际需求来设计企业的后勤网络,制定个性化的后勤服务体系。例如,一家造纸公司发现有两个关键的、有不同服务需求的客户,一个是发货准备期很长的大出版商,另一个是需要在24个小时之内发货的小印刷厂。为了更好地服务这两个客户,并获得稳定的利润增长,这家造纸公司专门设计出了一个多层次的后勤网络,一是为大出版商专门建立了3个有较大库存的分销中心,二是在小印刷厂的附近建立了专门的快速反应码头,确保为其快速供货。

3. 最合适的人做最应做的事

在通常情况下,相关的工作一般是由直接受益的人去完成,或者是由每个人重复地去做。而供应链管理的原则是:工作应当只做一次,不应重复去做,并且应当由最合适的人去做,而不管他是不是这一工作的直接受益者。以零售商的库存管理为例,按照传统的做法,它是零售商的库存,当然应当由零售商去管理。但是,实际上供应商比零售商处于更合适的位置,所以应当由供应商去管理库存。因此,在供应链的设计中,企业应突破传统的观念,让最合适的人去做最应做的事。

4. 致力于供应链整体成本最优化

很多企业为了取得自身利益的最大化,传统的做法往往是迫使供应商相互压价。供应商为了维持基本的利润水平,只好在产品质量、交货时间上打折扣,最终会影响企业的利益。所以,供应链管理应强调企业与供应商的互惠互利,以相互协作、降低整个供应链的整体成本为共同的目标。对于那些向供应商提出过高要求的生产厂商来说,它们应该认识到作为合作伙伴,双方只有追求双赢才能共同获利。

5. 缩短供应链的时间间隔

由于市场需求的剧烈波动,因此距离客户接受最终的产品和服务的时间越早,需求预测就越不准确,而企业还不得不维持较大的中间库存,这样必然会导致生产库存成本的上升,而且也会由于客户需求的变化使原来的生产计划落空。所以,缩短供应链的时间间隔是企业提高供应链管理水平的基本原则。例如,一个洗涤用品企业在实施大批量客户化生产的时候,先在企业内将产品加工结束,然后在零售店才完成最终的包装。压缩供应链的时间间隔可以提高企业对市场需求的反应能力,加快原材料和存货的周转速度,提高企业适应市场的能力。

6．不断地优化供应链信息系统

信息系统是企业维持供应链高效运作的重要条件,企业不断地优化供应链信息系统是其进行供应链管理的重要原则。高效的供应链信息系统应具有以下三种能力:

(1) 短期能力。供应链信息系统必须能够处理每天的交易和涉及供应链的电子商务,有助于通过订单和每天的计划使需求和供给保持一致。

(2) 中期能力。供应链信息系统必须方便计划和决策的实施,支持需求和运送计划,并能更好地掌握生产计划,使资源分配更加有效。

(3) 长期能力。供应链信息系统能通过网络模型进行战略分析,在高水平的计划分析中综合数据,帮助管理者评价工厂、分销中心、供应商等合作伙伴。

目前,达到这三项能力的供应链信息系统还很少,但电子商务的深入应用可以使供应链信息系统不断地优化、高效。

7．以"客户是否满意"作为衡量供应链管理水平的标准

供应链管理把客户的需求贯穿于生产和经营的每个环节,因此供应链管理是否成功应以"客户是否满意"为标准,而不仅仅是个别企业的孤立标准。供应链管理着眼于企业的长期利益,通过为客户,特别是为关键客户提供持续的、优质的服务,不断地提高企业的营利能力。

9.1.5 供应链管理的基本决策

供应链管理的基本决策可以根据活动内容的不同,从近期和远期两个角度来进行分析。在供应链管理方面处于世界领先地位的 i2 公司定义了供应链管理的五项基本活动:采购、生产、运输、储存和销售,并对此进行了决策分析。在此基础上,企业还可以把客户的需求分析作为供应链管理的活动之一。供应链管理的基本决策分析参见表 9-1。

表 9-1 供应链管理的基本决策分析

活动	近期计划	远期计划
需求分析决策	什么产品最好销,价格如何,需求的变化趋势如何	市场竞争状况将作何变化,会有哪些可替代产品出现,哪些客户会流失,哪些是潜在客户
采购分析决策	应采购多少数量和何种规格的原材料,应该向哪家供应商进行采购,这些原材料何时到货	应选择具备哪些条件的供应商,是选择一家、数家还是许多家供应商
生产分析决策	为了更好地利用企业的资源,应该如何安排生产,是否应该安排换班	生产什么,应该在哪里建设工厂,它们应该生产所有的产品还是只生产特定产品,工厂的生产能力怎样安排
运输分析决策	如何安排车辆才能取得最佳的运输路线	考虑采用何种运输方式,是空运、水运还是铁路、公路,是自备运输还是将此项业务外包
储存分析决策	如何制订订单履行计划	如何设计营销网络,如何储存物品,储存的地点怎么安排
销售分析决策	按照什么顺序履行对客户的承诺,是否优先销售对企业最有价值的物品	一个计划期间的销售预测如何;如果进行特别的促销活动,生产和分销网络能够应付销售高峰吗

9.1.6 供应链管理的实施步骤

根据全球领先的美国科尔尼管理咨询公司的研究,供应链管理的实施分为以下四个步骤:

一是将企业的业务目标同现有能力及业绩进行比较,首先发现现有供应链的显著弱点,对其进行改善,迅速提高企业的竞争能力;

二是同关键客户和供应商一起探讨、评估全球化、新技术和竞争局势,建立供应链管理的远景目标;

三是制订从现实过渡到理想供应链目标的行动计划,同时评估企业实现这种过渡的现有条件;

四是根据优先级安排上述计划,并且提供相应的资源支持。

在实施供应链管理的过程中,企业首先应确保在与正确的客户和供应商建立的正确的供应链中处于正确的位置;然后,通过重组和优化,使企业内部和外部的物流、信息流和资金流得到整合;最后在供应链的重要领域(如库存、运输等环节)提高质量和生产率。

9.1.7 供应链管理技术的演进

从概念的提出到众多企业的实践,供应链管理已走过了几十年的发展历程。在供应链管理的发展过程中,实现技术一直是各界关注的焦点,它处于不断地演进之中。总的来说,供应链管理技术主要经历了以下三个阶段:

1. 企业资源规划阶段

企业资源规划主要用于解决企业内部数据传输问题,它使得企业内部复杂的流程做到自动化处理,把企业内部的人、财、物资源有机集成起来,使原先只是限于某一群体使用的库存、销售、财务和其他信息可以实现跨部门分享,大大提高了企业内部各部门之间的协调效率。因此,企业资源规划是实施企业内部供应链管理的根本途径。但是,企业建设和运营企业资源规划系统投资数额巨大、施工周期长,缺乏一定的灵活性,风险较大。

2. 专门化的供应链解决方案阶段

由于企业资源规划系统的局限性,在 20 世纪 90 年代的中后期,不少企业开始强化职能型的供应链技术的使用,专门开发了针对计划、采购、生产、财务管理、客户服务和运输仓储等职能的供应链管理子系统,如订单管理系统、运输管理系统、仓库管理系统等。这些供应链管理子系统在提高某一局部功能方面确实起到了显著提高效率的作用,但由于这些解决方案只关注某一特定用户的需要,无法做到不同的信息集成和共享,因此并没有使企业的整体效率有较大的提高,有的企业反而因为内部子系统的混乱而导致企业运作的低效率,甚至失控。

3. 基于互联网的供应链信息集成阶段

随着互联网技术的发展和电子商务的应用,基于互联网的供应链信息集成方案开始在国外得到很快的发展。在前两个阶段,供应链管理解决方案基本着眼于企业内部,基于互联网的供应链信息集成阶段,企业之间的供应链管理受到更加广泛的重视。因为互联网独特的构架为供应链上的多个合作伙伴之间同时进行多对多的协作提供了方便,与此同时,基于互联网的信息传递服务不仅使企业内部,也使企业之间不同的信息系统得以连接起来,使企业的内部供应链和外部供应链得到了有机的整合。当然,这一阶段互联网技术对促进供应链管理的实施起到了极大的推动作用,但由于技术本身发展的局限性和企业应用经验的不足,仍需要不断地进行探索,并逐步提高。

从未来的发展趋势来看,能够实现实时动态运作、端点对端点的、能对交易数据进行深度挖掘的高度智能化的供应链管理系统将会不断地被开发出来并走向成熟,并将会伴随着电子商务的发展为越来越多的企业所应用。

9.2 电子化供应链管理

伴随着网络技术在全球范围内的广泛应用,国内外有越来越多的企业开始构建电子化的供应链管理,并取得了可喜的进展。

9.2.1 电子化供应链的组成

互联网技术在促进电子商务迅猛发展的同时,在供应链管理中的应用也已经越来越普遍。在企业内部,内联网已广泛应用于企业内部供应链管理;在企业外部,合作伙伴之间的外联网在实施产业供应链管理方面起着重要作用;而互联网对构建全球化网络供应链又具有先天优势。网络技术所独具的费用低廉、兼容性强、操作简单、可跨平台、开放性运作的优势,使其在短时间内迅速成为供应链管理的关键技术,基于网络技术的电子化供应链正显现出勃勃生机。电子化供应链的组成如图9-5所示。

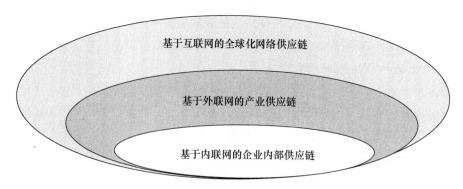

图9-5 电子化供应链的组成

在企业内部供应链中,互联网把企业内部的各业务部门(如采购、库存、计划、生产、营销等)连接起来,并把企业各分公司、分厂、子公司和办事处等包括在内;在产业供应链中,外联网把与企业相关的供应商、客户(如原材料和零部件的供应商、分销商、合作伙伴等)通过网络连接起来;而在全球化网络供应链中,互联网则连接着全球范围内的潜在供应商和潜在客户,为供应链管理范围的拓展打下了坚实的基础。

9.2.2 电子化供应链的主要特点

电子化供应链借助于网络技术的应用,与传统的供应链相比,具有以下一些主要特点:

1. 能对客户的需求做出快速响应

电子化供应链以内联网、外联网和互联网为支撑,并与客户关系管理相结合,使供应链上的各个企业围绕最终客户的需求形成一条电子化的通路,能对客户的需求做出快速反应。如一个区域的分销商或零售商如果得到生产厂商的授权,就可以从任意遥远的地方调动存货来满足客户的需求,甚至可以直接向生产工厂下订单,要求立即生产客户需要而营销渠道中又没有相应品种和规格的产品。

2. 能实现供应链和物流高度集成

电子化供应链通过精细化的存货管理,使生产企业与仓储运输管理部门的物流信息做到有机集成、实时共享,减少了物流领域的周转时间,降低了物流成本,可以显著提高物流效率。

3. 能对市场信息进行集中分析

电子化供应链通过数字化的分布式信息数据采集,对在供应链中的核心企业进行集中分析,可以有效地制定统一的营销政策,并可以通过基于网络技术的电子化供应链管理系统,对营销渠道的广度、长度和深度给予准确的辅助决策,以提高营销的效率、降低营销的成本。

9.2.3 电子化供应链管理的主要优势

与传统的供应链相比,基于网络技术的电子化供应链管理具有较为明显的优势,具体表现在以下三个方面:

1. 大幅度提高供应链企业之间的运作效率

电子化供应链管理借助于网络上的搜索引擎,使企业可以迅速地搜寻到新的供应商,物色潜在客户;下游客户可以自助地从在线供应商的目录中查找、选择理想的供应商并直接订购商品,而不需要任何人为联络;供应链上的不同企业有关配送延迟、缺货、计划装运日期变更、推迟到达等各种临时变更信息可以实时地为各个企业所共享,以便它们以最快的速度做出调整,并减少损失。

2. 全面提高客户服务水平

电子化供应链管理使企业可以为全球范围内的客户提供每周 7 天、每天 24 个小时的全天候服务,对客户的服务问题有更快的响应,从而减少服务成本和响应时间。而且,通过电子化供应链管理,企业对生产和运输的预测水平也将大大提高,可以有效地缩短企业的生产运输周期,从而提高客户的满意度。

3. 显著降低企业的经营成本

电子化供应链管理可以从以下三个方面节约企业的经营成本:

（1）互联网将使得供应链内各环节的交易更加直接、高效，在缩短交易时间的同时使交易成本有效降低；

（2）由于供应商和客户可以通过网络充分共享库存信息，及时安排供货与发货，这样可以使存货成本进一步下降；

（3）由于无纸化的交易、即时化的库存信息沟通使得采购效率显著提高，采购人员的数量将大大减少，采购成本也随之降低。

9.2.4 电子化供应链管理的主要职能

由于网络技术的应用，使得电子化供应链管理在订单处理、采购管理、库存管理、生产管理、运输管理、客户服务和需求预测等多方面与传统供应链的运作具有很大的区别。

1．订单处理

电子化供应链管理中的订单基本都是在线生成、在线处理、在线交付，这样做的好处是显而易见的，如订单的管理成本将会大大下降，订单的处理时间将大为缩短，订单的差错率也会因为减少了重复录入而下降。另外，在订单生成之前，供应商价格的在线查询也将提高订单的准确性和有效性。

2．采购管理

采购管理是供应链管理的重要环节，在传统的条件下，采购工作较为繁杂，牵涉到的人力和物力很多，因此效率不高。互联网的应用使得采购工作大大简化，效率显著提升。例如，通过互联网企业可以从供应商那里方便地得到查询回执，可以快速地得到不同供应商的报价信息，可以从供应商的目录里直接选择采购商品，也可以使企业与供应商的谈判变得更为方便，传统的面对面的接触可以直接通过网络来完成。

3．库存管理

在电子化供应链管理中，核心企业与供应商的缺货通信可以直接由网络来实现，核心企业还可以通过网络通知客户有关订单处理的延迟或库存告急的信息，并可以向管理者提供现场库存商品的情况，以减少库存保留量，降低总的库存维持成本。

4．生产管理

在传统的供应链管理条件下，由于缺乏准确及时的有关市场、供应和库存的信息，生产计划和调度存在着很大的困难，生产环节的脱节和浪费现象较为常见。而网络技术在生产管理中的应用使得生产过程中的不确定性大大下降，互联网通过改善供应商、核心企业和客户之间的通信来降低在生产调度管理中所出现的信息不同步问题，有利于JIT（准时制）生产方式的实现。

5．运输管理

网络技术在运输管理中同样发挥着重要的作用，如随时可以通过网络查询所运输物品的走向和货品的状态，可以及时公布发货和收货的相关信息，可以通过无线发射装置跟踪运输设备的位置等。可以说，网络是传输与物流相关的信息流的重要载体。另外，与运输相关的保险索赔等也可以通过互联网进行跟踪处理，以便在出现纠纷时及时地给出索赔报告。

6. 客户服务

互联网的双向交互功能在为客户提供高水平服务方面同样可以发挥有效的作用,如核心企业通过网络接受客户的投诉,向客户提供技术支持,发布有关产品和服务的最新信息,加强与客户的沟通,培育客户的忠诚度等,这些都可以有效地提高企业的客户服务水平。

7. 需求预测

互联网对更好地做出需求预测有很大作用:一方面,供应链内部的客户可以及时地把有关的需求信息传递给供应商,使供应商实现按需生产;另一方面,借助于互联网,生产厂商可以了解本行业的发展趋势、竞争者的动态、客户的各种特殊需求等,以便及时地改进生产计划、调整产品结构。

电子化供应链管理的主要职能如图 9-6 所示。

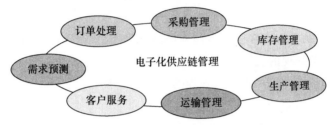

图 9-6　电子化供应链管理的主要职能

9.2.5　电子化供应链管理软件的开发

电子化供应链的运作必须依托相应的供应链管理软件,而供应链管理软件的开发与应用已经有数十年的历史,为了适应电子化供应链管理的发展需要,实施电子化供应链管理的企业必须对相应的供应链管理软件进行整合和优化。

1. 供应链管理软件的功能模块

最初的应用软件是用来支持供应链上的单个环节的:有些应用软件是用来支持上游供应链操作的,如向供应商下订单;有些应用软件是用来处理内部供应链活动的,如生产计划、存货控制和成本核算;还有些应用软件是用来支持下游活动的,如销售、配送计划和账款收取等。

表 9-2 列出了不同类型的供应链管理软件的功能模块。

表 9-2　不同类型的供应链管理软件的功能模块

供应链管理活动	供应链管理软件的功能模块
上游活动	供应商管理
	订购系统
	订单跟踪系统
内部供应链活动	生产管理(含存货管理、生产计划、工程和产品配置、成本管理、质量控制等)
	采购与物流管理(含采购和订单管理、分销、仓储、装运、跟踪等)
	财务管理(含预算、成本控制、账款收取、资产管理、一般账目管理、应付账款和应收账款等)
	人力资源管理(含人力资源信息系统、招聘、福利、人员管理等)

续表

供应链管理活动	供应链管理软件的功能模块
下游活动	销售人员生产力工具
	在线销售
	广告管理
	营销管理
	销售人员补贴管理
	客户关系管理
	市场研究
	客户数据库
	数据挖掘
	技术支持系统
	呼叫中心

以上所列各种软件都有大量的开发商和产品，但基本是相互独立的，大部分按业务部门划分，与电子化供应链管理的发展要求有着不小的距离。因此，企业必须对供应链管理软件进行必要的整合，以达到电子化供应链管理的目标和要求。

2. 供应链管理软件的整合

企业通过对现有的供应链管理软件进行必要的整合，可以得到有形收益和无形收益两个方面的好处：

(1) 有形收益。

有形收益包括存货减少、人员减少、生产率提高、订单管理改进、财务周期缩短、IT成本降低、采购费用减少、先进管理改进、收入/利润增加、运输费用下降、维护工作减少和准时送货改进。

(2) 无形收益。

无形收益包括信息可见性、新的/改进的流程、客户响应率、标准化、灵活性、全球化和业务表现。

电子化供应链管理是一种新的业务运作模式，它使企业能收集必要的信息来了解客户的需求，并通过有效的供应链管理，更好地满足客户对产品和服务的多样化和专业化的需要。供应链管理软件的整合应能做到：

(1) 订单接收必须与产品库存水平相结合；

(2) B2C(Business to Customer，企业对消费者)中的支付信息必须被自动传送给网上银行业务系统以便进行验证；

(3) B2B中的订单信息必须与价格信息相关联以计算订单的价值，并与财务管理部门相关联以保证足够的信用额度；

(4) 在存货低于一定水平时必须触发自动订购；

(5) 生产订单必须列出所需资源及其可得性；

(6) 订单的改变必须被自动传送到供应商和供应商的供应商，改变内容可能包括交货的日期、数量或质量标准；

(7) 客户能通过跟踪系统检查订单的情况等。

供应链管理软件的整合并不是一项简单的任务，尤其是当涉及不同的业务伙伴时，需要根据企业的规模和性质有针对性地进行。

9.3 电子商务发展中供应链管理的实施

在电子商务环境下如何科学有效地推进供应链管理，同时能更好地实施电子化供应链管理，这是一个需要深入研究、全面探讨的现实问题，具体可以从以下五个方面展开：

9.3.1 正确分析企业所处的竞争环境

最大限度地满足客户的需求是企业实施电子化供应链管理的基本出发点，因此，企业实施电子化供应链管理的第一步就应当从客户的需求出发，分析自身当前所处的竞争环境，以便企业更好地明确实施电子化供应链管理的目标和方向。竞争环境分析主要是为了识别企业所面对的市场特征和各种机会，为企业制定切实可行的竞争战略创造条件。

供应链主体企业分析自身所处的竞争环境主要通过向供应商、客户及合作伙伴发放调查问卷、实地走访、举行研讨会等形式，明确诸如"客户的真正需求是什么，希望在什么时候、以什么样的价格购买""供应商能提供什么样的原材料、零部件，它们的信誉、质量和价格水平如何，在市场中的竞争地位怎样""合作伙伴的优势在哪些方面，如何更好地开展深层次的合作""本企业现实的主要竞争者是谁，它们的优势和主要策略是什么，有哪些潜在的竞争者，又有哪些是替代品的竞争者""本企业目前的市场份额如何，价格、质量、服务在市场中处于什么水平"等问题，对这些问题的了解越深入、越透彻，就越有利于供应链管理的实现。

在电子商务环境下，企业应该把市场竞争环境分析的工作经常化、正规化、程序化，要充分利用内联网、外联网和互联网收集、分析各种数据，建立起动态数据库，随时为供应链管理决策提供相应的支持。

9.3.2 制定切实可行的竞争战略

企业对自身所处的市场竞争环境有了比较全面的认识后，就应根据企业所具有的竞争优势制定切实可行的竞争战略，以便据此选择合适的竞争伙伴。对于供应链核心企业来说，供应链管理注重的是企业核心竞争力，企业凭借自身的核心竞争力与其他的企业共同构建供应链。因此，对核心竞争力的分析是企业制定竞争战略的前提和基础。核心竞争力的分析主要针对企业所拥有的各种资源和能力进行客观评价，诸如回答"企业的资源和能力是否有持续的增值潜力，企业所拥有的技术是否稀有，竞争者是否容易模仿""现有的竞争优势是表现在成本、技术、服务还是其他方面""有哪些措施可以巩固自身的竞争优势""在现有的竞争优势中哪些可以与合作伙伴、供应商、客户共同分享"等问题。

企业在制定竞争战略时可以参考迈克尔·波特教授著名的竞争战略理论。他把基本的竞争战略分为总成本领先战略(Overall Cost Leadership)、差异化战略(Differentiation)和目标集聚战略(Target Focus)三种。要想赢得总成本最低的地位,企业需要具备较高的相对市场份额或具备其他优势,尤其需要有充足的低成本原材料、零部件的供应作保证。换言之,总成本领先战略需要供应链核心企业与供应商之间实现优势互补、互惠互利,只有双方通力合作才能达成共同的目标。差异化战略需要企业利用自身独特的品牌形象、技术特点、经销网络和客户服务等方面的优势,确立起客户对品牌的忠诚度,由此使客户对价格的敏感性下降,为企业赢得超额收益的战略。这一战略同样要充分发挥供应商和合作伙伴在加强竞争优势中的作用,在多方面加强合作,不断地发现新的、超过竞争者的能力。目标集聚战略需要企业主攻某个特定的顾客群、某个产品系列的一个细分区段或某一个地区市场,它的前提是企业能以更高的效率、更好的效果为某一特定的战略对象服务,从而在更广阔的范围内超过竞争者。不难看出,目标集聚战略要求企业专注于特定的目标客户群,企业只有充分地把握他们的深层次需求,从优质的产品、周到的服务、具有竞争力的价格等多方面入手,逐渐培养起客户忠诚度,才能取得持续的、稳定的竞争优势。

总体来说,当企业追求总成本领先战略时,往往会选择同行业中的领先者作为合作伙伴,以期取得规模经济效益;当企业把差异化战略作为目标时,会较多地考虑并选择在品牌、技术、营销渠道、服务等方面具有领先优势的供应商和合作伙伴;而对目标集聚战略,企业则会投入大量的精力寻找对自己的产品和服务有专门需求的客户,专门为它们量身定做,提供"一对一"的服务。

9.3.3 选择最为适合的供应商

供应商的选择是供应链管理的关键环节,国内外的企业都十分重视这项工作,因为如果供应商选择不当,不但会影响企业的产品质量、交货期,进而影响企业的营利能力,而且还会错过与其他优秀的供应商合作的机会,这对企业的发展极为不利。所以,从某种程度上来说,供应链管理是一个供应商的评估、选择和合作的过程,供应链核心企业应建立起严格的供应商评估程序,确定科学的评估标准,寻找最为适合的供应商,并与其建立起长期的信任、合作关系。供应商的选择一般包括以下五个步骤:

1. 明确供应商选择的目标

在选择供应商之前,企业首先必须明确供应商选择的目标。这些目标主要可以概括为以下五个方面:

(1) 与供应商建立起一种能够不断地降低成本、改善产品质量、改进服务的契约关系;

(2) 改变过去那种单纯的买卖关系,或者为了各自的利益不断地讨价还价的对立关系,建立起以共同利益为基础的、合作的、互惠互利的关系,致力于高标准的信任和合作;

(3) 与供应商建立起开放、畅通的沟通渠道,实现信息和利益共享、责任和风险共担的目标;

(4) 让供应商不断地参与到企业的产品设计与研发、市场开拓和售后服务等环节,让供应商充分体验到只有同舟共济才能共同得益;

(5) 共同探索双方业务流程重组的方法,实现彼此物流的高度一体化,减少中间环节,杜绝各种形式的浪费。

2．确立供应商评估的标准

企业对供应商的评估必须有明确的、可以量化的标准，具体可以包括以下六个方面：

（1）拥有与本企业基本相同的价值观和战略思想；

（2）具有可资利用的核心能力，能与本企业优势互补；

（3）在成本与价格方面，具有不断降低成本的潜力和努力，能适应市场竞争和本企业发展的需要；

（4）在质量方面，有完整的质量保证体系，在发生质量事故时能做出迅速的反应，并能提供紧急服务及必要的免费服务；

（5）在后勤方面，能保证及时交货，能有计划地压缩订货时间，能不断地减少采购批量，降低企业的库存；

（6）在技术能力方面，应具有完善、先进的测试手段，有高水平的研发机构，有足够的研发资金的投入，保证产品不断地升级换代，以适应市场的需要。

企业对供应商评估的方法，一般应坚持"定性与定量相结合，以定量为主"的原则，对可以定量的因素应考虑用适当的权重来评价其重要性，通过打分的方法来评价供应商的优劣。

3．建立公正的评估小组

企业对供应商的评估应由专门的评估小组来实施，评估小组的成员应来自企业内部的相关部门（如采购部、技术部、质量控制部、生产部、工程部等），应选择既有丰富经验又能坚持公正原则的人员参加。评估小组必须严格按照企业制定的评价标准，对不同的供应商给出公开、公平和公正的评价，这样才能保证供应商在今后的合作中同样能以严格的标准要求自己，避免通过不正当的手段得利。同时，对于那些落选的供应商，只要结果是公正的，也会让他们有明确的目标，以便进一步改进。

4．通知初选合格的供应商参与评估

当企业初步确定了一部分合格的供应商后，应及时地通知他们，以确认他们是否愿意与企业建立供应链合作关系，是否有获得更高业绩水平的愿望。企业应尽早让供应商参与到评价的设计过程中来。应该指出的是，由于企业的力量和资源是有限的，企业只能与少数的、关键的供应商保持紧密的合作，所以参与的供应商数量不宜太多，以免分散了精力。

5．与供应商建立起信任与合作关系

企业通过与供应商的直接接触或实地考察，基本能确定理想的供应商，接下来就应设法与这些供应商建立起长期的信任与合作关系。在传统的买卖关系中，企业和供应商一般都从自身利益出发，尽量把责任、风险和损失转嫁给对方，结果往往会两败俱伤。在供应链管理中，企业与供应商之间的相互信任与合作是前提和基础，双方都应当改变传统的买卖观念和思维方式，尽量从对方的角度考虑问题，建立起风险、责任和成本共担，利益、市场和成果共享的机制，从而促进供应链管理的高效运作，为双方赢得共同的、持久的竞争优势。

9.3.4 逐步完善供应链网络设施

供应链管理的实施必须以完善的网络设施为前提，特别是企业内联网、外联网和互联网的集成是保证供应链高效运作的基本条件。此外，企业的知识库（Knowledge Repository）、电子数据库也是供应链管理的重要组成部分。企业逐步完善网络基础设施建设,一方面可以方便供应链中的成员能迅速、准确地收集和传递有关的商业数据和相关信息,以最快的速度和最有效的方式满足合作伙伴的生产需要,最终能更好地满足最终客户的需要;另一方面,还可以节省在传统方式下人工处理业务的相应成本,与业务伙伴、客户共享由于成本降低所得到的各种好处。

我国的企业在内联网和外联网的建设方面还存在着不少问题,相应的知识库和电子数据库在不少企业的建设中还没有起步,企业的领导者和管理者必须提高认识,从提高企业对市场的反应能力、增强企业竞争力的角度,不断地完善企业的网络基础设施建设,与供应商、销售商和各类合作伙伴共同构筑起一条高效、畅通、反应快速的电子通道。

9.3.5 立足长远,化解各种矛盾

供应链管理涉及众多的企业和组织,但由于各自的目标和利益的不同,在运作过程中出现各种矛盾和冲突是在所难免的,比如成本的分摊、利益的分配等常会出现不协调的现象。因此,供应链的各参与方都应加强合作和沟通,采取互惠互利、求同存异的原则,从全局观念出发,及时化解供应链管理中的矛盾和冲突,使供应链管理真正成为各方共同受益的共同选择。

不容忽视的是,供应链管理中的各参与方还应当注意加强学习和反馈,及时发现供应链管理中出现的各种问题,共同分享成功的经验和失败的教训,使供应链管理切实成为提高企业的经营管理水平、增强企业竞争力的重要手段。

9.4 典型案例1 戴尔公司的电子化供应链管理

1984年,迈克尔·戴尔创立了以生产、设计、销售家用以及办公室电脑而闻名的戴尔公司。现今,戴尔公司已发展成为世界500强企业之一。戴尔公司的经营理念是"激发人类潜能"——这既是技术的终极意义,也是戴尔公司所做一切的原动力。戴尔公司的模式非常简单:按照客户的要求制造电脑,并向客户直接发货。这一基于电子商务的直销模式消除了中间商,有效地降低了生产成本、减少了经营时间,让戴尔公司能以富有竞争性的价位为每位消费者定制并提供具有丰富配置的强大电脑。通过平均3天一次的库存更新,戴尔公司能够把最新的相关技术和产品带给消费者,而且远远快于那些运转缓慢、采取分销模式的公司,因此竞争优势非常突出。戴尔公司的成功与其高效的电子化供应链运营体系密不可分,长期的实践探索使其在这方面具备了领先的优势。

9.4.1 案例背景

1984年,19岁的迈克尔·戴尔认识到电脑将成为20世纪最重要的工具,自己正面临着一个很大的机会,于是他带着对电脑的热爱退了学,用1000美元创建了自己的公司——戴

尔公司,从此开始了漫漫30多年的创业历程。在公司刚创立时,迈克尔·戴尔的想法很简单——越过个人电脑销售渠道中的供应商,向最终用户直接进行销售,按用户的订单生产电脑。这一运作模式的具体做法是根据市场上现有的部件组装电脑,而戴尔公司自己不参与生产计算机部件,这样就使戴尔公司消除了拥有资产的负担和研究开发的风险,也不需要雇用大批人员,而且生产和开发的风险在几个供应商之间分摊,而不是由戴尔公司内部执行这些功能,这样就可以使戴尔公司更快速地成长。

为了在实现低库存生产的同时又能保证及时发货,戴尔公司找到了一条行之有效的供应链管理道路,并通过直接供货的方式来确保这一目标的实现。戴尔公司的电子化供应链管理系统的最大特点就是由原先根据需求预测将材料囤积在工厂的采购方式转变为每2个小时根据订单量来"收集"所需材料的方式。其具体的做法是供应商在戴尔公司的生产工厂附近设有发货中心,每2个小时接受订单,发出所需的零件,送到正确的生产线上。在供应商送出材料的同时,工厂也开始了生产的准备工作。这种紧密配合、高度协同的方式依托的就是高效的电子化供应链管理系统。

戴尔公司对客户群进行了细分,向不同的客户提供不同的增值服务。戴尔公司对个人电脑进行配置,为大型用户提供支持,同时也可以按客户的要求装载标准软件,在机器上贴上特定的资产标记。对于一些特殊用户,戴尔公司有现场小组,协助他们采购电脑产品并提供服务。

戴尔公司要求员工多花时间与用户进行交流,并跟踪技术趋势,尽量做到能超前于变化,甚至创造变化、改变变化。

9.4.2 供应链流程

戴尔公司利用面向客户的戴尔在线网站来提供全方位的供应链管理处理流程,客户只要通过这一门户网站提交订单,戴尔公司就开始围绕这一订单启动各项业务活动,并确保各个环节能密切配合、高度协同。戴尔公司的整个供应链流程可以分解为如图9-7所示的八个环节。

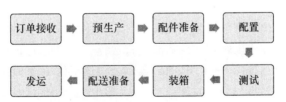

图 9-7 戴尔公司的整个供应链流程

如图9-7所示,各个环节的具体业务内容如下:

1. 订单接收

客户直接登录戴尔在线网站选择商品和提交订单后,戴尔公司的服务人员会检查订单项目是否填写齐全,并按付款条件将订单进行分类。其中,采用信用卡支付方式的订单将被优先处理,只有确认支付完款项的订单,服务人员才会立即自动发出零部件的订货数据并转入生产数据库中,订单会立即转到生产部门进行下一步作业。客户订货后,可以对产品的生产过程、发货日期甚至运输公司的发货状况等进行跟踪。根据发出订单的数量，客户需要填写单一订单或多重订单状况查询表格，表格中各有两项数据需要填写，一项是戴尔公司的订单号，另一项是校验数据，客户提交表格后戴尔公司会通过互联网将查询结果传送给客户。

2. 预生产

在戴尔公司，从接收订单到正式开始生产之前有一段等待零部件到货的"预生产"时间。"预生产"时间因客户所订的产品不同而有所不同，主要取决于供应商的仓库中是否有现成的零部件。戴尔公司一般要确定一个订货的前置时间，即从等待零部件到将订货送到客户手中的时间，在戴尔公司向客户确认订货有效时会将该前置时间告知客户。订货确认一般通过电子邮件或电话的方式进行。

3. 配件准备

当订单转到生产部门时，所需的零部件清单也就自动产生。相关人员将零部件备齐后传送到装配线上。

4. 配置

组装人员将装配线上传来的零部件组装成电脑，然后进入测试过程。

5. 测试

检测部门对组装好的电脑用特制的测试软件进行测试，通过测试的电脑被送到包装间。

6. 装箱

测试完毕后的电脑产品被放到包装箱中，同时鼠标、键盘、电源线、说明书及其他文件一同被装入相应的卡车运送给客户。

7. 配送准备

物流配送部门一般在生产过程结束的次日完成送货准备，但大订单及需要特殊装运作业的订单可能花费的时间要长些。

8. 发运

物流配送部门将客户所订的货物发出，并按订单上的日期送到指定的地点。戴尔公司设计了几种不同的送货方式供客户在订货时进行选择。一般情况下，订货将在2~5个工作日送到订单上的指定地点，即送货上门，同时戴尔公司还提供免费安装和测试服务。

9.4.3 供应链服务外包

与传统的供应链相比，戴尔公司的供应链中的一个明显特点是下游链条里没有分销商、批发商和零售商这样的传统角色，戴尔公司直接把产品卖给客户。戴尔公司通过电话、面对面交流、互联网订购直接拿到客户的订单，客户的准确需求直接反馈到设计、制造等整个营运过程里。而传统的渠道所提供的订货信息往往含混不清，可以说直销成为戴尔公司整合供应商的必要条件。在戴尔公司的供应链蓝图上还有一个特别之处，即多出了"代理服务商"这一环节。这些代理服务商并不向客户提供产品，而是提供服务和支持，这意味着戴尔公司把服务也外包了（如图9-8所示）。

第 9 章
电子商务与供应链管理

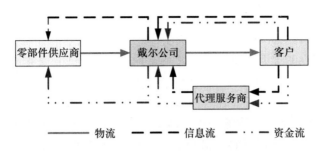

图 9-8　戴尔公司的供应链组成

如图 9-8 所示，代理服务商并不向客户销售产品，也不向戴尔公司购买产品，他们只是向客户提供服务和支持，这就是戴尔公司采取的把服务外包出去的必然结果。这样做的好处是使戴尔公司既能够提供优质的售后服务支持，同时也避免了公司面临"过度庞大的组织架构"。零部件供应商、戴尔公司和代理服务商三者之间通过电子化的手段实现了紧密连接、密切配合，达到了资源的优化配置，同时也降低了成本，共同为客户提供优质的产品和服务。

9.4.4　面向客户和供应商的在线服务

戴尔公司十分重视利用电子化的手段与供应商和最终客户建立起紧密的业务联系，以便能为供应商和客户创造出更大的价值。

1. 面向客户的在线服务

戴尔公司通过戴尔在线网站提供面向客户的各项服务，主要包括以下三个方面：

（1）配置和订货。

戴尔公司提供客户自定义标准选择和网上预订，满足客户自定义配置电脑的需求，方便客户进行订购，减少客户的时间浪费。

（2）在线查询订单执行情况。

戴尔公司建立了产品订购和发送数据库，为客户提供订货查询。这样既提高了客户查询的速度，方便了客户，同时也减轻了呼叫中心的压力，降低了公司的运营成本。

（3）售后服务和技术支持。

戴尔公司在网上提供了故障诊断和技术支持服务，可以减少客户维修电脑的麻烦，指导客户进行检修和维护，提高故障检查效率，减少公司服务和维护的成本。

戴尔公司建立戴尔在线网站的目的是最大限度地满足客户需求，使公司更快捷、更高效地运转，产生更大的效益，具体包括以下各个方面的目标：

（1）更准确、更快捷地了解客户需求，有计划地组织生产；

（2）提供直销服务、网上查询和预订；

（3）降低公司的库存，根据客户的订货组织生产；

（4）根据客户需求提供个性化服务；

（5）网上故障诊断和技术支持；

（6）降低公司的运营成本。

2. 面向供应商的在线服务

为了在最短的时间内完成客户的定制化要求,戴尔公司在采用电子化供应链管理工具之后,整个采购程序也基本上是通过互联网完成的。有了与供应商的紧密沟通渠道,工厂只需要保持2个小时的库存即可应付生产。除此之外,戴尔公司还推出了一个名为"valuechain.dell.com"的企业内联网门户,只对公司的内部用户和供应商开放。在该网站上,戴尔公司和供应商共享包括产品质量和库存清单在内的全方位信息,供应商可以在上面看到其专属的材料报告,随时掌握材料的品质、绩效评估、成本预算以及制造流程变更等信息。与此同时,戴尔公司还利用互联网与全球超过数万个商业和机构客户直接开展业务。通过戴尔公司的网站,客户可以随时对戴尔公司的全系列产品进行对比、配置,并获知相应的报价;也可以在线订购,并且随时了解产品的制造及送货过程。

9.4.5 案例评析

戴尔公司处在一个竞争十分激烈的行业,如何在残酷的竞争中求得生存和发展是一个极为严峻的问题。在30多年的发展生涯中,戴尔公司以面向客户提供直接销售的模式开辟出了一条独特的发展道路,构建起了高效率、低成本、广覆盖的电子化供应链体系。戴尔公司的电子化供应链管理系统打破了传统意义上"生产厂商"与"供应商"之间的供需配给关系,演绎成了以客户的订单作为驱动力的"一体化供应链流程",从而使得戴尔公司可以从市场上得到第一手的客户反馈和需求信息,生产、采购等业务部门可以实时地将相关信息传递给相关的供应商和合作伙伴,以最快的速度和最低的成本对客户的需求做出响应,以满足客户的需求。

戴尔公司的一位副总裁曾表示,高效率的电子化供应链对于戴尔公司的业绩而言,绝对是一个至关重要的因素,戴尔公司也一直致力于通过供应链降低物料和产品的成本,最终施惠于众多客户。戴尔公司的物料成本大约占运营收入的3/4,公司一年花费在物料上的采购总计达数百亿美元。就此而言,这笔费用只需下降0.1%,其实际效果就远大于提高劳动生产率10%。戴尔公司的库存量相当于大约4天的出货量,相对于库存量相当于4个星期出货量的本行业其他公司而言,就拥有十分明显的物料成本优势,反映到产品底价上就是2%或3%的价格优势,戴尔公司的竞争力从中可见一斑。

由于受移动互联网的快速发展所导致的PC产品市场萎缩等因素的影响,2013年戴尔公司的市值一度下滑到180亿美元。为了实现更好的转型,戴尔公司主动要求从纳斯达克退市,经过多年励精图治的探索,戴尔公司的业绩有了显著的提升,再次登上纳斯达克的宝座,昔日的IT巨头再展雄风。

利用电子化供应链的手段,"以信息代替存货",让数据产生价值,既千方百计地满足客户的供货需求,同时又能追求更高的效率和更低的库存水平,这应该就是戴尔公司历经风雨、再创辉煌的关键所在。

9.5　典型案例2　电子商务环境下沃尔玛供应链管理创新

1962年,山姆·沃尔顿在美国的阿肯色州本顿维创立了跨国零售企业沃尔玛。经过半个多世纪的发展,沃尔玛现已在美洲、欧洲、亚洲等近30个国家和地区共经营超过1万家的购物广场或会员商店、社区店等,并多年位居美国《财富》杂志评出的世界500强企业之首。"天天平价"是沃尔玛的经营信条,出色的供应链管理是其实现这一信条并长期傲视群雄的重要法宝。在电子商务迅速崛起的早期,沃尔玛曾一度颇为惶恐,后来经过多年的探索,逐步找到了利用电子商务促进其供应链管理电子化以及线上网购与线下零售"双轮驱动"的发展思路,使昔日的零售霸主再展雄风。

9.5.1　案例背景

沃尔玛在全球的业务类型主要有四种,即沃尔玛购物广场、山姆会员商店、沃尔玛商店和沃尔玛社区店,其中尤以沃尔玛购物广场和山姆会员商店的数量占绝大多数。沃尔玛购物广场以"规模大、品种多、服务全"见长,通过大规模销售,购物广场的顾客可以从每件商品中体验到"天天平价",从蔬果到洗衣粉,无一例外;山姆会员商店以"大包装、低利润"的经营方式,使顾客可以享受到低廉的仓储价格。

沃尔玛十分重视现代信息通信技术在企业的经营和发展中的突出作用,经过长期不懈的探索,取得了非凡的成就。早在20世纪70年代末,沃尔玛就建立起了计算机配售体系,从计算机开出订单到商品上柜比竞争者平均要快3天,节省成本2.5%以上,在减少库存并保持货架充实率方面也显著地领先于其他的零售商。为了全面提高企业管理和运作的效率,沃尔玛还专门投入4亿美元的巨资委托美国休斯公司发射了一颗商用卫星,用于全球店铺的信息传送与运输车辆的定位及联络。沃尔玛的运输卡车全部装备了卫星定位系统,每辆车在什么位置、装载了什么货物、目的地是什么地方,总部管理中心对此一目了然,这样可以高效、合理地安排运力和路程,以避免浪费、降低成本、提高效率,最大限度地发挥运输潜力。

在快速兴起的电子商务大潮中,沃尔玛看到亚马逊等网络零售商迅速崛起时显得十分紧张,似乎意识到传统的零售模式将走到尽头,于是急匆匆地投入巨资建设电子商务平台,试图与亚马逊等网络零售商一决高低,但后来发现这种与网络零售商的正面冲突不但不能发挥自身的优势,而且在与它们的竞争中处于十分不利的地位。在经过一系列的调查和研究后,沃尔玛逐步认识到互联网带给传统零售企业的机遇与挑战,并开始深入分析网络竞争者的特性,最终制订了一系列具有针对性的计划,尤其是明确了依托自身的经营资源优势开展电子化经营的目标,开始了重要而有意义的传统零售商电子化转型的旅程,电子化供应链管理是其转型发展的重要内容。

9.5.2 供应链管理策略

沃尔玛在长期的经营实践中形成了较为独特的供应链管理体系,所采取的策略主要包括以下四个方面:

1. 深入透彻的顾客需求管理

沃尔玛的供应链管理围绕如何为顾客提供价廉物美的商品作为基本出发点,一方面千方百计地洞察顾客的需求,为他们省钱,让他们满意,另一方面专注于他人忽视的市场,创造需求。沃尔玛采用全方位的顾客需求信息收集分析的方法,掌握顾客的实际购买情况,同时深入分析顾客的潜在需求,通过对各类数据的综合分析和比对,能最大限度满足顾客个性化、多样化和专业化的要求。

2. 相互依存的供应商关系管理

作为全球最大的零售商,如何建立起一支数量众多、关系稳定、相互依赖的供应商队伍,这是沃尔玛所面临的重要挑战。为此,沃尔玛开展了多方面的努力:一是通过深度参与供应商的生产研发过程,帮助供应商控制成本,提高产品质量;二是在沃尔玛各大门店为关键供应商安排适当的空间,让供应商自行设计和优化展示区,塑造独特的企业形象;三是通过不断地扩大采购规模的方式,获得规模经济优势,与供应商共同分享成果;四是通过与供应商共享关键数据,以便及时有效地对市场做出响应。

宝洁公司是沃尔玛的长期战略合作伙伴,双方在数十年的紧密合作中彼此成就,成为各自行业的翘楚,真正做到了相互依存、共存共荣。

3. 顺畅高效的物流配送体系

沃尔玛拥有堪称一流的物流配送体系,尤其是围绕沃尔玛的门店而建立的配送中心是其重要的经营资源。配送中心是沃尔玛商品经营的集散地,在沃尔玛的物流运营体系中发挥着重要的作用,供应商直接将货物送到配送中心,由配送中心直接发送到各家连锁店,因此配送中心是连接供应商和客户的桥梁和纽带。在物流配送运营的过程中,沃尔玛始终注重确保连锁店所得到的商品的品种和规格与发货单上的完全一致,精确的物流过程使每家连锁店接到配送中心的送货时只需卸货,而不用再检查商品,这样就可以有效地降低配送成本、提高配送效率。这种供应商与沃尔玛的门店之间的"无缝"衔接,不但大大提升了物流运营效率,而且也有效地控制了成本,使供应链的整体成效得到更好的体现。

4. 数据驱动的供应链协同

山姆·沃尔顿很早就认识到,信息化对商业企业的影响绝不只是技术应用本身,更重要的是它会影响企业组织结构的管理方式、营销规划,进而影响到整个企业的生死存亡。所以,在信息化建设方面,沃尔玛在传统的零售业中担当着领跑者的角色。沃尔玛既是最早使用信息化管理的零售企业,也是对信息通信系统投资最大的企业。信息技术的投资强化了沃尔玛的核心价值,使沃尔玛走上了数字化道路,数据成为其核心资源和关键的生产力。沃尔玛在全球的1万多家门店通过专用网络可以在1个小时之内对每种商品的库存、上架、销售量全部盘点一遍;可以向货车司机提供最新的路况信息,以便其选择最佳的送货线路。凭借先进的电子信息手段,沃尔玛做到了商店的销售与配送保持同步,配送中心与供应商运转保持一致,使沃尔玛的超市所销售的货物在价格上占有绝对优势,成为全球商业零售领域的佼佼者。

9.5.3 供应链管理的创新实践

沃尔玛在供应链管理创新发展方面有比较多的实践,以沃尔玛(中国)投资有限公司为例,在以下三个方面进行了富有成效的创新:

1. 共享卡车

在世界各地,沃尔玛选用不同的交通方式来运送各类商品,包括空运、水运、铁路和公路等,而在中国因为公路交通设施发达,所以基本利用卡车进行公路运输。沃尔玛在中国的供应链团队为了满足全国400多门店的商品供应,平均每天需要安排约800辆卡车进行配送,以确保每天完成100万箱左右货物的准时送达。每当每年的农历新年来临之际,包括沃尔玛在内的各大商家都面临着物流配送青黄不接的挑战:一方面要面对因年节期间消费需求的急剧增加而导致运力需求较平日增加3~5倍甚至更多的压力,另一方面要面对春节期间大量的司机返乡过年所致的人员短缺,行业内出现争抢运力资源的窘境。为此,沃尔玛和承运商成功实践了"共享卡车"的创新思路,通过跨界资源整合达到整体运力资源的扩张。其具体的做法是沃尔玛利用积累的市场大数据分析并提前预测需求,并牵头协调多家承运商,由其中的一家承运商按照预测集中准备相应的增量运输资源,其他承运商则通过沃尔玛的供应链平台实时分享信息,调拨这个增量资源池中的车辆,大家共享运力。由于实现了对运力的统筹,从而保证了区域内运力的基本平衡,既降低了资源准备过度的浪费,又节约了运输高峰期时的社会运力,最终实现了商品供应的平稳和有序。

2018年春节期间,"共享卡车"在沃尔玛天津配送中心和嘉兴配送中心得到落地实践,这两个配送中心各有1位承运商集中提供增量资源,支持共计16家承运商调配增量资源共享卡车,估算节约成本超过26万元,实现160家门店在春节期间的稳定供应,取得了明显的成效。

2. 进仓物流一站式交仓

沃尔玛在成为我国首批具有无车承运人资格的零售企业之后,正式启动进仓物流。其具体的做法是:以配送中心为核心,将进仓物流与原有的出仓物流打通,为供应商提供一站式服务,从而不断地加快供应链整体的反应速度,提升供应链各个环节中端到端的效率。进仓物流的价值具体体现在三个方面:第一,依托移动终端和互联网等先进的现代信息通信技术,整合大量承运商的运力为进仓物流服务,实现集中调度运力、货源、站场等资源,最大限度地降低了货车空驶率;第二,整合各中小供应商的运输需求,化零为整,帮助中小供应商在运输市场上获得更大的议价能力,享受行业规模化效应;第三,由进仓物流推动行业操作的规范化,如在配送中心开辟进仓绿色通道,将交仓预约以及相应的交货文件都交由专人或者系统平台统一处理。由于进仓物流提供了一站式交仓服务,大大深化了零售商与供应商的合作关系。

3. 利用电子化手段优化运力配置

近年来,沃尔玛运用互联网技术改造业务流程,加强供应链优化配置,尤其是在利用运力电子招标系统管理运力方面取得了很大的突破。沃尔玛运力电子招标系统依托互联网平台,能接纳更多的新承运商在线参与投标与竞争,从流程上保证了招标过程的公开、公平和公正。运力电子招标系统拥有强大的数据分析与数据挖掘功能,能对各种运力需求情况进行比对得出最优的解决方案,并允许单个承运商根据自己的运力资源优势提供差异化、定制化的竞标方案和价格方案,使得招标结果的质量和效率得到全面提升。与此同时,招标过程全程通过互联网接受外部监督,外部授权方可以随时调取、查询系统内的信息,使得外部的监管也能做到系统化、流程化、透明化。

9.5.4 RFID 技术在供应链管理中的应用

沃尔玛零售店内的货物种类繁多,在人工操作订单的时代,这样大的工作量十分容易出现各种错误,为此沃尔玛不断地寻找新的技术和方法加以改进。早在 20 世纪 80 年代初期,沃尔玛就预见性地把握到了条形码(Barcode)技术将会在物流与供应链管理领域有广阔的应用,于是率先在全球范围内大力推动条形码技术的应用,最终赢得了极强的竞争优势。进入 21 世纪后,沃尔玛再次敏锐地把握到 RFID(Radio Frequency Identification,无线射频识别)技术在供应链管理中的应用机会,并为之展开了有效的探索。2005 年年初,沃尔玛正式推行 RFID 计划,10 多年来得到了广大供应商的支持和认可,在以下五个方面已取得明显的成效:

一是提高了物流配送过程的自动化程度,提升了物流处理过程的效率;

二是减少了员工雇用的数量,降低了劳动力成本,物流领域的成本优势得到进一步巩固;

三是提高了供应链管理全过程的透明度,显著提高了供应链管理的效率和水平;

四是加大了对物流资产与商品的监控和管理,有效地防止盗窃现象和因遗忘等原因造成的商品损耗;

五是进一步加快了顾客购物的统计与结算过程,减少了排队付款的时间,改善了顾客的购物体验,获得了更高的顾客满意度和忠诚度。

RFID 技术的引入在沃尔玛提升经营效率、降低经营成本以及改善面向顾客的服务等方面正在显现出越来越显著的价值,也将给商业零售企业更好地应用 RFID 技术提供更多的经验和示范。

9.5.5 区块链技术在食品供应链中的应用[①]

食品安全大于天,利用区块链技术打造"从农田到餐桌"的全供应链食品追溯体系已在沃尔玛得以实现。沃尔玛的区块链食品安全应用试点项目主要解决了两个问题:一是在食品安全系统基本建设和创新前沿技术应用之间寻找一个平衡点,建立更加透明、可信的食品追溯体系;二是让区块链技术使供应链上的原材料提供者、生产者、零售商和消费者都能受

---

① 中国连锁经营协会.区块链+供应链!沃尔玛试点食品可追溯[EB/OL].[2019-04-14]. https://www.walmart-foodsafetychina.com/fs%20spotlight/blockchain-and-supply-chain-food-traceability.

益。以猪肉产品为例,区块链的应用可以为不同的参与者创造出不同的价值:

(1) 对于养殖户而言,区块链可以让养殖户清楚生产产品的流向,更好地规划养殖品种;

(2) 对于生产企业而言,区块链可以让企业获取产品信息数据,判断它的保质期是否能够得到保障,并了解加工产品的流向;

(3) 对于零售商而言,区块链可以让零售商更有效地关注食品从养殖场到零售店的流程;

(4) 对于消费者而言,区块链可以让消费者获得更新鲜、质量更可信赖的商品。

以猪肉产品的区块链应用为例,具体的作业流程如下:

第一步,生产厂家将切好的猪肉放入包装盒中,并贴上标签。与此同时,区块链项目团队创建新的二维码并通过这个二维码将所有必要的产品细节数据上传到区块链。这样,任何一位授权用户都可以获得可靠的信息来确认运营中任何一个节点的操作细节。

第二步,供应商发货点负责向沃尔玛的配送中心发送数据,包括创建运输记录,输入卡车车牌号,扫描一个将被装车的托盘,而后系统会显示出这批货将发往的配送中心和对应的采购订单,然后上传这些单据的图片到区块链上,新创建一个不可篡改的数字文件,供各个授权用户同时登录读取。

第三步,任何一位经授权的食品安全管理人员都可以读取这些单据。因为这些单据不可篡改,并具有开放性,不仅大大缩短了食品安全管理人员查找单据的时间,而且还可以有效地防范未经授权篡改信息等诚信问题。在以前,如果发现了错误,食品安全管理人员需要人工查验每份单据,以此来查找、确认问题所影响的范围,这样不但费时费力而且还难免受人为因素的干扰。

图 9-9 为沃尔玛基于区块链的食品供应链协作模式。

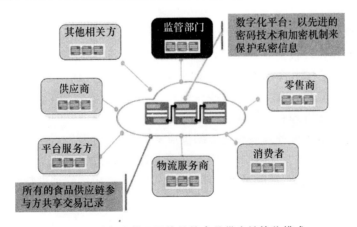

图 9-9 沃尔玛基于区块链的食品供应链协作模式

沃尔玛的区块链食品安全应用试点项目已取得了多方面的成果,具体表现在以下四个方面:

一是验证了区块链技术的应用能追踪食品安全问题的源头,提高了供应链的透明度,养殖场、生产日期、批次等信息一目了然;

二是验证了食品安全数字化存储平台的可靠性,授权用户能更新数据,更新后的数据也会在 5 分钟内向区块链的所有用户进行显示；

三是实现了高效快速的食品召回，定位一批次的产品只需花费不到 10 秒钟，在 30 秒钟内可以调出单个商品的相关文件；

四是实现了全链条可追溯，在使用商品数据进行搜索时只需要几秒钟就能显示出产品从农场到各个流通环节的信息。

9.5.6 案例评析

沃尔玛是世界零售业的翘楚，是世界零售业信息化发展的急先锋。在沃尔玛取得快速发展的背后，起着基本支撑作用的是其精心打造的现代化供应链管理体系。沃尔玛充分利用现代信息通信技术建立起来的电子化供应链管理体系，为沃尔玛赢得了成本上的优势，更为重要的是，沃尔玛通过这一体系不仅加深了对客户需求信息和供应商供应状况的了解，而且还进一步密切了与供应商和客户之间的关系，提高了应对市场的反应速度和满足客户需求的响应能力，从而为其赢得了持续而又不断增强的竞争优势，令其他的竞争者望尘莫及。

沃尔玛的发展经验告诉我们，现代零售业的发展根基在于现代化的供应链管理体系，而夯实其基础的关键必须依靠现代信息通信技术，必须大力发展电子化供应链管理。沃尔玛的发展经验为我国广大的零售企业加快电子化供应链的实施提供了不可多得的宝贵财富，值得我们学习、研究和借鉴。

9.6 本章思考题

1. 什么是供应链？它是如何产生的？
2. 供应链管理在现代企业管理中有哪些作用？
3. 供应链管理有哪几个层次？电子商务时代的供应链管理属于哪个层次？
4. 企业实施供应链管理应遵循哪些原则？
5. 电子化供应链管理有哪些职能？
6. 如何实施与电子商务发展相适应的供应链管理？
7. 区块链技术在沃尔玛的食品供应链管理中有什么样的用途？
8. 收集整理相关案例，对电子商务环境下如何开展供应链管理进行综合分析。

第 10 章

电子商务与物流管理

作为国民经济和社会发展的基础性产业,物流业既是带动经济和社会发展的"驱动轮",也是有着巨大发展潜力的经济增长点。在我国,物流业已成为现代服务业的重要组成部分,但不可否认的是,物流业也是当前经济和社会发展中的突出短板,物流业的科技含量低、运营成本居高不下、规模经济效益差等问题还普遍存在。如何提高物流业的发展水平和层次,促进我国物流业健康、快速、持续和稳定的发展,实现从"物流大国"向"物流强国"迈进,这是我国经济和社会发展所必须面对的严峻挑战。

伴随着电子商务的广泛应用和全面渗透,并在客户需求拉动、技术进步推动以及物流产业自身发展需求驱动等多方面力量的作用下,现代物流业正在快速转型升级,基于新一代信息技术的电子化物流已成为一个新的趋势。它将互联网、物联网、大数据、云计算和人工智能等一系列技术与物流业务的运作实现紧密融合,构建起新型的电子化业务生态,实现了物流运作全过程可管、可控、可视,以全面提升物流运作的效率和效益,进一步增强物流企业的市场适应能力和竞争实力。可以说,电子化物流以其在物流速度、物流服务质量、物流成本和物流效益等方面的显著优势,正在国内外物流业掀起新的浪潮。

10.1 对物流和电子化物流的理解

"物流"一词源自于英文的"Logistics",原意是"后勤"。经过多年的发展与演化,物流的内涵与外延都有了新的变化,而"电子化物流"则是"物流"这一概念的新发展。

10.1.1 对"物流"及其相关概念的理解

成立于 1963 年的美国物流管理协会(Council of Logistics Management,CLM)是举世公认的物流研究和管理机构,成立以来一直致力于推动物流业的发展,为物流从业人员提供相应的指导和服务。美国物流管理协会先后多次根据经济和社会的发展情况,并结合物流自身的发展,对"物流"进行了相应的定义。该协会对"物流"早期的定义是:物流是"为满足消费者需求而进行的对原材料、中间库存、最终产品及相关信息从起始地到消费地的有效流动及储存的计划、实施与控制的过程"。在1992年,该协会把原来定义中的"原材料、中间库存、最终产品、产成品"修改为"产品、服务",这样使得物流包括的范围变得更加广阔。2005年,美国物流管理协会更名为"供应链管理专业协会"(Council of Supply Chain Management Professionals,CSCMP),对"物流"的定义也再次"刷新"为:物流是以满足客户需求为目的,对商品、服务和相关信息从起始点到消费点的流动和储存进行有效率、有效力的计划、执行和控制的供应链过程。这一定义包括以下三层意思:

第一,物流的基本目的是为了满足客户对物流服务的需要,物流的对象包括商品、服务和相关信息;

第二,物流管理的内容是对物流全过程进行计划、执行和控制;

第三,物流是供应链流程的基本组成部分。

这一概念几经迭代,目前该委员会对"物流"最新的官方定义为:物流是指以满足客户需求作为出发点,将包括服务和相关信息的货物从生产地到消费地进行富有效率和效益的运输及储存,对整个作业过程设定规划、执行和控制程序的一系列流程。这一定义进一步说明,物流的概念包括入库、出库以及内部和外部的移动。该委员会将"物流管理"定义为:物流管理作为供应链管理的一部分,以满足客户需求为出发点,在生产地和消费地之间对包括服务和相关信息的货物实现富有效率和效益的正向、反向流动及储存进行计划、执行和控制。物流管理活动通常包括入库和出库的运输管理、车队管理、仓储、物料处理、订单履行、物流网络设计、库存管理、供应/需求计划以及对第三方物流服务提供商的管理。在不同的程度上,物流功能还包括外包和采购、生产计划和调度、包装和装配以及客户服务,它涵盖战略、运营和战术所有层面的计划和执行活动,具有整合性的功能,以协调和优化所有的物流活动,并将物流活动与其他的功能实现有机集成,包括营销、销售、制造、财务和信息技术等。由此可见,"物流"所包含的内容十分丰富,无论是生产制造商、经销商、物流服务提供商还是最终的消费者都是物流活动的参与者,是相互关联的一个有机体。

我国对"物流"较为权威的定义是《中华人民共和国国家标准——物流术语》。按照这一标准的解释,相关术语的定义如下:

1. 物流

物流是指物品从供应地向接收地的实体流动过程。根据实际需要,将运输、储存、装卸、搬运、包装、流通加工、配送、信息处理等基本功能实施有机结合。

2. 物流活动

物流活动(Logistics Activity)是指物流过程中的运输、储存、装卸、搬运、包装、流通加工、配送等功能的具体运作。

3. 物流管理

物流管理(Logistics Management)是指达到既定的目标,对物流的全过程进行计划、组织、协调与控制。

4. 第三方物流

第三方物流(Third Party Logistics,TPL)是指独立于供需双方,为客户提供专项或全面的物流系统设计或系统运营的物流服务模式。

5. 配送

配送(Distribution)是指在经济合理区域范围内,根据客户要求,对物品进行拣选、加工、包装、分割、组配等作业,并按时送达指定地点的物流活动。

10.1.2 对"电子化物流"的理解

在电子商务迅猛发展的背景下,物流业也在快速地与电子商务"联姻",于是,"电子化物流"(Electronic Logistics,e-Logistics)的概念应运而生。电子化物流是指物流服务提供商通过新一代信息技术在物流业务活动中的全面应用,以更好地实现"以客户为中心"的物流服务目标,并通过物流信息在供应链合作伙伴之间的实时共享,致力于实现供应链中物流管理的效率和效益的最大化。这一定义包括以下四层意思:

(1) 电子化物流是通过互联网、物联网、大数据、云计算和人工智能等一系列新一代信息技术的综合应用而实现的,电子化技术的应用是其最基本的特征;

(2) 电子化物流以满足客户对物流服务的需求为导向,致力于实现"以客户为中心"的物流服务目标;

(3) 电子化物流强调物流合作伙伴之间以及物流运作各个环节的信息共享,以提高物流全过程的可管、可控、可视;

(4) 电子化物流注重追求供应链整体的物流绩效,合作伙伴之间共同为提高供应链物流的效率和效益,共同为创造最大的空间和时间价值而努力。

由此可见,电子化物流从表面上看只是新一代信息技术在物流业务中的应用,实际上这一概念的提出对传统物流的运作模式、实现技术、经营理念以及发展目标等各个方面都带来了根本性的变化。从某种意义上可以说,电子化物流是传统物流的一场重大的变革。需要指出的是,电子化物流跟最近几年伴随"互联网+"而兴起的"互联网+物流"的概念有着高度关联性,但"互联网+物流"的概念产生时间较短,而且在国际上一般很少使用,相应的定义不够严密。因此,本书以使用"电子化物流"概念为主,与"互联网+物流"不做严格区分,不对其做专门阐述。

从实施电子化物流的根本目标来看,就是要更好地实现所谓的"7R"原则,即要做到:将合适的产品或服务(Right Product or Service),按照合适的状态与包装(Right Condition and Packaging),以正确的数量(Right Quantity)和合理的成本费用(Right Cost),在恰当的时间(Right Time)送到特定的目的地(Right Place),交于确定的目标客户(Right Customer)(如图10-1所示)。

图10-1 "7R"原则的组成

10.1.3 电子化物流的特点

从电子化物流的定义我们可以看出,电子化物流包括以下三个方面的特点:

第一,作为电子商务的一种特殊形式,电子化物流同样需要借助于新一代信息技术来开展业务运作,只有充分实现电子化技术和物流业务的深度融合,才能使电子化物流真正产生价值。

第二,电子化物流体系以满足客户对物流服务的需求为导向,让客户通过新一代信息技术参与物流运作过程,以便更好地实现以客户为中心的物流服务发展目标。

第三,电子化物流注重追求供应链整体的物流效果,供应链合作伙伴之间通过新一代信息技术建立起密切的业务联系,共同为提高供应链物流的效率和效益以及降低物流运作的总体成本和时间占用而努力,强调共存共荣、互惠互利、同舟共济。

由此可见,电子化物流从表面上看只是新一代信息通信技术在物流业务中的应用,实际上这一概念的提出对传统物流的运作模式、经营理念以及发展目标等各个方面都带来了不可忽视的影响。从某种意义上可以说,电子化物流是现代物流发展的一个新阶段的开始。

10.1.4 电子化物流的发展动因

从技术形态上来看,电子化物流与传统物流的区别在于其以互联网以及其他相关技术作为支撑,改变了物流合作伙伴之间的关系,将原本分散独立运作的运输、仓储、代理、配送、物流信息管理、物流市场开拓、物流客户服务等各个环节紧密联系起来,形成一条集成化的供应链,共同开展高效的物流运作。从物流业发展全球化、信息化、集成化及其供应链一体化等新的趋势和物流业自身发展的需求来看,电子化物流存在着以下四个方面的发展动因:

1. 适应电子商务发展的物流需要

电子商务作为一种新型的商业运作模式,在使传统的商业活动发生重大变革的同时,也给物流服务提出了很多新的要求,具体包括:

(1) 由于更大数量的购买者直接向销售商提交订单,而且销售商的数量也要比在传统的贸易条件下多得多,因此小件货物或包装的数量将大幅度增长;

(2) 数量庞大的在线客户大部分对销售商的情况一无所知,必将导致装运发货的需求变得更加不可预测和更不稳定;

(3) 由于更多的客户直接向生产商和分销商订购,必然使得货物装运的发货地和目的地变得更为分散,物流组织的难度自然会因此而上升;

(4) 与传统的物流局限于供应链单个环节所承担的责任相比,电子化物流装运发货的责任已经延伸到了整个供应链,因此物流组织实施的要求也有了很大的提高;

(5) 客户对物流服务的速度、质量、成本、服务能力和水平方面的要求比过去有很大的提升;

(6) 对装运发货过程在线处理的需求开始出现,比如通过在线方式进行货物登记、在线交付航运提货单/航空提货单、在线运费支付、在线费率报价、在线落地价格计算以及在线关税管理等;

(7) 与传统的贸易过程相比,客户向供应商退货的比例也大大提升;

(8) 物流企业更加专注于一对一营销,以创造和满足客户定制化的需求,并能提供更有针对性和更加专业化的客户服务。

电子商务对物流服务提出的新要求给现代物流业的发展提出了严峻的挑战,促使传统的物流向电子化物流转型。可以说,电子化物流既是电子商务发展的内在要求,也是促进电子商务向纵深发展的重要推动力。

2. 有效满足供应链可视性的要求

供应链可视性(Visibility)是指在供应链中的每个环节都能为供应链合作伙伴提供包括客户需求、库存水平、生产状态、货物装运状况及其订单履行进程等完整的业务信息,以便更好地促进供应链合作各方共享信息,进行协同作业。提高供应链的可视性不但对减少供应链牛鞭效应[①]的发生有着十分重要的作用,而且对提升供应链绩效有着不可低估的影响。因为企业通过有效的信息共享而实现协同生产、协同分销和协同物流,既可以减少库存管理成本和交货延期时间,又可以显著地提升供应链作业的效率,改善面向客户的服务,赢得更多客户的满意和支持。

物流运作过程中的数据交换和信息共享对供应链可视性的影响极为明显,因为物流作为商业活动履行过程中的一个不可或缺的基本环节,关系到制造商、分销商、承运商、客户等各方的实际利益,它的运营状况和实施进程必然会得到各方的密切关注和重视。而电子化物流通过电子化技术的有效应用,能最大限度地实现供应链合作伙伴在物流运作过程中的信息共享,可以有效地满足供应链可视性的要求,对改善供应链的运行质量有着十分显著的实际效果。

3. 适应物流运筹的全球化发展的需要

在经济全球化快速推进的背景下,物流运筹全球化作为一种新的经济现象,已成为当代物流业发展的一个重要特征。物流运筹全球化表现为物流市场的全球化、物流空间布局的全球化、物流客户的全球化、物流竞争的全球化、物流合作的全球化以及物流服务的全球化等多种形式,而且越来越呈现出"国内市场国际化,国际竞争国内化"的趋势,势必要求物流服务提供商能够积极应对这一无法抗拒的挑战。

全球化的物流运筹必须依靠全球化的方法和手段,而电子化物流正是依托全球化的商务运作工具——互联网的应用,利用其无远弗届、跨越时空的特性,实现全球范围内的物流资源的运筹和整合,是适应物流运筹全球化发展需要的必然选择。

4. 满足客户对物流服务的需要

随着市场供求关系的变化以及现代信息通信技术的快速发展,物流客户的选择权和决定权正变得越来越大,个性化、专业化和多样化的要求也在不断地提高,真正成为主宰物流市场发展变化的主导力量。当越来越多的物流客户希望通过电子化手段获得物流服务资讯、参与物流运作过程、加强双方的交流和沟通时,物流服务提供商不得不采取有效的措施来满足客户越来越迫切的需要。

电子化物流在改善客户服务、提升物流服务能力方面必将发挥重要的作用。物流服务资讯的电子化发布、物流服务的网络营销、物流电子化客户关系管理、物流电子化协同作业等都将作为电子化物流的表现形式,成为满足客户对物流服务需要的有力武器,为越来越多的物流服务提供商所选择。

---

① 其英文为"Bullwhip Effect",是指供应链中需求的波动程度沿着供应链的上游方向呈现出逐级放大的现象,使得上游供应商对需求的判断大大超过真实的市场需求。

当然,电子化物流的发展动因不仅仅局限在以上所列的四个方面,所有能够为物流服务提供商及其客户和供应链合作伙伴创造价值的电子化应用都应该成为电子化物流发展所追求的目标。

10.2 电子化物流发展的内在需求

物流业作为国民经济的重要产业,是对国民经济和社会发展具有基础性、综合性、复合性、延伸性的支柱型产业,以新一代信息技术促进电子化物流的发展,进而促进物流业的转型升级,具有十分迫切的内在需求。

10.2.1 有助于促进我国从物流大国向物流强国迈进

物流业是既涉及储存、运输、包装、流通加工等核心服务,同时也包含市场调查与市场预测、原材料采购及订单处理等外延服务,以及物流咨询、物流方案设计及优化、物流资金融通、物流教育培训等扩展服务,是一个覆盖面极其广泛、带动作用十分显著的行业。从全国范围来看,近年来我国物流业的从业人数已突破5000万,其中货车司机近3000万人,在用车辆近1500万辆。面对一个规模如此巨大、影响如此广泛的支柱行业,加快电子化物流的发展,推动我国从物流大国向物流强国迈进已势在必行。

10.2.2 有助于破解我国物流高成本的顽症

我国物流业的成本长期居高不下,一直是困扰其健康、快速发展的一个顽症。最能衡量一个国家物流水平高低的指标是社会物流总费用占GDP的比率。在最近几年,我国的这一比率虽有所下降,但基本还处在15%上下,这一数值相当于美国和德国的2倍、日本的3倍,甚至还超过了印度和巴西等国家的发展水平。物流成本高企这一难题的破解需要多管齐下、综合施力,但如何充分地发挥电子化物流在降低物流成本中的作用,无疑是一个十分重要的现实课题,我们必须对此予以足够的重视。

10.2.3 有助于物流发展模式从粗放型向精细型转变

物流业虽然面广量大,但至今仍处在较为传统的作业模式,已经很难适应当今时代的需要。传统的物流发展模式存在的较为突出的问题表现在以下六个方面:

一是传统的物流服务功能单一,目前仍以仓储、运输为主,不能提供有效的系统化物流服务,不能形成完整的服务链。

二是信息化程度低,管理能力薄弱,无法满足客户差异化的需求。

三是缺乏资源整合能力,我国当前运力资源浪费十分严重,公路货运整体空载率至今还接近50%的水平,而美国公路物流行业的平均空载率约在10%左右,双方的差异极为悬殊。

四是物流服务无序竞争,价格战激烈,国内零担货运企业约有 450 万家,大部分的企业仍在依靠无标准、无秩序的低价策略生存。

五是物流业务市场集中度不高,规模普遍弱小。相关数据显示,我国拥有 10 辆以上货车的货运企业占运输公司总数的 10%,有 100 辆以上货车的货运企业仅占运输公司总数的 3%,只有一两辆货车的个体户约占运输公司总数的一半,这种散兵游勇式的物流企业分布不利于行业的健康发展。

六是我国上市的物流企业至今约有 10 家,基本没有与电子化物流相关的平台型企业,而且目前已经上市的物流企业基本采用合约物流的形式,只服务少数大客户,对全行业的贡献有限。

总体而言,我国的物流业当前还处在较为粗放的传统物流发展阶段,存在的问题较为复杂,发展电子化物流能在较大程度上改变物流业发展所面临的棘手问题,促进物流业走上健康快速的发展轨道。

10.2.4 有助于把握新的物流发展机遇

伴随着经济和社会的快速发展,我国的物流领域不断地呈现出新的发展机遇,当前值得关注的机遇有以下三个方面:

一是以电商为驱动力的快递业务呈现出迅猛发展的态势,目前我国已成为世界第一的快递大国,并且仍以远超 GDP 增长的速率快速增长;

二是跨境电商井喷式的发展为跨境物流提供了广阔的商机,发展电子化物流是企业登上跨境物流列车的重要选择;

三是农村物流正显现出蓬勃生机,农村人口占比高、农村市场需求大是我国的基本国情,农村物流具有十分广阔的发展前景。

可以说,国家政策的利好以及市场需求的牵引将会给物流业带来稳定、持续的市场机遇。

毋庸置疑,作为全球最具有活力的物流市场,我国物流业的发展有着层出不穷的发展机会,但新的市场机遇必须依靠强有力的"武器装备"去把握,加快电子化物流的发展无疑是我国的物流企业所必须面对的现实问题。

10.3 电子化物流的发展路径

电子化物流的发展涉及面广、影响面大、带动作用强,需要物流企业理清思路、明确目标、找准方向,逐步走出一条适合自身特点的发展道路。

10.3.1 电子化物流发展的基本出发点

电子化物流的发展必须牢固树立"创新、协调、绿色、开放、共享"的新发展理念,顺应物流领域科技与产业发展的新趋势,深入推动互联网、物联网、大数据、云计算和人工智能等新一代信息技术与物流活动的深度融合,创新物流资源配置方式,大力发展物流商业新模式、经营新业态,提升物流业信息化、标准化、组织化、智能化和集成化水平,实现物流业转型升级,为全面提升物流业的市场适应能力和竞争实力提供强有力的支撑。

电子化物流的发展既要推动政府的物流数据信息向社会公开,完善信息交换开放标准体系,促进企业之间的物流信息以及企业的商业信息与政府的公共服务信息的开放对接,实现物流信息互联互通与充分共享,又要充分发挥市场在物流资源配置中的决定性作用,强化企业的主体地位,激发企业的活力和创造力,同时还要以新一代信息技术为依托,优化物流企业的业务流程,创新物流活动组织方式,发挥新技术引领的经营管理创新在物流业转型升级中的关键作用。

10.3.2　电子化物流发展的主要目标

电子化物流的发展不是简单的技术应用,而是要将新一代信息技术全方位、深层次、多角度地应用到物流业务的全过程中去,主要包括以下四个方面的目标:

一是通过新一代信息技术在物流领域的广泛应用,使仓储、运输、配送等环节的智能化水平显著提升,物流活动组织方式得到不断的优化和创新。

二是电子化物流的新技术、新模式、新业态成为行业发展的新动力,与之相适应的企业管理模式与运营体系得以建立。

三是要形成以新一代信息技术为依托,建立起开放共享、合作共赢、高效便捷、绿色安全的智慧物流生态体系,物流运营效率大幅提高,物流业的国际竞争力显著提升。

四是要以发展电子化物流为契机,培育新的业态,创造新的增值服务,提供新的就业岗位,创立物流经济新的形态。

10.3.3　电子化物流发展的主要内容

新一代信息技术作为推动物流业转型升级的重要驱动力量,只要运用得当,无疑可以发挥出"四两拨千斤"的神奇作用,在很大程度上将会迸发出全新的活力,为物流业创造出无限的生机。从深层次来看,电子化物流是要实现传统产业的在线化、数据化和智能化,只有将物流各项业务全方位、多角度、高水平地与新一代信息技术融合,才能真正达到预期的目标。电子化物流发展的主要内容可以分为以下四个方面:

1. 实现物流生产作业电子化

物流生产作业涉及面广、运行体系复杂、劳动强度高,目前仍然是较为典型的劳动密集型作业方式,如何利用新一代信息技术来优化作业流程、简化作业环节、提升作业效率和降低作业成本是物流企业转型升级所面临的现实问题。实现物流生产作业电子化的基本思路是要综合应用互联网、物联网、大数据、云计算和人工智能等现代信息通信技术,建立起涵盖作业人员、作业对象、作业流程和作业路线的智能化生产作业体系,既能实现物流、信息流和资金流高效、顺畅的流转,又能促进作业能力和作业水平的大幅度提升。

2. 实现物流营销电子化

物流营销能力相对薄弱是制约我国物流业发展的重要瓶颈，这恰恰是物流电子化的重要着力点。物流营销电子化主要的思路包括四个方面：

第一，要建立和完善面向各类物流用户的一体化营销平台，方便用户随时随地购买物流企业的产品、获取物流企业的服务；

第二，要对已有的物流电商平台进行进一步的改造和优化，以便有效地提升用户体验，扩大物流服务的项目内容；

第三，要加强移动端物流营销平台的开发，完善相应的业务功能；

第四，要从物流企业自身的业务需求出发，在物流营销电子化方面进行探索和创新，不断地取得新的突破。

3. 实现物流管理电子化

由于物流行业的特殊性，管理层级多、效率低、成本高等现象较为明显，利用新一代信息技术进行管理突围已成为应有之义。物流企业应从以下四个方面着手：

第一，要从全局的角度，对人、财、物、物流、信息流、供应链以及客户关系等进行全面的梳理，尽力形成规范化的流程和标准化的管理规范；

第二，要充分开发基于移动互联网的智能管理系统，为不同的员工提供个性化、专业化和精准化相统一的管理体系；

第三，要建立各类专业数据库，做到资源共享、系统互联、信息互通；

第四，要利用云计算技术，建设物流云管理平台，实现云管理模式。

4. 实现物流服务电子化

服务能力弱、服务水平低一直是物流业的短板，与社会需要存在着较大的脱节。发展电子化物流既是物流业弥补服务"短板"的有力举措，更是提升自身市场适应能力和竞争实力的重要选择，具体做法包括以下五个方面：

第一，要通过移动互联网等手段建立物流与用户之间的永久"连接"，要充分依靠互联网等纽带来建立起长期、信任并且可持续的业务合作关系；

第二，要建立物流服务大数据平台，积聚涵盖各类用户全生命周期的业务需求以及服务数据，为更好地服务用户并提升自身的竞争力提供重要基础保障；

第三，要建立线上、线下高度融合的一体化服务体系，为各类用户提供全天候的物流服务；

第四，要利用互联网等手段延伸物流的服务疆域，尽快拓展农村、偏远地区等市场；

第五，要不断地丰富和完善物流服务电子化的内容，促进服务资源和服务经验在更大范围内的共享。

10.4 电子化物流的主要发展模式

随着新一代信息技术与物流业的不断融合，国际、国内出现了众多电子化物流运营的新

模式,为物流业的发展注入了全新的活力。当前,值得关注的新模式主要有以下四种:

10.4.1 无车承运人模式

无车承运人模式由来已久,脱胎于传统的第三方物流,只不过伴随着新一代信息技术的应用,这种模式有了新的发展。无车承运人本身并不拥有车辆、仓储以及物流作业人员等"重资产",但凭借其对物流服务供求双方的高度管控,形成了强大的物流服务履行能力,成为物流业的新宠儿。

美国的罗宾逊全球物流有限公司(以下简称"罗宾逊公司")是世界上最成功的无车承运人企业,这家并不拥有一辆卡车的物流公司在美国长期位居交通运输业的首位。罗宾逊公司是成立于1905年的老牌物流公司,利用其他公司的卡车、火车、轮船及飞机安排运货服务,每年处理近400万货运批次,为食品饮料、制造业和零售业的客户服务,同时也提供供应链管理服务以及在美国范围内采购、销售及运送生鲜农产品等。该公司的运作模式的本质是轻资产的传统的第三方物流中介,依靠规模经济取胜的传统的第三方物流企业。该公司从客户处接单,然后发包给合作的承运商进行运输,而它的客户与承运商之间并没有直接的撮合交易,业务类型以大客户的合同物流为核心主体,随机客户是业务补充。在运力提供方面,罗宾逊公司与全美近7万家中小型物流企业(少于100辆车的供应商承运的比例超过80%)签约,成为总数超过100万辆卡车的"总帮主",为货主和签约的物流企业提供高效率、高水平的运输协调服务。

与其他第三方物流企业不同的是,罗宾逊公司坚守"向货主承诺运力,向承运商承诺运价"的发展理念,既保证了货主所需的服务品质,也保证了承运商的利润空间,自己的利润来源于货主,自身的价值在于通过互联网等手段将市场上大大小小的运力整合起来,形成一体化的运营服务体系以满足货主的需求,而不是简单地向加入罗宾逊公司运力体系的物流企业收取各种费用,以此作为收入来源。基于新一代信息技术的物流信息平台是罗宾逊公司业务运营的核心,其中连通加盟运输企业的"TMS平台"每年的运维费用超过5000万美元,另一个连通货主的"Navisphere信息平台"每年的运维费用超过2000万美元,这两大平台共同构成了罗宾逊公司的"两翼",助罗宾逊公司更好地腾飞。

10.4.2 平台对接模式

物流服务由于具有非常高的时间和空间的特定要求,供求双方因信息不对称而导致的需求不匹配是造成运能空转以及物流成本居高不下的重要原因。通过互联网等技术和手段,物流业建立物流服务供求对接平台,提供高效、精准、专业的物流供求匹配服务,有着迫切而又现实的市场需求。

与无车承运人模式不同的是,平台对接模式是为供求双方提供对接的渠道以促进直接成交,无车承运人模式则需要单独与供求双方签约,并要限制供求双方直接接触以阻止双方成交。平台对接模式由于进入门槛低、技术难度相对不高而受到物流业的关注。这种模式类似于物流业的"淘宝网",在现阶段还存在着不少的问题,平台提供的服务与物流服务提供商的需求还有比较大的差距,有待做进一步的探索。

10.4.3 关联产业链模式

伴随着新一代信息技术的快速兴起,物流业面临着新的市场变化,单纯的物流运输、仓储或配送已经很难适应社会对物流业快速发展的需要,围绕核心业务进行关联产业链的布局是不少物流企业必须做出的选择。关联产业链模式旨在通过移动互联网、物联网、大数据、云计算和人工智能等新一代信息技术的综合应用,形成"以核心业务为根基、关联业务为支撑、融合业务促发展"的新的发展模式。顺丰速运作为国内高端快递发展的领头羊,已走出了一条属于自己的发展道路。成立于1993年的顺丰速运在持续强化速运业务的基础上,坚持以客户的需求为核心,围绕快递物流产业链,不断地丰富企业的产品和服务种类,针对电商、食品、医药、汽配、电子等不同类型的客户开发出一站式供应链解决方案。与此同时,顺丰速运积极拓展国际业务,目前国际小包服务可以覆盖全球200多个国家及地区,国际快递服务已覆盖美国、俄罗斯、日本、韩国、新加坡、马来西亚、澳大利亚、新西兰、加拿大、巴西以及欧盟各国等50多个国家及地区。在做大做强核心快递业务的同时,顺丰速运积极利用电子化的技术和手段拓展其他的关联业务,逐步向综合物流服务商、供应链集成商转型。顺丰速运除了快递业务以外,还形成了以下关联业务的一个支撑体系,主要包括:

1. 顺丰优选

顺丰优选是以"优选商品,服务到家"为宗旨,依托线上电商平台与线下社区门店,为用户提供日常所需的全球优质美食的一个平台。该平台出售的商品覆盖生鲜食品、母婴食品、酒水饮料、营养保健、休闲食品及美食用品等品类,商品种类已近两万余种,其中绝大部分为进口商品。该平台的物流配送需求由顺丰速运自身提供,既为顺丰速运带来了新的物流业务,也为自身开展跨境电商业务提供了强有力的保障。

2. 海购丰运

海购丰运是顺丰速运全新打造的海淘转运服务平台,致力于为客户提供足不出户、购遍全球优质商品的购物体验,全程均由顺丰速运操作,可以实现多渠道轨迹查询,为客户提供购买全球精选商品的便利。

3. 顺丰金融

顺丰金融以供应链金融、综合支付和金融科技为三大核心业务,参与物流、信息流和资金流的控制,建立起产业链金融服务体系,以综合支付为纽带,通过构建多样化应用场景,为用户提供各类便捷安全的支付工具,为商户提供线上线下支付服务、结算服务及各类行业解决方案。顺丰金融借助于专业有效的大数据分析平台,打造金融科技核心能力,构筑了一个有场景、有温度的新金融生态圈。

10.4.4 生态整合模式

物流业是涵盖海、陆、空,涉及空运、陆运、水运、仓储、配送以及物流配套服务等极为广泛的体系,利用新一代信息技术来整合不同的物流资源,实现无缝对接、高效一体的生态整合体系,是我国物流业发展的一项重大任务。生态整合模式的构建关键是物流企业要利用一系列先进技术，在物流管理监控、运营作业、人员管理、资源整合以及金融支付等方面实现信息共享，用互联网新思维和相关的新技术来改造传统的物流业，使传统的物流业能更好地适应时代的发展需要，以迎接电子化物流新时代的到来。

从我国物流体系的整体构成来看，目前空运、铁运、远洋海运的主体运力由国家主导，而最为活跃的公路物流则基本由社会力量主导，尤其是在快递领域，顺丰速运和"四通一达"（申通、圆通、中通、百世汇通、韵达）已基本形成"寡头垄断"的格局。因此，物流生态整合的难度非常大，利用互联网等手段来攻克这一难题成为必然的选择。为了构建生态整合模式，国家层面明确了"构建物流信息互联共享体系"的主要任务，旨在推动传统的物流活动向信息化、数据化方向发展，促进物流相关信息特别是政府部门信息的开放共享，夯实高效物流发展的信息基础，形成互联网融合创新与物流效率提升的良性互动。国家将加强综合运输信息以及物流资源交易、车货匹配、安全监管等信息平台建设，推动平台之间的数据对接、信息互联，促进互通省际、下达市县、兼顾乡村的物流信息共享机制，以实现物流活动全程监测预警、实时跟踪查询。

在创立生态整合模式方面，我国有一些地方政府和物流企业已经开始开展实际的行动。自2007年年初开始，浙江省交通运输厅开始建设物流信息化公共服务平台，2009年推进省际互联，2010年成为全国唯一一个国家级的"国家交通运输物流公共信息平台"。我国物流领域的领军企业浙江传化集团于2014年10月与国家交通运输物流公共信息平台展开战略合作，这一合作基于国家平台的标准与交换，联合建设并推出"园区通"服务产品，旨在提升中国物流园区管理的信息化水平及促进中小物流企业通过运用互联网、云计算等技术，使企业自身转型升级，步入行业经济的"新常态"，推进园区信息互联在全国各大物流园区落地。"园区通"所提供的园区云服务主要包括云会员、云配货、云支付和云保险四类具体服务，在"园区通"服务产品体系中的各管理系统已经实现了与云服务平台的无缝链接，可以直接使用云服务平台中的各项服务，其他加入互联的园区也可以通过自身的信息管理系统，以服务接口调用的方式与云服务平台互联，使用云服务平台中的各类服务。"园区通"中的云服务包括四大应用场景：一是一地发卡，全国通用；二是一地失信，处处受制；三是物流资源，各地分享；四是统一结算，合众保险。

10.5 电子化物流业务系统

毫无疑问，电子化物流业务的运作必须通过电子化物流业务系统来实现。与传统的物流业务运作方式不同，在电子化物流的背景下，物流业务的管理基本都是通过电子化的方式实现的。在国际上，电子化物流业务系统有相对成熟的运营体系，已构成了相应的运作模式。

10.5.1 总体组成

根据联合国贸易与发展会议的研究，结合国际的发展状况，国际电子化物流业务系统主要包括在线订单管理系统、货物跟踪系统、在线设备与容器追踪系统、运输规划与管理系统、到岸成本计算应用系统、在线客户关系管理系统、协同物流管理系统、海关清关系统、集成式一体化供应链管理系统以及退货管理系统等十个子系统。图10-2为国际电子化物流业务系统的总体结构。

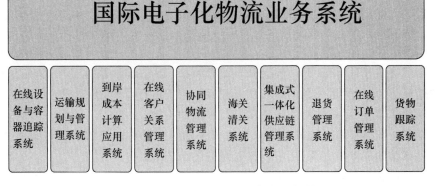

图 10-2　电子化物流业务系统的总体结构

10.5.2　电子化物流业务系统各子系统的业务功能

电子化物流业务系统各子系统的业务功能、业务流程及其实施过程各不相同，以下作较为详细的分析：

1. 在线订单管理系统

在线订单管理（Online Order Management）系统是电子化物流业务系统的基本组成部分，它的主要功能是让物流客户在线提交物流业务的订单，向物流客户及其供应链合作伙伴提供实时的订单处理信息，以确保合作各方能随时掌握物流订单的处理状况，并能进行协同作业处理。

在线订单管理系统可以按照业务处理要求的不同在功能上进行调整和优化，比如有些在线订单管理系统可以根据客户的要求进行专门定制，以满足客户个性化的物流需求；有些在线订单管理系统能够按相应的标准对客户所需要的商品进行自动地分发；有些在线订单管理系统可以让物流参与各方和客户同时对订单进行管理，以便更好地实现物流信息的交互。

物流订单的在线化处理既大大提高了订单管理的效率，又显著降低了订单管理的成本和出错的概率，而且更为重要的是，这种方式大大提高了客户对物流管理和物流服务的满意度。

2. 货物跟踪系统

货物跟踪（Shipment Tracking）系统是电子化物流业务系统的主要子系统之一，它的主要功能是让客户通过电子化物流网站等途径随时跟踪处在物流进程中的货物的各种状态，包括货物的行进路线状况、货物本身的状态变化情况以及各个环节的接应状况等。货物跟踪系统需要供应链各成员之间共享物流活动的各种信息,并能对库存、销售或生产等进行更好的规划,因为只有这样才能做到物流全过程的高效快捷,才能使客户更好地参与物流过程的运行。

货物跟踪系统已在国际上不少的物流企业中应用,比如美国的联合包裹速递服务公司(UPS)早就通过这一系统面向物流客户提供专业化的物流查询服务,取得了非常理想的成效。

3. 在线设备与容器追踪系统

对处于物流进程中的各种设备与容器进行追踪是物流企业做好物流工作的一项重要任务,对降低物流风险、加强物流管理意义重大。在电子化物流业务系统中,这项业务是通过在线设备与容器追踪(Online Equipment and Vessels Tracking)系统实现的,它通过对诸如集装箱和船只、火车和货运飞机的运转状态和所处位置进行监控,并把相应的信息与货物跟踪系统实现共享,以便更好地对物流活动进行跟踪和控制。

在线设备与容器追踪系统的信息来源主要是通过各种移动终端和无线设备采集的,这些信息通过系统的加工和处理,用于物流管理的各个环节。

4. 运输规划与管理系统

运输规划与管理(Transportation Management and Planning)系统是物流企业开展国际物流业务运作的基本业务系统。在国际电子化物流的背景下,物流客户可以通过这一系统方便快捷地完成物流运输交易,比如,通过互联网进行费率管理、进行账单支付以及进行承运商的选择等,承运商也可以通过这一系统进行最优路径决策,并根据订单情况及时地调整运输计划等。

这一系统还可以根据货物装运情况核算总的货运成本,包括可以提供给客户的折扣或者需要额外支付的费用等都可以一目了然地提供给相应的客户。

5. 到岸成本计算应用系统

到岸成本计算应用(Landed Cost Calculation Applications)系统主要是为国际物流交易业务设计的,它可以根据受托人的需要自动计算出相关货物的到岸成本。到岸成本的计算必须考虑到贸易规则、关税、保险和运输成本等各方面的因素。

这一系统的设计应该是面向国际客户的,在设计系统的时候物流企业不但要考虑到不同国家和使用不同语言的客户的使用习惯与使用要求,而且还要按照国际上的相关规定对成本的计算予以精确的说明。比如,两种不同的成本计算方法,一种是离岸成本(Free on Board,FOB),另一种是到岸成本(Cost Insurance and Freight,CIF),都应单独予以计算和说明。

6. 在线客户关系管理系统

建立和维护良好的客户关系管理是开展国际电子化物流业务运作的重要内容,构建在线客户关系管理(Online Customer Relationship Management)系统就是要达到高水平的客户关系管理的目的。在线客户关系管理系统为销售商、物流服务提供商和客户之间建立起了电子化的沟通和交流的渠道,客户可以通过网络等手段直接与客户服务专家进行在线交流,获得专业和高效的客户服务支持。

为了给客户提供更好的服务,销售商和物流服务提供商可以在网上提供常见问题解答、讨论组以及聊天室等方式,为客户提供各种有用的资讯,让客户能够方便快捷地实现自助服务。

7. 协同物流管理系统

协同物流管理(Collaborative Logistics Management Systems)系统是要通过在线的方式使供应链参与各方以不同的方式实现协同,比如,共同梳理供应链参与各方的运输需求、共享物流信息等,从而更好地获得协同的优势。

这一系统也可以帮助供应链参与各方共同竞标,以便有更大的把握争取更多的市场机会。协同物流管理系统既是供应链参与各方协同开展各项业务的命脉,也是它们实现优势互补、互惠互利的重要手段。

8. 海关清关系统

由于海关清关程序复杂、手续繁多,而且对物流的效率和效益影响明显,因此海关清关在国际物流服务中占有重要的地位。在电子化物流业务系统中构建电子化的海关清关(Customs Clearance)系统,对物流企业提高海关清关的效率大有裨益。这一系统可以用来在线准备各种进出口的单据,并能通过网络直接提交给海关清关服务部门。作为清关的必要程序,该系统可以自动生成各种海关清关文件和表单,并能有针对性地传递给货物的供应商、购买者、发货人、承运人、货物代运人以及海关报关行等,这样会使各个环节的单据传递变得非常迅速。

海关清关系统不但可以使清关过程实现电子化,而且在执行各国的进出口相关法律规定方面也能发挥比较大的作用,比如对禁运、联合抵制以及受管制的相关商品预先进行控制等,可以减少很多不必要的麻烦。

9. 集成式一体化供应链管理系统

构建电子化业务物流系统的重要目的之一是要能整合供应链参与各方各自独立的物流功能,能够建立起集成式一体化供应链管理体系。所以,集成式一体化供应链管理(Integrated all-in-one Supply Chain Management)系统作为电子化物流业务系统的有机组成部分,起着整合和优化的作用。这一系统的主要功能是从物流订单的生成到货物交付给最终客户的全过程都能实现多重的供应链功能,以提高供应链各环节的一体化程度和整体效率,降低供应链管理的总体成本。

集成式一体化供应链管理系统由于牵涉面广、业务功能复杂,不能强求一步到位,要按照实际需要和可能进行优化与完善,以逐步提高整体运行效果。

10. 退货管理系统

物流过程结束后有时会出现客户对所接收的货物不满意的情况,有的客户会提出退货的要求,这是在所难免的。对于物流服务提供商而言,虽然已经完成了正向(从供应商到最终客户)的物流过程,但又不能不承担反向(从最终客户到供应商)的物流职责。这一双向的物流过程远比单向的物流过程复杂,因此,应用电子化的退货管理(Returns Management)系统就显得很有必要。电子化的退货管理系统一方面要记录退货的原因、数量、时间等信息,另一方面要记录退货商品的物流信息,以便能让供应商及供应链参与各方能对其进行有效的控制。

退货管理系统还会涉及货物的调剂以及资金的结算等问题,物流企业需要在系统设计时做出相应的考虑。

从以上十个子系统我们可以看出,国际电子化物流业务系统包括的范围很广、业务功能复杂,但在实际的应用过程中都能发挥出十分重要的作用。不难看出,电子化物流的功能是随着物流业务的发展而不断调整优化的,电子化物流业务系统的设计和运用也必须根据物流业务发展的不同阶段以及物流服务提供商的实际需要而确定。可以说,电子化物流的发展是一个渐进的过程,我国的物流企业(包括物流系统开发商)必须坚持从客户的需求出发,从简单的应用起步,由浅入深,循序渐进,不断地提升电子化物流发展和应用的水平与层次,争取在快速崛起的电子化物流发展领域赢得新的发展机遇。

10.6 电子化物流服务平台

电子化物流是伴随着电子商务的快速发展而形成的一个新概念,是物流服务提供商开展物流业务运作的一种新方式。电子化物流服务平台(e-Logistics Service Hub)是物流服务提供商开展电子化物流业务运作的基本载体,是物流业务参与各方共享信息、协同作业的基础性平台。

10.6.1 电子化物流服务平台的概念

从电子化物流的概念可以看出,电子化物流服务平台是以满足客户的需求为出发点而履行电子化物流各项职能,从而实现人员、流程和技术有机集成的一种电子化业务运作平台。作为信息交换和流程整合的协同业务平台,它既可以为物流服务提供商履行物流服务职能提供理想的载体,也可以为物流客户创造出多方面的价值。可以说,电子化物流服务平台是物流服务提供商开展电子化物流业务的核心媒介,是承载各个业务系统运行的基本业务平台。

10.6.2 电子化物流服务平台的类型

按照电子化物流的服务对象和业务流程的不同,电子化物流服务平台可以分为电子化物流客户管理与服务平台、电子化物流信息共享平台、电子化物流协同作业平台和电子化物流管理平台等四种类型的子平台。

1. 电子化物流客户管理与服务平台

电子化物流客户管理与服务平台是物流服务提供商直接面向物流客户提供物流服务的业务平台,物流客户可以通过接入互联网等方式获得物流服务提供商所提供的各项服务,包括业务咨询、货物跟踪、订单查询等。物流服务提供商通过这一平台对物流客户进行电子化的客户关系管理,并向客户提供各类专业化、多样化和个性化的服务,让客户更加满意。电子化物流客户管理与服务平台是物流服务提供商与物流客户之间通过互联网联系起来的纽带,是实现物流业务高效、优质运行的重要保证。

2. 电子化物流信息共享平台

电子化物流信息共享平台是连接物流客户、物流合作伙伴以及物流服务提供商的业务平台,是物流服务提供商发布和共享从客户需求形成到物流作业完成全过程信息的主要渠道。由于电子化物流信息共享平台牵涉到多方的使用者和利益相关者,因此,用户的身份认证、数据的格式与标准、信息共享的机制等问题必须得到供应链参与各方的共同认可,只有这样才能保证信息共享的实际效果。

3. 电子化物流协同作业平台

电子化物流协同作业平台是物流合作伙伴之间共同开展物流业务运作的业务平台,承载着共同决策与规划、协同作业、统一调度物流资源等业务功能,是物流合作各方开展物流业务协同运作的中心枢纽。电子化物流协同作业平台是集成各类物流设施、物流作业人员以及各种电子化物流技术的综合体,牵涉面广、技术要求高,运营过程也较为复杂。

4. 电子化物流管理平台

电子化物流管理平台主要是为物流服务提供商进行内部资源管理服务的业务平台,具体包括各种通过电子化手段实现的管理活动,如内部物流资源的组织与管理、内部各业务部门之间的协调、物流财务管理、物流营销管理等各项电子化作业。电子化物流管理平台是物流服务提供商开展电子化物流业务的基础设施,既是整合内部物流资源,并与物流客户及其物流合作伙伴实现协同作业的有效工具,也是提高物流服务提供商内部管理效率和管理水平的有力武器,在整个电子化物流的运作过程中发挥着基础性的作用。

10.6.3 电子化物流服务平台的构建模式

电子化物流的运作必须通过专门的电子化物流服务平台来实现,这一平台的主要功能是实现供应链上下游各个环节的系统集成,以便及时交换、获取并整合相关信息,只有这样才能满足物流客户对物流信息和物流服务的需要。目前,在国际上电子化物流服务平台的构建模式主要有以下三种:

1. 单一物流服务提供商构建模式

国际上一些主要的物流服务提供商,比如美国的联合包裹速递服务公司和联邦快递、德国的敦豪国际等都十分重视电子化物流的发展,纷纷投入巨资,构建和运营属于自己的电子化物流服务平台,这种平台称作"单一物流服务提供商电子化物流服务平台"(Single Logistics Service Provider e-Logistics Service Hub)。也就是说,只有一个物流服务提供商提供电子化物流服务,目标是为客户提供全流程的电子化物流服务。从资金投入的力度来看,这些企业一般都会把每年营业收入的1.5%~3%投入电子化物流服务平台的建设和营运中去。由于这些大公司在资金、技术、人才等方面都有很强的优势,所以它们提供的电子化物流服务也极为出色。

以联邦快递为例,这个公司每年要投入数亿美元用于电子化物流服务平台的建设和营运。它的电子化物流服务平台除了拥有被称为COSMOS的全球货运追踪网络和千万个FedEx Powership工作站以外,还有FedExship软件,可以让客户通过网络使自己的电脑变成强大的货运管理工具,随时与联邦快递的电子化物流服务系统实现互动。另外,联邦快递网站上的interNership功能可以让客户自己印制货运标贴,并可以按客户的需求随时安排快递业务员来取件等,为客户提供了最大限度的方便,自然会受到客户的欢迎和支持。

2. 第三方构建模式

第三方电子化物流服务平台(3rd Party e-Logistics Hub)由中立的第三方构建和运营,

面向中小型物流服务提供商,向其提供专业的电子化物流服务。中小型物流服务提供商通过付费的方式租用这一类型的电子化物流服务平台,以便更好地服务自己的客户。

我国台湾地区著名的物流企业大同公司构建和运行的 e 网通平台是较为典型和成功的第三方电子化物流服务平台。它利用单一的网络平台向中小型物流服务提供商提供方便、快捷和高效的物流增值服务,为物流服务提供商及其客户创造新的价值。它的电子化服务主要包括以下四种类型:

(1) 电子化货况查询。

电子化货况查询(e-Tracking)包括提供港到港的货况信息(Port to Port Service)和港到目的地之间的货况信息(Port to Door/Door to Port Service)两种形式。

(2) 电子化运务作业。

电子化运务作业(e-Trucking)主要提供货物承揽业者与内陆运输业者之间提货、派车、询价与报价作业及到站、离站信息的整合应用。

(3) 电子化对账作业。

电子化对账作业(e-Billing)平台不仅能提供电子化仓租明细(e-Warehousing Debit Note)及电子化同行对账(e-Coload Debit Note)等常规的业务功能,而且还能提供仓租明细报表及下载仓租明细 Excel 等实用功能,供物流企业存盘应用。

(4) 电子化同行通告。

电子化同行通告(e-Coload)平台可以为从事物流服务的同行提供费率通告以及询价、报价作业等业务功能,供同行用作决策分析的依据。

3. 策略联盟构建模式

策略联盟电子化物流服务平台(Logistics Service Provider Consortium e-Logistics Hub)是由多家物流服务提供商通过策略联盟的方式构建和运营的电子化物流服务平台。构建这样的平台的目的,既是为了满足客户的需求,也是为了提升与大型物流服务提供商竞争的能力。这种类型的电子化物流服务平台利用电子化的手段,向客户提供整合的物流信息与全方位的电子化物流服务,使整个联盟成为一个更具有竞争力的、实现了虚拟整合(Virtually Integrated)的大型物流服务提供商。

在物流业快速发展的背景下,策略联盟电子化物流服务平台的形式也变得越来越多,比如世界空运货物组织(World Air Cargo Organization,WACO)联合全球 50 多个国家和地区的相关物流服务提供商共同投资构建和运行了一个共享的物流运筹平台——WINGE,为客户提供整合的电子化物流服务,从而使世界空运组织成为一个在全球 110 多个国家和地区有物流服务据点以及在全球拥有 2.1 万名货运专业人员的大型空运承揽服务业者,并当之无愧地成为策略联盟型电子化物流服务运作模式的成功典范。

从未来的发展趋势来看,以上三种形式的电子化物流服务平台各有自己的服务特色和业务定位,将会同时存在、共同发展,为电子化物流的发展提供有力的支撑。

10.6.4 电子化物流服务平台的功能目标

物流活动的组织是一项牵涉面广、参与组织多、地域分布范围广阔、执行时间比较长的复杂的系统工程,在业务活动组织实施的过程中,牵涉到大量单证的转移、信息的流动和资金的流转。电子化物流服务平台就是要通过基于网络的业务平台,实现对物流全过程的管理和控制,以全面提高物流运行的效率和效益。从电子化物流服务平台所需要实现的功能来看,主要包括以下三个方面的目标:

1. 实现物流活动单证的电子化

物流活动的实现牵涉到大量的单证,这些单证在本质上是物流运作过程中的数据交换,都可以通过电子化的方式实现。电子化物流服务平台可以全面整合与物流活动相关的各种单证,不但要实现物流单证的电子化,而且还要达到与单证相关的各种数据"一次输入,全程使用"的目标,最大限度地提高物流单证的处理效率,降低单证处理的成本和差错发生的概率。国际物流活动由于程序复杂、环节众多,所以单证特别繁杂,通过电子化物流服务平台的应用可以实现各种单证的全面电子化。图 10-3 列出了国际物流实现过程中参与各方通过电子化物流服务平台实现单证电子化交换的流程。

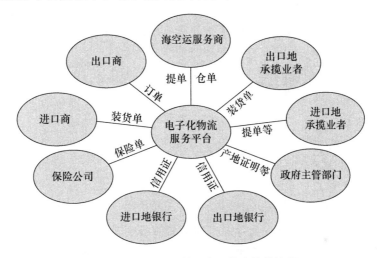

图 10-3 国际物流单证电子化交换的流程

2. 实现物流活动全过程的可视化

物流活动全过程的可视化是反映物流运行过程透明度和可控性的重要指标。在电子化物流的背景下,物流合作伙伴之间(包括物流服务的对象)可以通过网络平台等载体共同监视物流运行的状态,以进行更有成效的协同作业,提高物流运作过程的效率,降低物流成本。电子化物流管理的一项重要任务就是要使物流活动的合作各方实现充分的信息共享,致力于提高物流过程的可视化。

电子化物流服务平台通过网络载体的应用可以为物流过程中的每项事件提供完整的信息,其中包括发生的时间、地点及内容;可以在该平台中将每个合作伙伴所提供的物流信息按照协同作业准则(Collaboration Rule)、交易规范准则(Business Rule)以及供应链流程(Supply Chain Flow)等条件的设定来决定事件的处理方式。实现物流过程可视化的数据目前可以利用条形码、二维码、云计算、无线射频识别系统及全球定位系统(Global Positioning System,GPS)等方式来收集,并配合相应的应用系统进行处理,供电子化物流服务平台实现共享。由于电子化物流服务平台的应用,物流活动的透明度大大提高,供应链参与各方对物流过程的监控能力也大为上升。所以,物流活动全过程的可视化是构建电子化物流服务平台必须实现的基本功能。

3. 实现物流客户对物流服务的需要

越来越多的物流客户希望通过电子化物流服务平台获得物流服务资讯、参与物流运作过程、加强与物流服务提供商的交流与沟通。电子化物流服务平台可以帮助物流服务提供商更好地满足物流客户对物流服务的需要，以提高他们的满意度和忠诚度。比如，物流服务提供商可以通过电子化物流服务平台发布物流资讯，实现网络营销，进行电子化客户关系管理以及受理退货等业务，这样可以为客户创造更大的价值。

10.6.5 电子化物流服务平台的功能设计

电子化物流服务平台已成为物流服务提供商开展物流业务运作的基础性设施，相应的功能是根据业务需要来设计的。以我国台湾地区"全球商业链整合及物流运筹 e 计划"来看，电子化物流服务平台的功能设计应从以下五个方面入手：

1. 在线航班、船班的查询与订舱功能

这是依托互联网在电子化物流服务平台实现的基本业务功能，用以提供国际、国内与物流相关的各个航空公司与航运公司动态的业务信息，并且可以实现在线订舱、确认定位以及突发事件即时警告的功能。其中，在线订舱功能应包括航班/船班的编号、舱位的编号、货物的种类、上货时间、到达时间、货物签证编号、货物的重量、货物的尺寸、货物的数量、单位舱位价格等相关信息的处理等功能。

2. 货况追踪功能

电子化物流服务平台可以借助于网络的双向交互功能，实现对货物的自动跟踪（Auto Tracking）。它既可以让物流合作伙伴通过网页界面以手工的方式输入最新的货况信息，也可以提供自动化的货况信息整合接口，以整合其他合作伙伴的货况最新信息。其提供的货况信息包括货栈进仓、国内外货物海关放行、航运/海运货物盘柜等。

在货况异常处理方面，电子化物流服务平台应支持通过电子邮件、网络短信等方式即时通知货况异常状况，以便相关人员及时做出反应。

3. 电子化金融与保险功能

金融与保险是和物流业务运作紧密相关的业务，电子化物流服务平台可以实现较为完善的电子化金融与保险功能。电子化金融包括电子支付和电子入账两个方面，无论是支付还是资金入账，都可以由电子化物流服务平台与各银行的账务运行中心直接相连，进行在线资金的流转。

电子化保险的相关业务都可以通过电子化物流服务平台直接办理。这一平台不但需要提供国内外不同保险公司的货物保险费率及相关信息，而且还应有相关的接口可以将货物信息直接传送给保险公司，处理货物保险事宜。另外，这一平台还应该可以查询与电子化保险业务有关的各类信息，包括保单号码查询、到港日期查询、提货日期查询以及货物损害情形及金额查询等。

4. 在线报关服务功能

报关是进出口物流业务中不可或缺的基本程序，电子化物流服务平台可以实现在线报关服务功能。进出口商或物流服务提供商可以通过这一平台在线提交通关文件的申请,平台可以将通关信息自动分类传递给海关等政府主管机构,经过审核后,通关的信息可以直接通过电子邮件等方式发送给申请人。

在报关的过程中,电子化物流服务平台不但可以把不同格式的舱单等自动转换成海关报关所需的格式,而且还可以将物流服务提供商处理货物的各种信息传送给相关政府部门及审批单位,以生成产地证明或输出/输入许可证。

5. 国际资料在线交换功能

在国际物流活动中,国际资料的交换是一项烦琐而又不可缺少的工作。比如,美国的海关要求船运商在外国港口装货前24小时预先提供货物的详细资料,若未能提供有关资料,船运商可能会受处罚,或者阻延货船在美国港口的卸货时间。其他很多国家都有类似的要求,物流服务提供商必须在国际物流活动中严格遵守。

电子化物流服务平台可以按照国际物流活动的要求提供国际资料在线交换的服务。相关的物流服务提供商可以通过这一平台提供的接口直接向国际物流管理机构提交相应的文件资料,并获得确认或者错误信息的反馈。这一业务功能不仅大大简化了物流服务提供商提交国际资料的手续,而且也节省了相应的时间和费用,对提高物流运行的效率大有帮助。

10.7 推进我国电子化物流发展的措施

电子化物流将成为物流业未来发展演进的必然趋势,也可以说是现代物流业发展的高级阶段。加快电子化物流的发展对促进我国物流产业转型升级有着十分重要的意义,需要从以下四个方面采取相应措施:

10.7.1 提高认识,把握电子化物流发展机遇

在新一代信息技术成为国家战略的背景下,全国各行各业正在掀起大力推进新一代信息技术发展和应用的热潮。物流业作为国民经济和社会发展的重要支柱产业,尽管具有巨大的发展空间,但如果失去了新一代信息技术作为新的动力,不但会在激烈的国际竞争中处于被动,而且会落后于市场对物流业自身发展的要求,不利于行业整体的发展。因此,无论是政府,还是企业,或者是其他相关各方,都应对此予以高度的重视,形成良好的发展氛围,为全面推进电子化物流创造更为有利的条件。

从全球范围来看,电子化物流已成为众多物流服务提供商提升物流运行效率、改善客户服务水平、降低物流营运成本,进而提高企业对市场的适应能力和竞争实力的重要手段。可以肯定,作为现代物流业未来发展的方向和趋势,电子化物流将会得到越来越迅速的发展。在我国,电子化物流的发展还处于较为初级的阶段,无论是理论研究,还是实践应用,基本还处在起步阶段。在电子化物流人才培养、电子化物流技术开发、电子化物流管理和运营等许多方面,都亟待引起足够的重视。应该看到,电子化物流必将成为我国物流发展领域一个新的热点和趋势,各地、各级政府部门和相关企业都应把推进电子化物流的发展作为一项战略

任务来抓，以进一步提升物流产业发展的水平和层次，更好地适应经济和社会发展的需要。

10.7.2 加强对发展电子化物流的统筹规划和科学部署

电子化物流的发展并没有现成的模式或解决方案可以利用，单纯的"拿来主义"根本行不通，它的成败关键取决于新一代信息技术与物流业务的契合程度以及与物流用户需求的匹配水平，只有做到物流业务与新一代信息技术血肉相连同时又能真正体现用户意志，才能产生实际价值。因此，对电子化物流的发展既不要对技术过分迷信或恐惧，因为最先进的技术如不能跟业务有效融合就不可能发挥应有的价值，当然也不能闭门造车、故步自封，只有目标明确、措施得力，才能保证成效可期。从国家层面来看，需要从制定相应的规范和标准等入手，推动电子化物流健康、有序、快速的发展。

10.7.3 要着力破解电子化物流的人才瓶颈

既懂技术又熟悉业务的复合型人才是电子化物流发展的基本保障，而人才匮乏正是当前的重要瓶颈。对物流业发展来说，当前既要全面开发和应用电子化物流的相关技术，更要培育一支能使用先进技术开展业务的优秀队伍。破解电子化物流人才瓶颈，需要从以下四个方面着手：

一是要促进产、学、研之间的深层次合作，把推进迫切需要的电子化物流人才培养，作为物流企业、高等院校和科研院所需要共同解决的任务；

二是要针对具有较好业务基础又有较强创新能力的业务人才进行重点培养，拓宽电子化物流的技术背景，强化相关的技术能力，促进复合型人才的成长；

三是要坚持"请进来"和"送出去"并重，邀请相关的技术和管理专家为企业提供全方位的指导和培训，并将相关管理和业务人员送出去，接受新的技术和思想；

四是通过设立科研课题等形式培养和发现人才，并通过特定的奖励措施鼓励相应的专业人才脱颖而出。

10.7.4 要打破常规、坚持创新求胜

我国物流业要面向电子化物流实现转型升级，所面临的问题和困难是显而易见的，如果不在管理体制和运营机制等方面有根本性的突破，就只能回到过去的老路中去。与此同时，实施电子化物流必然需要有创新的理念、创新的思维、创新的模式、创新的管理和创新的服务等，唯有创新才能谋求生存、才能在丛林中突围，具体可以从以下三个方面着手：

一是要借鉴互联网的模式和思维，创新管理制度，为企业发展提供更加灵活、开放和融合的发展环境；

二是要坚持开放、共享、协调的发展理念，加强行业内部的结盟和合作，做到资源共享、优势互补，同时加强与互联网等行业的融合发展，做到内外协调、协同发展；

三要坚持创新驱动的发展思想，不断探索新的发展模式，以模式创新拓宽发展视野，赢得新的发展空间。

10.8 企业推进电子化物流发展的策略

企业是电子化物流的发展主体,是推动电子化物流发展的核心力量。企业可以从以下各个方面出发,实施相应的发展策略:

10.8.1 致力于构建长期稳定的客户关系

对于从事电子化物流服务的企业来说,不管定位于哪种角色,都应该从把握客户的需求出发,致力于与客户建立起长期稳定的客户关系。一般来说,客户对物流服务的需求具有长期性和重复性,一旦选定了物流合作伙伴,很希望能够长期合作下去。因此,物流服务提供商要从客户的现实和潜在需求出发,通过提供专业和卓越的服务,赢得客户的信任,提高客户的满意度和忠诚度。

在电子化物流的背景下,电子化客户关系管理系统的应用将会变得十分重要,用好这一系统对改善客户服务,构建与维护良好的客户关系意义重大。作为电子化物流服务的提供商,应自觉把最大限度地开发和利用电子化客户关系管理系统作为提升企业竞争力的重要法宝,使其真正为企业创造更大的价值。

10.8.2 致力于提高物流业务运作的效率和水平

物流业务流程的服务对象为客户,目的是通过向客户提供有价值的物流服务获得价值增值。对于电子化物流服务提供商而言,首先应该分析本企业现有的业务流程,明确业务活动从开始到结束的全过程,搞清楚物流数据的流入和流出的基本流程,以发现可能存在的各种问题,比如各种与物流活动相关的贸易单证是在什么时候、什么环节产生的,存在哪些不合理的因素和过程,应怎样进行调整与优化等。

应该明确的是,尽管在电子化物流的背景下,物流业务的流程很大程度上通过电子化的方式实现了,但如果业务流程本身不合理的话,那么电子化物流的解决方案只能更快、更大程度地重复和放大流程存在的错误。所以,在实施电子化物流的过程中,首要的任务是要理顺和优化相应的业务流程,然后再通过电子化的方式更快、更好地去实现。

10.8.3 致力于提高协同作业的能力

在电子化物流发展过程中,加强合作各方物流信息系统的集成有着十分重要的意义。

首先,对于客户而言,在应用电子化物流系统之前,一般都有独立的物流管理系统,而且都已经积累起了大量的各种类型的数据之后,如果不能进行有效的集成,必然会影响电子化物流系统实际运行的效果。因此,加强系统集成应看作是电子化物流发展的一项重要任务。

其次，在电子化物流的运作过程中，必然会牵涉到各种形式的数据维护和更新，特别是在国际的物流业务的运作，因为每个国家都有一套独立的进出口规则，而且这些规则常常是动态变化的，如果物流业务运作的各方不能实现系统的集成，就无法做到信息的共享，也就不可能实现高效的物流业务运作。

最后，电子化物流系统的优势表现在利用电子化手段实现供应链参与各方和物流客户之间高效的协同作业，如果不能形成系统之间的有机集成，仍然存在各自独立的信息孤岛的话，显然是无法达到预期的目标的。

毫无疑问，物流系统的集成是一项长期而又复杂的工作，必须从技术、标准和管理等多方面入手才能实现相应的目的。在技术方面，供应链参与各方和物流客户之间应尽量选择比较成熟和普及的软/硬件产品，重点要考虑到兼容性和可扩展性，使不同的系统之间能做到互联互通；在标准方面，要尽量坚持采用国际性的通用标准，尽可能以相同的标准实现不同系统之间业务运作的规范和统一；在管理方面，应该通过相应的制度和管理程序对系统的运行进行监管和控制，以有效实现不同系统间的业务协同。

10.8.4 致力于供应链整体效率最优化

电子化物流业务的运作涉及众多的合作方，在业务运作的过程中，由于各自目标和利益的不同，可能会出现各种矛盾和冲突，比如成本的分摊、利益的分配等，常会出现不协调的现象。为避免这类现象产生，电子化物流的合作方应加强合作和沟通，采取"互惠互利、求同存异"的原则，从全局观念出发，以"追求共同利益最大化"为目标，致力于供应链整体效率的最大化，以实现"双赢"和"多赢"。

作为电子化物流业务的参与各方，还应注意加强学习和反馈，及时发现业务发展中出现的各种问题，共同分享成功的经验，吸取失败的教训，使电子化物流切实成为提高企业经营管理水平和经济效益以及增强企业竞争力的重要手段。

10.9　典型案例　台湾长荣国际储运电子化物流发展案例

位于我国台湾地区的长荣国际储运股份有限公司（以下简称"台湾长荣国际储运"）的前身为长隆运输股份有限公司，创立于1973年，成立初期以为航运界及工商界提供汽车货柜货运服务为主要营业项目，1986年更名为长荣运输股份有限公司。为了整合整体资源，加速为客户提供更完整、更便捷的服务，以便更好地扩大营运规模、降低成本，并提升经营效率，该公司与长荣货柜股份有限公司合并后变更公司的名称为长荣国际储运股份有限公司，不久又完成了与长航通运股份有限公司的合并。经合并整合后，该公司结合相关公司合并后的巨大资源效益，透过垂直整合，有效地将业务范畴与服务层面延伸至陆运、海运、空运的仓储、运输、物流、码头装卸、船舶租赁、客运、车辆代检及维修服务、油品事业等。

作为台湾地区物流业的佼佼者，台湾长荣国际储运建立起了整合型储运信息服务平台，为客户提供"一体化"（All In One）的物流服务，提高货载的安全性及流畅性，降低客户的营运成本,强化市场竞争力,取得了较为显著的成效。

10.9.1 案例背景

伴随着企业全球化的发展趋势,以及市场竞争的日益激烈,如何针对客户的需求达成高服务质量及低物流成本的物流目标,将是全球的物流企业所面临的最大挑战。有别于传统的物流企业所提供的单一运输服务,在以互联网为核心的现代信息通信技术快速发展的新时代,更强调整合性的服务,包括运输、仓储、流通加工及信息等,更加突显物流仓储业者在全球价值链中扮演的重要角色。尤其从原料产地至消费地的流通过程中,物流服务提供商若能通过电子化的环境来规划、执行及管理程序,不但能立即以迅速的服务响应市场及客户的要求,而且还能有效地结合顾客服务、订单处理、运输、仓储、存货控制、搬运、包装、设施选址、加工及退货处理等功能,让客户在不同领域的作业流程中感受到服务的差异性,同时达到有效降低库存、提升作业效率的双重目标。而这也是物流仓储业者创造附加价值很重要的环节,台湾长荣国际储运在合并后,公司的营运范围遍及台湾各地,对物流业务的整合管理迫在眉睫。

而在当时,在对外服务方面,台湾长荣国际储运与委托厂商、供应商、采购商、储运物流中心、报关行、货物承揽业者及运输业者之间以个别应对的方式进行营运,每笔业务都需要单独与各个相关的业务伙伴进行洽商,然后采取相应的行动(如图10-4所示)。

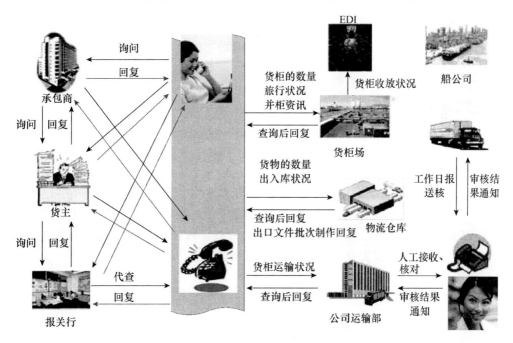

图 10-4 台湾长荣国际储运实施电子化物流之前的流程

在这种运作模式下,台湾长荣国际储运的物流组织效率低下、物流运行的成本居高不下,严重影响了公司的市场适应能力和竞争实力。只有充分利用现代信息通信技术对原有的物流运行模式进行系统改造才能更好地满足客户的需求,提升企业的竞争力。

10.9.2 实施方案

在扑面而来的电子化物流发展大潮中,台湾长荣国际储运面对自身存在的问题和困难,深入思考适合自己的发展道路,最终提出了整合现有货柜集散场、物流仓储及内陆转运资源,建立整合物流、商流、资金流及信息流于一体的整合型储运信息服务平台的实施方案,以实现向客户提供"一站式"服务(One Stop Service)的电子化物流发展目标。台湾长荣国际储运电子化物流导入后的流程如图 10-5 表示。

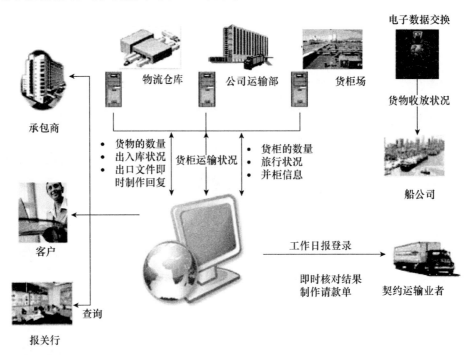

图 10-5　台湾长荣国际储运电子化物流导入后的流程

台湾长荣国际储运建设的这一整合型储运信息服务平台,不但至少能向数十家企业客户提供"一体化"的物流服务,以提高货载的安全性及流畅性,而且还能灵活调度长途内陆货柜运输、码头船边装卸、货柜拖运业务等作业,使内陆运输及柜场、码头业务更加连贯,并且对拓展地区外物流业务极为有利,可以满足不断增长的客户需求。

10.9.3 系统架构

台湾长荣国际储运在整合型储运信息服务平台建设完成后,委托厂商、储运物流中心、报关行、货物承揽服务商及运输服务商都被整合到这一平台,相互之间均可以通过网络进行在线的数据与信息的交换,并可以进行库存查询、货况追踪、运务管理及计费作业管理等信息服务整合,以降低客户的营运成本、增进服务质量、强化市场竞争力。图 10-6 为台湾长荣国际储运电子化物流系统的架构。

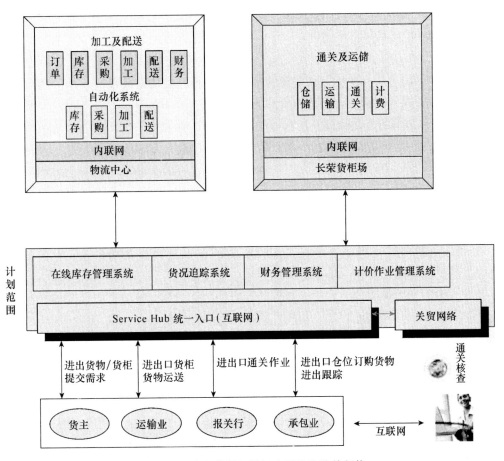

图 10-6　台湾长荣国际储运电子化物流的架构

如图 10-6 所示，这一架构包括以下四个功能模块：

1．在线库存管理系统

在线库存管理系统主要用来整合货柜场、物流中心及在途的库存，使货主掌控所有的库存数据以利于进行调度。它的业务功能包括：

（1）进口货柜拆柜状况查询；

（2）空运仓储业务查询；

（3）货物进仓查询。

2．货况追踪系统

货况追踪系统用来供货主、买主、物流中心及承揽业者等使用者随时查询、追踪货品/货柜的运输情况。它的业务功能包括：

（1）出口货物签证查询；

（2）海关放行资料查询；

（3）货柜动态查询；

（4）EDI 货柜签证资料查询；

（5）空柜存场查询；

(6) 货柜放行资料查询；

(7) 船边及转运放行资料查询。

3. 运务管理系统

运务管理系统包含完善的运输资源管理，并配合计算机辅助决策核心，可以辅助调派人员快速地做出资源调度决策。它的业务功能包括：

(1) 运输资源管理；

(2) 作业点管理；

(3) 订单管理；

(4) 运输成本管理；

(5) 电脑辅助调派系统管理。

4. 计价作业管理系统

计价作业管理系统用来在线进行应付账款的核对与钩稽管理作业。它的业务功能包括：

(1) 合作厂商作业登录；

(2) 资料比对与建单；

(3) 运费核算；

(4) 发票资料管理。

10.9.4 运行成效

对于台湾长荣国际储运而言，电子化物流的实施所起的作用是十分显著的。在过去，整个物流运作管理的手段多以文件、电话或传真进行，在质量、管理及效率上都很难全面掌控，更不容易为客户提供完善的数据分析与实时服务；如今实现了电子化作业后，所有的记录都用电脑存储，使用者可以直接在电脑上查阅资料或进行作业，不仅彻底实现了物质化的物流作业，也大幅减轻了作业人员繁重且单调的资料誊写工作。电子化物流运行关键绩效指标的前后对比参见表 10-1。

表 10-1 关键绩效指标

电子化物流效益指标	实施前	实施后
客户货况查询时间	30 分钟	即时
空车率	10%	7%
委外运输账务钩稽作业时间	5～7 日	1 日

此外，客户通过在线资料库的查询，不但提升了信息的准确性和可靠性，缩短了信息的传送流程，而且当有异常状况出现时，资料库能够立即向各相关业务伙伴和客户提出警示与通知，并向相关作业人员提供具体的处理程序。

10.9.5 案例评析

物流业的快速发展、壮大必须克服传统作业方式的瓶颈，推进电子化物流的发展和应用。台湾长荣国际储运在这方面经过多年的探索，取得了非同寻常的成效，最为明显的是物流运作效率的显著提升和运行成本的大幅度下降，而这正是物流服务提供商最为注重的追求目标。

从台湾长荣国际储运的发展经验来看，电子化物流的实施并不复杂，最重要的一点是通过构建整合型储运信息服务平台，为物流运作的参与各方以及最终客户提供"一体化"和"一站式"的物流服务，从而实现物流运作效率和运行效益的根本性的提升。

10.10 本章思考题

1. 什么是电子化物流？电子化物流与传统的物流有什么区别？
2. 电子化物流发展的内在需求主要表现在哪些方面？
3. 电子化物流业务系统主要包括哪些子系统？
4. 什么是电子化物流服务平台？它的功能目标有哪些？
5. 国家和企业应如何推动电子化物流的发展？
6. 收集相关案例，对其如何组织和实施电子化物流进行分析和评价。

第 11 章

电子商务与客户关系管理

随着电子商务的深层次发展,与电子商务密切相关的概念——客户关系管理在全球范围内得到了广泛的传播,并引发了遍及各行各业的客户关系管理应用热潮。建立在"以客户为本"基础之上的客户关系管理顺应了经济全球化、信息网络化、服务个性化的发展潮流,在提高企业的客户服务水平、提升企业的市场适应能力、增强企业的竞争实力等方面发挥着重要的作用。

许多企业的实践表明:在电子商务大力发展的背景下,有效地实施客户关系管理是企业保持旺盛生命力的强劲动力;只有客户关系管理的成功,才有电子商务的成功,也才有企业持续、快速、健康的发展。客户关系管理的实施是一个复杂的过程,并且没有一个固定的、可以照搬的模式,需要切合每个企业的实际,有计划、有步骤、由浅入深地推进,使其真正成为企业发展的新动力。

11.1 "客户"的相关理论

日益加剧的市场竞争使越来越多的企业认识到,企业赢得市场的资本仅仅靠优质的产品和低廉的价格已经难以奏效,因为:一方面,产品质量的提高和价格的下降必然要求企业不断地降低成本,而降低成本受到各种资源条件的束缚,难度已经越来越大;另一方面,随着客户占主导地位的买方市场的形成,满意的质量和价格已成为客户选择商品的必要条件。企业了解关于"客户"的相关理论是赢得客户信任的基本前提。

11.1.1 对"客户"的重新认识

众所周知,企业要想在变幻莫测、纷繁复杂的市场竞争中取胜,十分重要的一点就是要拥有数量众多的忠诚客户。如果企业的经营者能知道他们是谁、他们想要什么,并且能以合适的价格和优质的服务满足他们的需求,那么他们必将是企业能留得住的并能对企业的各种付出给予回报的优质客户。对于每个希望在市场竞争中占据主动的企业来说,在激烈的市场竞争环境中,如何发现客户、吸引客户、服务客户、留住客户,与客户建立起持久、稳固和彼此信任的紧密关系已成为企业生存与发展的基础。对于大多数我国的企业来说,对"客户"的理解还是处于比较模糊的境地,有必要对"客户"的概念进行重新认识。对于企业而言,客户是指对本企业的产品和服务有特定需求的群体,它是企业的生产和经营活动得以维持的根本保证。客户资源是企业生存与发展的命脉所在,它的经济价值体现在"所有客户未来为企业带来的收入之和,扣除产品、服务以及营销的成本,加上满意的客户向其他潜在客户推荐而带来的利润"。

与另一个容易混淆的概念"消费者"相比,客户与其的差别表现在以下四个方面:

(1) 客户是针对某一特定细分市场而言的,他们的需求具有一定的共性。比如,某电脑公司把客户分成金融客户、工商企业客户、教育客户、政府客户等。而消费者则是针对个体而言的,总体处于较为分散的状态。

(2) 客户的需求相对较为复杂,要求一般比较高,购买数额也比较大,而且交易的过程延续的时间也比较长。比如,客户购买了汽车以后,牵涉到维修、保养以及零部件的更换等。而消费者与企业的关系一般是短期的,也不需要长期、复杂的服务。

(3) 客户注重与企业的感情沟通,需要企业安排专职人员负责和处理他们的事务,而且还需要企业对客户的基本情况有深入的了解。而消费者与企业的关系相对比较简单,即使企业知道消费者是谁,也不一定与其发生进一步的联系。

(4) 客户是分层次的,不同层次的客户需要企业采取不同的客户策略。而消费者则往往被看成是一个整体,并不需要企业进行严格的区分。

11.1.2 客户的分类

按照不同的标准,客户可以分成不同的类型。

1. 按客户与企业关系的紧密程度进行分类

营销大师菲利普·科特勒曾按客户与企业关系的紧密程度把客户分成基本型、被动型、负责型、能动型和伙伴型五类(参见表 11-1)。

表 11-1 按客户与企业关系的紧密程度对客户进行分类

客户的类型	企业与其关系
基本型	销售人员把产品销售出去以后就不再与客户接触
被动型	销售人员把产品销售出去以后,鼓励客户在遇到问题或者有意见时与企业联系
负责型	销售人员在产品销售出去以后与客户联系,询问产品是否符合要求;销售人员同时取得有关产品改进的各种建议,并了解到任何特殊的缺陷和不足,以帮助企业不断地改进产品,使之更加符合客户的需求
能动型	销售人员不断地与客户联系,得到有关改进产品用途的建议以及向客户传递新产品的信息
伙伴型	企业不断地和客户共同努力,帮助客户解决问题,助力客户成长壮大,实现共同发展

2. 按客户的重要性进行分类

在客户关系管理中,企业常常按客户的重要性对其进行分类。比如,企业采用 ABC

分类法进行划分,可以把客户分成贵宾型客户、重要型客户和普通型客户三种(参见表 11-2)。

表 11-2 用 ABC 分类法对客户进行分类

客户的类型	客户的名称	客户数量的比例	客户为企业创造的利润比例
A	贵宾型客户	5%	50%
B	重要型客户	15%	30%
C	普通型客户	80%	20%

需要说明的是,表 11-2 所列的数字为参考值,不同行业、不同企业的数值各不相同。比如,在银行业中,贵宾型客户的数量有可能只占到客户数量的 1%,但为企业创造的利润可能超过 50%;而有些企业,如酒店的贵宾型客户的数量可能远大于 5%,为企业创造的利润也可能小于 50%。以上划分较好地体现了营销学中的"80/20"法则,即 20% 的客户为企业创造 80% 的价值。当然,在 80% 的普通型客户中还可以进行进一步的划分,比如当中有 30% 的客户可能是无法为企业创造价值的,但同样消耗着企业的许多资源。因此,有人建议把"80/20"法则改为"80/20/30"法则,即在 80% 的普通型客户中找出其中 30% 不能为企业创造价值的客户,采取相应的措施,使其要么向重要型客户转变,要么终止与其进行交易。例如,有的银行对业务量较小的客户采取提高手续费的形式促使其减少交易频次,甚至鼓励这些客户到其他的银行办理业务。

3. 按客户对企业的忠诚度进行分类

按客户对企业的忠诚度进行分类,客户可以分成潜在客户、新客户、常客户、老客户和忠诚的客户等。

(1) 潜在客户。

潜在客户是指对企业的产品和服务有需求,但尚未开始与企业进行交易,需要企业花大力气争取的客户。

(2) 新客户。

新客户是指那些刚开始与企业开展交易,但对企业的产品和服务还缺乏全面了解的客户。

(3) 常客户。

常客户是指经常与企业发生交易的客户。尽管这些客户还与其他的企业发生交易,但与本企业的交易数量相对较高。

(4) 老客户。

老客户是指与企业交易有较长的历史,对企业的产品和服务有较深入的了解,但同时还与其他的企业有交易往来的客户。

(5) 忠诚的客户。

忠诚的客户是指对企业有高度信任,并与企业建立起了长期、稳定关系的客户。

不同忠诚度的客户在企业的经营活动中的地位有较大的差别,可以简单地用图 11-1 进行表示。

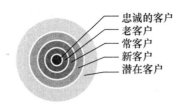

图 11-1　不同客户的地位分布

一般来说,客户的忠诚度与客户和企业交易的时间长短及次数的多少相关,只有忠诚的客户才能和企业长时间、多频度地发生交易。而客户的忠诚度是不断地发生变化的,只要企业对客户的服务得法,能赢得客户的信任,那么潜在客户可以变成新客户,新客户可以变成常客户,常客户可以变成老客户,老客户可以变成忠诚的客户;反过来也是如此。如果企业不注意提高客户服务水平,随意损害客户的利益,都有可能使新客户、常客户、老客户和忠诚的客户终止与企业的交易,弃企业而去。

11.1.3　客户满意和客户忠诚的关系

一般来说,只有满意的客户才能成为忠诚的客户;只有忠诚的客户才能为企业创造满意的价值。在激烈的市场竞争中,满意的客户和忠诚的客户已成为企业生存与发展的无价之宝,只有致力于最大限度地让客户满意,竭尽全力培育客户忠诚的企业才能赢得更大的发展。

1. 对"客户满意"的理解

"客户满意"(Customer Satisfaction)的概念自从 20 世纪 80 年代中后期提出后,就受到世界各国企业的广泛认同,很多企业都把追求"客户满意"作为企业生产与经营活动的指针,从客户的角度、用客户的观点而不是企业自身的利益和观点来全面分析、考虑客户的需求,最大限度地尊重和维护客户的利益。简言之,客户满意是指客户通过对一个产品或一项服务的可感知效果与他的期望值进行比较后所形成的愉悦或失望的感觉状态。如果可感知效果低于期望值,客户就会不满意;如果可感知效果与期望值相匹配的话,客户就会满意;如果可感知效果大大超过期望值,客户就会非常满意。比如,客户购买了一台电脑,在 3 年的保修期内没有发生任何故障,而在保修期之后电脑出现了故障,服务人员还能随时上门,并只收取少量的材料费,这必然会使客户感到十分满意;相反,如果在保修期内电脑出现了故障却得不到服务人员的及时响应,而且维修要收取高额的服务费,就必然会招致客户的强烈不满。

企业赢得客户满意的具体措施包括:

(1) 从客户的现实和潜在的需求出发,设计和开发新产品,创造新服务。

(2) 不断地提高客户服务水平,加快客户服务的响应速度,改善客户服务的质量。

(3) 不断地完善客户反馈系统,虚心地接受客户的意见和建议,因为许多产品和服务的创新往往来自于客户的抱怨。

(4) 要竭力留住老客户,要认识到"开发一位新客户的成本是保留一位老客户的成本的 5 倍""只要老客户的流失率下降 5%,就可以使利润水平上升 25%～85%""一位满意的客户可能会引发8笔潜在的生意,而一位不满意的顾客会影响25个人的购买意愿",这些都是在美国等发达国家所普遍认同的观点。

(5) 构建与客户要求相适应的企业组织,如办公设备公司可以按家庭客户、中小企业客户、集团客户等设置不同的服务部门,而不是按台式机、打印机、服务器等来划分。

(6) 分级授权,因为只有对直接面向客户的员工授予必要的权限,才能保证客户服务的速度和质量。

2. 对"客户忠诚"的理解

"客户忠诚"(Customer Loyalty)是指客户对某种品牌或某个企业的信赖、维护和希望再次购买的意愿。客户忠诚分为两个层面:一个是心理上的忠诚,表现为心理上对某种品牌的关注、认可、欣赏和追随;二是行为层面上的忠诚,表现为重复和持续购买。忠诚的客户是企业最为重要的资源,他们对企业提供的产品和服务有了深入的了解和印象深刻的使用体验,已经和企业建立起了良好的关系,他们不会轻易地放弃与企业的合作,对产品和服务的价格也相对不那么敏感。所以,忠诚的客户既是企业利润的源泉,也是企业成长与发展的不竭动力。

产生客户忠诚的因素主要包括以下四个方面:

(1) 产品和服务的特性。

企业长期提供的是价格合理、质量可靠、符合客户使用要求的产品和服务,已经赢得了客户的高度认同。

(2) 避免购买风险。

当客户面临着众多新的选择时,往往会选择自己熟悉的品牌和企业,以降低购买风险。所以,一个企业要从竞争者的手中争取一个对方的长期客户是十分困难的。

(3) 降低客户的相关购买成本。

客户要想寻找一个新的供应商,就必须花费相当多的时间、精力和金钱。为了降低这方面的代价,客户宁愿选择熟悉的供应商与其进行长期合作。

(4) 符合客户的心理因素。

客户对某一品牌或某一企业的产品和服务忠诚,可能是为了体现自身的价值,或是认同对方的价值观,也可能是因为对企业的承诺感到放心等。比如,客户购买价格昂贵的奢侈品可能是为了体现自己的身价,而购买海尔集团的家电产品可能是对其"全心全意为客户服务"的价值观的认同。

企业可以采用多种指标对客户忠诚度进行评价,较为常用的衡量指标包括:

(1) 客户重复购买的次数。客户忠诚度与客户是否重复购买高度相关,重复购买的次数越多,则说明自然忠诚度就越高。

(2) 客户的购买金额占企业此类产品和服务购买总金额的比例。一般来说,这个比例越高,则说明客户的忠诚度也就越高。

(3) 客户购买时挑选时间的长短。客户挑选企业的产品和服务的时间越短,则说明其忠诚度就越高。

(4) 客户对产品价格变化的敏感程度。客户对企业的产品和服务的价格变动表示接受和理解,敏感程度较低,则说明其忠诚度就较高。

(5) 客户对竞争者产品的态度。客户对企业的竞争者的各种市场举措的反应越不敏感,则其忠诚度就越高。比如,一个对某品牌的产品有较高忠诚度的客户,不会轻易因为别的品牌的产品降价而放弃购买其产品的决定。

(6) 客户对产品、服务质量事故的承受能力。忠诚度高的客户对企业的产品和服务有较高的宽容性,他们相信企业会采取公正、合理的方式来解决问题。

毫无疑问,客户满意和客户忠诚有着十分紧密的联系,但两者的区别也很明显:满意的客户不一定是忠诚的客户;而不满意的客户肯定很难成为忠诚的客户。因为很多客户购买某些商品和服务并不是经常性的行为。比如,客户在一生中购买住房的次数相当少,尽管这一次从某房地产公司购房很满意,如果要等到 10 年、20 年以后再到该房地产公司购房是很难保证的,一般也没有这个必要。美国汽车协会曾经有一项研究也表明,尽管有 90% 的客户声称他们对于自己购买的汽车是高度满意的,但重复购买率也只有 30%～40%。但是,这并不是说企业不能得到客户的忠诚就可以不考虑客户的满意,没有客户的满意连眼前的交易都无法达成,又何来客户的忠诚呢?

11.1.4 对客户价值的评价

有一些企业由于对客户的价值认识不足,认为即使存在着客户流失也无所谓。正是这种对客户价值的错误认识导致了许多企业的效益低下,甚至走上破产之路。我们以超市为例,分析一下流失一位客户对超市的价值影响究竟有多大。假如某居民小区有一个规模较大的超市,A 客户平均每周在该超市消费 200 元左右,有一次他因为买到一件质量有问题的商品而要求退货,超市却以包装丢失为由拒绝退货,A 客户从此以后不再在该超市消费,而是到距离稍远一点的另一家超市购物。为了方便起见,以 A 客户一年光顾该超市 50 次计算,一年该超市将因为流失 A 客户而直接减少收入 1 万元。假设 A 客户在该小区生活 10 年,则超市的损失为 10 万元。如果以 10% 的利润率计算,A 客户的利润就是 1 万元,这还不包括他向亲戚朋友告知这家超市的低劣服务所导致的影响。试想如果这家超市每年有 1000 个客户有这样的感受,那么这家超市最后必然只能关门大吉。美国的联邦快递对客户的价值也算过这样一笔账:在公司看来,虽然一个小型企业客户一个月平均只能带来 1500 美元的收入,但如果从整个客户服务周期(以平均 10 年为例)来看,那么一个小型企业客户给企业带来的收入为 18 万元(1500×12×10)。如果再考虑到客户的口碑效应,一位满意的、愿意和公司开展长期合作的、忠诚的客户为公司创造的价值是极其可观的。

菲利普·科特勒在《营销管理》一书中提出了"客户让渡价值"的概念。所谓客户让渡价值,是指客户所获得的总价值与客户所付出的总成本之间的差额。客户所获得的总价值是指客户从给定的产品和服务中所期望得到的全部利益,包括产品价值、服务价值、人员价值和形象价值等;客户付出的总成本则是客户在购买商品和服务的过程中耗费的货币、时间、精力和精神成本等。从经济学的角度来讲,客户的满意程度取决于客户让渡价值的大小,企业为客户创造价值的本质就是要最大限度地为客户创造让渡价值。

对于企业而言,客户价值是指企业把客户看作是企业的一项资源——客户资源,这种资源既是企业创造价值的源泉,也是企业提供客户让渡价值的基本保障。客户价值与客户让渡价值是相互统一的,一般来说,客户价值大则企业提供的客户让渡价值便大,客户让渡价值大则反过来可以为企业提供更高的客户价值。

因此，建立一个长期稳定的客户群是企业长久稳定地生存与发展的必由之路。企业进行客户价值的综合评价，掌握客户组合的分布，最主要的目标就是要分析自己的客户群，辨别自己的目标客户，实现客户资源的最优化。不难看出，企业作为经济活动的主体，而客户作为客体，两者的利益从根本上来看是相互统一的。企业的发展目标是，在为客户提供尽可能高的客户让渡价值的同时，最大限度地开发出客户的经济价值。

11.2 关系营销概述

为了更好地理解客户关系管理的意义和作用，我们有必要从关系营销学的角度对其进行分析。从某种意义上可以说，客户关系管理是关系营销(Relationship Marketing)理论在实践中的应用。

11.2.1 关系营销的思想

所谓关系(Relationship)，是指人和人或人和事物之间的某种性质的联系。在社会学上，关系是随着人类社会的诞生而出现，随着社会的发展而演进的。在远古时代，社会成员为了征服自然，获得生存而保持一定的相互协调关系，其特点是关系被无意识地运用来调整相互之间的利益分配；随着社会分工的出现，人们之间的种种联系由于利益而更加持久；随着人们交往活动的增加，关系呈网络状地迅速扩散，使得人类关系平均持续时间下降。

传统的市场营销理论的精髓就是利用企业内部的各种可控资源，通过"4P"的营销组合，对企业外部不可控的市场和客户因素做出积极、动态的反应，从而促进产品和服务的销售。它是建立在"以产品为核心"的基础之上的，以达成交易为目的，并力求每次交易的利润最大化。因此，传统的市场营销又可以理解成"交易营销"，它的工作重心在于最大限度地开发新客户，并把大量的人力和物力投入到营销过程的售前和售中阶段，而忽视了客户关系的建立、客户忠诚度的培养，以致不少交易变成了"一锤子买卖"。对于企业来说，它们既不关心谁在购买自己的东西、他们为什么购买，也不知道他们对产品和服务的真实评价，当他们因对企业的产品或服务的不满离企业而去时，企业的经营者可能既不知情，也无法找到有效的挽救措施。传统的交易营销理论在指导当今的营销实践方面已表现出较大的局限性，特别是与电子商务时代客户的要求相距甚远。

"关系营销"的概念产生于20世纪70年代，并在80年代以后在世界范围内得到了广泛的传播和应用，尤其是在电子商务迅猛发展的今天，它的基本思想通过以网络为核心的现代信息通信技术得到了较好的体现。所谓关系营销，是指企业通过识别、获得、建立、维护和增进与客户及其利益相关人的关系，通过诚实的交换和可信赖的服务，与包括客户、供应商、分销商、竞争者、银行、政府及内部员工在内的各种部门和组织建立起一种长期稳定的、相互信任的、互惠互利的关系，以使各方的目标在关系营销过程中得以实现。从企业与客户的互动角度，我们可以把关系营销描述成以下的过程：

(1) 企业寻找客户；
(2) 企业认识、熟悉客户；
(3) 企业与客户保持联系，建立起关系；
(4) 企业尽可能地保证客户所需要的产品和服务的各个方面得到有效的满足；
(5) 企业检查对客户承诺的实现情况；
(6) 企业获得客户的反馈，改进产品和服务，开始下一轮的关系营销。

关系营销强调的是关系，它的实质是企业与客户之间突破了单纯的买卖关系，通过建立良好的、互利互惠的合作关系，以保证交易过程持续不断地进行，使双方共同受益。表11-3列出了关系营销与传统的交易营销的一些区别。

表11-3 关系营销与传统的交易营销的一些区别

关系营销	交易营销
以客户为中心	以产品为中心
关注长期性的交易	关注一次性交易
强调客户服务	不重视客户服务
高度的客户承诺	有限的客户承诺
高度的客户关系	简单的客户关系
质量是企业各部门都关心的事	质量是生产部门所关心的事
高度重视与客户的接触、沟通	不重视与客户的接触、沟通
尽力满足客户的个性化需求	不注意满足客户的个性化需求

11.2.2 追求"双赢"：关系营销的根本目标

关系营销产生的根本原因是买卖双方存在着各自利益上的互补性，企业提供产品和服务给客户，并从中获取长期的、稳定的利润；客户则通过支付货币从企业那里购买到质量可靠、价格合理的产品，享受到满意、体贴的服务。因此，关系营销的出发点和归宿都是为了追求"双赢"（Win-Win），而不希望出现"你输我赢"的不平衡的结局。如果没有买卖双方各自利益的实现和满足，就无法建立起长期的、稳定可靠的、致力于互利互惠的关系。

美国的宝洁公司和沃尔玛的合作案例能很好地说明双方追求"双赢"的重要性。在过去，这两家公司分别是日化产品和零售业的巨头，它们并没有认识到追求"双赢"的重要性。开始时，宝洁公司以其独特的产品优势控制住双方之间的大部分交易，并且要求沃尔玛为其各种品牌增加进行展示的货架；而沃尔玛则凭借自身巨大的销售力量和不断增长的潜力，要求宝洁公司等制造商按它的标准行事。当时，双方旗鼓相当，各不相让。由于双方既没有信息共享，也没有可行的合作计划，更谈不上系统的协调，几乎使双方的合作陷入僵局。在很长的合作过程中，宝洁公司的销售经理从来没有拜访过沃尔玛，而沃尔玛对待宝洁公司的态度也正如其创始人山姆·沃尔顿所说："我们只是让我们的采购员和他们的销售员讨价还价，争吵不休。"进入20世纪80年代中后期以后，这两家"巨无霸"型的公司都开始意识到建立双方互惠互利关系的重要性，并着手通过电子数据交换实现双方的信息共享和业务协调。

这套系统建成后,可以实时、动态地传递有关宝洁公司产品的销售和库存情况,并且自动处理订单、结算等业务。这样,宝洁公司可以根据销售情况随时调整生产,而沃尔玛也在保证满足客户需求的情况下保持最恰当的库存,真正实现了"双赢"。从互不相让的利益争夺到互惠互利的真诚合作虽然只有一步之遥,但为双方带来的却是共同利益的全面提升,这样的结果正是关系营销所追求的目标。

11.2.3 关系营销的实现

关系营销作为客户关系管理的理论基础,它的实现和客户关系管理的实施有着相似之处。只不过关系营销更强调一种营销理念的贯彻,而客户关系管理则更侧重于技术的实现。关系营销的实现可以分成以下五步:

1. 分析、寻找客户

在这个阶段,企业主要应搞清楚谁是自己的产品和服务的购买者,他们有哪些基本类型,个人购买者、中间商和团体客户对产品和服务有什么不同的需求,并在此基础上分析谁是企业的潜在客户,如何与他们取得联系等。企业分析和寻找客户必须通过采集和分析已有的各种客户数据,生成各种客户数据库,这样才能更为准确地找到目标顾客群、降低营销成本、提高营销效率,并且可以为营销和新产品开发提供准确的信息。需要注意的是,企业必须充分利用电子化的方式实现与客户的互动式交流,及时地把握客户的需求动态,留住老客户,发现新客户。

2. 向客户提供有关产品和服务的承诺

无论是已经与企业交往多年的老客户,还是首次与企业打交道的新客户,一旦他们决定从企业购买产品和服务,都希望能有一个明确的有关产品和服务的承诺,包括产品和服务的质量保证、交货期限、价格等。只有确定的承诺才能使客户做到心中有数、目标明确。必须注意的是,企业对于某些不能确定能否实现的承诺,不应轻易地向客户许诺。因为当客户的期望与客户得到的体验存在着差距时,必然会降低客户的满意度,影响双方关系的发展。

3. 不折不扣地履行承诺

对客户的各种承诺能否实际兑现直接反映出企业对客户需求的满足能力,不折不扣地履行承诺是双方关系得以维持和增进的必要条件。企业任何不守信用的举措都可能导致客户失望地离去,从而使关系营销活动失败。所以,在这一阶段,企业应采取实际行动,保证按约履行自己的职责,最大限度地保证客户的满意。

4. 加强与客户的交流、沟通

有的客户无缘无故地中断了与企业的长期合作,常会使不少的企业经营者感到很蹊跷。实际上,根本的原因并不一定是企业的产品和服务出现了问题,很可能是企业与客户之间缺乏有效的沟通与交流。当客户不能及时地与企业的有关部门进行沟通时,竞争者很有可能乘虚而入并取而代之,这样必然会给企业造成不可挽回的损失。因此,企业的各级领导者必须高度重视与客户的交流、沟通,通过"走出去、请进来"的办法,使企业与客户的关系提升到一个更为巩固的阶段。

5. 千方百计地留住老客户

留住老客户是关系营销最基本的思想,每个企业都应千方百计地留住老客户,防止他们流失。企业留住老客户必须建立在良好的客户关系的基础上,这要求企业区别不同类型的客户关系及其特征,通过不断的技术创新、服务创新和组织创新来赢得客户,换取客户的忠诚。因此,国外的学者提出了以下三种企业保留老客户的方法:

(1) 通过增加财务利益来加强与客户的关系,如向常客赠送奖品和给予各种形式的价格优惠,但这些措施极易被模仿。

(2) 增加社交利益以及财务利益,即企业为客户提供个性化、私人化和多样化的服务。

(3) 增加结构性联系以及财务利益和社交利益,如企业提供特定设备、应用软件、营销调研、培训等,这样就在一定程度上构筑起了一种转换壁垒,易形成企业的竞争优势。

11.3 客户关系管理的原理与技术

毫无疑问,忠诚的客户已成为企业生存与发展的战略资源,长期、稳定的客户关系构成了企业的竞争力之源。关系营销从理论上为我们阐明了客户和客户关系的价值。近年来,随着电子商务的发展,关系营销的思想通过网络和计算机技术的应用得到了完美的体现——客户关系管理,无论是从管理理念还是从技术实现上都充分反映了关系营销的要求。客户关系管理作为电子商务应用的重要组成部分,正受到国内外企业的广泛关注,它的全方位的推广对促进电子商务的深层次发展有着十分重要的促进作用。

11.3.1 客户关系管理的含义及其产生背景

客户关系管理的概念在过去的几十年中受到了普遍的关注,相关的应用也正在逐步成熟。一般认为,客户关系(Customer Relationship)是指企业与客户发生的所有关系的总和,它是企业与客户之间通过相关活动而逐步积累形成的,对增进了解、加强合作、促进交易有着重要的意义。简单地说,客户关系管理就是对客户关系进行管理的一种思想和技术。换言之,客户关系管理是一种借助于现代信息通信技术在企业的市场、销售、技术支持、客户服务等各个环节的应用,以改善和增进企业与客户之间的关系,达到以更优质、更快捷、更富有个性化的服务来保持和吸引更多客户的目标,并通过全面优化面向客户的业务流程使保留老客户和获取新客户的成本达到最低化,最终使企业的市场适应能力和竞争实力有一个质的提升。从本质上来看,客户关系管理是"以客户为中心"的经营理念的具体实现,它既是一种理念,也是一个通过现代信息通信技术实现的系统。

与客户关系管理较为密切的概念有企业资源计划和供应链管理。与客户关系管理有所不同的是,企业资源计划侧重于企业内部业务流程的自动化,以达到提高生产经营效率、降低管理成本的目的;而客户关系管理更注重企业外部的客户资源,致力于关注客户价值、改善客户关系、提高客户的满意水平、增强客户的忠诚度,实现企业与客户的"双赢"。所以,企业资源计划和客户关系管理是互为补充、共同促进的。它们与供应链管理共同构成了电子商务的"三驾马车",如果把企业资源计划比作企业的"内力",把供应链管理比作企业连接供应商和客户的"桥梁",那么客户关系管理就是企业从"以产品为中心"逐步转向"以客户为中心"的"外力"。这三者相辅相成、相互支撑、缺一不可,共同驱动企业的前进与发展。

11.3.2 客户关系管理的产生背景

客户关系管理实际上并不是一个新生事物,早在20世纪80年代,自动销售(Sales Force Automation,SFA)系统和计算机、电话集成(Computer Telephony Integration,CTI)系统就已经在国外的企业中广泛应用。SFA系统可以帮助企业管理销售定额,计算销售人员的提成,预测利润,协调销售人员的活动;CTI系统可以为客户提供800、400电话服务,通过自动菜单选择和交互式语音反馈,让客户很快地与专业的电话服务人员通话,并记录交谈数据。但是,在传统的条件下实现客户关系管理有较大的局限性,主要表现在客户信息的分散性以及企业内部各部门业务运作的独立性。因为销售人员查询的SFA系统和电话服务人员依赖的CTI系统是互不相关的,同一个客户的资料被分别存储在不同的信息系统中,而企业内部的各部门都是按各自渠道获得的数据分头行动的,这就必然导致客户服务水平低下。比如,A客户的购买喜好只为B销售人员所熟知,而从事售后服务的C员工却对A客户的情况一无所知,A客户就不可能获得C员工的满意的服务。还有一些基本的客户信息在不同部门的处理中需要不断地重复,需要反复填写表格或进行计算机输入,使客户和企业的有关人员深感厌烦;而且,不少的业务人员为了防止客户资源的流失,影响销售定额的完成,很少愿意向同伴和企业的其他部门公开客户更多的信息,最终损害了企业与客户的关系。以下一些抱怨是很多客户对传统的客户关系管理的共同感受:

(1) 这家公司的好几个部门的人打电话来都问我同一个问题,真让人厌烦;

(2) 我说我喜欢什么种类的产品,他们永远都记不住;

(3) 我每次打电话去咨询都要等很长的时间才能答复,而且还常常答非所问;

(4) 同一个问题他们常常会给我不一样的回答,真不知道到底哪个是对的、哪个是错的;

(5) 我们公司与这家公司做了很长时间的业务,他们新上任的领导居然一点都不知道。
………

与传统的客户关系管理相比,基于互联网的客户关系管理系统带给我们的不仅仅是某种产品或某项服务,更重要的是一种先进的管理思想和管理方法。它是一个完整的收集、分析、开发和利用各种客户资源的系统,它的新特点有:

(1) 集中了企业内部原来分散的各种客户数据,形成了正确、完整、统一的客户信息并为各部门所共享;

(2) 客户与企业的任何一个部门打交道都能得到一致的信息;

(3) 客户可以选择电子邮件、微博、微信、电话、传真等多种方式与企业联系,并都能得到满意的答复,因为在企业内部的信息处理是高度集成的;

(4) 客户与企业交往的各种信息都能在对方的客户数据库中得到体现,能最大限度地满足客户个性化的需求;

(5) 企业可以充分利用客户关系管理系统,准确地判断客户的需求特性,以便有的放矢地开展客户服务,提高客户的忠诚度。

11.3.3 客户关系管理系统的主要功能

不同行业、不同企业的客户关系管理系统有不同的要求,不同的软件开发商也提供了具有不同功能的客户关系管理软件产品。从大的方面来划分,客户关系管理的功能包括客户服务与支持、销售管理、市场营销管理、呼叫中心、电子交易等部分。目前,国际、国内主要的客户关系管理软件厂商提供的产品基本都包含以下功能:

1. 客户服务与支持功能

客户服务与支持是客户关系管理系统的基本功能,具体又可以分为以下一些子功能:

(1) 客户信息管理功能。

客户信息管理功能由一个存放客户信息的数据库来实现,初期可以存放每个业务人员各自的客户以及每位客户的所有联系人的原始档案资料,包括业务人员及客户的姓名、代码、部门、电话、电子邮件等。企业对客户应作详细的分类,如客户所在的行业、地域、客户的性质等应有明确的记录,客户与企业的每项业务信息也应有完整的反映。

(2) 客户服务管理功能。

客户服务管理功能是企业对客户的意见或投诉以及售后服务等信息进行管理,主要记录客户的所有意见或投诉情况,对每项意见或投诉的全过程进行处理跟踪;对售后服务的全过程进行记录,包括上门服务、电话支持等,并将一些标准的解决答案记录在案,让企业的每个业务人员都能马上搜索到类似问题的答案。

(3) 客户合同管理功能。

客户合同管理功能是用来创建和管理客户服务合同的,目的是保证客户服务的水平和质量,并可以使企业跟踪保修单和合同的续订日期,安排预防性的维护活动。

(4) 客户跟踪管理功能。

客户跟踪管理功能是对有关业务人员与客户的联系情况进行跟踪记录的管理,可以对业务人员的有关活动作提醒设置;业务负责人可以随时将项目做移交,对已成交业务的收款情况及交货情况进行记录,并可以提醒业务人员收款,另外还具有一定的统计分析功能。

(5) 现场服务管理功能。

现场服务管理功能可以实现现场服务分配,保证服务工程师能实时地获得关于服务、产品和客户的信息,并可以与总部进行联系。

2. 销售管理功能

销售管理功能的目的是提高销售过程的自动化和销售的效果,主要包括以下一些子功能:

(1) 销售决策管理功能。

销售决策管理功能用来帮助决策者管理销售业务,实现额度管理、销售力量管理和地域管理等。

(2) 现场销售管理功能。

现场销售管理功能为现场销售人员提供业务联系人和客户管理、机会管理、日程安排、佣金预测、报价、报告和分析等。

（3）电话销售管理功能。

电话销售管理功能可以进行报价生成、订单创建、业务联系人和客户管理等工作，以及具有一些针对电话商务的功能，如电话路由、呼入电话屏幕提示等。

（4）销售佣金管理功能。

销售佣金管理功能允许销售经理创建和管理销售队伍的奖励和佣金计划，并帮助销售代表及时地了解各自的销售业绩。

3．市场营销管理功能

市场营销管理主要实现营销分析与营销决策的功能，主要包括以下一些子功能：

（1）市场分析功能。

市场分析功能通过各种统计数据（如人口统计、地理区域、收入水平、以往的购买行为等信息）来识别和确定潜在的客户群，以便更科学地制定出产品和服务的营销策略。

（2）预测分析功能。

预测分析功能利用营销部门收集的各种市场信息预测客户的需求变化和市场发展趋势，为新产品开发、市场策略和销售目标的制定提供参考，并能把相关的信息自动传递到各有关部门，以实现协调运作。

（3）营销活动管理功能。

营销活动管理功能为营销人员提供制定预算、计划、执行的工具，并在执行过程中实施监控和反馈，以不断地完善其市场计划；同时，对企业投放的广告以及举行的会议、展览和促销等进行跟踪、分析和总结。

4．呼叫中心功能

呼叫中心是由计算机和电话集成技术支持的，能受理电话、电子邮件、传真等多种方式交流的不间断的综合服务系统。它的主要功能有：

（1）电话管理员功能。

电话管理员功能主要包括呼入/呼出电话处理，互联网回呼，呼叫中心运营管理，图形用户界面软件电话，应用系统弹出屏幕，电话转移，路由选择等。

（2）语音集成服务功能。

语音集成服务功能支持大部分交互式语音应答，满足客户电话问询以及各方通话等功能。

（3）报表统计分析功能。

报表统计分析功能提供了很多的图形化分析报表，可以进行呼叫时长分析、等候时长分析、呼入/呼出汇总分析、座席负载率分析、呼叫接失率分析、呼叫传送率分析、座席绩效对比分析等。

（4）代理执行服务功能。

代理执行服务功能支持传真、打印机、电话和电子邮件等，自动将客户所需的信息和资料发送给客户。

（5）市场活动支持服务功能。

市场活动支持服务功能用以管理电话营销、电话销售以及电话服务等，为企业开展各类市场活动提供相应的支持。

(6) 呼入/呼出调度管理功能。

呼入/呼出调度管理功能根据来电的数量和座席的服务水平为座席人员分配不同的呼入/呼出电话,提高了客户服务水平和座席人员的生产率。

5. 电子交易功能

客户关系管理系统支持电子交易功能,具体包括:

(1) 电子商店。

企业通过客户关系管理系统建立网上商店,实现网络销售的相应功能,进行产品或服务的在线销售,满足电子商店的功能需求。

(2) 电子促销。

客户关系管理系统可以向客户提供个性化的促销方案,并可以通过电子邮件等形式进行发送。电子促销可以根据不同客户的特点进行具有针对性的定制式促销,做到有的放矢、精准投放。

(3) 电子账单。

客户关系管理系统可以支持电子账单的生成,并可以使客户在网上进行浏览和支付。电子账单功能既可以方便客户随时随地进行查阅,也可以为企业进行高效、系统的管理,为双方创造新的价值。

(4) 电子支付。

客户关系管理系统支持企业和客户进行电子支付,实现了无纸化交易和电子化的交易资金管理,使交易变得更加方便、快捷和高效。

(5) 电子支持。

客户关系管理系统允许客户提出和浏览服务请求、查询常见问题、检查订单状态,方便企业进行电子化的业务管理和在线处理。

(6) 网站分析。

客户关系管理系统可以提供网站运行情况的分析数据和分析报告,对网站的运行情况进行全程监控,并对出现的各种异常情况进行具有针对性的分析,以便企业采取相应的对策。

11.3.4 客户关系管理带给企业的价值

近年来,客户关系管理之所以受到全球企业的广泛关注,是因为一些先行一步的企业已经从实施客户关系管理中取得了成功。客户关系管理带给企业的价值可以概括为以下五个方面:

1. 降低成本,增加收入

在降低成本方面,客户关系管理使销售和营销的过程自动化,大大降低了企业的销售费用和营销费用。并且,由于客户关系管理使企业与客户之间产生高度互动,可以帮助企业实现更准确的客户定位,使企业留住老客户、获得新客户的成本显著下降。另外,由于应用了现代信息通信技术,客户可以通过自助的方式在网站取用相关的信息,这样企业可以大幅度地减少电话、传真及人工等方面的开支,降低了企业的运行成本。

在增加收入方面,由于企业在实施客户关系管理的过程中掌握了大量的客户信息,可以通过数据挖掘技术发现客户的潜在需求,实现交叉销售,从而为企业带来额外的新收入来源。并且,由于实现了客户关系管理,企业可以更加密切与客户的关系,增加订单的数量和频率,减少客户的流失。当然,企业应把由于成本降低和收入提高得到的利益与客户分享,以便真正地实现"双赢"。

2. 提高业务运作效率

由于现代信息通信技术的应用,企业在内部范围内实现了信息共享,使业务流程处理的自动化程度大大提高、业务处理的时间大大缩短,员工的工作也将得到简化,企业内外的各项业务得到有效的运转,由此保证客户以最少的时间、最快的速度得到最满意的服务。所以,实施客户关系管理可以节省企业进行产品生产、销售的周期,降低原材料和产成品的库存,这对提高企业的经济效益大有帮助。

3. 保留客户,提高客户的忠诚度

客户可以通过多种形式与企业进行交流和业务往来,企业的客户数据库可以记录、分析客户的各种个性化需求,向每位客户提供"一对一"的产品和服务。而且,企业可以根据客户的不同交易记录提供不同层次的优惠措施,鼓励客户长期与企业开展业务。此外,企业还可以分析客户的一些特殊数据,如在客户的生日、结婚纪念日等特殊的日子提供客户关怀,这样有利于企业保留客户,提高客户的忠诚度。

4. 有助于拓展市场

客户关系管理系统具有对市场活动、销售活动进行预测、分析的能力,能够从不同的角度提供有关产品和服务的成本、利润的数据,并对客户分布、市场需求趋势的变化做出科学的预测,以便企业更好地把握市场机会。与此同时,客户关系管理系统还提供了全天候的、面向全球客户的服务平台,可以随时接受新老客户的问讯,为客户提供满意、周到的服务,使众多潜在的客户成为现实客户。

5. 挖掘客户的潜在价值

每个企业都拥有一定数量的客户群,如果企业能对客户的深层次需求进行研究,则有可能带来更多的商业机会。企业在实施客户关系管理的过程中产生了大量有用的客户数据,只要加以深入利用即可发现很多客户的潜在需求。比如,某书店的经营者注意到有一些读者对钓鱼类的书籍很感兴趣,他便与开设渔具店的老板合作,仔细琢磨这些读者的购买兴趣。后来,书店和渔具店结成了同盟,只要在书店购买钓鱼类书籍的读者即可以以优惠的价格到渔具店购买渔具,而在渔具店购买渔具的客户到书店购书时同样可以享受优惠,结果使读者、两家商店共同得益。

11.3.5　客户关系管理的主要技术

客户关系管理的实现应用了众多的新技术,其中较为重要的技术主要包括以下五个方面:

1. 计算机、电话和网络集成技术

客户关系管理系统允许客户以电话、电子邮件、传真等各种形式与企业进行沟通,这也要求企业必须采用计算机、电话和网络集成技术提供客户服务。因此,基于互联网的计算机、电话集成技术是企业实施客户关系管理的基本技术。用于呼叫中心的业务图形化编辑器技术已有成熟的商品化软件,语音合成和语音识别技术也有了新的发展。计算机、电话和网络的有机集成不仅可以降低企业的通话成本,而且还可以弥补电话终端仅能传送语音信号的缺点。客户可以通过计算机终端访问企业的网站,并在呼叫中心座席人员的指导下浏览网页的图形信息,获得更为详细的帮助。

2. 商务智能技术

商务智能(Business Intelligence,BI)技术也是企业实现客户关系管理的基本技术,为客户数据的分析和决策提供重要支撑。由于客户关系管理中包含大量的现实客户和潜在客户的各种信息,企业只有通过商务智能技术才能将成本和盈利等相关业务活动进行分析和预测,帮助决策者做出及时、可靠的决策。

3. 数据仓库和数据挖掘技术

客户关系管理的基础是企业与客户交易的历史数据。因此,构建数据仓库(Data Warehouse)是企业实施客户关系管理的基础性工作。数据仓库的开发与利用必须采用数据挖掘(Data Mining)技术。数据仓库技术完成客户关系数据的基本设计问题;而数据挖掘技术则要对现有数据仓库中的相关信息进行总结、分析、判断,做出客户需求的预测分析,以便为客户提供个性化的服务,同时为决策者提供决策参考。

4. 基于互联网的应用技术

企业实施客户关系管理要求能实现基于互联网的自助服务、自助销售等功能,并能使客户和员工在不需要太多培训的前提下能直接通过浏览器完成相应的功能。此外,对商业流程和数据的处理也应采用基于互联网的集中管理方式,以简化应用软件的维护和升级工作,节省相关的成本。

5. 大数据技术

近年来,大数据技术的快速崛起为其在客户关系管理中得到更好地应用创造了条件:一方面,大数据的挖掘算法不仅可以快速地处理海量的数据,而且基于多维数据的分析,对企业深度挖掘潜在的客户具有重要作用;另一方面,大数据的采集技术、存取技术、预测模型以及可视化的呈现都将给客户关系管理带来技术的变革和应用的升级,相关的案例正不断地出现。

11.3.6　客户关系管理数据库

构建完善、可靠的数据库是企业实施客户关系管理的重要条件,在客户关系管理中具有重要的地位。客户关系管理中的数据库包括记录客户基本信息的静态的基础数据库和记录客户与企业信息的动态的交易数据库两类。这两类数据库相互关联、共同作用,成为企业开展客户关系管理的最基本的依据。一个完整的客户关系管理数据库应由如图11-2所示的一些子系统构成。

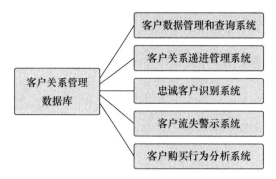

图 11-2　客户关系管理数据库的组成

如图 11-2 所示，各子系统的具体内容说明如下：

1. 客户数据管理和查询系统

客户关系管理数据库应能动态、实时地提供客户的基本信息和历史交易记录，并能把最新的交易数据补充到数据库中，使其能以最快的速度完整地反映出客户与企业交易的相关信息。与此同时，客户关系管理数据库还要保证企业的业务人员能根据各自的权限调用相应的数据以及进行数据更新。此外，客户关系管理数据库还要使通过各种方式（如电话、电子邮件和网站等）提供的信息是一致的，以免造成混乱。

2. 客户关系递进管理系统

几乎所有重视老客户的企业都会对老客户给予一定的优惠措施，尽管这种做法在表面上看会使企业的利益在短期内受到影响，但实际上老客户的重复购买以及受他们影响带来的新客户可以使企业在不需要大量投入广告费的情况下做到生意兴隆，并且可以使客户的忠诚度得到很大的提高，因此是一种极为重要的增进客户关系的方法。客户关系递进管理系统是客户关系管理数据库的重要组成部分，比如网上商店可以采用积分制的形式，当客户购物到一定数额时即给予一定数额的电子优惠券，也可以通过寄送礼物的方式向一些消费数额较高的客户表示感谢。客户关系递进管理可以鼓励客户多次消费和重复购买，这对客户和企业均有好处。

3. 忠诚客户识别系统

企业对每位忠诚的客户不应有丝毫的怠慢，如果不能识别谁是忠诚的客户就会造成不必要的损失。例如，美国有一家银行为了给自己的客户提供方便，决定在节假日把银行内部的停车场向储户开放，储户只要出示在该银行办理业务的相关单据即可免费停车。有一次，一位在该银行存有数千万美元的老客户因为没有携带相关单据而要求在该停车场停车时，任凭他怎么解释都没有得到银行工作人员的同意，他只好重新在该银行存入数百美元得到了一张单据。在这一过程中，银行工作人员也没有发现该客户的历史交易数据。这让客户感到十分不解，一个长期的高额储户居然不能享受到免费停车的服务，第二天，他取出了全部的存款，结束了与这家银行长达多年的业务关系，当银行高层得知这一事件后深感惋惜，但为时已晚。因此，企业应重视、关心、体贴忠诚的客户。客户关系管理数据库既要正确地识别谁是企业的忠诚客户，也要主动地为这些忠诚客户提供相应的优惠服务。

4. 客户流失警示系统

为了防止客户流失,企业应对那些出现流失迹象的客户给予高度关注。比如,一位常客的购买周期或购买数量出现显著变化时,企业就应有所警惕,主动走访客户,了解出现这种情况的原因,并尽最大努力予以改进。客户关系管理数据库可以自动监视客户的交易资料,对客户的潜在流失迹象做出警示,做到防患于未然。例如,美国特惠润滑油公司的客户关系管理数据库在某位客户超过113天(这个数字已经过该公司的多次验证,是顾客平均的换油时间)没有再次使用他们的产品或服务时,便会自动打印出一份提醒通知,催促有关部门和人员立即调查原因,采取必要的补救措施。

5. 客户购买行为分析系统

通过客户关系管理数据库分析单个客户的购买行为是企业提供个性化服务的重要手段。比如,网上书店可以根据读者过去购书的记录,结合读者的兴趣爱好、工作性质、收入水平等定期向其发送电子邮件,向读者传递其感兴趣的图书信息,这样既可以为读者提供方便、节省他们的时间,又可以让他们感受到网上书店关心、体贴他们,对增进双方之间的感情是大有裨益的。

11.4　电子商务发展中的客户关系管理实施

实施客户关系管理是企业电子商务发展战略的基本组成部分,它的实施是一个复杂的系统工程,既关系到企业广大客户的利益,也牵涉到企业内部的方方面面。根据国内外有关企业的实践,在电子商务的发展过程中实施客户关系管理主要应把握好以下一些环节:

11.4.1　统一思想,提高认识

客户关系管理涉及企业众多的部门,特别是企业的研发、生产、财务、营销、销售、客户支持、物流运输等部门与它的关系更为密切。因此,企业要想成功地实施客户关系管理,只有在企业上下形成统一的认识才能协调一致、稳步推进,具体包括以下两个方面:

1. 企业高层领导者的支持和推动

客户关系管理的实施既需要动用企业较多的资源,也需要在众多部门之间进行有序的协调。如果没有高层领导者的积极支持和强有力的协调,是无法达到预期效果的。不少成功实施客户关系管理的企业一般都由企业主管经营的副总经理或者直接由总经理指挥客户关系管理项目的实施。他的主要职责为:制定企业客户关系管理项目的规划及实施方案;配置和管理客户关系管理项目的各种资源;协调企业内部各部门的工作,保证方案有序实施;负责与顾问公司、软/硬件供应商的合作等。

2. 提高员工对客户关系管理重要性的认识

国内外众多企业的实践证明,获得全体员工的理解与支持对企业实施客户关系管理起着决定性的作用。没有全体员工的理解、支持和自觉行动,即使建立起了客户关系管理系

统,也很难真正发挥出其应有的作用。因此,提高员工对客户关系管理重要性的认识是十分必要的。企业上下必须通过多种形式加强宣传、交流与沟通,让员工对以下问题形成共识:

(1) 客户是企业最为宝贵的财富,没有满意的客户就不可能有员工的前途;
(2) 客户的满意与忠诚需要靠每位员工通过积极的努力去精心地培育;
(3) 客户关系管理是帮助企业提高客户的满意度和忠诚度的重要途径;
(4) 客户关系管理的成败与每位员工的切身利益密切相关;
(5) 客户关系管理绝不只是信息技术部门的事,而是整个企业的大事;
(6) 客户关系管理需要充分发挥每位员工的自觉性、积极性和创造性。

总之,只有在高层领导者的积极支持和全体员工的自觉行动下,企业才能保证客户关系管理工作真正落到实处、产生效益。

11.4.2　组建客户关系管理项目实施团队

客户关系管理系统的实施必须要有专门的团队来具体组织领导。这个团队的成员既包括企业的主要领导者,以及企业内部信息技术、营销、销售、客户支持、财务、生产、研发等各部门的代表,也包括企业外部的顾问人员,有条件的话还应邀请客户代表参与到项目中来。

在客户关系管理项目实施团队中,企业的高层领导者作为项目负责人,应主要从人、财、物资源的供应方面为项目的实施提供充分的保障,并通过有效的协调和积极的参与使项目实施达到预定的目标;信息技术部门的代表主要从技术实现的可行性、软/硬件产品的评价选择、系统的调试安装等方面给予技术支持;营销、销售和客户支持等部门的代表一方面应从客户的角度对方案的实施给出具体意见,另一方面应从企业业务流程运作的角度考虑方案的可行性;财务管理部门则从方案的投入产出、运行费用等角度考虑项目的经济性;生产研发部门则从如何最大限度地满足客户个性化需求的角度对方案提出实施意见。

一般来说,企业可以从专业从事客户关系管理咨询的公司聘请合适的业务顾问,他们可以在项目开始实施前及实施过程中提供有价值的建议,协助企业分析实际的商业需求,并与项目实施团队的成员一起审视、修改和确定项目实施方案中的各种细节,从而帮助企业降低项目实施风险及成本,提高项目实施的效率及质量。

客户关系管理项目实施团队中的客户代表既可以是固定的,也可以是临时组织的,关键是要保证在项目实施的各个阶段能随时争取最终客户的参与,只有充分保证他们的满意才能使客户关系管理系统真正成功。

11.4.3　开展业务需求分析

从客户和企业相关部门的角度出发,分析他们对客户关系管理系统的实际需求,可以大大提高系统的有效性。因此,企业对客户关系管理系统进行业务需求分析是整个项目实施过程中的重要环节。从客户的角度进行业务需求分析,需要企业的销售、营销和客户支持等部门的有关人员通过上门走访、电话、电子邮件、问卷调查等形式从客户那里得到第一手的资料,加以分析整理后供客户关系管理实施团队参考。同时,企业也可以通过组织座谈会、研讨会的形式邀请客户代表与有关人员进行沟通与交流,以便更好地掌握他们对客户关系管理的深层次需求。此外,企业还应关注竞争者在客户关系管理方面的做法,吸收竞争者的长处,改进他们存在的不足之处。

在企业内部了解各个部门的业务需求相对较为容易,客户关系管理项目实施团队可以召集销售、营销、客户支持、财务、生产、研发等不同部门的相关人员共同进行不同形式的讨论,以便更好地了解每个部门对客户关系管理系统的实际需求,并形成统一的看法,以推动项目的实施和应用。为了充分地了解企业当前存在的问题,以及各部门对客户关系管理系统的期望,客户关系管理项目实施团队可以着重对以下问题进行重点调查:

(1) 你所在部门的主要职责是什么?
(2) 你主要与哪些客户打交道?
(3) 你是怎样与客户进行互动的?
(4) 你是用什么方式与客户进行互动的,是电话、传真还是电子邮件、微博、微信?
(5) 目前你主要利用哪些方面的信息?
(6) 你已经积累了哪些有关客户的信息?
(7) 你知道客户对你这个部门的哪些方面感到不满?
(8) 你怎样对潜在的客户进行跟踪和开发?
(9) 你认为怎样才能增进与客户的联系?
(10) 你对客户关系管理系统有什么期望?

业务需求分析应更多地考虑最终用户的实际需求,包括与企业直接接触的客户代表、销售人员、客户服务人员、营销人员、订单执行人员、客户管理人员等,他们来自一线,最清楚企业为了改善客户关系应该从何处入手、要做哪些改变。

11.4.4 制订客户关系管理的发展计划

企业明确了客户关系管理系统的业务需求后,接下来便是制订具体的客户关系管理的发展计划。客户关系管理的发展计划主要应包括以下一些内容:

1. 客户关系管理的发展目标

客户关系管理的发展计划首先必须明确客户关系管理系统实施的远景规划和近期实现目标,既要考虑企业内部的现状和实际管理水平,同时也要看到外部市场对企业的要求与挑战,分析企业实施客户关系管理的初衷是什么,是为了适应竞争还是为了改善服务?对于有些具体的发展目标而言,企业可以考虑采用定量的方法加以明确,以便使企业的各个部门更好地掌握。

2. 确定客户关系管理系统的预算和实施进程

客户关系管理系统的实施周期相对较长,投入的资金数额也较大,需要企业制订预算计划,以保证计划的顺利实施。客户关系管理系统的实施还应该考虑完工周期,如果周期拉得太长,一方面会增加企业的开支,另一方面会使客户因等得不耐烦而离去,从而给企业造成不必要的损失。因此,企业应制定切实可行又较为紧凑的实施进程表,以保证计划以较快的速度完成。

3. 确定客户关系管理的解决方案

客户关系管理的解决方案的主要来源是行业专家,因为有很多专业的咨询公司专门从事客户关系管理咨询服务,行业内的资深顾问和专家可以帮助企业对当前市场上各种主流的客户关系管理解决方案进行客观的分析和公正的评价。当然,在对某一方案进行评价时,企业需要结合自身的实际需求来考虑,不应盲目追求技术先进、功能齐全。一个优秀的客户关系管理的解决方案必须综合考虑软件、技术和软件供应商这三个方面的因素,不能有失偏颇。在可能适合的几个解决方案中,企业应逐个与软件供应商取得联系,并要求其提供相关成功的案例和产品演示,对多个软件供应商的产品反复进行比较、选择,逐步缩小备选的范围。接下来企业再对各解决方案的相关费用进行选择和比较。根据国外的经验,整个项目的费用开支比例为,软件的费用一般占 1/3,咨询、实施、培训的费用占 2/3。有一些软件在改变客户关系管理系统时,需要软件供应商的技术人员和咨询顾问的充分参与才能完成,这会给企业带来额外的费用,应引起企业的特别注意。所以,企业应尽量选择咨询、实施和培训做得好的软件供应商,以减少额外的咨询顾问费用的支出。此外,企业还应考虑系统上线后的维护费用以及相关的员工培训等开支状况。经过综合权衡后,企业会选择出合适的供应商。

11.4.5 客户关系管理系统的部署

客户关系管理系统的部署可以分为以下一些步骤,其具体内容如下:

1. 确定项目的实施范围和系统规范

在客户关系管理系统实施之前,企业应进一步明确客户和企业内部各部门对系统的业务需求,以便确定项目的实施范围和系统规范,使实施和安装的过程有章可循、有序进行。

2. 项目计划和管理

这一步由软件供应商提供专门的项目管理人员负责与企业进行沟通,企业内部的管理人员则作为内部的系统专家与其进行合作。客户关系管理团队中的有关人员在这一阶段开始接受必要的培训,以推进项目的实施进程。

3. 系统配置和客户化改造

这一阶段主要对客户关系管理系统进行重新配置和客户化改造,以便更好地满足企业具体的业务需求,所有的软/硬件设备都应在这一阶段安装到位。与此同时,企业各部门的有关业务人员应进行必要的业务培训,以便掌握全面的技术知识,培养自己解决系统技术问题的能力。

4. 建立起系统的原型,进行兼容测试和系统试运行

这一阶段主要是建立起系统的原型,并进行兼容测试和系统试运行。企业的员工将在这一阶段熟悉安装程序和安装过程中的具体细节,系统修改和数据转换等关键性工作也将在这一阶段完成。这一阶段需要软件供应商的实施专家和企业的 IT 人员、各部门的业务人员进行深入细致的交流,共同对有关问题进行分析和探讨,找到具体可行的解决方案。

5. 局部运行和质量保证测试

这一阶段主要由企业安排各部门相关的业务人员接受软件供应商和咨询顾问提供的系统培训,使他们尽快成为新系统的专家,以便向所有的终端用户和管理层传授有关新系统的

使用、维护等各方面的知识。企业对系统进行局部的运行和质量保证测试,可以邀请少量的客户和有关部门的用户共同参与,写出具体的质量测试报告,供客户关系管理团队的负责人员参考,以便及时地发现和解决问题。

6. 实施和全面推广

这是客户关系管理系统实施的最后阶段,企业应为技术人员制定详细的实施时间表,说明这一阶段应该具体完成的任务和要求。企业对所有用户的全面培训也要在这一阶段进行,只有通过有效的培训使员工充分认识到新系统所带来的切实的好处,才能使他们自觉地应用这一系统,减少系统应用过程中出现的各种阻力。所以,为了保证培训的效果,企业必须制订明确的培训计划和培训指标,让员工经过培训后能对客户关系管理系统有全面、正确的认识。

7. 系统运行支持

为了保证客户管理系统的日常运行,企业应配备全职的系统管理员以提供技术支持和系统维护。系统管理员可以直接由客户关系管理团队中负责技术的人员担任,或者在项目实施过程前期吸收相关人员加入,以便更全面地了解系统实施的全过程。由于客户关系管理系统的技术支持工作是很复杂的,因此要确保软件供应商能向系统管理员提供持续的技术帮助和培训。

11.4.6 客户关系管理系统的应用

客户关系管理系统重在应用,如果没有员工自觉和正确地应用,或者得不到客户的支持,那么客户关系管理系统将形同虚设,不但造成投资的浪费,而且还会影响企业与客户的关系。因此,注重应用是企业建设客户关系管理系统最主要的目的。如何更好地应用客户关系管理系统没有统一的模式,需要企业自己摸索经验,不断地总结、提高。美国的《哈佛商业评论》杂志提出了客户关系管理应用的四个步骤,具体内容如下:

1. 识别目标客户

企业在这一阶段的主要工作包括:

(1) 将更多的客户姓名输入到数据库中;

(2) 采集客户的有关信息;

(3) 保证并更新客户的信息,删除过时信息。

2. 对客户进行差异性分析

在这一阶段,企业应根据客户对本企业的价值(如市场花费、销售收入、与本企业有业务交往的年限等)把客户分为 A、B、C 三类;对于 A 类客户需要建立专门的档案,指派专门的销售人员负责对 A 类客户的销售业务,提供销售折扣,定期派人走访 A 类客户,采用直接销售的渠道方式;对于数量众多、但购买量很小、分布分散的 C 类客户则可以利用中间商,采用间接销售的渠道方式;对于 B 类客户,企业可以根据实际情况采用介于 A 类客户和 C 类客户之间的方式来处理。进一步细化这一阶段的工作,包括以下一些方面:

(1) 识别企业的"金牌"客户;

(2) 分析哪些客户导致企业的成本上升;

（3）企业本年度最想和哪些客户建立商业关系,并把它们找出来;
（4）上一年有哪些大宗客户对企业的产品或服务多次提出了抱怨,并列出这些客户;
（5）上一年最大的客户是否今年也订了不少的产品,并找出这个客户;
（6）是否有些客户只订购了一两种产品,却会从其他地方订购很多种产品。

3. 与客户保持良性接触

企业与客户保持良性接触是改进客户关系的根本举措,具体有以下一些方法:
（1）给自己的客户服务部门打电话,看得到问题答案的难易程度如何;
（2）给竞争者的客户服务部门打电话,比较服务水平的不同;
（3）把客户打来的电话看作是一次销售机会;
（4）测试客户服务中心的自动语音系统的质量;
（5）对企业内所记录的各种客户信息进行跟踪;
（6）找出哪些客户给企业带来了更高的价值,更主动地与他们进行对话;
（7）通过现代信息通信技术的应用,使客户更方便地与企业进行交易;
（8）改善对客户抱怨的处理。

4. 调整产品或服务以满足每位客户的需求

满足客户的个性化需求是企业实施客户关系管理的重要目标,企业要想实现这一目标,就需要进行长期的努力,并应从细微处入手,处处关怀、体贴客户的需求,借助于现代信息通信技术的应用,逐步向这个目标迈进。这一阶段的具体工作可以分为:
（1）改进客户服务流程,节省客户的时间,节约企业的资金,并让利于客户;
（2）使发送给客户的电子邮件更加个性化;
（3）替客户填写各种表格;
（4）询问客户希望以怎样的方式、怎样的频率获得企业的信息;
（5）找出客户真正需要的是什么;
（6）征求名列前十位的客户的意见,看企业究竟可以向这些客户提供哪些特殊的产品或服务以增强他们的忠诚度;
（7）争取企业高层领导者对客户关系管理工作的参与。

电子商务与客户关系管理是高度关联、相辅相成的,需要整体规划、协力推进,为企业提升市场适应能力和竞争实力创造良好的条件。

11.5 典型案例1 联邦快递的客户关系管理体系

总部位于美国田纳西州孟菲斯市的联邦快递以"不计代价,使命必达"为发展理念和服务宗旨,从1971年成立至今,经过近半个世纪的快速发展,现已成为全球最大的集运输服务、电子商务和贸易服务于一体的综合性服务提供商之一,借助于世界领先的环球航空及陆运网络,为全美各地和全球超过220个国家及地区提供快捷、可靠的递送服务。作为全球快递领域的领跑者,如何更好地管理客户,并为全球的客户提供个性化、专业化和多样化的服务,这是联邦快递所面临的一项现实挑战。经过长期卓有成效的探索,联邦快递形成了业界领先的客户关系管理模式,为企业的发展提供了强有力的支撑。

11.5.1 案例背景

联邦快递的创始者弗雷德·史密斯曾说,想称霸市场,首先要让客户的心跟着你走,然后让客户的腰包跟着你走。由于竞争者很容易采用降价策略参与竞争,联邦快递认为提高服务水平才是长久维持客户关系的关键。作为世界快递行业的"急先锋",联邦快递所面临的挑战和压力是非同一般的:客户和业务覆盖的范围遍及世界各地,业务运作的复杂性以及客户对业务的时效性、准确性和可靠性的要求都非同一般,而且还面临着错综复杂的竞争,只有依靠现代信息通信技术优化业务流程,提升客户关系管理的能力和水平,才能更好地适应外部环境的变化,赢得新的发展机遇。

联邦快递是全球最早拓展电子商务业务的跨国巨头之一,早在1994年就建立了自己的主页——FedEx.com。网站在刚开通时只有两页,一页是输入跟踪号码的方框,另一页显示的是包裹所在的地点。经过不断的改进,这个网站已经包含数以万计的网页,同时对全球范围内运送的包裹进行动态跟踪查询。依托该网站提供的电子托运工具,客户可以直接通过联邦快递的网站有效地准备托运物品,并通过计算机对货件进行追踪,从而轻松地完成快递工作。另外,该系统可以让客户发出电子邮件通知,事先通知其他3个关联人该货件的托运信息。到货件送达时,该系统会自动发出电子邮件通知,让客户及收到电子邮件的3个关联人得知该信息。对于业务频繁和有多个寄件人的集团客户,联邦快递则设计了FSM(FedEx Ship Manager)软件来帮助其处理托运工作。FSM软件是一个独立的、可以由用户自己安装的、基于Windows的软件包,它允许用户快速托运、追踪和报告自己的日常托运活动。它拥有先进的功能和简单易用的界面,并为用户带来全面的托运解决方案。而联邦快递提供的线上交易软件更可以协助用户整合线上交易的所有环节,从订货、收款、开发票、库存管理一直到将货物交到收货人的手中。对于个人用户,联邦快递网站的规范化作业流程能使他们方便地进行自我管理和自我服务,可以接发订单、提交运输业务、跟踪包裹、收集信息和开具账单等。

与一般意义上的快递服务提供商不同,联邦快递还提供了增值服务,以帮助客户节省仓储费用,提升管理的能力和水平。其相关的服务主要包括三个方面:一是整合式维修运送服务。联邦快递提供货物的维修运送服务,如将已坏的电脑或电子产品送修或退还给商家。二是提供零件或备料服务。联邦快递扮演零售商的角色,提供诸如接受订单与客户服务处理、仓储服务等项目。三是协助客户简化或集成物流业务。联邦快递帮助客户协调多个地点之间的产品组件运送流程,优化了流程、简化了程序、提升了效率。为了更好地满足客户的物流服务需求,联邦快递从三个方面入手来提升自身的服务特色:一是存货透明化。让客户通过互联网存取及维护存货数据,为客户提供托运及追踪功能,方便他们掌握产品在整个供应链中的位置。二是生产透明化。让客户通过互联网追踪零组件、原料的进货装运动向,以便更精准地预测订货时间,缩小预测订购量与实际订购量之间的差异。三是仓库管理的透明化。为客户提供完整的仓库管理数据,并实现不同仓库之间的数据交换和业务分析。

利用现代信息通信技术为客户提供更具有专业化、个性化和特色化的服务,是联邦快递实施客户关系管理的基本任务和发展目标。

11.5.2 客户关系管理的发展理念

联邦快递所取得的成功与其有效的客户关系管理的发展理念密不可分。早在1973年,联邦快递就已经确定了员工(People)、服务(Service)和利润(Profit)三位一体的经营理念(即PSP理念),提出了"只有善待员工,才能让员工热爱工作,不仅做好自己的工作,而且主动提供服务,才能让顾客满意"的经营思想,并将其付诸实践。联邦快递认为,客户关系管理不仅仅是客户服务部门专用的方法,也不仅仅是简单的跨部门小组协作,而是依靠公司的整体合作来服务客户的一种方法。其客户关系管理不仅贯穿快递业务售前服务、售中服务和售后服务的每个流程环节,而且与公司内部的大多数部门有关,并体现在员工的绩效考核体系中。

在联邦快递,直接和客户打交道的人虽然是快递人员,但在整个服务过程中,很多后台部门都参与其中,配合服务及流程化是联邦快递内部协作的一条准则,每个环节的工作人员都承担了了解并满足客户需求的任务,而在其所提供的门到门服务以及全程监控服务过程中,现代信息通信技术的应用可谓无处不在。比如,在联邦快递一个"门对门"的服务过程中,从取件到送件的过程中要有10余个扫描工序,工作人员会把在各地扫描的货件信息传送到联邦快递的中央服务器,客户上网就可以看到货物所在的位置和环节。

从某种意义上可以说,科学高效的客户关系管理系统的开发与应用是联邦快递这艘快递业的"航空母舰"快速前进的原动力,对公司的发展起着至关重要的作用。

11.5.3 客户关系管理的实施策略

联邦快递实施的客户关系管理是涉及公司整体战略层面、从上而下的一种策略。与其他企业实施客户关系管理策略不同的是,联邦快递围绕员工、客户、流程、技术和项目五个方面予以推进,并将员工放在首位,也就是说,联邦快递把发挥员工的积极性、主动性和创造性看作是决定客户关系管理成败的关键所在。

1. 造就员工,夯实客户服务的基础

快递业从某种程度上可以看成是劳动密集型行业,员工是企业开展经营活动的核心资源。联邦快递十分关注员工的培养和激励,把造就高素质的员工作为公司的一项使命,并采取了一系列行之有效的发展措施,比如:

(1) 鼓励员工与公司共同成长:实施雇员内部晋升政策,公司内的空缺职位会以内部雇员为优先考虑人选。

(2) 设立确保公平的待遇程序:让雇员能够有机会向管理层反映他们所关注的问题,并做出客观、公正的评估。

(3) 整体员工报酬:在亚太地区,联邦快递接近50%的支出用于员工的薪酬及福利上,员工报酬的确定在于认同个人的努力、刺激新的构想、鼓励出色的表现及推广团队的合作,所有这些因素都在员工的整体报酬中反映出来。

(4) 加薪和奖励:根据员工个人的表现来加薪,对个人及团队的贡献予以奖励。

(5) 进修资助:每年为每位员工提供必要的预算,资助其继续学习及进修等。

为了更好地激励员工,联邦快递于 2003 年就已开始实施"真心大使"计划,主要目的是借助于客户对联邦快递服务所给予的意见,奖励有突出表现的一线员工,从而鼓励他们提升自己的服务水平。客户的每次交易都会记录在客户关系管理系统中,这个计划加强了前线员工和客户之间的联系。联盟快递会分析这些数据并对不同的客户采用不同的营销方式,向不同的客户群体提供不同的服务,这对提高员工的服务水平大有裨益。

2. 为客户提供全过程的服务

联邦快递的客户关系管理系统不仅仅应用于面向客户的售后服务,而是覆盖售前、售中和售后的全过程。

(1) 售前服务。

在售前阶段,当客户的电话进入联邦快递的客户关系管理系统后,只要报出发件人的姓名和公司的名称,该客户的相关资料和以往的交易记录就会显示出来。当客户提出寄送某种类型的物品时,客户服务人员会根据物品的性质向客户提醒寄达地海关的一些规定和要求,并提醒客户准备好必要的文件。在售前阶段,联邦快递就已经为客户提供了一些必要的支持,以减少服务过程中的障碍。

(2) 售中服务。

在售中阶段,当联邦快递的快递员上门收货时会采用手提追踪器扫描货件上的条码,把这笔业务的相关信息即时传送到联邦快递总部的中央主机系统,而且每当包裹进入到下一个环节时相关的信息即可随时更新,客户或客户服务人员可以随时查看互联网上联邦快递的网页,即时得到有关货件的行踪资料。

(3) 售后服务。

售后服务主要包括两个部分:一方面解决客户遇到的问题,通过在线或电话等方式予以解决;另一方面是调查客户的满意度,寻找内部改进的办法,以进一步提高服务客户的能力和水平。

3. "客户导向"的服务整合

在联邦快递,直接和客户打交道的是一线的快递员,但在整个服务过程中,客户服务人员、清关部文件人员、销售部门人员和市场部门人员的活动也会在很大程度影响客户的满意度。"整合服务"是联邦快递内部协作的一条准则,每个环节的工作人员都承担着了解并满足客户需求的任务,这种多渠道的客户关系管理策略被称为"无缝互动"(Seamless Interaction)。当这一切都配合得非常顺畅的时候,客户关系管理已经开始发挥效力了。有了这样的整合服务基础后,相应的客户关系管理软件只是在技术上推动大规模的客户关系管理高效运行而已。

另外,联邦快递的大多数部门的绩效考核指标都分为两类,一类是反映运行效率的内部指标,另一类是反映客户满意度的外部指标。由于客户满意度指标的权重很高,业务人员虽然面临的压力很大,但直接的结果是广大客户的满意度和忠诚度有了很大的提升,给公司的发展带来了强劲的动力。此外,客户关系管理对于公司的品牌推广也起到了十分重要的推动作用。

4. 利用系统的交互提升客户自助服务的能力

为了方便客户对交递货物的自助管理,联邦快递开发了一套面向客户的自助业务管理系统。利用这套系统,客户可以方便地安排取货日程、追踪和确认运送路线、打印条码、建立并维护寄送清单、追踪寄送记录等。而联邦快递则通过这套系统可以了解客户计划寄送的货物,这些预先得到的信息有助于运送流程的整合、货舱机位、航班的调派等。可以说,这一套并不复杂的自助业务管理系统解决了联邦快递和客户之间的信息交互问题,在实际的应用中发挥出十分重要的作用。

5. 与关键客户的合作与结盟

为了向一些重要的客户提供全面、细致、专业的服务,联邦快递采取了结盟合作的战略。联邦快递早年通过收购路威(Roadway)包裹公司进入普通包裹运递市场,在包裹市场的占有率达到11%。随后的几年中,联邦快递投资了5亿美元,使得小包裹快递的处理能力翻了一番,特别是在计算机硬件和微型芯片等物件的物流配送方面形成了无与匹敌的竞争力,受到了众多重要客户的青睐。

世界著名的互联网产品生产商思科系统公司把零部件的物流配送业务外包给了联邦快递,委托其管理整个物流网络,目的是完全取消思科系统公司在亚洲的仓库,代之以这两家公司共同创立的"飞行仓库",最终由联邦快递直接投递零部件给用户作最终的组装。物流业务外包后,思科系统公司的物流成本得到了明显的下降,而且更为重要的是物流服务的质量、效率和水平均有了显著的提升,受到了思科系统公司客户的支持和欢迎。

世界著名的计算机制造厂商戴尔公司同样是联邦快递的一个十分重要的客户。联邦快递为戴尔公司提供的"全球一体化运输解决方案"可谓双方合作的重要载体,它将戴尔公司在马来西亚和美国本土总部分为两大整机及零部件制造与供应中心,对于世界任何一地、任何单位数量的零件或整机需求,均由这一解决方案排出总体成本最低、最快捷的优化递送方案,以展示戴尔公司对客户的"成功、质量和服务"承诺,为戴尔公司及其客户创造出了不可低估的价值。

11.5.4 案例评析

作为世界领先的物流服务提供商,联邦快递有着一般的物流服务提供商望尘莫及的客户和经营资源优势,但同样也面临着与其他物流服务提供商所不同的挑战。联邦快递充分利用现代信息通信技术,在客户关系管理系统的开发、建设和运营方面取得了极大的成功,为其他的企业开展客户关系管理提供了有益的借鉴。

联邦快递认为,公司关注并善待自己的员工,他们才能为客户提供优质的服务;客户满意度的提升为公司创造了更多的利润;而利润的提高则进一步带来员工福利的增长和工作环境的改善。这三个要素构成一种循环,但最初的推动力无疑来自于员工。可以说,"员工第一,客户第二"是联邦快递开展客户关系管理的特别理念,也是其取得显著成效的重要法宝。"满意的客户背后必定是满意的员工",这一点对联邦快递这样的物流服务提供商而言显得尤为重要,联邦快递也正是通过"帮助员工成长促进企业发展"的发展思路赢得了快速而持久的发展。

在客户的服务与支持方面,联邦快递充分利用现代信息通信技术提升了服务的品质和客户满意度,比如为客户提供快速、准确的技术支持,对客户投诉的快速反应以及对客户提供在线货品查询等,为客户带来了极大的便利,创造了不可低估的价值。与此同时,联邦快递通过合作结盟的方式为重要客户提供全面、专业、高效的第三方物流服务,既为客户提供了可靠的物流保障,也为自己赢得了强有力的业务支撑,取得了"双赢"的发展效果。

客户关系管理系统的建设和运营必须以先进、可靠的客户关系管理信息系统作为保障,但如果偏离了这一系统的真正受益者——员工和客户的利益,那么这一系统无论技术多么先进、功能多么完善,最终的效果是可想而知的——除了是摆设以外不会有真正的实际价值。联邦快递的成功实践已经为此做出了很好的诠释。

11.6 典型案例2 恒丰银行基于大数据的客户关系管理实践

总部位于山东烟台的恒丰银行股份有限公司(以下简称"恒丰银行")是12家全国性股份制商业银行之一,其前身为1987年经国务院同意、中国人民银行批准成立的烟台住房储蓄银行。2003年,经中国人民银行批准,烟台住房储蓄银行改制为恒丰银行。多年来,恒丰银行秉承"恒必成,德致丰"的核心价值观,弘扬"真诚、守规、勤俭、奉献、执行、奋进"的恒丰文化,取得了不俗的业绩。2017年年底,由于内部原因,恒丰银行一度遭遇流动性紧张、股权混乱、资产质量差等风险,后在国家相关部门和地方政府的共同努力下,通过"剥离不良、引进战投、整体上市"三步走的改革路径逐步化解风险,重新走上了良性发展的轨道。不可否认的是,恒丰银行高度重视客户关系管理系统的建设,尤其是在利用大数据技术实现客户关系管理方面做出了前瞻性的探索。

11.6.1 案例背景

伴随着现代信息通信技术的快速发展,银行业既面临着严峻的挑战,又迎来了难得的机遇。恒丰银行也不例外,就外部环境而言,该行曾面临着巨大的跨界竞争压力,同时也遭遇了客户需求多样化、个性化和专业化的考验;就内部环境而言,在风险控制、产品创新、内部流程优化等方面也存在着与新的市场环境不相适应的窘境。为此,恒丰银行在2015年年初就制定了第一个3年科技规划,提出了"以数据为核心,以金融云、大数据、人工智能等技术为支撑,建设数字化应用体系,实现以客户为中心的数字化银行发展战略,打造一家数据驱动的智慧银行"的建设目标,并确立了把金融云、大数据和人工智能作为主要的支持平台来支撑恒丰银行的数字化转型战略,以夯实数字化转型所需要的基础服务、数据处理、智能分析的根基。

在确立了数字化银行发展战略之后,恒丰银行引入了大数据技术,开始构建恒丰银行企业级大数据的应用体系。恒丰银行大数据体系以"平台化、组件化、服务化"为设计原则,采用分布式、微服务技术架构,建成海量数据处理平台,对外提供普惠金融服务、全面风控服务和运营决策服务三大类业务服务。客户服务平台是恒丰银行大数据企业级数据综合服务体系建设的基本组成部分,包括客户关系管理系统、客户行为实时分析、客户生命周期的管理和精准营销模型等应用。

传统银行的客户关系管理系统往往只关注内部数据,重点是将各业务环节中各自独立存在的客户信息进行整合汇聚。而基于大数据的客户关系管理则不仅关注内部数据,更重要的是把各种形式、各个渠道的外部数据引入进来,形成高度融合的客户关系管理数据资源库,为实现高水平的客户关系管理提供了强有力的支撑。为此,恒丰银行明确了基于大数据的客户关系管理系统的任务目标:

1. 数据方面

系统综合运用知识图谱、机器学习、智能推理引擎和自动规划等智能技术分析、整合大量的行内外数据,充分挖掘银行内部和外部结构化与非结构化数据信息的价值,降低客户数据采集的成本,提升一线业务人员的工作效率。

2. 功能方面

系统能让客户经理可以随时随地通过手机获取客户实时业务动态、客户风险预警的信息,提高实时协作、商机发掘的效率;为各级管理人员提供绩效排名、客户现场签到记录、拜访记录等辅助管理功能,实现自动化管理,建立起绩效驱动管理模式。

3. 体验方面

系统能提供清晰整洁的用户界面和简洁有效的功能,做到易用性、可用性、舒适性和安全性的高度统一。

11.6.2 实施方案

恒丰银行的客户关系管理系统依托大数据平台提供客户关系管理的各项业务功能,系统的架构如图11-3所示。

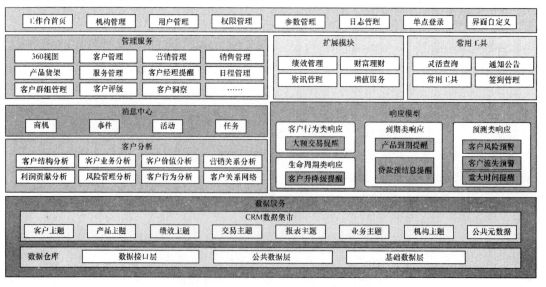

图11-3 恒丰银行的客户关系管理系统的架构

如图11-3所示,恒丰银行的客户关系管理系统包括以下三个方面的功能:

一是基于数据挖掘、文本处理、关系网络分析、实时流处理等大数据技术,通过对客户在恒丰银行内外数据的实时采集和智能分析,为业务人员提供客户行为类、到期类、预测类及生命周期类的营销响应信息;

二是创建智能获客与产品推荐模型,为客户经理正确评估客户价值、获取潜在价值客户、开发集团客户、实现精准营销提供信息支撑;

三是依托本行的大数据平台,全面整合工商、企业舆情、互联网行为等外部公开信息,构建更为清晰全面的客户视图,使客户经理能动态地把握企业的经营动态,及时发现客户在重大技改、兼并重组、股票上市发行等重大经济活动中蕴藏的客户需求和金融服务机会。

11.6.3 应用探索

恒丰银行构建起基于大数据的客户关系管理系统之后,开展了全方位的应用探索,取得了较为独特的应用成效。

1. 多角度的客户分析

为了全面了解客户的基本情况,恒丰银行突破固有思维,将数据采集的着眼点从行内交易扩大到行外各种渠道,构建出立体的多维用户画像标签体系。其基本的做法包括以下三个方面:

一是从多个角度出发进行分析,通过对客户的分析,定义客户的贡献度、忠诚度,刻画客户生命价值特征,为定位客户需求做好基础;

二是深度挖掘各类客户数据,实现客户人生阶段及大事件智能分析;

三是利用特定用户群进行精准的客户画像,提取各个维度特征的语义标签,分析出用户群适合的服务和产品。

2. 识别并获取潜在客户

恒丰银行的客户关系管理系统用以识别并获取以下两类客户:

一是企业客户。其所采取的措施在微观层面以客户交易链、资金流向为主以及外部工商数据为辅进行客户定位和获取,在宏观层面结合国内外经济形势、产业链、金融市场等方面进行分析推荐。

二是零售客户。其所采取的措施是以渠道交易信息为主,并辅以公开的工商注册信息、信用信息、公共社交网络(如微博等)信息,结合该行客户的关联关系进行分析和推荐。因为有较为完整、准确的数据作为依据,所以恒丰银行对潜在客户的识别和获取有了更加可靠的保障。

3. 构筑全方位的企业图谱

内容全面、信息准确的企业图谱是银行工作人员实时了解客户动态、防范各类风险的重要参考,恒丰银行的客户关系管理系统采用机器学习方式,利用关系网络分析技术和基于消息传递接口(Message-Passing Interface,MPI)的图模型算法,实现并行化分布式计算,对海量的数据进行挖掘和利用,形成统一的企业图谱,供恒丰银行进行分析和决策。相关的数据包括来自工商、司法、公安等政府部门以及来自市场、客户上下游供应链、股东、投资人、高管、抵押担保等关联企业,通过多途径的数据挖掘,结合多维交叉分析及智能算法,形成高可靠性的决策依据。

4. 客户风险智能分析

银行的风险在很大程度上来自于银行贷款客户和资产的风险,因此银行及时地识别、分析、衡量客户和资产的信用风险状况或潜在风险至关重要,这也是银行进行风险控制的重中之重。恒丰银行的客户关系管理系统的风险监测范围包括客户基本信息变动、经营资格变化、负面事件信息、经营管理者异常情况、公司经营内外部异常情况、银企关系、履约能力、关联风险以及宏观政策、行业政策、产品风险以及监管风险等,涵盖了客户风险分析的诸多方面。图11-4为客户风险智能分析的流程。

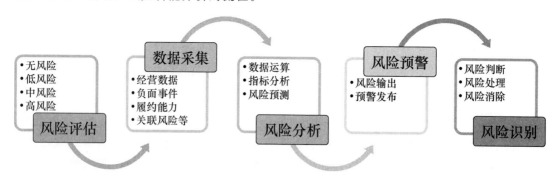

图 11-4　客户风险智能分析的流程

5. 客户流失预警与挽留

恒丰银行的客户关系管理系统综合了现有活跃客户和已流失客户的历史行为,包括在行内的产品签约和持有情况、各渠道交易的业务类型和频度、同名账户交易情况等,利用组合决策树模型学习流失客户在流失期间的行为特征和活跃客户的行为特征,经过有效的比对分析,提出客户流失预警和挽留的建议。客户经理在得到客户流失预警的提示后,可以根据流失的概率,采取电话回访、上门拜访、特定政策和服务提供等措施,以降低流失率,提高挽留的成功率。

6. 智能化产品推荐

恒丰银行的客户关系管理系统提供了丰富的推荐策略,以全方位满足客户的不同推荐需求,具体包括三个方面:一是基于每位客户的不同喜好,做到千人千面的推荐产品;二是根据客户的历史浏览记录,利用协同过滤等算法进行关联性的产品推荐;三是推送当下的热门产品,以满足喜欢追随时尚的客户的兴趣与需求。

7. 定制化资讯的推送

恒丰银行的客户关系管理系统能根据客户的不同特点和个体需求,实现内容聚合分析及个性化推荐,能对热点内容进行内容语义分析提取语义标签,比如资讯分类、行业、机构品牌、人物、地点、主题关键词、语义短语等,结合情感分析技术分析客户的喜好,从而实现资讯的个性化定制与推荐,这样既能有效地避免无效资讯对客户的困扰,又能满足客户对特定资讯的独特需求。

8. 多渠道定向化的精准营销

恒丰银行的客户关系管理系统提供了基于客户画像和客户行为的精准营销功能,通过多渠道定向化地为不同的客户提供具有针对性的服务和产品推荐,为营销活动智能划定客户群。其具体做法包括两个方面:一是以线上为主,兼顾线下,实现线上线下双轮驱动;二是通过流处理组件和 Drools[①] 规则引擎的运用,通过预定义事件筛选目标客群,结合营销场景,实现事件式营销,以提升营销的成功率。

11.6.4 案例评析

恒丰银行既是国内第一家全面应用大数据技术替代传统的数据仓库技术的全国性股份制商业银行,也是大数据应用于客户关系管理的领先探索者,经过数年的发展,取得了显著的成效。基于大数据的客户关系管理系统的实施给恒丰银行所创造的价值具体表现在以下五个方面:

第一,大大提升了获客的能力和水平。过去,恒丰银行采用的"扫街获客"的方式不但效率低、效果差,几乎处于劳民伤财的状态,有了基于大数据的客户关系管理系统后,其获客的方式变成了数据制导、规划先行、精准出击,显著降低了获客的盲目性,同时也减少了单个客户的获客成本,客户的规模也得到了大幅度的提升。

第二,与客户的联系更为紧密和广泛。基于大数据的客户关系管理系统上线后,恒丰银行与客户的联系由原来的以人工服务为主转化为线上线下的高度协同,服务的方式也从客户服务人员的语音扩展为各类电子化服务,这为采集客户的各种数据、分析客户的需求并为其提供个性化的服务创造了更好的条件,使恒丰银行与客户之间的联系更加紧密,连接更加便捷高效,客户的满意度也得到了有效提升。

第三,产品开发和销售的能力得到明显增强。过去,由于恒丰银行缺乏对客户的基本了解,针对客户的销售基本是单一产品的销售模式,在很大程度上带有盲目性和被动性。依托基于大数据的客户关系管理系统后,恒丰银行的产品开发和销售转变为以客户的需求为中心,从过去的单一产品销售上升为全方位的提供金融解决方案,能更好地满足客户的个性化、多样化和专业化的需求。

第四,管理能力和管理水平得到了显著提升。恒丰银行的客户关系管理系统运用了大数据可视化技术,以简洁清晰的数据图表代替大量的数字表格信息,使业务团队能一目了然地发现业务问题、洞察业务趋势、实时掌握业绩数据,而管理团队也能够快速整合多维度数据信息,做出更有效的业务决策,使得银行的管理能力和水平显著提升。

第五,有力地促进数字化转型的实现。通过基于大数据的客户关系管理系统的应用,恒丰银行在客户服务、产品开发和营销、金融科技应用等领域不断地实践,实现了整体实力的全面提升,为全面打造以数字技术为驱动的智慧银行、实现数字化转型的"弯道超车"提供了强有力的支撑。

恒丰银行在基于大数据的客户关系管理系统建设与应用方面的实践,不仅为传统的银

---

① Drools 是一个具有易于访问企业策略、易于调整以及易于管理的开源业务规则引擎,符合行业标准,速度快、效率高。

行业实现客户管理系统的升级提供了典范,也为其他行业的企业提供了有价值的参考。

11.7　本章思考题

1. 什么是客户?如何对客户进行分类?客户对企业的贡献表现在哪些方面?
2. 企业怎样使客户感到满意并变得更加忠诚?
3. 什么是关系营销的根本目标?企业如何实现关系营销?
4. 什么是客户关系管理?客户关系管理的重要技术有哪些?
5. 客户关系管理数据库包括哪些子系统?它们各有什么样的用途?
6. 企业在电子商务的发展过程中如何实施客户关系管理?
7. 收集整理相关的案例,对其如何更好地实施客户关系管理进行分析。

第 12 章

电子商务与知识管理

随着知识经济时代的到来,知识正在逐步取代土地、资本、劳动力和能源等传统资源,成为推动世界经济增长和人类社会进步的核心资源。在当今世界,企业的发展也正从传统的依靠资本积累向知识的积累和创新转变。以知识为核心的、对企业的生产和经营所依赖的各种知识进行收集、组织、创新、扩散、使用和开发的一种新的管理方式——知识管理正成为一种适应知识经济发展要求的新型企业管理模式,在越来越多的企业管理实践中逐渐显现出蓬勃的生命力。

在电子商务快速发展的背景下,知识管理迎来了新的发展时期:一方面,电子商务使企业获取知识、应用知识的能力大大增强,企业可以借助于网络收集到自己所需的各种知识资源,并可以通过网络进行知识的传播和交流,使员工的个人知识方便地转变成可以在企业内部广泛共享和恰当利用的企业知识资源;另一方面,电子商务又要求企业不断地提升获取知识的能力,通过建立知识共享机制,真正地实现知识管理,从而在激烈的国际、国内竞争中能够始终立于不败之地。

12.1 知识及其相关理论

"知识经济"的概念伴随着 20 世纪 90 年代中后期互联网的出现而盛行。作为驱动知识经济发展的核心资源——知识,在当今时代正显现出越来越不可替代的作用。企业掌握与知识经济相关的理论,对理解知识经济,进而更好地实现知识管理有着重要的意义。

12.1.1 知识的含义

所谓知识,是指人们在长期的实践活动中逐渐积累起来的各种认识和经验的总和,用以指导执行任务、解决问题和制定政策等。换言之,知识是企业所拥有的一种内在的、抽象的资源,这种资源在企业的生存与发展中起着不可或缺的作用。企业所拥有的知识资产,既包括存储在员工头脑中的各种远见、经验与智慧,也包括隐含在企业组织管理、企业的产品以及在生产和经营过程中的程序、方法和技术的集合,例如企业现有的管理知识、产品知识、行业知识以及组织内部知识等。企业把知识书面化,并将员工所拥有的无形的知识转变成有形的知识,形成一个可管理、可再生、可共享的内容的过程,就是企业进行知识加工的目标。

知识并不等同于数据或信息,它们之间有着明显的区别:数据是对事实的描述,它由一组表示数量、行动和目标的非随机的可鉴别的符号组成,是构成信息和知识的最基本的元素;信息是经过加工后的数据集合,能对接收者的行为产生影响,是接收者制定决策的基本依据;而知识则是由经过理性选择的信息构成的复杂有机体,是人们进行活动、决策和计划能力的体现。美国学者贝克曼把知识划分为五个层次,并且指出知识可以从较低的层次(第一层)向较高的层次(第五层)转化(如图 12-1 所示)。

第五层:能力	组织的专门知识:知识库、一体化的知识
第四层:专门知识	及时准确的建议,对结果和推理的解释及判断
第三层:知识	案例、规则、过程、模型等
第二层:信息	组织的、结构化的、说明性的、总结的数据,信息与特定的用途相关
第一层:数据	文本、图像、符号、声音等,数据与特定的任务相关或不相关

图 12-1 知识层次

12.1.2 知识的分类

知识的分类是企业实施知识管理的基础,是企业进行知识编码、知识流转,搭建知识平台,达到知识创新目的的基本依据。知识分类是一个需要不断完善的过程,根据不同的分类标准,可以取得不同的分类结果。

1. 经济合作与发展组织对知识的分类

经济合作与发展组织(Organization for Economic Co-Operation and Development,OECD)根据知识的认知对象的不同把知识分成如图 12-2 所示的四类。

图 12-2 经济合作与发展组织对知识的分类

如图12-2所示,各类知识的具体说明如下:

(1) Know-What 型知识。

Know-What 型知识又称事实知识,即"知道是什么"的知识,是指企业对知识管理的对象能搞清楚它的客观状况、相互关系,能把握其本质所在,诸如企业内部的组织结构是什么样的、企业处于什么样的市场地位等方面的知识。

(2) Know-Why 型知识。

Know-Why 型知识又称原理知识,即"知道为什么"的知识,是指企业对事物发展的客观规律有深入的把握,知道其运作的机理,能把握其发展趋势,如有关市场竞争的规律、客户需求变化的规律等方面的知识。

(3) Know-How 型知识。

Know-How 型知识又称技能知识,即"知道怎么做"的知识,是指对具体业务知道其如何运作,如新产品如何开发、市场怎样开拓等方面的知识。这类知识往往是企业进行生产和经营最为倚重的知识,也是各类知识产品的关键所在。

(4) Know-Who 型知识。

Know-Who 型知识又称人力知识,是指"知道是谁"的知识,如企业的现实和潜在的客户是谁、如果在工作中出现了具体问题应找谁解决等方面的知识。

在以上四类知识的基础上还可以增加两类知识:一是 Know-When 型知识,又称"知道是什么时候"的知识,是指企业对事物发展的具体时间有较好的把握,如在什么时候能出现无人驾驶汽车的较高需求、在什么时候将出现新一代通信产品等方面的知识;二是 Know-Where 型知识,又称"知道在哪里"的知识,是指对事物发展的具体地点能有具体的认识,如这款空调将会受哪些地区的消费者欢迎、这一方面的知识可以从何处得到等方面的知识。

2. 日本学者对知识的分类

日本学者野中郁次郎和竹内弘高在出版的《创新求胜》一书中把知识按性质的不同分成内隐知识和外显知识两类。

图 12-3　日本学者对知识的分类

如图12-3所示,这两类知识的具体说明如下:

(1) 内隐知识。

内隐知识(Tacit Knowledge)是指高度个体化的、难以与他人共享,也不易用形式化、标准化的方式表现的知识。这类知识广泛存在于个体之中,以个体的经验、印象、技能和习惯等形式呈现出来,随个体的流动而流动,随个体的死亡而消亡。

(2) 外显知识。

外显知识(Explicit Knowledge)是指能够以一种系统的方法传达的正式和规范的知识。外显知识可以客观地予以体会和理解,具有语言性、结构性和规范性的特点,可以通过编码的方式予以获取、存储、转移和再使用,如存储在计算机中的技术服务文档以及计算机程序语言等都属于外显知识。

12.1.3 知识的转化

野中郁次郎等学者在把知识分成内隐知识和外显知识的基础上,提出了两类知识相互转化的 SECI 模型,即知识转化具有社会化(Socialization)、外部化(Externalization)、联合化(Combination)和内在化(Internalization)四种方式(如图 12-4 所标)。

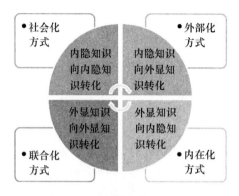

图 12-4 知识转化的四种方式

如图 12-4 所示,各种转化方式的具体说明如下:

1. 社会化方式

社会化方式是指内隐知识转化成内隐知识,即通过社会化的方式与他人共享内隐知识。传统的、较为典型的社会化方式有师傅带徒弟、导师带学生等:师傅带徒弟是指师傅把所拥有的各种经验、技巧通过自己的言传身教和徒弟的观察、学习、模仿来共同分享内隐知识的过程;导师带学生类似于师傅带徒弟,是指导师把个人长期积累的学识通过个别辅导、合作研究等方式传授给学生,让学生分享导师的内隐知识。社会化的知识转移是一项长期的工作,它的作用是相对有限的,它的效果取决于组织是否具有亲密、和谐、相互支持的组织环境和合作、共赢的团队精神。

2. 外部化方式

外部化方式是指把内隐知识转化成外显知识并与他人共享。由于内隐知识局限在个体之中,无法在更大的范围内共享,因此有必要通过外部化的方式使其成为外显知识,为更多的人所分享,使其发挥出更大的作用。外部化方式一般通过一定的技术手段将组织成员所拥有的内隐知识表达成词语、概念、形象化的语言或者图像等。比如,许多著名的老中医通过多年的行医实践积累了大量的诊断经验,但在外部化之前属于每个医生的内隐知识。不少的医院通过计算机处理把著名老中医的诊断知识转变成可以为其他医生学习的外显知识,达到内隐知识外显化的目的。可以说,外部化方式对内隐知识的存储、转移以及产生应有的价值起到了极好的作用。

3. 联合化方式

联合化方式是指把分散的、独立的外显知识转化成系统的、综合的外显知识。这种方式包括以下三个阶段：

(1) 从组织内外通过多种形式收集各种外显知识，如新闻媒体、统计部门等。

(2) 在组织内部传播收集到的外显知识，可以采用会议、讲座等形式进行。

(3) 综合集成外显知识，使其变得更加有用。例如，企业的营销部门通过市场调查、走访客户等多种方式征集新产品开发的外显知识，然后在企业内部与研发、生产、财务等部门共同研讨这些知识成果，最后形成全面、系统的新产品开发方案，成为更高层次的外显知识，以此为企业带来更为可观的效益。

4．内在化方式

内在化方式是指当新的外显知识为组织共享时，组织成员把这种外显知识转化成内隐知识。企业常常会采用内在化方式把从外部获得的各种外显知识内化成员工的内隐知识，以达到增强企业创新能力和竞争实力的目的。比如，企业通过出资购买专利的形式从企业外部获取外显知识，然后再把专利技术传授给企业内部的研发人员，使之成为他们个人的内隐知识，为提高企业的技术水平服务。

12.2 知识管理基础

知识管理的概念最早出现在 20 世纪 90 年代中期，它的根本出发点是把企业所具有的各种知识视作重要的经营资源，把最大限度地掌握和利用知识作为提高企业竞争力的关键所在。近年来，知识管理已成为学术界和企业界共同关心的话题，其理论研究和企业实践相得益彰，并取得了较为丰硕的成果。

12.2.1 知识管理的概念

目前，学术界对知识管理的理解各有侧重，与此相应的是对知识管理的概念也有很多种，较有代表性的有：

(1) 知识管理就是以知识为核心的管理，它是对各种知识所进行的连续管理过程，以便满足当前和未来的需要，并利用企业已有的知识资源，开拓新的市场机会。

(2) 知识管理是指为了增强组织的绩效而创造、获取和使用知识的过程。

(3) 知识管理的显著价值产生于两个方面：知识的创造和知识的利用。

(4) 知识管理应该是组织有意识采取的一种战略，它保证能够在最需要的时间将最需要的知识传送给最需要的人。

(5) 知识管理是一个系统地发现、选择、组织、过滤和表述信息的过程，目的是改善员工对待特定问题的理解。

(6) 从技术的角度来讲，知识管理就是理解数据之间的联系，确定管理数据的规则并将其文档化的过程，同时确保数据的准确与完整。

综合以上不同的观点，我们可以把"知识管理"定义为：知识管理是指企业对生产和经营所依赖的核心资源——知识资源进行收集、组织、创新、扩散、利用和开发的一系列连续动态的管理过程。它的目的是运用企业员工的群体智慧提高企业的创新能力和应变能力,并进而提升企业竞争力,实现企业的可持续发展。

12.2.2 知识管理的内涵

人们从不同的角度去理解知识管理可以得到不同的结果。IBM公司曾经发表过有关知识管理的战略白皮书,把"创新、反应能力、生产率和技能素质"等四个方面作为特定的商业目标和知识管理的基本内涵,以帮助企业自身适应知识管理的活动要求。这四个方面对我们更好地了解和把握知识管理的内涵与本质有着重要的指导意义。

1. 创新

持续不断的创新(Innovation)是企业生命力的源泉,是企业适应激烈的市场竞争和变化多端的外部环境的不二法门。知识管理的目的就是鼓励知识创新,而企业实施电子商务活动在客观上突显了企业对于知识创新的强烈需求。因此,企业要经常鼓励和培育新思想、新主张,不断地开发新技术、新产品,随时发现新市场、新客户,最大限度地把员工聚集到献计献策和通力合作的工作中来,使创新成为一种制度,成为企业在电子商务竞争中获取相对优势的灵魂。

2. 反应能力

科学技术的日新月异和消费者需求的快速变化使得企业的反应能力(Responsiveness)变得至关重要。比如,某种价格更低、质量更好的可替代产品出现了,企业必须做出快速的反应;又如,某些事关企业生死存亡的突发事件的出现,都会对企业的反应能力提出严峻考验。具有较强反应能力的企业能准确地把握住稍纵即逝的机会,及时化解有碍企业发展的各种威胁。知识管理很重要的一个目的就是企业要通过知识资源的开发与利用来不断地增强自身的反应能力,把突发事件对自身的影响减小到最低限度,更快地解决客户提出的各种问题,帮助客户做出最好、最快的购买决策,并能够对各种新技术、新产品和市场新的发展趋势有预见性的把握。例如,英国石油公司通过项目管理数据库对专门的知识进行详细的分类编目管理,在发生不测事件时,公司就会查看员工和承包人花名册,通过一张"专门技术人才查询图"迅速地确定应该由谁(如经理、地质专家、财务管理人员、领班或渡轮人员等)去处理这一不测事件。此外,该公司还通过视频会议的方式在恰当的时间迅速召集恰当的人员,并通过媒体提供尽可能详细的信息,妥善地处理好紧急情况,而不影响紧张的工作安排。

3. 生产率

众所周知,提高生产率(Productivity)水平是企业降低生产成本、提高经济效益的重要举措。知识管理可以使员工获取和共享最有价值的知识和经验,最大限度地减少重复劳动,缩短个人通过摸索积累经验的时间。生产率提高的幅度取决于企业对个体和群体创造的知识加以收集、综合以及再利用的程度。知识管理的工具可以帮助员工发现、挖掘和优化已创造的共同知识,使其应用到业务场景、解决新问题,减少重复开发和资源的浪费,同时也便于企业新员工的迅速成长,节约企业的培训成本。著名的管理咨询公司埃森哲咨询公司为了使其知识库中的知识保持经常性的更新,专门安排各岗位的专业知识人员对文档进行筛选、分类和整理,剔除重复和过时的内容,以确保其质量、适应性和推广价值,并使有价值的珍贵资料容易为人们所查询,从而显著提高了公司员工的知识服务水平和工作效率。

4．技能素质

员工的技能素质(Competency)水平是衡量企业竞争力强弱的一个重要指标,企业实施知识管理是提高员工技能素质的有效途径。借助于现代信息通信技术的应用,员工可以方便地实现电子化培训、电子化学习和电子化沟通,分享企业已有的知识财富,学习、吸收外部的知识资源,这样能快速、高效地提升企业员工整体的技能素质水平。美国贝克曼库特实验室应用远程学习解决方案的软件包 Learning Space,在不影响工作和个人生活的情况下把培训安排得恰到好处,使员工能真正地学到大量最实用的知识。贝克曼库特实验室依靠有效的知识管理,使员工的技能素质不断地提高,因此在特殊化工产品市场中始终保持着领先的地位。

12.2.3 知识管理的步骤

一个完整的知识管理过程可以分为如图 12-5 所示的八个步骤。

图 12-5 知识管理的流程

如图 12-5 所示,在知识管理的流程中各环节的具体说明如下:

1．发现知识

发现知识是企业进行知识管理的前提。企业必须鼓励员工通过各种渠道发现新的知识点;一方面可以从企业的外部,如网络、报纸、杂志等公开媒体以及政府有关部门等发现知识,特别是要注意从企业的客户和竞争者那里获得有关产品和服务的各种信息,使其成为企业可靠的知识源;另一方面,要鼓励员工在企业内部发现各种知识,可以通过提建议、开座谈会、岗位轮换等形式发现有价值的知识点。

2．获取知识

对于已经发现的知识点,企业应鼓励员工使其规范化、系统化,通过编码的方式能更好地为其他的员工所掌握和使用。获取知识是企业把已经获得的各种数据和信息转化成知识的基本环节,通过对现有知识点的提炼、归纳和整理,建立系统的、规范的、便于员工掌握的知识结构体系,并按此体系不断地丰富企业的知识资源。

3．评价知识

对于已经获得的知识,企业的有关部门必须对其价值做出恰如其分的评价,如对知识与企业业务的相关性、准确性以及现实和潜在的价值等通过打分等形式给出具体的评定和估价,做到去粗取精、去伪存真。在这一环节,企业还应根据评价的结果对各种知识成果及时地做出适当的奖励,以调动员工发现知识和获取知识的主动性和积极性。

4．存储知识

对于已经形成的各种知识,企业必须通过多种形式予以存储。最主要的知识存储点应是企业的知识数据库,除此之外,各种专门性的知识可以保存在存储设备之中,也可以以书面文字的形式予以保存,不过这种方式应尽量予以避免,因为其管理难度较大且不便于知识的获取与检索。企业存储知识要考虑到知识检索的方便、快捷,为更好地应用打好基础。

5. 共享知识

知识资源的共享是知识管理的重要条件,无论是内隐知识,还是外显知识,共享的范围越广,知识的价值也就越大。知识共享可以分为多个层次:在企业内部,可以利用企业内联网,通过构建基于相同或类似工作性质的团队,让有相似知识需求的员工共同分享已有的知识成果,并从中受益;在企业外部,既可以通过外联网与合作伙伴、供应商、销售商分享有关技术、产品等方面的知识,也可以通过互联网与客户分享有关产品的使用、保养、维护等方面的知识,在提高服务水平的同时还可以节省服务成本,如利用企业内部网络实现知识的共享,可以为员工提供极大的方便。

6. 应用知识

应用知识是知识管理的核心环节,知识应用的广度和深度直接反映出知识管理水平的高低,因此企业应采取切实有效的措施鼓励知识的深层次应用。知识的应用牵涉到企业生产和经营活动的方方面面,与每个人都有直接或间接的联系。如对于一线的员工来说,知识可以用于解决实际问题;对于领导者和管理人员来说,知识可以用于计划和决策;对于人力资源管理人员来说,企业知识是最重要的培训和学习资源。重视知识资源的开发和利用是企业进行知识管理的关键所在。

7. 创造知识

企业的任何一项知识都是有生命周期的,包括产生、发展、成熟到失效等几个阶段,不断地创造知识是知识管理生命力的源泉。创造知识可以通过多种形式来实现,如通过专题研究、专门的实验创造出与企业的发展息息相关的新知识,也可以通过学习考察、走访用户、市场调查等形式从外部创造性地获取各种新知识。电子商务发展背景下的知识创造显得更为重要,特别是在当今市场竞争越来越依靠知识取胜的背景下,新知识的创造无疑将为企业的发展赢得先机。

8. 出售知识

知识管理的最终目的是要让知识资源转变成生产力,能为企业获取可观的经济效益和社会效益。在市场竞争越来越激烈的今天,知识含量越高的产品和服务越是能在市场中体现出竞争优势,对于电子商务活动来说这一趋势尤为明显,其对新技术和新经营方式的追求已经上升到企业竞争的一个绝对高度,客观上直接影响着客户的满意度以及交易量,甚至直接关系到企业的形象。因此,知识管理应把不断地提高企业的产品和服务的知识含量作为持续追求的目标,以独特的知识优势赢得领先的市场优势。

12.2.4 知识管理的基本策略

知识管理的基本策略可以分成两种,即编码化策略和人格化策略。

1. 编码化策略

编码化策略又称宝典策略、法典编辑策略等,是指企业将知识与知识的开发者剥离,以达到知识独立于特定的个体或组织的目的,然后仔细地提取知识进行精心的编码,并存储于知识数据库中,以便供员工随时反复调用。作为国际著名的四大会计师事务所之一,安永会计师事务所在知识管理方面实行的是编码化策略,公司知识管理的负责人这样描述公司的知识管理策略:"在删除掉那些只适用于特定客户的信息后,从文档中抽取面谈指南、工作日程、借鉴基准数据、细分市场分析等关键知识,把它们存储在电子数据库中以供调用,由此建立知识'对象'。"这种方法使许多人可以很快地搜寻和提取到经过编辑的知识,而无须与最初的开发者接触,这就开辟了知识反复使用的有效途径,大大促进了企业的成长与发展。在安永会计师事务所的知识管理中心有一支200余人的知识工作者队伍,他们专门管理着电子知识库并帮助咨询人员搜索和使用各种有用的知识。在安永会计师事务所的每个业务部门都有专门的员工负责收集、编辑、处理各种知识文档,不断地丰富电子知识库的内容,为安永会计师事务所更好地开展知识管理服务。

2. 人格化策略

人格化策略是指知识存储在知识开发者的头脑中,知识与知识的开发者密不可分,知识的共享主要是通过面对面的直接接触来实现。在这种策略中,计算机和网络技术的应用并不是为了存储知识,而是为了方便人们更好地交流、沟通知识。与安永会计师事务所不同的是,另一类咨询公司选择的是人格化策略,如波士顿咨询集团、麦肯锡咨询公司等。在这类公司,员工的知识未经编码,而是通过面对面的交谈或电话、电子邮件和视频会议等方式得以传播和共享。这些企业普遍建立起了较为完善的网络系统和电子文档系统,但目的不仅仅是为了提供知识本身,而是让咨询师们通过网络查询相关文档,迅速掌握特定领域的相关知识,并由此了解公司内部谁曾从事过某一课题,然后直接与其联系。麦肯锡咨询公司还通过多种途径来培育人员网络,如相互调动异地分部的员工、倡导立即回复同事电话的企业文化、建立专家目录,以及利用公司内部的"咨询督导"来帮助咨询项目小组。

12.2.5 知识管理的主要技术

企业有效地实施知识管理,特别是实施编码化策略,必然会应用到先进的计算机网络技术。世界各大软件公司(如微软公司和IBM公司等)相继开发出了知识管理的相关软件。知识管理的主要技术包括以下四个方面:

1. 内容管理

对于一般的企业而言,90%以上的信息存储在半结构化或非结构化的数据中,企业进行知识管理首先要解决的是实现内容管理,使这些知识不管存储在任何位置,都可以让用户用最方便的方法予以检索和调用。内容管理的对象包括新闻稿、产品说明书、设计资料、演示文稿、工作报告、研究资料等,知识管理系统应能将上述不同形式的内容在目录中列出、打开和编辑,并具备内容外部特征管理的功能,能自动提取内容的外部特征,并允许用户按内容的外部特征进行检索。知识管理系统常见的外部特征管理功能有版本管理、作者管理、签发管理以及调阅状况管理。除此之外,该系统还应该提供关键词管理功能,允许用户给出文档的关键词以便进行检索。在进行内容管理时,企业必须注意要将原先由不同系统处理的各类内容文档集中在一个平台下统一管理,只有做到有机集成才能提高检索和调用的效率,更好地发挥知识的价值。企业进行知识管理面临的重大挑战是如何在海量的非结构化文档中又快、又准、又全面地找到用户所需的文档。所以,检索是知识管理的核心技术,但目前这方面的技术还有待进一步发展。

2. 企业门户技术

对于知识用户来说，企业门户是信息系统的唯一界面，因为日常工作中的一切事务都可以在企业门户中完成，比如员工可以通过企业门户打开各类文档进行编辑、打印，可以访问数据库、浏览内联网和互联网以及收发电子邮件等。企业门户可以把复杂的企业管理系统集成到统一的平台上。

3. 知识共享技术

电子邮件和企业内联网是企业实现知识共享的主要途径，知识管理部门应当充分利用这类技术使团队成员能够共享知识，同时也应使不同部门、不同团队的成员能通过电子邮件和内联网实现知识共享。此外，数据和视频会议技术可以动态、可选择地共享数据和信息，使用户能相互观看、交谈和共享多媒体信息，用户还可以在会议后台发送一个文件给另一个用户，并可以通过会议的文字或音频组件使得用户实现交互。而多视频会议技术则使用了基于 IP 的多路传播技术，可以提供音频和视频的远程会议服务。多视频会议技术特别适用于企业会议，因为与别的方法相比，远程会议允许有更多的参与者同时加入，新的网络技术的发展已经解决了这一数据应用所需的带宽问题，使得此项数据业务可以大范围地得到应用；即时消息传递技术则提供了与电子邮件不同的功能，用户可以直接通过网络向另一用户传送一个即时的文字和图像等消息，并被立即发送到接收方的屏幕，为实现员工之间的实时知识交流创造了条件。目前，即时信息传递技术已经被广泛地应用于企业的门户和客户的实时交流当中。知识共享方面的技术相对较为成熟，并有多个企业提供相关的软件产品。

4. 数据仓库技术

知识管理要达到的两个目的是更好的沟通和更科学的决策。科学的决策意味着企业需要利用自己所掌握的所有信息和知识快速地对市场变化做出反应，要想做到这一点，企业应有完善的数据仓库和决策支持系统作支持。数据仓库技术主要实现数据的采集、数据的清洗、不同来源数据的转换，提供存储和处理明细数据的关系数据引擎以及存储和处理汇总数据的多维数据引擎等。微软公司等已经推出了数据仓库的软件产品，但是真正成功的企业还不是很多，主要原因在于需求不明确，企业高层管理人员的支持不足以及专业咨询顾问的缺乏等。我国企业实施数据仓库的还比较少，但企业应该认识到这是实施知识管理的必要组成部分。

12.2.6 知识管理软件

与知识管理相关的软件主要有以下五种：

1. 群件软件

群体软件是一种为工作团队协同工作提供支持和服务的软件，主要产品有微软公司的 MS Exchange Server 等。

2. 知识资产管理软件

知识资产管理软件是对企业拥有的诸如专利权、著作权、专有技术等知识资产进行管理的软件，主要产品有 Aurigin 公司的知识资产管理系统软件 IPAM 等。

3. 协作和工作管理软件

协作和工作管理软件包括文档管理、网络存储管理等可以使用户在一种协作性的环境中管理文档、处理关键工作的软件,主要产品有微软公司的 MS Exchange Server 等。

4. 数据仓库软件

这是含有报告和查询工具的数据库软件,主要用来对企业通过各种来源所积累起来的历史数据以及现有数据进行管理和分析处理,目前微软公司等已推出了 MS SQL Server 等相应的产品。

5. 知识管理优化软件

知识管理优化软件主要用来优化企业已有的知识,使之更好地发挥作用,主要产品有 Knowledge X 公司的 Knowledge X Analyst 等一系列软件。

12.2.7 知识管理系统

知识管理系统是企业实现知识管理的基础,一般由知识库层、知识管理层和知识应用层三个部分组成,各层的组成和功能如下:

1. 知识库层

知识库层由专业从事知识库建设的软件设计和硬件维护人员组成。他们负责知识库的日常运作,及时排除系统运行中出现的各种软/硬件故障,并使知识管理系统的结构局部优化、知识管理的效率不断提高、效益不断上升。

2. 知识管理层

知识管理层是由专门从事知识管理服务的人员组成的工作团队,他们是连接知识库层和知识应用层的桥梁,负责知识的获取、存储、转移以及知识库的建立和维护等工作。一方面,知识管理层把知识应用层提供的各种知识进行编码和规范化处理,并把其存入知识库;另一方面,又要按照知识应用层对知识资源调用的需要,从知识库中提取相应的知识,进行专门化的处理后提交给具体的应用人员使用。

3. 知识应用层

知识应用层主要由知识应用人员组成,他们一方面把从各种途径获得的知识、经验或技巧经过提炼、加工、整理后交给知识管理层,由知识管理层经过编码处理后存入知识库,对于一些可以直接编码的知识,知识应用层也可以直接存入知识库;另一方面,知识应用层将最大限度地开发与利用企业的知识资源,使其成为企业竞争力之源。知识应用层可以通过知识管理层调用知识库中的知识,也可以直接查询、检索相关的知识内容。

12.3　电子商务与知识管理的关系

电子商务的实施必然要求企业不断地积累、开发、利用和创造知识资源;同时,成功的知识管理必将会推动企业电子商务的顺利进行,共同为提升企业竞争力、提高企业的经济效益服务。

12.3.1 电子商务有助于知识管理目标的实现

知识管理的目标表现在三个方面：第一，企业应具有较强的市场洞察力和适应能力，这是企业谋求长远发展的根本能力，而这种能力的取得必须依靠员工的知识积累；第二，企业应具有永不间断地获取各种新知识的能力，因为获取知识和应用知识的能力将成为企业竞争力强弱的关键因素；第三，企业应具有高度集成性的特点，企业的整个生产和经营活动，从市场调研、产品设计开发、生产制造、营销财务管理到售后服务等构成了一个不可分割的整体。

电子商务的实施为企业实现知识管理的目标提供了重要的支撑：一方面，电子商务使企业获取知识、应用知识的能力大大增强，企业可以借助于网络收集到自己所需的各种知识，并可以通过网络进行知识的传播和交流，使员工的个人知识方便地转变成可以在企业内部广泛共享和恰当利用的企业知识；另一方面，电子商务使企业从市场和客户那里获得的信息和知识以及建立共享机制变得十分重要，企业必须把知识管理和电子商务紧密地结合起来，才能更好、更快地实现知识管理的目标。

12.3.2 知识管理有效地促进电子商务的发展

在企业实施电子商务的整个过程中，每个环节都会对知识管理提出不同的要求，只有加强知识管理与电子商务的融合，才能使电子商务真正地发挥作用，产生出应有的效益。电子商务实施的不同阶段与知识管理的关系可以概述如下：

1. 规划设计阶段：构建企业知识库

在规划设计阶段，企业必须根据自身的实际，考虑产品、服务和客户的特性，结合业务流程和企业的发展战略，围绕市场需求，全面规划设计企业的电子商务实施方案。在这一阶段，企业需要把有关客户、供应商、竞争者、市场状况和发展趋势的各种信息融入企业的知识库，为制订科学、合理的电子商务实施方案服务。在电子商务网站建设的过程中，企业同样必须深入考虑产品和服务的现状，最大限度地发挥网站在降低经营成本、提高管理效率、开拓国内外市场和方便与客户的沟通等多方面的作用。在这一阶段，企业实施电子商务既要吸收内部各个部门的知识成果，特别是要充分利用营销、研发和客户服务等部门员工的智慧，更要从外部（包括客户、供应商和竞争者）获得各种知识线索，提高网站设计和开发的水平。

2. 信息发布和简单交易阶段：构建知识管理体系

在信息发布阶段，业务部门要动态地向外部发布有关产品、服务的各种信息和知识，尽管这一阶段对企业业务的运行影响较小，但同样要求网站管理人员掌握基本的网络技术，及时地从企业内外获取各种相关的信息和知识，并在网站得到集中反映。在简单交易阶段，企业将利用网站来接受、处理客户的订单，客户也可以在网站浏览购买信息及订货，网站将及时地收集各种客户的数据，经处理后存储到企业的知识库中，这就要求企业要高度重视来自客户的各种个性化的需求信息和对产品、服务的意见和建议，经过专业化的处理后，把其纳入知识管理体系，这将会大大提高企业进行电子商务交易的有效性。

3. 交易集成阶段：应用知识资源创造市场价值

在这一阶段，电子商务交易将扩展到企业外部，企业将通过网站与客户、供应商和合作伙伴共同形成闭环的价值链,与各个成员形成知识共享体系,并将这些获得的知识用来更有效地管理业务,为客户提供更多的增值服务。此外,在这一阶段,企业将通过精确的需求分析来降低存货成本,并通过与供应商和销售商的紧密合作来实现交叉销售核心市场的开发。交易集成要求企业制定正确的知识管理战略,更好地利用企业内部和外部的各种知识,并通过内容管理、数据挖掘等技术获取各种市场机遇,创造更大的效益。

4. 电子化管理阶段:知识管理与电子商务融合发展

电子商务发展的更高阶段应是企业业务流程的电子化运作。在这一阶段,企业内部各个环节的职能将直接通过网络来实现,营销、财务、研发、采购、生产、库存管理等部门将通过网络构建全新的电子化业务流程。这将会显著降低成本,大幅度提高经营效率。与此同时,企业通过网络与外部的供应商、销售商、业务伙伴和客户形成网络化的业务运作体系,企业的边界将不再明显,企业内外将融为一体。此外,在这一阶段,企业的知识管理也将进入一个新的层次:一方面,企业的内部和外部将形成更加紧密的知识共享体系;另一方面,知识管理的难度也将大大上升,企业之间的竞争从某种意义上可以说将演变成知识管理水平的竞争,企业的市场开拓、新产品开发、客户服务等各个环节都将越来越依托于知识管理,知识管理也将与电子商务真正地融为一体。

12.4 电子商务发展中知识管理的实施

当市场优势逐渐向高知识含量的产品和服务集中时,越来越多的企业开始认识到通过实施知识管理来提升企业竞争力的必要性。国际上已有不少的企业实施知识管理成功的案例,为我国企业提供了可资借鉴的经验。前已述及,电子商务与知识管理密切相关、相辅相成,实际上电子商务和知识管理可以同时展开、相互促进,因为两者的技术要求相似,比如都需要采用数据库技术、搜索引擎技术等,而且两者均可以在相同的网络平台实现。因此,知识管理的实施必须充分考虑电子商务的发展,使两者协调进行、共同推进。电子商务发展中知识管理的实施具体可以分成以下六步进行:

12.4.1 树立知识管理的思想

企业实施知识管理,首要的也是最为困难的是在全体员工中树立知识管理的思想,特别是对长期在计划经济体制下运行的我国企业来说尤其如此。"尊重知识,尊重人才"人人皆知,但在具体执行中又常常被平均主义、"大锅饭"的倾向所左右。所以,企业树立知识管理的思想,既十分必要,又极为紧迫。

企业树立知识管理的思想,必须让全体员工认识到企业知识在市场竞争中所起的决定性作用。只有充分认识到企业知识与企业命运乃至个人利益的密切关系,员工才会自觉地维护企业知识,促进知识管理的顺利进行。企业的领导者应积极引导和鼓励员工把自己的知识贡献出来,成为企业的共同财富。同时,企业还应消除传统的员工与上司之间、员工与员工之间知识和信息交流沟通的障碍,为他们创造良好的知识共享的环境,建立民主、透明、公开化的决策机制,充分尊重员工的知识价值,形成良好的知识管理环境,使知识管理落到实处,发挥出实实在在的作用。

12.4.2 设立知识主管

发达国家的一些企业在进行知识管理的实践中,设立知识主管——首席知识官(Chief Knowledge Officer,CKO)是较为普遍的做法,而且知识主管的作用和地位也在不断地上升。在美国的可口可乐公司、通用电气公司和施乐公司等著名的企业都设立了首席知识官一职,并在企业的知识管理中发挥着极为重要的作用。知识管理虽然是从传统的信息管理发展而来的,但知识主管和信息主管有着明显的差别:信息主管的工作重点是在技术和信息资源的开发和利用上;而知识主管的工作重点在于激发企业的创新力量,提升企业整体的创造力。也就是说,企业设立知识主管的目的是要在没有先例可循的情况下能够熟练地支配、管理和完善不断发展的知识体系,以便能更有效地运用集体的智慧提高企业的应变能力和创新能力。伦敦商学院信息管理教授尼尔指出:"公司中知识主管们的作用已经超出了信息技术的范围,进而包括诸如培训、技能、奖励、战略等。公司需要一位善于思考的人把人力资源同信息技术和营销战略等有机结合起来,发挥特殊作用。"因此,知识主管是一种介于首席执行官和首席信息官(Chief Information Officer,CIO)之间的一种职位,它的主要职责可以概括为制定知识政策、提供决策支持和帮助员工成长等三个方面,具体包括以下七个方面:

(1) 了解企业所处的环境和企业本身的状况,明确企业内部的知识流向和知识需求;

(2) 建立和造就一个能够促进学习、创新、积累知识和信息共享的环境,每个人都要认识到知识共享的必要性,鼓励员工贡献自己的经验和智慧,为企业知识库的丰富做贡献;

(3) 监督和保证知识库内容的质量、深度、风格,使之与企业的发展目标相一致;

(4) 保证知识库设施的正常运行,及时更新各种陈旧的知识;

(5) 加强知识的集成,保证新知识的共享和最大限度的应用;

(6) 根据外部信息和自身的经验为决策者提供决策建议;

(7) 确定员工必要的知识基础,不断地激发员工的创新精神和创造新知识的能力。

12.4.3 选择知识管理策略

前面已经提到,知识管理策略可以分成编码化策略和人格化策略两种,但对于一个特定的企业来说,究竟应该选择何种知识管理策略并不是那么简单的,应根据具体问题具体分析。企业的知识主管首先应搞清楚实施知识管理的一些基本问题,如"顾客对本企业的产品和服务有哪些期望""企业应通过实施知识管理为客户创造哪些价值"以及"对于员工来说,实施知识管理应达到什么样的目的"等,在明确了这些问题后,知识主管再根据以下一些判断选择适合企业应用的知识管理策略:

1. 员工主要是依靠内隐知识还是外显知识解决问题

外显知识可以进行系统化的编码、存储且不容易失真,如简单的软件代码和市场数据等都属于外显知识;而内隐知识是高度个体化的,难以用系统、规范的方式实现共享,需要通过个人的长期努力来获取,如科学专长,操作诀窍,对行业的洞察力、商业判断力等均属于内隐知识。

如果企业主要是依靠外显知识提供产品和服务,就应考虑采用编码化的知识管理策略;与此相对,如果企业主要是依靠内隐知识提供产品和服务,则应考虑采用人格化的知识管理策略。

2. 本企业提供的是标准化的还是个性化的产品和服务

如果企业提供的是标准化的产品和服务,相对来说,技术难度较小,使用的知识内容基本相同,可以重复使用经过编码化的知识,那么,适宜采用编码化的知识管理策略;而如果企业提供的是个性化的产品和服务,其工作重点在于满足特定顾客的独特需求,由于这些需求存在着较大的差异,编码化的知识管理策略显然起不了多大作用,那么应该考虑采用人格化的知识管理策略。

3. 企业提供的产品和服务是属于成熟型还是创新型

如果企业提供的是成熟型的产品和服务,因其包含的知识成分相对明确和稳定,开发和销售过程所需要的知识也是大家熟悉的、系统化的、可编码化的知识,所以可以直接考虑采用编码化的知识管理策略;如果企业提供的是创新型的产品和服务,因其需要拥有不同知识的员工相互交流、沟通各自的知识,需要寻求灵感的碰撞和创新思想的开发,因此宜采用人格化的知识管理策略。知识管理策略的选择参见表12-1。

表 12-1　知识管理策略的选择

决策依据	知识管理策略	
	编码化策略	人格化策略
企业知识的类型	以外显知识为主	以内隐知识为主
产品和服务的性质	标准化	个性化
产品和服务的类型	成熟型	创新型

4. 选择知识管理策略应注意的问题

企业在选择知识管理策略时还应注意以下一些问题:

(1) 企业在选择知识管理策略时应有所侧重,不应主次不分,否则就既不能像编码化策略那样降低顾客享用知识的成本,也不能像人格化策略那样向顾客提供艰深复杂的知识。但同时企业也不应绝对化地只采用一种策略,而应使两者保持合适的比例,国外的研究表明主次模式以 80∶20 的比例较为合理。

(2) 领导层应从全局出发看待知识管理的作用。因为不论企业采用哪种知识管理策略,只有当知识管理与人力资源战略、信息技术战略和企业竞争战略相协调时,企业才能收到最大效益。而要实现这种协调,就必须有企业领导层的积极参与和坚强领导:如果企业的主要领导者积极投入,选择知识管理策略以支持明确的竞争战略,那么企业和顾客都将共同受益;如果企业的主要领导者既不参与也不支持,那么以知识管理创造竞争优势则是一句空话,企业和顾客双方都将受损。

(3) 企业应选择不同的信息技术方案。两种知识管理策略需要企业提供不同的软/硬件设施和支持水平:在编码化策略中,企业需要采用与传统图书馆非常相似的系统,它必须带有充足的文件存储空间,并兼备搜索引擎,以便人们查寻和使用所需的知识;而在人格化策略中,最重要的是必须有一个系统,人们通过它能够找到真正掌握知识的人并获得帮助。

12.4.4 创建知识共享体系

知识共享是企业实施知识管理的重要条件和基本目标,特别是对于内隐知识来说,知识共享的程度直接决定了知识的价值和企业的知识竞争力。因此,对于每个实施知识管理的企业而言,采取得力的措施促进知识共享显得十分必要,具体的措施可以参考以下五个方面:

1. 创建促进知识共享的组织结构

知识共享与组织结构的关系十分密切,在一个等级森严、部门壁垒严重的企业要想实现充分的知识共享是不可能的。因此,通过创建促进知识共享的组织结构,消除上下级之间、员工与员工之间进行知识交流、沟通的障碍是极为重要的,新型的有利于知识共享的组织结构应具有以下这样一些特点:

(1) 有宽松、民主、适合创造的管理体制,上下级之间没有明显的等级界限,员工之间可以相互学习、相互影响、共同提高;

(2) 有利于企业更好地对外部环境的变化做出反应,不需要经过复杂的决策程序即可与外界进行沟通;

(3) 有助于增强企业员工的团队合作精神;

(4) 有利于企业集中资源完成知识的商品化,使知识发挥最大的效益;

(5) 有利于企业创建学习型组织,不断地提高企业的学习、创新和适应能力;

(6) 有不同层次的专门人员负责企业的知识管理工作。

2. 构建适合知识共享的知识网络

知识网络既是企业实施知识管理的基本载体,也是保证员工实现知识共享的物质基础。在电子商务的发展过程中,基于互联网技术的企业内联网、外联网等已广泛应用到知识管理的实践中,使知识管理和电子商务进入一个同步发展阶段。通过应用各种网络,人们的交流、沟通变得十分便捷,成本也十分经济,而且现在越来越多的企业已经开始认识到借助于网络从市场和客户中挖掘知识是企业开拓市场成功的关键。完善的知识网络对知识的吸收和创新、维护与应用、传播与共享起到了极为重要的作用。因此,企业一方面要加强物理网络基础设施建设,逐步完善网络的功能;另一方面,必须加强网络的应用,特别是要注意与客户、供应商、销售商、合作伙伴、政府部门、专家机构等形成网络体系,尽可能地拓展知识网络的空间,共享更为丰富的知识财富。

3. 设置企业内部知识交易市场

为了更有效地实现知识共享,企业也可以考虑设置内部知识交易市场,因为在企业的外部知识是明码标价的,如聘请律师做法律顾问、聘请质量认证咨询机构的专家进行质量认证咨询都需要花费数额较大的费用。所以,为了鼓励员工把更多的内隐知识贡献出来,企业可以模拟市场化的运作机制激发员工进行知识共享的热情。在内部知识交易市场,买方是为了解决问题而寻找有关知识的员工,卖方是掌握某些方面知识的人,知识管理部门应是促成交易成功的中介者,并为相关的知识支付必要的费用。当然,企业内部知识交易市场的价格形成机制有其特殊性,因为知识的卖方会考虑到与他人互惠互利、建立信任、树立威望、帮助别人、考虑企业的发展等原因,知识产品的报价必然会远低于外部市场的交易价,但这种模拟外部市场的做法对形成"尊重知识、尊重人才"的风气,调动员工贡献知识的积极性是大有好处的。

4. 培育适应知识管理的企业文化

一些国家的相关研究发现,阻碍知识管理实施的主要因素可以归结为如表 12-2 所示的主要因素。

表 12-2　阻碍知识管理实施的主要因素

阻力因素	需求不明确	成本考虑	工业不成熟	技术不成熟	企业文化阻力
百分比(%)	5	12	16	19	48

从表 12-2 我们可见,不适宜的企业文化是阻碍企业实施知识管理的最主要因素。因此,企业培育与知识管理相一致的企业文化是推动知识管理良性发展的重要任务。创建适应知识管理的企业文化与适应电子商务发展的企业文化具有相似性,目的是通过构建创新、团队、信任、同心同德的企业文化,增强企业的凝聚力和战斗力,最大限度地发挥员工在知识管理中的积极性、主动性和创造性,最终在企业内形成崇尚创新、争当先进、敬业助人的积极向上、奋发进取的文化氛围。

5. 强化员工知识交流制度

知识作为一种特殊的无形资产,它的价值在一定程度上取决于它的传播范围。在企业内部,强化员工之间的知识交流对充分发挥知识的作用,更好地创造知识的价值具有重要的作用。企业可以通过以下三种方式促进员工之间的知识交流:

(1) 实行导师制。

企业可以为年轻的员工或从事新工作的员工配备导师,这样可以使其在较短的时间内从导师处获得与业务相关的知识和技能,这种传统的"传帮带"的方式对转化导师个人拥有的内隐知识方面具有重要的意义,特别是对转化复杂的、长期积累的、具有高度创造性的知识颇为有效。

(2) 充分利用各种传播媒体。

在企业内部可以充分利用内部刊物、报纸、电视、广播和网站等形式传播各种知识,尤以内部刊物和企业网站的效果为佳。好的传播媒体,对提高知识交流的深度和广度,增强员工的进取心和学习知识的自觉性具有很大的好处。

(3) 多种形式的交流、研讨。

在发达国家,很多企业广泛采用圆桌会议、午餐会议、周末企业发展沙龙、专题演讲等形式在企业内部广泛传播新知识、新创见、新思想、新技术和新方法,使学习、研究蔚然成风,这对提高企业的知识管理水平有极大的帮助。这种形式需要打破上下级之间、员工与员工之间的各种隔阂,只有员工发自内心的、自觉的行为才有可能产生真实的、持久的效果。

12.4.5　完善知识激励机制

知识激励机制的建立是知识管理的重要内容,只有设计出科学、合理、能真正反映知识价值的、有效的知识激励机制,才能使知识管理产生出应有的效果。企业实施知识管理,无论是采用编码化策略,还是采用人格化策略,都需要有相应的知识激励机制作保证。知识激

励机制所包含的内容较为广泛,主要包括以下五个方面:

1. 知识创新失败宽容机制

知识创新成功的意义不言而喻,但知识创新失败的可能性也相当大。如果一个企业只允许成功的创新而不能容忍失败的创新,那么必然会导致人人害怕创新、人人不愿创新的结局。因此,企业建立知识创新失败宽容机制实际上是促进知识创新的重要举措。当然,宽容失败并不是支持员工盲目地进行创新,而是在一定范围内对一些不可避免的失败予以必要的宽容。同时,创新失败宽容机制还要求失败者及时地总结经验,提炼出从失败中学到的知识,为他人更好地创新提供借鉴。

2. 知识权益激励机制

知识权益激励机制要求企业明确员工的知识成果,对其知识成果做出恰如其分的评价,并在此基础上通过增发薪水、酬金、股票、股票期权等形式反映员工的知识成果的价值。合理的知识权益激励机制对尊重员工的知识成果、调动员工参与知识管理的积极性和自觉性无疑将起到极为重要的作用。但是,我国的企业在这方面无论是在观念上还是在激励的幅度上都存在着明显的差距,需要有较大的突破。

3. 知识署名机制

知识署名机制是指对于那些取得了较重要的知识成果,对经济利益的刺激不太敏感,但对名望较为重视的员工可以采用为知识成果署名的方法予以激励,以表彰他们为企业的发展做出的贡献。署名的方式可以以员工的名字命名为××工艺、××技术、××营销经验等。这样既可以让被命名的员工感到深受鼓舞,也可以通过具体的人名将这些知识成果形象化,使得这些知识成果更容易进行推广和共享。例如,在海尔集团,通过知识署名机制大大激发了广大员工参与知识创新的积极性,取得了较为理想的效果。

4. 知识竞争机制

知识竞争机制是指企业把员工的知识成果和知识创新能力作为晋升、加薪、荣誉奖励的主要考虑因素,充分体现知识的价值,形成"尊重知识、尊重人才"的良好风尚,鼓励员工更好地参与知识管理,提高企业实施知识管理的水平,培育出"知识促效益,效益催知识"的良性循环机制。成功的知识竞争机制将会使企业的发展进入一个新阶段,企业的市场地位和竞争实力将会得到新的提升。

5. 知识培训机制

对于知识型员工来说,培训是最好的激励,科学、合理、具有针对性的培训将会大大调动他们参与知识创造的积极性。因此,企业应把组织持续性的、具有针对性的培训作为知识激励机制的重要内容来抓,一方面是对员工已取得的知识成果的一种肯定和激励,另一方面为员工提供一个及时补充、吸收最新知识的途径,进一步加快企业进行知识管理的进程,使员工和企业更好地共同发展,实现"双赢"。

12.4.6 创建学习型组织

创建学习型组织既是知识管理发展的基本任务,也是企业实施知识管理的重要内容,还是电子商务发展的必然要求。提高企业的学习能力,既能增强企业适应市场、参与竞争的能力,也能有力地推动知识管理的进程,促进电子商务向纵深发展。所谓学习型组织,是指通过形成促使整个组织员工不断学习的组织气氛,充分发挥员工的创造能力,以创建一种有机的、高度结合的、扁平化的、充满人性的、能持续发展的组织。学习型组织理论的创始人美国著名学者彼得·圣吉认为"在学习型组织中,企业员工得以不断突破自己的能力上限,创造真心向往的结果,培养全新、前瞻而开阔的思考方式,全力实现自己的抱负,以及不断探讨如何共同学习"。他经过研究后发现,20世纪70年代美国的《财富》杂志评选出来的世界500强企业,20年后有超过1/3已经销声匿迹,一般大企业的平均寿命只有40年,究其实质,因为它们是"很差劲的学习者"。所以,他指出当世界更加息息相关、复杂多变时,企业的学习能力也要更强才能适应全局。所以,能否成为学习型组织是衡量企业生存与发展能力的一个十分重要的因素。电子商务对促进企业成为学习型组织具有重要的意义:

第一,电子商务为组织学习提供了先进的信息获取手段,无论是从企业内部还是从企业外部获取信息,网络都是高效、便捷、低成本的知识来源。

第二,信息传播方式的改变使组织学习的吸引力大大上升,因为传统的信息传播方式基本都是单向的,如广播、电视、报纸、杂志等,都不具有交互功能。而网络是具有双向交互功能的媒体,并且可以以文本、图形、动画、声音和影像等超媒体形式传递信息,显著提高了员工参与学习的积极性。

第三,电子商务提高了组织学习的记忆能力,因为基于超媒体的信息系统在处理大型的、复杂的以及多参照系的信息时具有独到的功能,对提高组织的记忆能力可以起到重要作用。所以,电子商务为创建学习型组织提供了良好的条件,而学习型组织又必然会推动电子商务的发展,两者是相辅相成、互为促进的。

12.5 典型案例 裕隆日产汽车公司知识管理实施[①]

位于我国台湾地区的裕隆汽车公司创立于1953年9月。在60多年的发展生涯中,该公司秉持"追求顾客满意、创造企业繁荣、贡献社会福祉"的发展理念,发展成为台湾地区最大的汽车制造企业之一。2003年10月,裕隆汽车公司为了提高竞争力及积极参与国际分工并落实专业经营,将研发及销售等相关业务依台湾地区的有关规定分割设立了裕隆日产汽车公司。裕隆日产汽车公司的主要营业项目为轿车、休旅车、柴油货车、柴油底盘车及其零组件的设计、研究开发及销售等,业务范围扩及祖国大陆、台湾地区及东南亚等。为了适应时代的变化,裕隆日产汽车公司以崭新的视野来建构"创新、速度、团队"的企业文化,致力于成为汽车产业"产品创新"与"服务创新"的标杆企业。作为汽车领域的后起之秀,裕隆日产汽车公司高度重视知识管理在引领创新发展中的作用,成为同行中的佼佼者。

---

① 《由移动价值链到知识价值链——裕隆日产汽车知识管理案例》(内部资料),原文作者为赖芳忠、李美娴、韩易光、陈娟娟(裕隆日产组织-知识开发科),有改动。

12.5.1 发展背景

在 2000 年时,裕隆汽车公司有感于台湾地区的汽车产业所面临的日趋严苛的经营环境,而且当时裕隆汽车公司引以为傲的研究与开发能力也在同行纷纷成立研发中心后遭遇到前所未有的挑战;加上过去裕隆汽车公司累积的许多成功经验或因缺乏系统的整理,或因人员调动、离职,导致员工在经验的分享与传承上无法快速且有效率地学习,因此该公司决定导入知识管理项目来解决所面临的种种问题。当时,裕隆汽车公司拟定的策略有两个:一是建立有价值的知识文件;二是快速分享公司的 Know-How 型知识及经验。从 2000 年开始,裕隆汽车公司推动知识管理的措施除了完成知识管理系统的基础建设以外,并已逐步展开隐性知识显性化、显性知识电子化的知识存储工作。到 2003 年裕隆日产汽车公司成立后,公司的知识管理战略在过去所完成的基础上进行了中长期布局,决定分成三个阶段予以推进(如图 12-6 所示)。

图 12-6 裕隆日产汽车公司实施知识管理的三阶段布局

12.5.2 知识管理的策略与目标

围绕中长期布局,裕隆日产汽车公司开始了以平衡计分卡(The Balanced Score Card)的手法开展公司的中长期发展策略与目标设定,而知识管理计划则是在配合公司中长期发展策略与目标的原则指导下拟定了相应的策略与目标。

1. 策略

裕隆日产汽车公司以平衡计分卡并结合"创新文化"指标为基本策略,通过平衡计分卡的理论,将财务层面、顾客层面、学习层面与流程层面的平衡计分卡概念带入裕隆日产汽车公司知识价值的检视指针中,并结合该公司所秉持的创新文化,形成了裕隆日产汽车公司知识管理的五大策略:

(1) 塑造创新文化;
(2) 加速员工成长;
(3) 协助流程改善;
(4) 提高顾客满意;
(5) 提高企业的获利能力与获利水平。

2. 目标

裕隆日产汽车公司的知识管理系统以全球卓越的知识型企业作为标杆学习对象,以汽车行业的先进企业的评比标准与最新知识管理发展现况为目标制定了六大目标,具体包括:

(1) 隐性知识显性化,显性知识电子化,建立知识存储流程与价值审核标准;

(2) 建立知识存取与重复使用机制,透过知识应用活动,缩短学习与响应的周期;
(3) 建立知识协同分享机制,分享员工项目流程、最佳实务经验与来自顾客的需求;
(4) 促进营销知识共享,提升管理绩效,强化企业的品牌与竞争力;
(5) 建立虚拟工作网络,透过协同合作与虚拟团队,达成行动资源整合与应用;
(6) 创造知识,使内部员工与外部顾客的知识资本产生最大价值。

12.5.3 知识地图的创立

知识地图描绘出了组织内主要领域的知识分类与流动状态,包括知识的种类、知识工作者、知识文件、意见想法、知识密度,并可以联结外部资源,让组织中的每个人可以快速找到他们所需要的知识,并可以通过专家群、项目团队、作业人员实务社群让员工互动的知识得以有系统的编纂并文件化,让组织成员进行充分的了解与学习。运用知识地图,裕隆日产汽车公司的员工在执行任何项目前要想获得相关的专业知识或技术,便可以通过知识管理系统平台的检索、搜寻功能,快速获得存储于知识库中的知识文件,可以在知识社群(Knowledge Community)与其他的员工进行互动讨论,收集更多的观点及意见,也可以直接请教该专业知识领域中的知识专家(Knowledge Expert),以快速提升自我的专业能力,达成工作目标(如图12-7所示)。

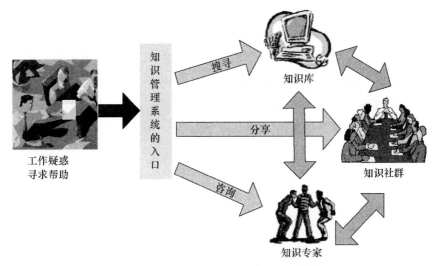

图 12-7 裕隆日产汽车公司的知识地图

知识库、知识社群及知识专家三者之间具有关联性:员工阅读知识库的文件后,可以在知识社群实现与其他同事的互动;知识社群的讨论精华及知识专家发表的文章可以存储于知识库中;知识专家可以在知识社群中指导讨论重点或解答其他同事对知识文件的疑惑等,由此呈现了裕隆日产汽车公司的知识流动状况。

12.5.4 知识库的建设

知识库是一个知识创造、分类、存储、分享、更新与创造价值的平台,它包含特定领域的经验与知识,内容必须清楚且正确。因此,当公司内部的员工要寻找数据时,知识库将会扮演一个重要的角色。为了建构适合裕隆日产汽车公司的知识管理架构,组织-知识开发科以全公司的副经理、科长级主管为对象举行知识审计(Knowledge Audit),针对公司内部的专业领域进行问卷调查,以了解公司本身拥有什么知识,这些知识是从什么渠道获得的,谁需要这些知识,公司正在流失什么知识,公司的员工应如何应用这些知识,等等。裕隆日产汽车公司的知识库由以下三大架构组成:

1. 部门文件区

部门文件区为各部门共享的文件库,文件存储的种类及阅读权限的设定开放给各部门自行决定。

2. 企业智库区

各部门的知识文件经推荐后,由组织-知识开发科进行初审,通过后再由经知识审计所产生的各领域的专业审核委员进行复审,不同类别的文件由不同领域的专业审核委员来审查。若知识文件经一半以上的专业审核委员确认达到文件价值标准,该知识文件即进入企业智库区;反之,则退回该知识文件。

3. 历史文件区

当知识文件的有效日期逾期后仍未更新的,文件将被自动移往历史文件区。图 12-8 为知识文件的审核流程。

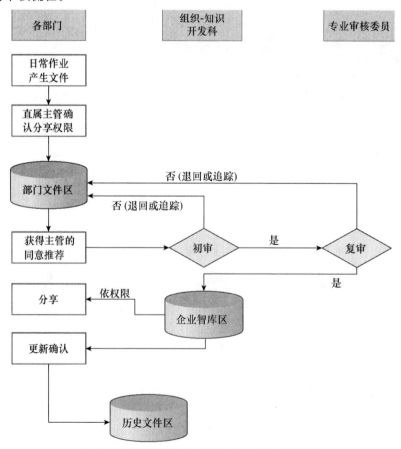

图 12-8 裕隆日产汽车公司知识文件的审核流程

12.5.5 知识社群的形成

知识社群是指通过网络社群的互动与分众特色,辅以实务社群的搭配运作,建立以专业技术与知识领域为主的讨论区、专栏区、留言板、聊天室、读书会和研讨会等,让企业内部的知识工作者能够经由选择特定的专业领域,与其他具有相同专业领域或对该专业领域有兴趣的跨部门员工,进行互动并创造知识、分享知识的平台。裕隆日产汽车公司在进行知识审计问卷题目设计时,便已将知识社群的需求列入盘点的范围中,项目小组根据统计结果将社群依需求程度分为专业知识社群与一般知识社群(如图12-9所示)。

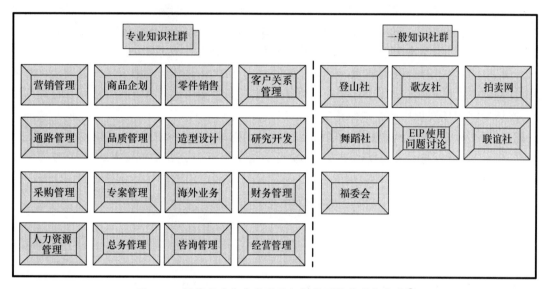

图 12-9　裕隆日产汽车公司的知识社群的分类与名称①

裕隆日产汽车公司的各知识社群均配备了一位社群版主负责经营,每位社群版主都经过一定时间的版主经营教育训练课程,让他们了解知识社群的经营实务与其他公司的案例分享。此外,裕隆日产汽车公司也制定了社群版主工作守则与知识社群管理办法,除了让社群版主了解自己在公司的社群经营中所扮演的角色以外,也让所有的员工知悉公司推动知识社群的目的与做法,并让所有的参与人员在社群中的行为有所遵循与规范。社群版主并非一定要是该领域的专家,但重要的是必须要熟悉网络或者计算机操作,且有意愿与热忱承担这项工作。有些资历较深但不熟悉计算机操作的专家则可以成为该社群版主的幕后咨询对象,如此仍可以协助社群成员解决专业问题。

为了让所有的员工与知识社群的距离更加接近,裕隆日产汽车公司也定期在每月的电子报中提供当月社群的精华问答内容。裕隆日产汽车公司未来的打算是,除了持续经营知识社群以外,还要将知识社群、专家黄页与有价知识库进行结合,让专家进驻知识社群来协助回答员工的问题,同时也将知识社群当中所产生的创新建议存入企业智库中,让整合后的知识地图能发挥知识的最大价值。

---

① 在图中,EIP 的英文全称为 Enterprise Information Portal,中文译文为企业信息门户。

12.5.6 知识专家队伍的组建

在裕隆日产汽车公司,知识专家是指在某一领域具有专业技术、执行经验或相关知识,且经多数员工认可的人员。裕隆日产汽车公司根据专家盘点的统计结果,找出各专业知识项目的参考名单,再配合公司内专业核心能力的实际需求,并经过经理级以上主管复审参考人员名单后,正式进入知识专家库名录。

项目小组为了让员工能获得完整的专家信息,在知识管理系统平台规划了专家黄页:当员工在日常工作中遇到问题时,可以到专家黄页查询该领域的专家,并了解该专家在公司的轮调经历、专利/证照/得奖记录、受训经历、执行项目记录等。除此之外,员工到专家黄页查询专家个人的数据时,亦可由该专家上传的知识文件列表直接连接至知识库。项目小组期望能建立完整的专家人才数据库,协助公司的员工提高工作效率。

为了让专家了解自己的职责,项目小组也制定了专家黄页的运作流程(如图12-10所示)及管理办法,除了规定知识专家需定期到专家黄页更新个人资料及接受员工的咨询以外,亦请专家担任知识库的企业智库专业审核委员,运用他们宝贵的专业知识为企业智库文件把关。此外,专家也会定期到知识社群,针对员工提出的各种疑难问题提供专业的解答或建议。为了让员工与专家的互动更密切,项目小组也定期与公司的知识管理电子报邀请专家进行经验分享。

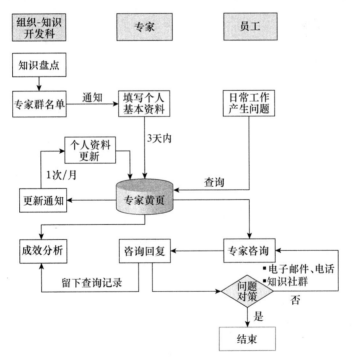

图 12-10 专家黄页的运作流程

裕隆日产汽车公司为了更有系统地保留知识专家的 Know-How 型知识,项目小组启动了隐性经验分享计划,针对不同核心知识领域的专家特别规划与设计适当的经验分享活动,例如专家采访、专题讲座、研讨会、教育训练等。项目小组请专家依照隐性经验分享计划进行隐性经验分享,并在计划执行过程中保留每个隐性经验分享计划的产出文件,上传存储于知识管理系统平台中。裕隆日产汽车公司期望能借助于知识专家的经验分享、扩散,让员工在工作思考、规划与执行中更完备、更成熟,同时完整地保存知识专家的核心经验。

12.5.7 知识价值链的构建

知识价值链(Knowledge Value Chain,KVC)模型是通过对知识螺旋、平衡计分卡及多元智能理论进行推演所得出的知识价值分析模型,它可以让企业有系统地找出组织在知识活动过程中关键价值链的贡献节点与最高价值链的组合,以便能在瞬息万变的数字时代建立最佳的竞争优势。在裕隆日产汽车公司的知识价值链布局中以知识审计的结果来决定知识来源(知识输入端)的架构(如图12-11所示)。

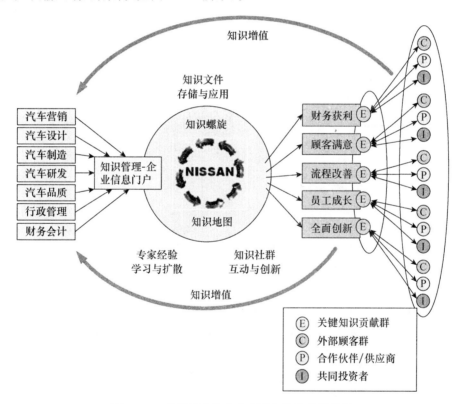

图 12-11 裕隆日产汽车公司的知识价值链模型

通过知识入口网站(KM-EIP)的整合,裕隆日产汽车公司逐步开展了以知识文件存储与应用、知识社群互动与创新以及专家经验学习与扩散为主轴的知识增值活动,经由知识螺旋的互动增值,形成了裕隆日产汽车公司的知识地图。知识活动后的价值输出应设定为多价值目标输出,裕隆日产汽车公司所设定的多价值目标是以平衡计分卡所包含的财务获利、顾客满意、流程改善和员工成长的四个层面为基础,另外加上"全面创新"作为第五个层面,开始展开知识价值链接活动。知识价值链除了可以找出知识工作者与各业务单位在上述五个价值目标表现的强弱以外,也可以找出各价值目标的关键知识贡献群,作为未来与外部顾客群、合作伙伴/供应商或共同投资者进行知识分享与学习交流的优先对象。

12.5.8 案例评析

  裕隆日产汽车公司堪称是传统的汽车制造业中知识管理的领先实践者,为了更好地开发与利用自身的知识资源,在知识管理领域做出了极富成效的探索,为大量的传统制造业企业提供了不可多得的学习素材和借鉴案例。

  从裕隆日产汽车公司知识管理系统发展的整个过程我们可以看出,知识管理的推进是一个长期而又复杂的过程,绝不是一蹴而就的。裕隆日产汽车公司的知识管理从制定策略和目标起步,经历了知识地图的创立、知识库的建设、知识社群的形成、知识专家队伍的组建以及知识价值链的构建等多个环节,每个阶段都需要深入细化、扎扎实实地推进。而且,尤为重要的是,该公司的各级、各部门领导者的大力支持和积极参与是确保知识管理取得预期效果的根本保证。

  裕隆日产汽车公司的成功实践让我们充分地认识到,对于传统的企业而言,树立知识管理的理念,加快知识管理系统的开发和应用,不仅是十分必要的,而且完全有可能使其成为开发与利用企业的知识资源、提升企业竞争力和市场适应能力的一项有力举措。在我国,知识管理对于绝大多数企业而言还只是一个可望而不可即的概念,但在新的市场环境和竞争形势下,加快知识管理战略的部署可以说已经到了该付诸实际行动的时候了。

12.6 本章思考题

1. 什么是知识?如何对知识进行分类?知识之间是如何进行转化的?
2. 什么是知识管理?它的基本策略是什么?
3. 电子商务与知识管理是什么样的关系?
4. 在电子商务发展的过程中企业如何实施知识管理?
5. 收集整理相关的案例,对其如何在电子商务环境下实现知识管理进行分析。

第 13 章

电子商务与业务流程重组

随着电子商务应用的不断深入,企业内部管理的各个环节也必然要围绕电子商务发展的要求进行深层次的变革和创新。业务流程重组是企业管理活动创新的重要内容,可以说,没有适应电子商务发展的业务流程重组,就没有完整意义上的电子商务,也根本谈不上企业能真正地从电子商务发展中获益。

业务流程重组是随着现代信息通信技术快速发展而产生的管理思想和管理方法,正成为全球范围内企业改革与发展的一种新的热潮。在电子商务时代,业务流程重组和电子商务的发展是相互关联、密不可分的,将电子商务融入业务流程重组是业务流程重组成功的必要条件,而实施业务流程重组是电子商务发展的内在需求。因此,学习业务流程重组的基本知识,研究电子商务与业务流程重组的内在联系,探讨适应电子商务发展的业务流程重组的实施途径,无疑具有重要的现实意义。

13.1 业务流程重组的基础

业务流程重组的概念从提出至今已经经历了近 30 年的历史,相关的理论研究取得了丰硕的成果,在实践方面也有数量众多的国内外企业以此理论为指导开展了业务流程重组的探索,并形成了数量较多的实际案例。

13.1.1 业务流程重组概念的由来

"业务流程重组"的英文为"Business Process Re-engineering",简称"BPR",是在 1993 年由美国麻省理工学院的迈克尔·哈默教授和 CSC Index 公司的首席执行官詹姆斯·钱皮在两人合著的《企业再造——企业革命的宣言书》中提出的。该书出版后,在管理学界引起了极大的反响,连续 8 周被美国《时代》周刊杂志评为全美最畅销书,位列美国当年商业类畅销书的榜首。此后,业务流程重组的概念在美国企业界和管理学界广为流传。后来,该书也被翻译成十几种文字在世界各国出版,被奉为企业业务流程重组的"圣经"。

其实，"业务流程重组"的概念早在1990年就已经出现,在美国哈佛大学的《哈佛商业评论》1990年第7期、第8期中有迈克尔·哈默的一篇文章《再造：不是自动化,而是重新开始》,他在这篇文章中提出了流程再造的思想。与此同时,由托马斯·H.达文波特等人合写的文章《新工业工程：信息技术和企业流程再设计》中也提出了类似的思想。但以BPR来表示业务流程重组则是迈克尔·哈默的首创,加之迈克尔·哈默在后来的著作中对企业流程重组问题进行了深入的研究,由此成为"业务流程重组"这一概念的创始人。

"业务流程重组"这一概念诞生在美国,并在美国众多大企业中广为实践,如IBM公司、通用电气公司、福特汽车公司、美国电报电话公司等都不同程度地实施了业务流程重组,不少的企业也因此获得了巨大的成功。美国的企业之所以对业务流程重组如此青睐,是因为美国的企业在经历了20世纪五六十年代的高速发展后,从70年代开始在国际经济舞台上受到了日本、欧洲等国家企业的强有力的挑战,到了80年代中后期,美国企业的国际竞争力明显下降,为了重整旗鼓、东山再起,美国的企业需要深层次地思考自身的竞争力不断下降的原因。而在这一时期,现代信息通信技术在世界范围内得到了迅速发展,并广泛地运用到企业的生产、经营、管理活动的各个环节。人们发现,现代信息通信技术在提升企业竞争力方面拥有巨大的发展潜力,但技术的应用对传统的建立在亚当·斯密分工理论基础上的企业业务流程设计提出了严峻的挑战,"业务流程重组"这一概念的提出恰好适逢其时,一经问世就受到广泛的关注也就不足为奇了。

13.1.2 业务流程重组提出的背景

从20世纪90年代中后期开始,建立在以互联网为核心的现代信息通信技术基础之上的电子商务开始在全球范围内蓬勃兴起,对业务流程重组的实施起到了推波助澜的作用,与电子商务发展相适应的业务流程重组——e-BPR开始受到关注,相关的理论研究和实践探索正在不断地深入。业务流程重组的概念是迈克尔·哈默等人对影响当代企业发展的"3C"要素——顾客(Customer)、竞争(Competition)和变化(Change)作了深入分析后提出的。他们认为,"3C"要素已成为影响企业生存与发展的三股重要力量,企业要适应这种趋势,实施业务流程重组是根本的出路。近年来,伴随着电子商务的迅猛发展,"3C"要素对企业发展的影响越来越显著,实施业务流程重组也就越来越有必要了。

1. 顾客

在新形势下,随着市场供求关系的变化,顾客的选择权和决定权越来越大,而且顾客需求的个性化和多样化也在不断地提高,真正成了主宰市场变化的主导力量。电子商务的发展将使顾客的地位变得更加重要,因为网络使顾客的选择突破了时空的限制,全球化市场集中展现在顾客眼前的计算机屏幕之上；传统的费时费力的购买决策也变得十分简单,顾客只要点击鼠标即可做出决定；顾客的忠诚度也变得不堪一击,因为顾客选择不同的商家只需要切换一下屏幕而已。在电子商务时代,顾客变得越来越不可捉摸,这给企业的发展提出了严峻的挑战。

2. 竞争

全球经济一体化的发展使得国际、国内市场的界限变得越来越模糊,国际竞争国内化、国内市场国际化将成为企业生存环境变化的一个新的特征。电子商务的发展对企业与企业之间竞争的影响是十分深远的。首先,它突破了地域的限制,竞争的范围骤然扩大;其次,竞争的形式变得越来越多样化,因为传统的以降价作为主要手段的竞争方式已显得越来越难以奏效,取而代之的将是由时间(Time)、质量(Quality)、成本(Cost)和服务(Service)等共同组成的新的"TQCS"竞争要素组合(如图13-1所示);最后,竞争的结果将变得越来越残酷,一些无法适应网络化生存的企业将被淘汰。

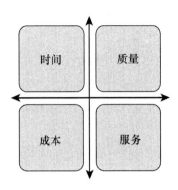

图13-1 "TQCS"竞争要素组合

3. 变化

在经济全球化、信息网络化的今天,"变化"已成为这个时代的重要特征。"变化正在变化之中"充分说明了当今世界"唯一不变的准则是一切都在变"的道理。网络技术的发展加快了这种变化的速度,市场环境的变化、客户需求的变化、竞争者的变化、科学技术的变化等都是每时每刻发生着,而且每个细小的变化都可以迅速扩散至世界每个角落。变化的时代要求企业成为变化的企业,视变化为机遇,视变化为动力,视变化为企业生命力的源泉。

13.1.3 对业务流程重组及相关概念的理解

我们要想全面了解业务流程重组的内涵,首先必须搞清楚一些基本概念。

1. 对流程和业务流程的理解

关于"流程"一词的含义,在《牛津英语大词典》中是这样定义的:一个或一系列连续有规律的行动,这些行动以确定的方式发生和执行,导致特定结果的实现。由这一定义我们可以看出,流程对于我们来说并不陌生,广泛存在于我们的生活周围。对于企业而言,业务流程就是指企业以输入各种原料和顾客的需求为起点到企业创造出对顾客有价值的产品或服务为终点的一系列相关活动的有序集合。这一定义说明:业务流程输入为各种原料和顾客的需求;服务对象为顾客,向顾客提供有价值的产品或服务;目的是为了盈利;企业的业务流程是投入-产出系统,具有系统的层次特性。另外,在企业中为了使活动呈现出井然有序的规律,业务流程具有较强的结构性,各种活动之间是串行还是并行都有明确的要求。一般来说,企业业务流程具有的四个要素如图13-2所示。

图 13-2　企业业务流程的要素

如图 13-2 所示，各要素的具体说明如下：

（1）活动。

流程就是由多个不同的活动组成的，活动是流程最基本的要素，流程正是不同的活动发展过程的体现。

（2）活动实现手段。

活动总是与一定的实现手段联系在一起的，采用不同的工具使得活动变得简单或者复杂。

（3）活动之间的逻辑关系。

活动之间的关系不外乎三种，即串行关系、并行关系和反馈关系。串行关系是指各个活动之间按照时间顺序先后发生，前一个活动发生并将结果传输给下一个活动后，下一个活动才发生。并行关系是指各个活动同时、独立地进行，最后将各自的结果归总，得到一个共同的输出。反馈关系是指各个活动之间相互依赖，前一个活动的结果是后一个活动的开始，而后一个活动的结果又是前一个活动的开始，活动之间相互控制，作用于同一个结果。

（4）活动主体。

活动总是由活动承担者来完成的，活动承担者素质的高低和数量的多少会影响分工的层次和规模。

判断某些活动是不是构成一个流程，可以参考以下五条标准：

（1）是否有特定的输入和输出；

（2）是否跨越组织内多个部门；

（3）是否专注于目标和结果，而不是行动和手段；

（4）组织中的每个人是否都理解流程的输入和输出；

（5）所有的活动是否都是与顾客及其需求相关的，活动之间是否是相互关联的。

2．对业务流程重组的理解

根据迈克尔·哈默与詹姆斯·钱皮给出的定义，"业务流程重组就是对企业的业务流程（Process）进行根本性（Fundamental）的再思考和彻底性（Radical）的重新设计，从而获得在时间、质量、成本和服务等方面的业绩戏剧性（Dramatic）的提高"，我们可以从以下四个方面更好地理解这一概念。

（1）专注于业务流程。

业务流程重组强调关注的对象是企业的业务流程，而在传统的企业中，业务流程常常被企业内部各组织分割成不同的环节而变得支离破碎，人们熟悉企业内部不同的部门、科室和班组，但不熟悉完整的业务流程。企业的组织机构分工明确，职能的界限十分清楚，而流程既看不见又摸不着,因为散落在不同的部门、不同的人员之中也没有得到有效的管理,又由于处理特定业务流程的相关部门之间缺乏有效的沟通,流程进展如何也很难有人说得清楚。业务流程重组就是要打破职能型的组织模式,建立以业务流程为核心的组织模式,使各职能单元更有效地为业务流程的运作提供服务性支持。业务流程重组明确提出关注的焦点是"流程",一切"重组"工作全部是围绕"业务流程"展开的。

(2) 根本性的再思考。

"根本性"表明业务流程重组关注的是事物发展的本来面目,而不在乎其"现在是什么样子",它要求业务人员不断地回答诸如"我们为什么要处理这项业务""为什么非得由我们来做而不是别人""为什么必须要用现在这样的方法来做"等问题。对这些根本性问题的分析、思考可能会让企业管理人员发现原来的业务流程设计是过时的或者是根本错误的,是非改不可的。因此,企业进行业务流程重组必须彻底摒弃过去已有的条条框框,不能被现有的运作模式所束缚,要对根本性的问题进行深入的思考。

(3) 彻底性的重新设计。

"彻底性"意味着业务流程重组不是对原有流程的简单改良或者调整修补,而是从源头入手,抛弃所有不符合要求的做法,从根本上重新设计新的流程,创造发明全新的完成工作的方法,对企业进行彻底的改革。

(4) 戏剧性的提高。

"戏剧性"的提高说明业务流程重组不是追求一般要求的业绩提升或业务增长,而是要使经营绩效要有显著的上升、本质的飞跃。迈克尔·哈默和詹姆斯·钱皮为"显著改善"制定了一个目标,即要达到"周期缩短70%,成本降低40%,顾客满意度和企业收益提高40%,市场份额增长20%"。实际上相当一部分企业的实施结果超过了这个期望,如IBM信用卡公司通过业务流程重组使信用卡的发放周期由原来的7天减少到4个小时,工作效率提高了上百倍。

3. 业务流程重组与持续改进的区别

在企业管理的实践中,很多企业都非常注重对企业在生产和经营活动中存在的各种问题进行持续的改进(Continuous Improvement),这是非常必要的,但持续改进不能等同于业务流程重组,两者有着重要的区别,主要方面参见表13-1。

表13-1 业务流程重组与持续改进的区别

比较项目	业务流程重组	持续改进
对现有流程的假设	必须进行根本性的再思考	基本合理,但需要改进
改造对象	整个企业运行系统	现存企业业务流程
改造方式	激进式	渐进式
业绩期望	突破性的飞跃	在原有的基础上有所增加
性质	围绕结果彻底地重新设计	改进现有流程
目的	面向顾客,非增值活动最小化	提高效率

13.1.4 业务流程重组的基本原则

业务流程重组的实施必须坚持以下四项基本原则：

1. 服务对象以客户为中心

客户既包括企业外部的客户也包括企业内部的客户，企业的营销人员面对的主要是外部客户，而财务管理、生产、库存等部门接触的主要是内部客户。在传统的组织架构下，每位员工的工作业绩基本上是由"上司"的评价来决定的，这就迫使员工以"上司满意"作为自身工作成功的目标，却忽视了自身的服务对象——客户的需求。因此，当客户对企业的业务流程运作提出意见或者实在忍无可忍时，员工常常以"这是领导要求这样做的，我也没有办法"作为搪塞，而极少会去考虑"为什么要这样做""能不能不这样做"等这样一些必须首先明确的问题。由此可见，业务流程重组的首要原则是应该把传统的"以上司满意为标准"转变成"以客户满意为标准"，这是检验业务流程重组是否成功的重要条件。

2. 组织设计以业务流程为中心

传统的企业组织结构是以职能为中心进行设计的，不同的部门具有不同的职能，从而把业务流程人为地割裂开来，使业务流程"消失"在具有不同职能的部门和人员之中。业务流程重组就是要使传统的面向职能管理的组织设计转变成面向业务流程管理的设计，使牵涉到业务流程运作的相关部门组合起来，围绕"最大限度地为客户创造价值"这一目标，使阻碍业务流程运作的"非增值活动"最小化，摒弃不必要的职能部门，为业务流程的高效运作扫清道路。

3. 用系统的观点注重整体流程最优化

在传统的劳动分工的条件下，不同的部门具有各自独立的职能，各部门都专注于提高本部门的效率，却忽视了企业整体目标的提升，即以最快的速度满足客户不断变化的需求的能力。因此，企业常常会出现各部门员工的工作十分卖力，而整体效率却极为低下，客户也根本不买账的状况，关键问题还是出在流程上。业务流程重组必须从系统的角度出发，以整体流程最优化（而不是局部最优）为目标，设计和优化流程中的各项活动，尽可能减少无效的或不增值的活动，使重组后的业务流程能最大限度地为客户创造价值。由此可见，业务流程重组还应考虑把企业外部的供应商、制造工厂、分销网络和客户等纳入到业务流程设计的范畴，从整个供应链的角度对业务流程进行彻底的重新设计。

4. 充分发挥个人和团队相结合的作用

在传统的组织结构中，决策者和作业者是严格分开的，原因是基于"作业者没有决策能力"这一假设。由此造成了"决策者因为不能及时掌握各种信息而无法做出正确决策，作业者虽然掌握各种信息但因没有决策权只好错失良机"的结局。业务流程重组要求在每个业务流程的处理过程中最大限度地发挥每位员工的工作潜能与责任心，让那些需要得到流程产出结果的人自己去执行流程，充分发挥每位员工的主观能动性、积极性和创造性，减少审批、等待的时间，消除不必要的环节。与此同时，加强团队合作也是业务流程重组的基本原则。因为每个业务流程都可能包含多个子流程，每个子流程的基本活动单元是团队，如果没有团队成员的高度合作，业务流程的处理将会重新被打乱，这样既会增加团队成员的摩擦，也会严重影响流程的执行。所以,只有加强团队合作才能保证业务流程高效、有序、顺畅地执行。

13.1.5　业务流程重组的方式

业务流程重组就是对组成业务流程的四个要素进行改革和创新,是一个系统性的过程。业务流程重组的方式有多种,主要的有以下四种:

1. 将多道工序整合,由人员最少的团队来完成

业务流程重组需要将多道工序实现整合,整合后的每个任务对应着一个团队,这个团队中的成员往往是具有较宽知识面的复合型人才。他们由于具有良好的知识储备,能够胜任原本由几个人做的工作,而且这种整合是根据其自然状态或特殊需要进行的,不会造成活动的人为复杂化,这样做既可以提高效率,也有利于员工施展自己的才能。与此同时,现代信息通信技术的强大支持使得被人为分割成许多工序或工作的业务流程实现了整合。例如,在采购流程中,在企业的传统运作模式下,采购商和供应商要多次见面、洽谈,采购员往往是风尘仆仆,花费了很多的费用和精力,最终采购活动还不一定成功。而且在获取订单的过程中要牵涉到许多部门,部门之间有大量的文件、资料需要传递,彼此交流频繁,这必然会造成很大的浪费。而电子化采购使得采购流程大大简化,效率也会显著提高。

2. 用同步流程代替串行流程和并行流程

串行流程是指流程中的工序都是按先后顺序进行的,一个工序完成后才能进行下一个工序。并行流程是指多个相关流程并行进行,即同时独立进行,最后将各自的结果进行汇总的一种流程工作模式。同步流程虽然与并行流程相似,但却有着实质的区别,同步流程中的多道工序是在互动的情况下同时进行的,而不是完全独立的各自进行的。而与串行流程相比,并行流程虽然能大大缩短新产品的开发周期,提高工作效率,降低新产品生命周期中的成本,但并行流程也有致命的不足,由于多道工序交流不够,尽管起初都是按标准进行的,但变化或改进在所难免,而且所有的偏差只有在最后进行汇总时才暴露出来。而同步流程中的并行是有条件的,那就是多道工序的互动,这样就能较好地解决并行流程的问题。企业利用现代信息通信技术,采用同步流程的手段实现业务流程的高效运行,既显得十分必要,也具备了相应的技术条件。

3. 将不同业务部门的人组合成团队为同一流程服务

在传统劳动分工的影响下,业务流程被分割成各种简单的任务,并根据任务组成各个业务部门,部门负责人的主要精力放在本部门的个别任务上,却忽视了企业的整体目标,部门之间往往会因各自的利益或目标不一致等原因而产生分歧。这些部门思考问题的出发点不是业务流程的运作对象——顾客,而是各自所在的部门。在传统的企业管理模式下,部门之间明争暗斗的例子屡见不鲜,这样做的结果必然是严重影响流程的运作效率和运作质量。企业通过把散落于各个部门的人整合起来,组织成团队,以团队整体的形式为业务流程服务,就会起到完全不一样的效果。这种团队因某一特定的任务而产生,也因任务的完成而解散,必要时再根据新任务的要求重新组织团队。通过这种方式各业务部门可以减少交接手续,促进信息共享,必然会大幅度提升业务流程运行的效率和水平。从中不难看出,企业对

业务流程进行重组实际上就是运用系统的思想,对企业中的各种组织资源进行优化组合,以达到最佳效果,但它所追求的是整体最优而不是单个环节或作业任务的最优。

4. 合理运用现代信息通信技术以减少中间流程,促进业务流程集成

现代信息通信技术贯穿于业务流程重组的全过程,没有现代信息通信技术的强有力推动,业务流程重组就无从谈起。因此,企业充分发挥现代信息通信技术在业务流程重组中的作用,可以说对业务流程重组的成败有着决定性的影响。企业运用现代信息通信技术进行业务流程重组,就是要不断地探索业务流程与现代信息通信技术的融合,寻求更有效的业务流程实现的方法和途径。

总体来说,现代信息通信技术在业务流程重组中的作用主要表现为:(1)有效地解决决策权力的集中和下放的问题;(2)降低沟通和协调的成本;(3)实现组织结构层次的扁平化;(4)提高业务流程之间的合作程度和集成能力等。需要强调的是,现代信息通信技术在业务流程重组中的应用对减少中间环节与促进业务流程集成有着十分明显的作用和效果。

13.2 电子商务与业务流程重组的关系

近年来,以现代信息通信技术作为支撑的电子商务在世界范围内得到了快速的发展,与业务流程重组的浪潮融合到了一起。电子商务深层次的实施离不开成功的业务流程重组,业务流程重组的开展必须以更好地实现电子商务为目的。可以肯定,围绕电子商务的发展而展开的电子化业务流程重组将是未来企业进行业务流程重组的主要方向。因此,进一步分析电子商务与业务流程重组的关系对企业更好地推进电子商务与业务流程重组的实施必然有着重要的指导意义。

13.2.1 电子商务对业务流程重组产生了深刻的影响

电子商务的发展对传统的企业管理提出了进行业务流程重组的要求,企业只有通过有效的业务流程重组才能保证电子商务的进一步发展,具体原因包括以下三个方面:

第一,在企业内部,电子商务的应用将使企业的各业务部门有机地联合起来,如销售部门得到客户的订单后即可通过内联网把客户的需求迅速地传递给设计研发、生产调度、原材料供应、财务核算和仓储管理等各个环节,从而取代了传统的通过大量人工协调的运作方式,这样做既可以提高效率,也可以减少各种开支,同时还可以精简不再需要的机构和人员。

第二,在企业外部,电子商务通过电子化的贸易手段把交易各方连接到一起,使得各种传统的纸质单证被无纸化的电子数据流所取代,省去了纸质单证的处理成本,同时也使得企业与企业之间、企业与客户之间的联系更加便捷,客户将更加主动地参与到企业的运作过程中来。

第三,企业商务活动中的"三流"将在很大程度上通过网络融合起来,彻底改变了传统商务活动中"三流"由不同的业务部门控制、由不同的员工分散管理的做法,变成了"三流合一",实现了高效、协调的运作。企业要想适应电子商务发展的这些变化,只有通过有效地实

施业务流程重组来实现。

所以,业务流程重组是电子商务发展的必要条件,没有成功的业务流程重组就没有成功的电子商务,企业也很难真正地从电子商务中获益。换句话说,企业开展电子商务后效益的提高,一方面来自于电子商务本身,另一方面得益于业务流程重组。

13.2.2 电子商务的运作需要电子化业务流程作为支撑

电子商务的发展趋势已经不言而喻,越来越多的企业都在探索电子商务发展的可行途径。但是,作为一种新的业务运作方式,它的成功的关键是要把传统的优势与网络技术完美地结合起来,使企业的每个部门、每位员工、每个业务伙伴和每位客户通过网络连接起来,形成由内到外、浑然天成、合而为一的电子商务有机体。如何让这一基于网络的新生事物显示出强大的生命力是每个企业都必须思考的问题,因而设计出不同于传统业务运作的电子化业务流程是企业实施电子商务取得成功的重要条件。

电子化业务流程是适应网络市场发展要求的业务流程,因为网络空间的特殊性,企业在实施电子商务的过程中应充分考虑到运用电子化业务流程促进电子商务的发展。网络把顾客、供应商和企业整合在一起,但这只是企业实施电子商务的必要条件,关键还是要通过网络把计划、采购、销售、设计和生产等各项职能通过电子化业务流程来完成。

13.2.3 业务流程重组是电子商务发展的核心环节

电子商务具有降低交易成本、减少库存、缩短生产周期、减轻对实物基础设施的依赖等优势,但这些优势的取得并不是网络和现代信息通信技术的简单体现。事实证明,企业仅仅利用网络工具实现了商务的电子化,但并不能取得这些优势。相反,若企业只是投入大量的电子设备和网络工具的使用,而没有业务流程重组与其相配套,只会使企业劳民伤财。

对于任何企业来说,在自身现有的业务流程中都会存在着或多或少不合理的地方,如果不能对这些不合理的业务流程进行彻底的重组,而仅仅是将现有的业务流程通过电子化的方式来实现,则电子商务实施的效果可想而知:不但不能提高企业的运作效率和经济效益,反而会因为电子化障碍而使业务流程的运作更加低效,成本反而更高。所以,企业实施电子商务就是要消除业务流程中一切非价值增加的部分,去掉不符合电子商务发展要求的因素,使业务流程大幅度简化,从而大大降低运作成本。只有这样才能使电子商务的革命性力量在企业真正地得到释放。

13.2.4 电子商务为实施业务流程重组指明了方向

电子商务是现代信息通信技术和商务过程高度结合的产物,是大势所趋。业务流程重组的实施要适应这一潮流,以此为目标,为更有效地开展电子商务服务。

在电子商务时代,传统的商务方式无论是从效率方面考虑,还是从成本、速度上对比,都无法与电子商务相比拟。电子商务是企业走向世界市场参与全球范围内竞争的重要途径之一,而业务流程重组以彻底的变革和创新为手段,目的也是为了提高企业适应市场、增强自身竞争力的能力。所以,电子商务在时间、质量、成本和服务等方面的要求实际就是业务流程重组的方向和目标。

13.2.5　企业内联网为业务流程重组提供了理想的工具

企业内联网是指具有互联网功能的企业内部网络,是受网络防火墙保护的企业内部的互联网。它既是企业开展电子商务的重要条件,同时也是企业实施业务流程重组的重要载体。企业利用内联网实施业务流程重组的优势有以下六个方面:

(1) 加强外部资源的开发和利用。内联网与互联网可以做到无缝对接,可以使企业充分地利用外部资源,特别是能把合作伙伴和客户的各种信息通过网络传入企业内部的各个环节。

(2) 方便企业内部的合作、沟通与协调。运用 Web 的发布技术、电子邮件、新闻组等方式可以使企业信息的分散与收集更加方便,易于管理,这样可以大大提高企业内部的交流、沟通、合作和协调的能力。

(3) 内联网操作简单、应用方便。企业的不同部门基于统一的浏览器界面开展业务协同,可以全面提高企业的管理效率和管理水平。

(4) 内联网的构建投资少,技术要求不高。一套服务器和配以其他软/硬件设备即可组建成企业内联网,投资少,技术要求相对较低。对于大量的中小企业来说,花少量的投资便可以组建起内联网,并可以通过内联网实施过去可望而不可即的业务流程重组。

(5) 内联网有利于员工素质的提高,进一步推进业务流程重组的实施。内联网使企业内部的信息和知识为员工所共享,对提高员工的工作效率和学习能力大有帮助,从而有利于提高员工的整体素质。员工通过使用内联网,会更充分地认识到业务流程重组的必要性和可行性,使得业务流程重组能得到更好的实施。

(6) 内联网有利于扁平化组织结构的形成。内联网可以促进团队之间的交流与合作,对创新、开放、追求速度的企业文化形成也有很大的作用,是扁平化组织结构形成的重要技术载体。

由于内联网所具有的这些独特优势,无疑将成为未来企业实施业务流程重组的主要的信息载体,并将与电子商务的发展同步推进、相得益彰。

13.3　电子商务发展背景下业务流程重组的实施

对于很多企业来说,实施业务流程重组是一剂猛药,是牵涉到企业方方面面的一项系统工程,而且业务流程重组的实施没有固定的程序,不能全盘照搬其他企业已有的成功模式,而必须从自身的实际情况出发,分析业务流程中各环节不同的特点以及相互之间的关系,运用系统的方法来组织实施。电子商务的发展必然要求将电子商务融入企业的业务流程重组之中,这本身就是一个创新,可资借鉴的成功经验还不多,需要企业大胆而又审慎地推进。

13.3.1 熟悉业务流程重组实施的程序

一般来说,适应电子商务发展的业务流程重组的实施都要经过一些基本的环节。图 13-3 是企业实施业务流程重组的程序。

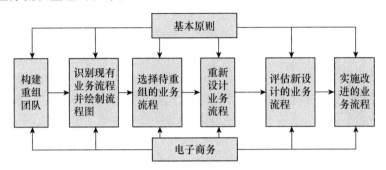

图 13-3 企业实施业务流程重组的程序

如图 13-3 所示,在电子商务发展的背景下企业推行业务流程重组的实施必须在业务流程重组基本原则的指导下有计划、有步骤地进行,具体包括构建重组团队、识别现有业务流程并绘制流程图、选择待重组的业务流程、重新设计业务流程、评估新设计的业务流程、实施改进的业务流程等。在实施推进的过程中,企业既要认识到业务流程重组的艰巨性和复杂性,又要始终充满热情和信心,要从企业长远发展的角度出发,一步一个脚印,逐步走向成功。

13.3.2 组建业务流程重组的团队

企业一旦决定要实施业务流程重组,确立了具体所要达到的目标后,就应开始着手组建实施业务流程重组的团队。由于业务流程重组的牵涉面甚广,而且对各个部门和员工利益的冲击也较大,必然会遭遇各方面的抵触,再加上员工固有的惰性,开始之初难度相当大,因此必须要有很好的领导者和组织作保证。换句话说,成立专门由企业主要领导者参加的业务流程重组的团队是十分必要的,这是决定业务流程重组成功与否的关键一步。

业务流程重组团队的成员必须要有合理的组成,不仅要有企业内部的成员,而且还要有外部成员出谋划策。外部成员一般是企业精心挑选的咨询顾问或有关专家。如 IBM 信贷公司在进行业务流程重组时就从外部专门聘请了业务流程重组的顾问协助研究从根本上解决问题的办法。外部人员不在被再造的业务流程中工作,所以看问题会更客观,也敢于提出各种新见解,这使得团队的视野变得更加开阔。

业务流程重组团队成员的能力、水平和知识结构都十分重要,这在很大程度上决定了重组工作的成败。因此,在组建团队时,企业对团队成员的要求相对较高,挑选也必须较为严格。团队成员一般要具备下列四个方面的条件:

(1) 团队成员应具备业务流程重组和电子商务的基本思想。团队成员首先必须转变传统的观念,要从过去长期建立在亚当·斯密的分工理论基础上所形成的管理理念中跳出来,打破原有部门的界限,实施"以业务流程为中心"的流程重组。这对重组团队中的每位成员提出了新要求,团队中包括一些技术人员,可能他们并不熟知这些基本思想,因此企业对他

（2）团队应多吸收具有各方面专业知识的复合型人才。企业重新整合业务流程，对于外部顾客来说，流程将变得简单、方便、高效；而内部的工作必然会变得更加复杂，比如原本由几个人做的工作现在可能需要由一个人来完成。这对团队中的成员提出了很高的要求，既要具备相当的技术水平，还要懂得一定的管理知识，并要有较强的创新能力。因此，业务流程重组团队的人员要少而精，即使是外聘人员也应严格要求、宁缺毋滥。

（3）团队成员应具有良好的团队协作精神。业务流程重组团队对成员的挑选，一方面要强调入选者要一专多能，另一方面必须要具有良好的团队协作精神。业务流程重组要求团队成员发挥团队精神、群策群力，充分利用集体智慧，需要大家为一个共同的目标前进。

（4）领导者要有激情，对业务流程重组要有强烈的认同感，要有较强的沟通和组织协调能力。业务重组流程是一种自上而下的行动，必须要由企业领导者亲自推动，为业务流程重组的实施排除各种障碍。事实证明，一些企业的流程重组行动之所以流于形式、虎头蛇尾，跟领导者缺乏强有力的支持和推动有关。所以，为了推进业务流程重组的顺利实施，领导者必须要身体力行，要有坚定的信念，要充分发挥员工在业务流程重组工作中的主观能动性和创造性。

13.3.3 分析特定流程

组建好了团队之后，接下来就进入实质工作阶段。业务流程重组需要业务流程重组团队了解现有的业务流程，通过对现有业务流程的识别绘制出流程图，为业务流程重组提供依据。业务流程重组团队识别业务流程要改变过去以不同的职能描述工作的做法，把关注的焦点放在业务流程上，把与某一任务有关的各项活动和它们之间的关系描述出来，即绘制流程图。有了流程图后业务流程重组团队就可以直观地认识业务流程、分析业务流程以及对业务流程进行再设计。

这里以IBM信贷公司为例，分析其重组前后的业务流程。IBM信贷公司是IBM公司的全资子公司，当时的主要业务是为IBM公司的计算机销售提供融资服务。这是一项利润水平极高的业务，而且向客户提供此类融资服务的金融风险很小。但是，这种小额信贷的经济效益则主要取决于人均业务量。该项业务的传统业务流程可以分为以下六步：

第一步：接待部受理客户的申请。如果IBM公司的某位客户需要融资服务，负责对该客户进行产品销售的IBM业务人员将代表该客户向IBM信贷公司提出融资申请。IBM信贷公司的接待人员或接听电话的人员则在一张申请表上记录下该项申请。

第二步：客户信用部审查客户的资信状况。申请表被送到楼上的客户信用部，专业人员通过计算机系统审查客户的资金信用情况，并签署审查意见。

第三步：交易条款部修正贷款条款。交易条款部根据申请人的具体情况对公司的标准贷款协议进行补充和修改，把一些特殊条款附加在申请表上。

第四步：估价部确定利率。估价员根据以上信息，借助于计算机系统初步确定向客户征收的贷款利率，并把建议利率和确定的依据一起呈交给主管上司审批。

第五步：业务主管把所有的信息综合起来，形成最终的报价信。

第六步：报价信通过销售业务人员通知客户。

我们把以上IBM信贷公司传统的业务流程可以绘制成如图13-4所示的流程图。

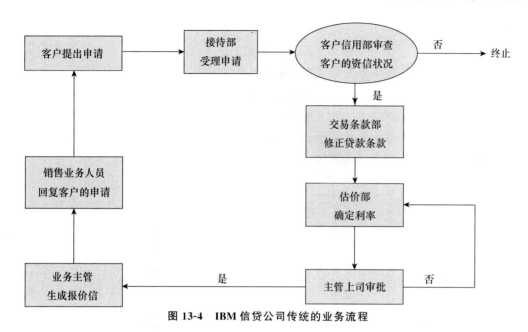

图 13-4　IBM 信贷公司传统的业务流程

13.3.4　选择重组的关键流程

一般来说，一个企业不会同时对其全部业务流程进行再设计，因为这样既不可行，也没有这个必要。待重组的业务流程应根据企业的实际情况，分清轻重缓急，有计划、有步骤地进行，具体选择时可以参考以下一些原则。

首先，企业应选择那些"病入膏肓"的业务流程进行重组。这些业务流程往往效率低下，严重影响了企业运作的整体效果，而且即使对其进行一定程度的修补和完善也无济于事，这样的业务流程成了重组的首选。这种业务流程一般是由以下原因造成的：(1) 无效或重复活动多。常见的是信息交流过于频繁，内容重复传递。(2) 过多的附加活动破坏了业务流程的连续性，主要是指频繁的检查、检验和人为控制。(3) 非流程内部人士过多参与。业务流程不排除与外界的联系，允许非流程内的人参与进来，但必须把握好"度"的问题。

其次，对顾客影响最大的业务流程也是业务流程重组的对象。企业在实施业务流程重组时要给予顾客极高的重视，要作为业务流程重组的一个关键因素来考虑。在电子商务时代，"注意力"成为企业竞相争夺的资源，"眼球经济"使顾客真正拥有了"上帝的慧眼"。因此，顾客不满意的业务流程必然是重组的核心。

最后，企业要考虑业务流程重组的可行性。企业实施业务流程重组是具有很大风险的活动，如果某一方面出了问题，不能较好地解决，可能就会使重组活动失败。一般来说，企业可以通过以下四个方面来考虑业务流程重组的可行性：

1. 重组成本的高低

业务流程重组的成本是很高的，而成本越高，重组的可行性也就越低。企业要考虑自身的承受能力，从而做出选择。

2. 业务流程重组团队实力的强弱

虽然组建业务流程重组团队是企业根据业务流程重组的要求来挑选人员，他们具备一定的能力。但是，在实际情况中，企业往往会出现高估业务流程重组团队能力的现象。所以，企业一定要把握某一具体的流程来组成能够胜任的团队，完成与其能力相当的工作，一些失败的业务流程重组就与不能很好地控制业务流程重组的范围和目标有关。

3. 流程的牵涉面

不同的业务流程牵涉到的组织不尽相同，有的业务流程牵涉到两三个部门（如产品开发），有的业务流程牵涉到企业内部几乎所有的部门（如财务、采购、研发、人事等）。对于牵涉面较广的业务流程，企业需要协调好多方面的关系才能实施重组活动。企业在选择要重组的业务流程时，应充分考虑流程牵涉面。

4. 是否符合电子商务发展的要求

业务流程重组要以促进电子商务发展作为重要的考虑因素，企业中有的业务流程不但不能有效地发挥电子商务的优势，反而会妨碍电子商务的实施，这样的业务流程就有必要进行重组。

前面提到的 IBM 信贷公司的信贷业务，在传统的业务流程下，每份贷款申请无论数额大小，完成整个业务流程平均需要一周的时间，甚至有时需要两周的时间。而且，在申请表进入流程后就完全与销售业务人员无关，销售业务人员也就无法清楚地了解其处理的进程。从市场销售的立场来看，这样的过程实在让人无法忍受。客户可能去寻找其他的融资渠道，致使 IBM 信贷公司失去了一笔又一笔的贷款业务；更为严重的后果是，客户可能因为对融资服务的不满而放弃与 IBM 信贷公司的合作，转而与竞争者的公司进行交易，尤其是小订单的客户。对于这样已经到了非改不可的业务流程，企业自然必须花大力气进行彻底的重组。

13.3.5 重组特定的业务流程

对于已经确定需要进行重组的业务流程，企业就必须真正操刀进行实施了，具体的过程可以分成三步来完成（如图 13-5 所示）。

图 13-5 业务流程重组的三步骤

如图 13-5 所示，各步骤的具体说明如下：

第一步，识别业务流程中的关键因素。

所谓业务流程中的关键因素，是指在构成业务流程的诸多要素中起着决定性影响的环节。它决定或主导着业务流程的运行状态。由此可见，企业找到业务流程中的关键因素是进行业务流程重组的突破口所在。

第二步，分析待重组业务流程的问题所在。

业务流程存在的问题多种多样，如产品质量不合格率超标、制造或管理成本高、流程周期过长、前后衔接不畅等。找出了病因,企业然后就要对症下药。比如,流程处理时间过长的,看看主要滞留在哪个环节,这些环节有没有必要存在?制造成本高的,就要找出造成成本过高的原因。企业明确了业务流程存在的问题后,就可以通过合并、分解或删除等方法使得业务流程中的非增值部分减少到最低限度。

第三步,对业务流程进行全面重组。

业务流程重组不能简单地理解为对现有业务流程的简化,还应考虑把经营过程中的有关各方(如供应商、客户等)纳入企业的业务流程中,组成完整的供应链,有效地安排企业的产、供、销活动。例如,美国强生公司通过 JIT 的方式与沃尔玛进行了业务流程的整合,强生公司根据沃尔玛的需求预测,把产品直接送到沃尔玛商场的货架上,然后沃尔玛根据账单付账,从而将两者的销售和采购流程在一定程度上融合在了一起。

IBM 信贷公司的信贷业务通过聘请业务流程重组专家进行分析后发现,每位工作人员处理分工业务范围内的每份申请所需要的时间都不长,整个一份申请的累计实际处理时间,即使加上各个部门重复花费在计算机系统输入和查询上的时间,最多也只需要 90 分钟,其他的时间都消耗在部门之间的表格传递和等待传递的搁置上。原先的业务流程设计假定每次交易请求既独特而又复杂,因而需要 4 个训练有素的专业人员分工进行处理。实际上,这种业务流程假设是错误的,因为大多数客户的贷款申请既简单又直截了当。当 IBM 信贷公司的高级管理人员仔细观察各专业人员所从事的工作时,发现其中大多数人员都是不同程度地例行手续,比如,在一个数据库中查找借方的信用等级,在一张标准表格中填上数字,从一份文件中抽出几条特殊的条款等。这些任务绝大多数并不需要训练有素的专业人员分工进行处理,只要有一台使用方便并能够提供全部所需数据与工具的计算机就可以得到解决。在计算机系统的帮助下,只要一个经过一定程度系统训练的人就可以单独完成全过程的工作。于是,IBM 信贷公司取消了按劳动分工设立的业务流程部门,设立了"交易员"岗位,每笔业务从头到尾的全部工作都由一个交易员来负责。同时,该公司还开发出适应新要求的计算机处理系统支持交易员的工作,并组织专家小组帮助解决复杂疑难问题。在绝大多数情况下,交易员在计算机支持系统的支持下完成工作,在遇到确实很棘手的问题时则可以从专家小组那里得到帮助,或将这些特殊的项目移交给专家小组解决。在业务流程重组后,IBM 信贷公司为普通客户提供融资服务的平均周期缩短了 90%(由原来的一周压缩到 4 个小时),业务量整整增加了 100 倍。IBM 信贷公司重组后的业务流程如图 13-6 所示。

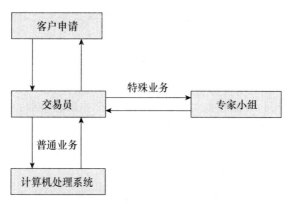

图 13-6　IBM 信贷公司重组后的业务流程

13.3.6 对业务流程重组的评审

企业经过业务流程重组后,虽然设计出了新的业务流程,但这些业务流程是否都能达到企业的目标,是不是都可行,还有待企业对其进行评估。在这个阶段业务流程重组所要完成的主要工作有:

(1) 写出业务流程重组的代价与收益分析报告;
(2) 评估实施新的业务流程将会对企业的竞争地位产生的影响;
(3) 评估新的业务流程对企业的组织结构和顾客及供应商等外部因素的影响;
(4) 为高级管理者提供可资参考的案例;
(5) 向企业的高级经理人员汇报业务流程重组的方案,使得项目得以实施。

以上只是企业对业务流程重组进行评审时一般要做的工作,不同的企业对此的要求是不一样的,评估工作主要根据企业的目标来展开,并建立起有关成本、效益、风险等方面的评估标准,据此对前一阶段的业务流程重组行动方案做出评估,从中选出最合适的方案。

13.3.7 实施和改进

按照业务流程重组的步骤,全新的业务流程设计好了以后接下来便是付诸实施了。一些成功的经验表明,企业在实施业务流程重组时不宜大规模展开,明智的做法是选择一些小的范围先进行实验性的运作,然后再全面实施。实施一般的步骤如下:

(1) 选择进行试点的业务流程。企业在选择进行试点的业务流程时应考虑选择成功概率高而且效果明显的业务流程,以保证能为其他业务流程重组的实施提供经验。

(2) 组建新的业务流程实施的团队。在新的业务流程中,任务是由团队来完成的,在进行试点时,组建新的业务流程实施的团队,既可以检验业务流程的效果,也可以提出改进的建议和策略。

(3) 选择新的业务流程的服务对象和外部参与者。企业最好选择一些对业务流程重组活动有所了解的客户和供应商等,这样才会达成默契,体现出相互合作的关系。

(4) 实施试点的业务流程并提出改进意见。企业对实施过程中发现的不足和不符合要求的地方要及时地进行改进。

(5) 条件成熟后,在大范围内实施。企业根据改进的反馈和实际效果,在适当的时机进行全方位的推行。

总体来说,企业实施业务流程重组应达到以下四个方面的要求:

(1) 符合电子商务发展的要求,更好地促进电子商务的发展;
(2) 新的业务流程的实施需要与企业的员工进行沟通,既要调动他们的积极性为新的业务流程的实施服务,又要让他们能对业务流程的改进和完善提供支持;
(3) 制订新的业务流程的培训计划并对员工进行培训;
(4) 制订出阶段性的实施计划,定义出关键性的衡量标准以进行周期性的评估。

13.3.8　达到业务流程重组的要求

经过重组后的业务流程应该做到以下五个方面：
（1）以顾客利益为中心，以提高工作效率、市场占有率和企业的经济效益为最终目标，改变过去把完整的业务流程分成若干个任务而导致的忽视满足客户需求的做法；
（2）经营快速、高效、灵活，对市场变化能做出快速的反应；
（3）通过网络的连接，使企业内部和合作伙伴之间做到信息实时共享；
（4）各种生产要素得到优化组合，形成新的以员工为中心的团队工作模式；
（5）重组企业的组织结构，建立起灵活多样的正式组织和非正式组织，彻底改变传统的以大量中层管理人员为特色的金字塔型的组织结构，使其成为扁平化、小型化、弹性化、虚拟化、网络化的新型组织结构。

13.4　典型案例　福特汽车公司的业务流程重组

福特汽车公司作为世界最大的汽车制造商之一，存在着业务复杂、部门众多、流程分散等问题，利用现代信息通信技术实现业务流程的重组，是福特汽车公司不断探索的目标。福特汽车公司有关采购付款的业务流程重组被当作经典案例为世界各国的企业所借鉴，对我国的企业来说同样具有比较高的参考价值。

13.4.1　案例背景

福特汽车公司是美国三大汽车巨头之一，在世界汽车市场上具有十分重要的地位。但是，在 20 世纪 80 年代，福特汽车公司和其他美国大企业一样面临着来自日本、欧洲各国竞争者的严峻挑战，尤其是日本的汽车公司迅速崛起，不断地扩大在美国汽车市场上的份额。在其他地方，日本的汽车也显示出咄咄逼人的气势，以质优价廉受到消费者的好评。面对这一严峻的市场形势，福特汽车公司决定降低自己的管理费用和各种行政开支以提高竞争力。由于福特汽车公司 70% 以上的零部件都来自外部供应商，在进行业务流程重组之前，货款支付耗费了公司大量的人力资源，仅福特汽车公司北美货款支付处就有 500 多名雇员。在外人看来，对于这样一家大型汽车制造厂来说，在采用专业化协作生产方式下这样的人数并不算多。福特汽车公司的管理部门认为，通过理顺操作程序、采用计算机技术，货款支付处的人员可以减少到 400 人左右，也即可以减少 20% 左右的间接成本。

促使福特汽车公司彻底进行业务流程重组的动因是日本的马自达汽车公司。在福特汽车公司确定了实施业务流程重组的目标后，公司的领导者率团对马自达汽车公司进行了考察。他们惊奇地发现，马自达汽车公司的全部财会人员只有 5 人。马自达汽车公司的规模虽然比福特汽车公司要小很多，但即使考虑两者的规模和业务量的因素，这种差距也是相当巨大的。福特汽车公司意识到，人员过多的问题不是单纯靠电子技术就能解决好的，问题出在业务流程上，福特汽车公司的采购货款支付业务流程已经到了非改不可的地步了。

13.4.2 对原有业务流程的分析

福特汽车公司认识到问题出在采购货款支付业务流程上后决定重组业务流程，考虑到货款支付只是采购流程的一部分，要从根本上解决问题，就要重组整个采购付款流程。福特汽车公司原来的采购付款流程如图13-7所示。

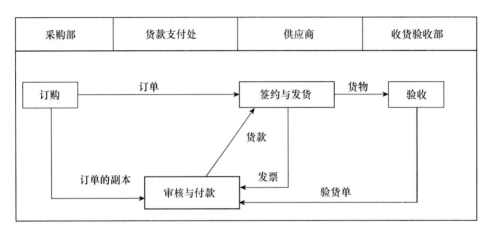

图 13-7　福特公司原来的采购付款流程

在原来的采购付款流程中，首先由采购部向供应商发出订单，并将订单的副本交给货款支付处；供应商把货物运抵福特汽车公司后，收货验收部验收入库，并将相关的收货情况详细地登记在表格上，然后将填好的表格转交货款支付处，供应商也会开出发票送交货款支付处。在这个过程中，货款支付处会收到3种单据——订单、验收单以及发票。货款支付处将这3种单据进行核对，查看相关内容是否一致、各自是否符合有关规定。符合规定的，货款支付处就付款。否则，货款支付处拒付货款并进行调查，最后将调查报告送交有关部门。

13.4.3 新设计的业务流程

经过对原有业务流程的分析，福特汽车公司发现采购、财务会计等部门的整个工作大体上就是处理"三证"，货款支付处的主要精力都花费在这些数据中的不一致项目上。福特汽车公司经过分析后认为问题产生的原因是管理规则不合理，而管理规则与业务流程是相对应的。于是，福特汽车公司决定采用网络技术，将采购部、验收部与货款支付处联网，依托中央数据库进行数据处理。大量的数据核对工作交由计算机来完成，财务会计人员不再接收发票。把"收到发票以后付款"改为"验收货物以后就付款"，这样就大大减少了单证的传输，需要校对的数据也显著减少，经过业务重组后的采购付款流程如图13-8所示。

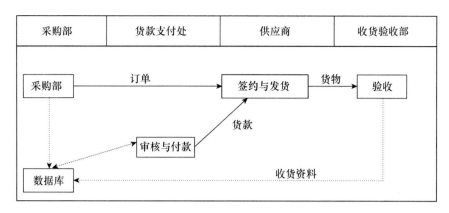

图 13-8　福特汽车公司进行业务重组后的采购付款流程

在新的采购付款流程中由于有了中央数据库的支持,票据处理由计算机来处理,验收部、货款支付处都通过查询数据库中的信息来开展工作。

福特汽车公司重组以后的采购付款流程如下：采购部运用电子化手段向供应商提出采购需求,同时将这一需求信息输入到中央数据库。供应商把货物运抵采购商的仓库后,验收员查询中央数据库中的有关信息,看数据是否一致：如果数据一致就验收入库,并将入库信息输入到中央数据库,计算机在接收到货物验收的信息后会在适当的时间自动签发支票给供应商；如果数据不符合,验收员可以拒收。从中我们可以看出,福特汽车公司重组以后的采购付款流程变得十分简捷和高效,成效非常明显。

13.4.4　案例评析

在福特汽车公司的新业务流程中,由于合理地采用了网络技术,业务流程中只有订单,没有发票和收货文档,使得各部门的工作大幅度简化,效率得到了大幅度的提升。根据福特汽车公司提供的数据,新的采购业务流程实施后,货款支付处的人员由原来的 500 多人精简为 125 人,人员数量了只剩下了原来的 1/4,业务流程重组取得了惊人的效益。

福特汽车公司在实施业务流程重组的过程中,充分考虑到了电子商务的发展,使两者紧密结合、协调发展、共同推进,切切实实地在时间、质量、成本和效率等多个方面取得了显著的成效,为福特这棵百年常青树注入了全新的活力,并迸发出蓬勃的生命力。

13.5　本章思考题

1. 业务流程重组是在什么样的背景下提出的？
2. 什么是流程？什么是业务流程？什么是业务流程重组？电子商务与业务流程重组是什么样的关系？
3. 企业如何实施适应电子商务发展的业务流程重组？
4. 收集整理相关材料,对其在电子商务环境下如何推进业务流程重组进行分析研究。

第 14 章

电子商务与企业文化建设

众所周知,文化是人类长期创造、发展的产物,是人类文明进步的重要标志。企业文化作为企业成长和发展所不可或缺的精神财富,既是企业保持旺盛生命力的源泉,更是推动企业进步和发展的根本动力。但凡长盛不衰的企业都拥有自己独具匠心的企业文化,企业文化在其长期发展中往往起着灵魂和支柱的作用。

随着电子商务时代的到来,企业竞争的规则和环境正在发生着深刻的变化,企业的经营理念和价值取向同样面临着重大的变革,企业文化由于内外部环境的改变也必将呈现出崭新的特点。现代企业只有培育起适应电子商务发展的企业文化,才能使企业电子商务的发展不断地推向深入,也才能在日益加剧的国际、国内竞争中赢得更大的发展空间。与此同时,电子商务的快速发展又会进一步丰富企业文化的内涵和外延。可以说,电子商务与企业文化相互影响、相得益彰,共同推动企业的发展。

14.1 企业文化概述

企业文化(Corporate Culture)又称公司文化、组织文化,起源于第二次世界大战后日本企业的实践。第二次世界大战后,日本在很短的时间内迅速医治了战争创伤,并以经济年增10%的速度赶上了一个又一个西方发达国家,30多年后一跃成为仅次于美国的世界主要经济强国。在20世纪70年代西方工业发达国家因石油危机而普遍发生通货膨胀的情况下,日本依旧保持着快速增长的势头。日本企业的异军突起引起了超级大国——美国的严重不安,美国等国家的专家对美国和日本的企业进行了比较和研究,结果发现旧有的管理理论已不能解释日本企业的成功,日本经济飞速发展的秘诀在很大程度上在于其建立了强有力的企业文化。日本的经济依靠企业文化腾飞的经验引起了世界广泛的关注,特别是美国,由此掀起了企业文化的研究热潮。20世纪80年代,企业文化理论逐渐得到了完善和发展,相关的研究成果也不断地涌现。进入90年代以后,企业管理在经历了以人、财、物的管理为核心的第一阶段和以战略管理为核心的第二阶段之后,逐渐演进到了以企业文化为核心的新的发展阶段，企业文化也因此而备受企业界和理论界的关注。

14.1.1 企业文化的概念

什么叫企业文化？对此可谓仁者见仁、智者见智，不同的人从不同的角度有不同的阐述，比较有代表性的观点主要有：

(1) 美国加州大学洛杉矶分校日裔管理学教授威廉·大内在 1981 年出版的《Z 理论——美国企业界怎样迎接日本的挑战》一书中指出，日本企业成功的秘诀是日本的企业组织和文化，这种企业文化的核心是重视人的因素，主要由信任、微妙性和亲密性所组成，它们对于提高劳动生产率很重要。他认为，人与人之间的关系非常微妙，这种微妙性要求企业对员工的不同个性有充分的了解，以便根据他们各自的个性和特长组成最佳搭档或团队，增强劳动率。如果微妙性一旦丧失，劳动生产率就会下降。他所提出的"Z 理论"充分证明了日本企业的成功与亲密的个人感情在工作中的地位及重要性密不可分，需要倡导员工之间相互关心，建立起一种亲密和谐的伙伴关系，为企业的目标而共同努力。

(2) 美国哈佛大学教授特伦斯·迪尔和麦肯锡咨询公司的阿伦·肯尼迪在合著的《企业文化》一书中认为，企业文化是"用以规范企业大多数情况下行为的一个强有力的不成文规则体系""它由价值观、神话、英雄和象征凝聚而成，这些价值观、神话、英雄和象征对公司的员工具有重大的意义"。作者通过对沃尔玛、惠普公司、通用电气公司等企业的深入研究得出结论，企业文化是企业基业长青的关键所在，企业只有拥有了有生命力的文化，才能有持续发展的动力和活力

(3) 美国企业管理研究专家劳伦斯·米勒在《美国企业精神——未来企业经营的八大原则》一书中认为，"企业文化并非建立在物质需求之上，企业文化的产生是因为创造和接纳了新的价值观、新的眼光以及新的精神""它的推动力量并非在财务上必须提高效率和效益，也不是员工要求有更令人满意的工作环境"。他认为，几乎每个美国的大公司都需要遵循推动企业文化变革的八大基本价值原则：一是目标原则，成功的企业必须具备有价值的目标；二是共识原则，企业成功要看它能否聚集众人的能力；三是卓越原则，培养员工追求卓越的精神，使其成为一种精神、一种动力和一种工作伦理；四是一体原则，需要全员参与，强化组织的一体感；五是成效原则，以成效为导向，并以其作为激励的基础；六是实证原则，善于运用事实、数据说话，以事实为依据；七是亲密原则，倡导相互信任、相互尊重，培养团队精神；八是正直原则，诚实守信，以认真负责的态度承担自己的职责。

(4) 美国企业经营研究专家托马斯·彼得斯和小罗伯特·沃特曼在《追求卓越——美国最成功公司的经验》一书中认为，"成绩卓越的公司能够创造一种内容丰富、道德高尚而且为大众所接受的文化准则，一种紧密相连的环境结构，使员工们情绪饱满、互相适应和协调一致""一个伟大的组织之所以能够长久地生存下去，最主要的条件并非结构形式和管理技能，而是我们称之为'信念'的那种精神力量，以及这种信念对于组织的全体成员所具有的感召力。所谓公司文化，包含为数不多的基本原则，这些原则在无形地发挥作用，必须严肃对待，它们代表了公司存在的意义"。

(5) 美国哈佛大学教授理查德·帕斯卡尔和斯坦福大学教授安东尼·阿索斯在《战

家的头脑：日本企业的管理艺术》一书中把企业管理概括为"7S 模式"，即战略(Strategy)、结构(Structure)、制度(System)、人员(Staff)、作风(Style)、技能(Skill)、最高目标(Super Goals)(如图14-1所示)。并指出，日本的企业在注意前3个"硬 S"的同时，也特别强调后4个"软 S"的作用，使企业具有强烈的人文色彩和文化氛围，从而使企业充满了活力。他们所提出的4个"软 S"，实质上就是企业文化的核心要素。

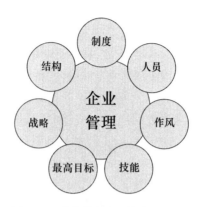

图 14-1　企业管理"7S 模式"的组成

（6）美国企业文化研究专家詹姆斯在《电子精英的经营智慧》一书中认为，"企业文化就像是河岸，企业里的行为如同在两岸间奔流的河水。随着时间的推移，奔泻的河水将河道冲刷得更深，河岸又约束河水在河道中流淌，从而加强了企业文化，不断重复过去曾使企业走向成功的行为"。

综合以上各种观点我们可以发现，这些思想大体上都可以归结为两种——广义的企业文化和狭义的企业文化。广义的企业文化是指企业在创业和发展的过程中所形成的物质文明和精神文明的总和，包括企业管理中的软件和硬件、外显文化与内隐文化(或表层文化与深层文化)两个部分；狭义的企业文化仅仅包括企业的思想、意识、习惯以及情感领域。结合广义和狭义的理解，本书认为，企业文化是指企业全体员工在长期的创业和发展过程中培育形成并共同遵守的最高目标、价值标准、基本信念及行为规范，它是企业理念形态文化、制度(行为)形态文化和物质形态文化的有机复合体。

毫无疑问，企业文化属于上层建筑的范畴，既是企业经营管理的灵魂，也是一种无形的管理准则。企业文化通过观念的形式来调整企业员工的行为，使企业员工能够以更有效的方式进行协调，以全面实现企业各方面的目标。

14.1.2　企业文化的结构及组成要素

企业文化的结构划分有多种观点：一种是将企业文化分为两个层次，有多种表达，如有形文化和无形文化、外显文化与内隐文化、物质形式和观念形式、"硬 S"与"软 S"等；另一种是将企业文化分为四个层次，即物质文化、行为文化、制度文化和精神文化等。这些不同的结构划分都有各自的合理性，使用不同的结构划分对我们认识企业文化并无大碍。在本书中，我们把企业文化划分为三个层次，即精神层、制度层和物质层(如图14-2所示)。

图 14-2 企业文化的层次

如图 14-2 所示,企业文化的每个层次具体说明如下:

1. 精神层(观念层)

精神层又叫观念层,主要是指企业的领导者和员工共同信守的基本信念、价值标准、职业道德及精神风貌。精神层是企业文化的核心和灵魂,是形成制度层和物质层的基础和原因。毫无疑问,企业文化中有无精神层是衡量一个企业是否形成了自己的企业文化的标志和标准。企业文化的精神层包括以下七个方面:

(1) 企业的最高目标。

企业的最高目标又称企业愿望,还有一些地区的企业称之为"愿景"(Vision)。企业的最高目标是指企业全体员工的共同追求,是统领全局的"指针"。企业有了明确的最高目标就可以充分发动各级组织和员工,增强他们的积极性、主动性和创造性,使广大员工将自己的岗位工作与实现企业的奋斗目标联系起来,把企业的生产和经营发展转化为每位员工的具体责任。因此,企业的最高目标是企业全体员工凝聚力的焦点,是企业共同价值观的集中表现,也是企业对员工进行考核和实施奖惩的主要依据。企业最高目标又反映了企业的领导者和员工的追求层次和理想抱负,是企业文化建设的出发点和归属,这个目标的设置是防止短期行为、促使企业健康发展的有效保证。

(2) 企业哲学。

企业哲学又称企业经营哲学,是指企业的领导者为了实现企业的目标而在整个生产和经营活动中的基本信念,是企业的领导者对企业的长远发展目标、生产经营方针、发展战略和策略的哲学思考。企业哲学是处理企业生产和经营过程中发生的一切问题的基本指导思想和依据,只有以正确的企业哲学为先导,企业的资金、人员、设施和信息等资源才能真正地发挥效力。企业哲学的形成首先是由企业所处的社会制度及周围环境等客观因素决定的,同时也受企业领导者的思想方法、政策水平、科学素质、实践经验、工作作风以及性格等主观因素的影响。企业哲学是企业在长期的生产和经营活动中自觉形成,并为全体员工所认可和接受的,具有相对稳定性。

(3) 企业核心价值观。

企业核心价值观也称企业的基本信仰,是指企业全体员工共同信奉的价值标准和基本信念。这既是企业文化精神层的核心,也是企业文化中最稳定的内容。随着企业内外环境的改变,企业的竞争策略、经营理念和管理模式可以调整变化,但其核心价值观是不会轻易变化的,而是长期坚持不变。

(4) 企业精神。

企业精神是指企业通过有意识地提倡、培养员工群体的优良精神风貌，并对企业现有的观念意识、传统习惯、行为方式中的积极因素进行总结、提炼及倡导的结果。因此，企业精神是全体员工在长期有意识的实践中所逐渐形成的，企业文化是其成长的土壤，企业精神则是企业文化发展到一定阶段的产物。

(5) 企业风气。

企业风气是指企业及其员工在生产和经营活动中逐步形成的一种带有普遍性的、重复出现且相对稳定的行为心理状态，是影响整个企业生活的重要因素。企业风气是企业文化的直观表现，企业文化是企业风气的本质内涵，人们总是通过企业员工的言行举止感受到企业风气的存在，并通过它体会到企业全体员工所共同遵守的价值观念，从而深刻地感受到该企业的企业文化。企业风气一般包括两层含义：一是指许多企业共有的良好风气，如团结友爱之风、开拓进取之风、艰苦创业之风等；二是指一个企业区别于其他企业的独特风气，即在一个企业的诸多风气中最具有特色、最突出和最典型的某些作风，它体现在企业活动的方方面面，形成全体员工特有的活动方式，构成该企业的个性特点。

企业风气一旦形成就会在企业中造成一定的气氛，并形成企业员工群体的心理定式，导致多数员工一致的态度和共同行为方式，因而成为影响全体员工的无形的、巨大的力量。

(6) 企业道德。

简言之，道德是指人们共同生活及其行为的准则和规范，而企业道德则是指企业内部调整人与人、单位与单位、个人与集体、个人与社会、企业与社会之间关系的行为准则。道德与制度虽然都是行为准则和行为规范，但制度具有强制性，而道德却是非强制性的。一般来说，制度解决是否合法的问题，而道德则解决是否合理的问题。道德的内容包括道德意识、道德关系和道德行为三个部分。企业道德就其内容结构来看，主要包括调节员工与员工、员工与企业、企业与社会三个方面关系的行为准则和行为规范。作为微观的意识形态，企业道德是企业文化的重要组成部分。

(7) 企业宗旨。

企业宗旨是指企业存在的价值及其作为经济单位对社会的承诺。作为从事生产、流通、服务活动的经济单位，企业对内、对外都承担着义务：对内，企业要保证自身的生存和发展，使员工得到基本的生活保障并不断地改善他们的生活福利待遇，帮助员工实现人生价值；对外，企业要生产出来合格的产品、提供优质的服务，满足消费者的需求，从而为社会的物质文明和精神文明进步做出贡献。

2. 制度层（行为层）

制度层又叫行为层，是企业文化的中间层次，主要是指对企业组织和企业员工的行为产生规范性、约束性影响的部分。它集中体现了企业文化的精神层和物质层对员工和企业组织行为的要求。制度层规定了企业员工在共同的生产和经营活动中应当遵守的行为准则，主要包括以下三个方面：

(1) 一般制度。

一般制度是指企业中存在的一些带有普遍意义的工作制度和管理制度，以及各种责任制度。在企业里，这些成文的制度与约定及不成文的规范和习惯对员工的行为起着约束的作用，保证整个企业能够分工协作，井然有序、高效地运转。一般制度的表现形式有很多种，主要有计划制度、劳资人事制度、生产管理制度、劳动管理制度、物资供应管理制度、产品销售管理制度、财务管理制度、生活福利工作管理制度、奖励惩罚制度、岗位责任制度等。

(2) 特殊制度。

特殊制度是指企业的非程序化制度,如员工评议干部制度、总结表彰制度、干部员工平等对话制度、干部"五必访"制度(员工生日、结婚、生病、退休、死亡时,干部要访问员工的家庭)、企业成立周年庆典制度等。与工作制度、管理制度及责任制度等一般制度相比,特殊制度更能够反映一个企业的管理特点和文化特色。拥有良好企业文化的企业必然有多种多样的特殊制度;企业文化贫乏的企业则往往忽视了特殊制度的建设。

(3) 企业风俗。

企业风俗是指企业长期沿袭下来的、约定俗成的典礼、仪式、行为习惯、节日、活动等,如歌咏比赛、体育比赛、集体婚礼等。企业风俗与一般制度、特殊制度不同,它不是表现为准确的文字条目形式,也不需要强制执行,完全依靠习惯、偏好形成的力量维持。企业风俗由精神层所主导,又反作用于精神层。企业风俗既可以自然形成,也可以人为开发,一种活动、一种习惯一旦被全体员工所共同接受并继承下来,就成为企业风俗的内容。

3. 物质层

物质层是指企业创造的表层企业文化,是形成企业文化精神层和制度层的基本条件。物质层是企业文化的表层部分,既是企业创造的物质文化,也是形成企业文化精神层和制度层的条件。从物质层中往往能折射出企业的经营思想、管理哲学、工作作风和审美意识。它主要包括以下八个方面:

(1) 视觉识别要素,包括企业的名称、标志、标准字、标准色等,是企业物质文化最集中的外在体现。

(2) 物质环境,包括企业的自然环境、建筑风格、办公室和车间的设计和布置方式、绿化美化情况、污染的治理等,是人们对企业的第一印象,这些无一不是企业的文化反映。

(3) 产品的特色,包括产品的功能特点、式样、外观和包装等,产品的这些要素是企业文化的具体反映。

(4) 企业形象标识,这些因素中包含了很丰富的企业物质文化内容,是企业文化的一个较为形象化的反映。

(5) 企业的文化/体育/生活设施,这些用于企业文化建设活动的设施带有很浓厚的企业文化色彩。

(6) 企业的造型和纪念性建筑,包括企业环境中的雕塑、纪念碑、纪念墙、英模塑像、纪念林等。

(7) 企业定制的纪念品、礼品和日常办公用品等,它们往往具有很强烈的个性特点,鲜明地反映了企业的文化品位。

(8) 企业的文化传播网络,包括企业自办的报纸、刊物、有限广播、闭路电视、计算机网络、宣传栏(册)、广告牌、招贴画等,这些都是企业文化传播不可或缺的载体。

综上所述,企业文化的三个层次是紧密联系的:物质层是企业文化的外在表现和载体,是制度层和精神层的物质基础;制度层则约束和规范着物质层和精神层的建设,如果没有严格的规章制度,企业文化建设也就无从谈起;精神层既是形成物质层和制度层的思想基础,也是企业文化的核心和灵魂。

14.1.3 企业文化的特征

企业文化属于文化的范畴,因此它具有一般文化共有的特征,如社会性、集合性、一致性等。同时,作为现代企业管理的一种手段,企业文化又具有自己独有的特征。概括起来,企业文化主要具有独特性、长期性、稳定性、可塑性和系统性五大特征(如图14-3所示)。

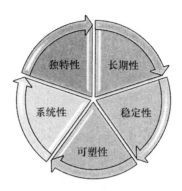

图 14-3 企业文化的特征

如图14-3所示,企业文化的特征具体说明如下:

1. 独特性

企业文化具有鲜明的独特性,有自己独特的内涵,在企业中发挥着独特的作用,其他的企业无法模仿。这是因为每个企业所处的环境不同,生产和经营的内容不同,企业构成的主体——员工的整体素质及其思想观念更是不可能相同,因此,不同的企业所形成的企业文化也就必然各不相同、各具特色了。虽然不同企业的员工在价值观念、制度礼仪、文化网络和企业环境等方面可能存在着一些共性,但绝不可能雷同。即使有些企业在主观上希望移植其他企业的优秀文化,但是企业文化深刻的经营理念、独特的行为模式是不可能被简单地复制的。

2. 长期性

企业文化的长期性有两个方面的含义:一是指企业文化的形成过程具有长期性,每种优秀的企业文化都不可能在短期内形成,而是要经过漫长的培育期,要经过长期的积淀;二是指企业文化形成以后具有长期的影响性,企业文化一旦形成,其影响是深远的,它将在今后的长时间里潜移默化地作用于企业。

3. 稳定性

企业文化形成以后就相对稳定下来,以一种惯性作用于企业,推动企业的发展。这种稳定性可以牢牢地抵制住不利于企业发展的外部因素,使企业在稳定的文化环境中成长和发展。企业文化的稳定性还表现在它不可能说变就变或被一朝废除。

4. 可塑性

企业文化并非是完全自发产生的,而是可以被能动地塑造的。企业可以在一定的基础上进行挖掘、整理和概括,在生产和经营管理实践中不断地加以充实和完善,按照企业发展的目标有意识地塑造自己独特的企业文化。

5．系统性

企业文化是由相互联系、相互作用的不同内容、不同层次组成的有机整体，自成一个完整的系统。在企业文化系统内还可以细分成多个子系统，即在整个企业文化的氛围内存在着具有不同文化差别的员工群体，如企业文化崇尚创新，而财务管理人员却可能相对保守。

14.1.4　企业文化的功能

企业文化之所以在现代企业管理中占据着重要地位，成为企业管理的核心内容，主要是因为其具有强大的功能。具体来说，企业文化的功能主要表现在导向功能、凝聚功能、激励功能、约束功能、协调功能、塑造功能、辐射功能和稳定功能八个方面（如图14-4所示）。

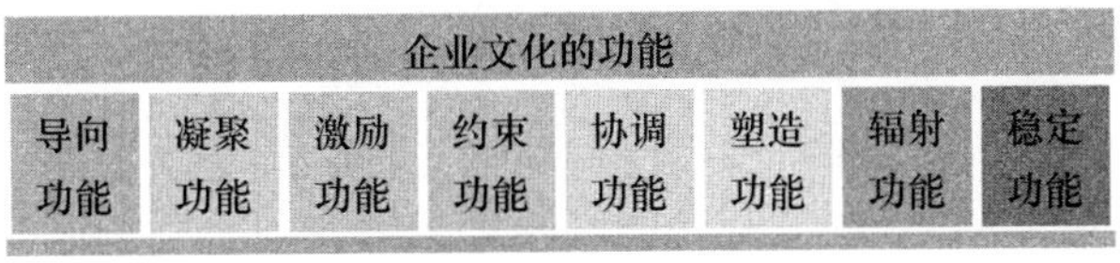

企业文化的功能							
导向功能	凝聚功能	激励功能	约束功能	协调功能	塑造功能	辐射功能	稳定功能

图 14-4　企业文化的功能

如图14-4所示，企业文化的功能具体说明如下：

1．导向功能

企业文化在企业中起着"方向盘"的作用，可以引导企业朝着确定的目标发展。这主要表现在两个方面：一方面，企业文化对企业的目标有质的规定性，这种质的规定性可以引导企业成员个体的心理、性格、行为，对个体的价值取向和行为方式起导向作用；另一方面，企业文化通过企业整体的价值观来引导全体员工。通过企业文化的传播和教化，企业把自身系统的价值取向和规范标准灌输给员工，要求他们按照这一标准去感觉、知觉、思维，去决定什么该做、什么不该做、如何去做等，形成强劲的后力，助力企业更好地发展。

2．凝聚功能

企业文化具有强大的凝聚力，是全体员工的黏合剂。企业文化通过沟通员工的思想，使其形成对企业的目标、准则、观念的认同感，产生对本职工作的自豪感和对企业的归属感，增强集体意识，把自己的情感行为同企业的生存和发展联系起来。全体员工朝着一个共同的目标努力，在对外竞争中形成一致的力量和强大的攻势。

3．激励功能

企业文化通过积极向上的价值观和行为准则可以使员工形成强烈的使命感，激励员工积极进取。在企业内部创造一个重视人、尊重人、理解人、关心人、发展人的良好环境，企业的领导者利用文化意识进行管理，可以激发员工的工作热情，启发、诱导、刺激员工潜在的能力和智慧，使企业活力的源泉永不枯竭。企业文化的激励功能主要表现为目标激励、尊重激励、感情激励、奖惩激励和领导行为激励等。

4. 约束功能

企业文化中的制度文化是一种刚性的约束,对员工具有直接的约束力,但约束功能主要表现为企业文化对全体成员的行为有一种无形的群体压力,这种压力包括舆论的压力、理智的压力、感情的压力等。企业文化建设更应该注重对"软性"约束机制的塑造,要在企业内造成这样一种氛围:一旦某人违反了企业的规范,自己就会感到内疚、不安、自责,进而自动地去修正自己的行为。通过这种约束,员工能把企业的要求转化为个人的自觉行为,实现了个人目标与企业目标的高度一致。

5. 协调功能

在企业内部各种错综复杂的关系中,企业文化发挥着一种十分重要的协调功能,调节着企业群体中每位成员之间的关系,使得企业群体成员在企业活动中具有共同的价值取向、思维方式和行为模式,拥有共同的思想、共同的理念和共同的语言,从而克服困难、减少摩擦、沟通思想、互通信息、减少内耗,以有效地提升企业的生产经营效益。

6. 塑造功能

企业文化的塑造功能表现在四个方面:一是通过厂容、厂貌、产品品牌、包装等外在表现向社会塑造企业良好的形象;二是通过企业的规章制度、价值观念对员工进行规范和约束,抑制和改变员工的非理性行为,增强员工的法制观念和理性意识;三是通过考核制度来强化员工的岗位使命感,促使员工提高自己的知识和技能;四是通过教育和管理全面提高员工的综合素质。因此,良好的企业文化可以使员工在不知不觉中改变自己、提高自己、塑造自己。

7. 辐射功能

企业文化作为一个系统,不但在企业内部发挥作用,而且还要在企业和外部打交道的过程中发挥作用,并受到外部环境的影响,这时企业文化就通过各种渠道对社会产生辐射。如员工与外界交往会反映出企业的价值观念和文化特点,企业产品的销售、服务也会反映出企业的文化内涵等。企业文化通过各种渠道对社会文化产生积极有力的影响,为社会文化注入新鲜的活力,促进社会文化的发展。

8. 稳定功能

优秀的企业文化能够为企业的长期稳定发展起保障作用。企业文化的作用是深远的,成熟的企业文化可以长期地作用于企业,使企业抗拒不良因素的影响,从而具有持久的生命力,不致因为领导者的换届改变、产品的更新换代、经营地点的重新选择等因素而产生动摇。

14.1.5 互联网企业文化实例

互联网公司往往有自己独特的企业文化,腾讯公司的企业文化特色鲜明。1998年11月诞生于我国深圳的腾讯公司是一家以互联网为基础的科技与文化公司,长期致力于社交平台与数字内容两大核心业务:一方面通过微信与QQ等社交平台,实现人与人、服务及设备的智慧连接;另一方面为遍布全球的用户提供优质的新闻、视频、游戏、音乐、文学、动漫、影业等数字内容产品及相关服务,同时还积极推动金融科技的发展,通过普及移动支付等技术应用,为智慧交通、智慧零售、智慧城市等领域提供有力的支持。作为世界级的互联网企业,腾讯公司在20多年的发展中特别重视企业文化建设,独特的企业文化是腾讯公司的"灵魂",在其快速发展中起到了引领方向、驱动成长的作用。

1. 愿景及使命

腾讯公司的愿景及使命是成为"用户为本,科技向善",即一切以用户价值为依归,将社会责任融入产品及服务之中;推动科技创新与文化传承,助力各行各业升级,促进社会的可持续发展。

2. 价值观

腾讯公司的价值观为:正直+进取+协作+创造。

正直,即坚守底线,以德为先,坦诚公正不唯上。

进取,即无功便是过,勇于突破有担当。

协作,即开放协同,持续进化。

创造,即超越创新,探索未来。

3. 管理理念

腾讯公司的管理理念是"关心员工成长",具体包括:

(1) 为员工提供良好的工作环境和激励机制;

(2) 完善员工培养体系和职业发展通道,使员工与企业同步成长;

(3) 充分尊重和信任员工,不断引导和鼓励,使其获得成就的喜悦。

4. 经营理念

腾讯公司的经营理念是"一切以用户价值为依归",具体要求做到:

(1) 注重长远发展,不因商业利益伤害用户价值;

(2) 关注并深刻理解用户的需求,不断地以卓越的产品和服务满足用户的需求;

(3) 重视与用户的情感沟通,尊重用户的感受,与用户共成长。

依据这一理念,不论是腾讯公司内部的业务部门还是职能部门,在做产品或者服务之前都必须集中精力去努力挖掘目标用户最深层次的真实需求,切忌自以为是,以便做出能够实实在在满足用户需求的接地气的产品。

5. 人才发展观

腾讯公司的人才发展观是"为员工提供极佳的职业发展"。自公司成立以来,腾讯一直对员工的培训与发展非常重视,除了提供专业的学习平台以外,还建立了相对完善的培训机制,具体的措施包括以下三个方面:

(1) 依托腾讯学院开展培训:腾讯学院自2007年成立以来(2014年更名为腾讯大学)始终以成为互联网行业最受尊敬的企业大学为愿景,通过开展各类课程与培训,努力成为腾讯公司员工的成长顾问与业务团队的发展伙伴,为腾讯公司的现在培养人才,更为腾讯公司的明天培养人才。

(2) 完善的员工发展机制:腾讯公司从制度上保证了员工在公司内有多条通道发展,共同打造员工职业发展体系,建立了员工管理和专业"双通道"的职业发展体系。

(3) 完备的培养体系:根据员工管理和专业的职业发展双通道体系,员工从一入公司开始,腾讯公司就为他们设计了全方位的培养体系。

14.2 电子商务环境下企业文化的表现形态

电子商务的产生和发展,互联网的广泛运用,改变了传统企业竞争的环境和规则,企业的价值观念和行为准则都发生了彻底的变化,以价值观念为核心的企业文化必然也表现出不同于工业经济时代的特征。归纳起来,在电子商务环境下企业文化具有以下八个方面的表现形态:

14.2.1 速度文化

唯物辩证法告诉我们,"不变"是相对的,"变化"是绝对的。这个世界充满着变化,"一个企业的成败取决于其适应变化的能力"已成为广泛的共识,这就意味着速度正在主宰着企业的前途和命运。互联网的出现使世界的变化越来越快,真可谓一日千里。基于互联网的电子商务可以让企业迅速地了解市场信息,快捷地收集客户的需求,广泛地进行产品宣传,即时地完成网上交易结算,众多的商务活动都可以在瞬间完成,企业的生产效率得到了极大提高。与此同时,由于客户可以上网在全球范围内比较、选择自己满意的产品,一种产品生产出来以后很快就会被更加新颖的其他产品所代替,因此产品的生命周期变得越来越短,企业必须在极短的时间内开发出适应市场需求的产品,满足客户的需求,否则在研制的过程中其他企业就可能有更新的产品问世了。毫无疑问,产品研制时间也显得越来越紧迫,企业因独占技术而占据优势的时间间隔也越来越短。从中我们可以看出,企业传统的资金、产品等竞争因素的重要性在不断地减弱,电子商务时代的竞争越来越表现为时间的竞争。

在速度制胜的年代,企业之间的竞争不再是规模大小的问题,而变成了速度快慢的区别。正如思科系统公司的企业文化所强调的"在未来的商战中,不再是大鱼吃小鱼,而是快鱼吃慢鱼"一样,速度已成为企业最核心的能力。因此,重视速度、追求速度已成为电子商务时代企业文化最明显的特征之一。

14.2.2 创新文化

企业创新包括制度创新、技术创新、市场创新和管理创新等多个方面,电子商务是推动企业创新的重要力量。电子商务环境下的创新文化表现在以下四个方面:

第一,电子商务的发展促进传统的企业从制度上进行改革、完善,特别是组织机构的设置、企业员工激励制度的创立和企业中所有者、经营者、劳动者的利益关系的调整等多个方面需要围绕电子商务发展的要求进行相应的创新;

第二,电子商务的开展要求企业不断地跟踪相关技术的最新进展,及时开发和引进先进技术,企业只有提高自身的技术创新能力才能在市场竞争中争取主动;

第三,电子商务迫使企业更加关注市场的变化,特别是网络市场的变化对企业的生产和

经营活动的影响,企业必须通过各种方式进行市场创新,才有可能牢牢地锁住核心顾客,求得生存;

第四,电子商务对企业管理人员的素质和管理水平提出了新的要求,企业应从管理思想、管理组织、管理方法和管理工具等多个角度进行创新,以适应电子商务发展的需要。

在电子商务时代,创新逐渐成为企业的生命力源泉,传统的生产规模、成本优势等因素的作用正在发生着新的变化,企业唯有通过持续不断的创新才能生存和发展。企业抱残守缺、故步自封是根本无法在激烈的市场竞争中立足的。企业要想在未来的全球化竞争中拥有一席之地,就必须突破传统的思想禁锢和思维定式,只有大胆创新才能牢牢地把握瞬息万变的商机。因此,在电子商务时代,企业必须鼓励创新、保护灵感、激发创造热情,让创新成为企业文化的主旋律。

14.2.3 团队文化

所谓团队,是指为了企业的某项关联工作,各成员联合起来形成的,在行为上有相互影响,在心理上有彼此归属感,在工作上有合作精神的集体。团队不同于企业的职能部门、工作小组,它是具有共同价值观念的群体,团队成员之间虽然没有明确的分工,但彼此之间的工作交叉程度高,相互之间的协作性强;而职能部门或工作小组主要是基于行政的、人为的松散组合。

在电子商务时代,竞争在全球范围内展开,企业自身所面临的外部市场环境越来越复杂,企业必须对激烈的市场竞争快速地做出反应,不断地进行创新。如果企业还是靠传统的行政命令、集权控制来管理企业,是很难适应电子商务发展的。在开展电子商务的过程中,企业的很多工作只能由高效的团队协作来完成,而不是靠行政命令。为了构建高效的团队,企业就必须培育富有活力、凝聚力和战斗力的团队文化。

团队文化是团队内共有的价值观、信念和习惯体系,是团队在发展过程中形成和遵循的工作方式、思维习惯和行为准则的总和。团队文化具有高度的团队精神、高昂的团队情绪、高效的工作水平等特征,一旦形成以后就会强烈地支配着团队成员的思想和行为,使团队成员高度协作,共同完成工作目标。

14.2.4 学习文化

在电子商务时代,顾客的需求变得日趋个性化、多样化、专业化,同时新技术、新知识以爆炸式的速度出现,如何提高企业的适应能力成为企业管理的一项核心任务。企业只有通过不断的学习,在学习中逐步实现企业变革、开发新的资源和市场,才能适应时代发展的需要,也只有学习才能给企业带来源源不断的利益和机会。众所周知,知识的积累只有学习,创新的起点在于学习,环境的适应依赖学习,应变的能力来自学习。因此,重视学习、善于学习已成为企业文化的重要支撑。

美国学者在20世纪60年代提出了"组织学习"的概念,由于它揭示了"企业因为缺乏学习能力而不能适应新的变化,往往导致短命"的事实,因此得到广泛的认同和发展,特别是美国著名学者彼得·圣吉博士于1990年出版了《第五项修炼——学习型组织的艺术与实践》

一书以来，在世界范围内掀起了组织学习和学习型组织的研究热潮。到 20 世纪 90 年代中后期，学习型组织的理论开始在我国传播，一些著名的企业（如海尔集团等）进行了创建学习型组织的尝试，并取得了许多成功的经验。进入 21 世纪后，全球已经有越来越多的企业致力于学习型组织的构建。

电子商务时代的学习文化，强调的不仅仅是某位员工个体的学习，而是整个企业的组织学习。员工个人的学习固然可以提高其个人的素质，并进而影响企业的发展，但是只有把学习变成一种组织行为，强调全员的、组织的学习，才能更加充分地发挥学习的效用。所谓组织学习，国内外对其的定义有很多，一般认为组织学习是指企业以积累的、相互影响的、有目的的行为方式，对来自企业内部和外部的刺激做出观察、评价和采取行动等反应的能力，这种能力是构成企业竞争优势的主要源泉。

组织学习的实施必须要求企业成为学习型组织。学习型组织的本质特征就是善于不断地学习，即强调终身学习、全员学习、全过程学习、团体学习。学习型组织通过保持学习的能力，及时铲除发展道路上的障碍，不断地突破组织成长的极限，从而保持持续发展的态势。

14.2.5　人本文化

人力、物力和财力是企业发展的三大基本资源，其中，人的因素是企业最为宝贵的资源，在企业的竞争中起着决定性的作用。企业管理职能、管理作用的发挥，管理措施、管理办法的落实，发展计划、发展目标的实现，无一不需要通过人来完成。在电子商务时代，企业之间的竞争越来越表现为知识的竞争、人才的竞争，人的因素显得比以往任何时候都更为重要。因此，如何有效地招揽人才、合理地使用人才、长久地留住人才是企业在发展中至关重要的问题。

企业对人才的管理必须坚持"人本"精神。所谓"人本"精神，简单地说，就是企业要真正地把人当作人，而不是企业赚钱的工具。因此，在企业管理的一切活动中，人的因素应该始终放在核心位置，企业应注重员工的全面发展，合理地满足员工各种层次的需要，从而充分地调动所有员工的积极性和创造性，最终使企业获得生存和发展。一句话，企业"以人为本"，就是要尊重人、理解人、关心人、爱护人、帮助人、发展人、造就人，只有在"以人为本"的文化氛围中，员工才能发挥最大的作用，企业才能收获最大的收益。

14.2.6　虚拟文化

经济全球化、知识经济和电子商务的紧密结合所形成的典型产物就是虚拟经济，这一趋势要求企业必须学会虚拟化经营。电子商务使企业在内部资源有限的情况下，为了取得更大的竞争优势，仅仅保留企业中最关键、最具有优势的功能，而把其他的功能虚拟化，通过各种方式借助于外部资源进行整合，以期最大限度地发挥自有资源的优势。因此，虚拟文化将成为电子商务时代企业文化的又一重要特征。在虚拟环境中，客户特点、合作方式、经营理念和运行环境等各个方面与传统环境的运作方式有极大的不同，与此相适应的虚拟文化要求企业具有灵活、柔性、合作、共享、快速反应和高效输出等特质。

虚拟化的另外一个含义是创造消费、激发消费。在全球生产普遍供大于求的市场环境下,传统的消费概念已经变得不再适用,发现消费需求、创造消费空间、激发客户的消费热情已成为企业进行虚拟经营的重要内容。这里,时间、感情、文化的差异,甚至是品味,都可能变成商品,企业可以通过虚拟化的方式进行经营。

14.2.7 融合文化

电子商务的发展加快了经济全球化的进程,不同国家、不同民族的文化将频繁地产生冲突、碰撞、交融,这就要求企业不能故步自封、画地为牢,而是要在充分发扬本国、本民族文化的基础上,正视不同国家、不同民族文化的差异,融合其他国家、其他民族文化的精华,洋为中用、中西合璧。

在电子商务时代,越来越多的战略联盟的出现和虚拟经营的产生使企业逐渐从内部走向外部、从个体走向群体,不但合作方有值得借鉴的地方,即使是竞争者,也会有许多值得学习之处,这就要求企业能够融合其他企业的文化,包括竞争者的文化。因此,电子商务时代的企业文化必然是多元的文化、是合作共享的文化、是融合的文化,只有具有极大的包容性,企业之间才能做到优势互补、融会贯通,共同开拓发展的广阔空间。

从未来的发展趋势来看,多元肯定优于一元、合作必然大于竞争、共享一定胜过独占,企业只有具备了具有强大包容性的融合文化,才能突破看似有限的市场空间和自身资源条件的束缚,才能实现优势互补和资源整合,才能在更为广泛的程度上达到双赢或多赢的商业运作。

14.2.8 生态文化

在电子商务时代,经济的增长方式已经逐渐从传统的粗放型走向集约型,追求可持续发展成为企业追求的目标。1989 年,联合国环境署《关于可持续发展的声明》指出,所谓可持续发展,是指满足当前需要又不削弱子孙后代满足其需要之能力的发展。可持续发展是健康的经济发展,它是对工业社会生态破坏的否定,它追求的是生态环境的保护和人类的长远发展,是一种生态文化。

企业要想在激烈的市场竞争中始终立于不败之地,就必须充分考虑对生态环境的保护,把企业的发展定位在经济的增长、社会的进步和环境、资源保护的协调发展上,营造出一种重视生态环境的文化。在过去的工业社会,不少企业由于忽视对人类生态环境的保护,已经或正在遭到自然和市场的报复,这种现象必须在当今的信息社会得到根本性的改观,只有这样企业才能实现可持续发展。

电子商务的应用与发展为企业实现生态保护创造了一定的条件,如商务活动的无纸化使大量的办公用纸不断地减少甚至不再需要,从而节约了宝贵的资源;又如,电子商务的客户定制化生产,避免了企业库存的积压,减少了资源的浪费和对环境的影响,有利于生态的保护。因此,在电子商务的发展背景下,广大企业应当把生态文化引进到企业文化建设中来。

14.3 电子商务企业文化的培育

电子商务企业文化具有丰富而新颖的内涵,如何造就适应电子商务发展的企业文化是现代企业必须思考的一个重要问题。优秀的电子商务企业文化不会自然产生,而是需要企业有意识地加以培育。在电子商务的实施过程中,企业应有计划、有步骤,逐步培育起新颖、有特色、能推动企业电子商务发展、能为企业提升竞争力服务的企业文化。与电子商务企业文化的特征相对应,电子商务企业文化的培育相应地可以从以下八个方面入手:

14.3.1 速度文化的培育

速度文化的培育是一个长期而又复杂的过程,它的具体实施包括以下四个方面:

1. 致力于快速发现最终消费者

企业培育速度文化的精髓在于如何快速而又有效地发现最终消费者。新时代市场竞争的焦点不再集中于哪个企业的科技更优良、哪个企业的规模更强大、哪个企业的资本更雄厚,而是要看哪个企业最先发现最终消费者,并能最先满足最终消费者的需求。当然,对最终消费者做出快速的反应并不意味着企业其他方面的资源条件不再重要,只是强调这样做企业会在速度上抢得先机。

2. 革新传统的企业管理架构,提高企业运作的灵敏性

企业培育速度文化,其中很重要的一点就是要改变过去企业管理的多环节、低效率的官僚组织结构。互联网虽然能帮助企业驶上了一条快速发展的高速公路,但如果企业的管理架构还停留在过去层层审批、逐级上报的运作模式上,电子商务所带来的速度和效率就会被盘根错节的官僚机构和无休无止的讨论研究的官僚作风所消耗掉,无法显现出它的各种优势,企业也根本无法在电子商务时代生存,迟早要在市场竞争中败北。因此,只有革新传统的企业管理架构,使企业的管理摆脱旧有的束缚,才能使企业适应电子商务的发展,高速灵敏地运转起来。

3. 努力营造重视速度和效率的企业文化氛围

企业培育速度文化不仅仅在于使用数字化工具改造企业的管理和运行流程,更重要的是要营造出充分发挥知识和智能效率的企业文化氛围,使企业内部处处都洋溢着重视速度和效率的企业文化环境。在这样的企业文化的影响下,企业员工自然会更加尽心尽力,充分发挥知识和智慧的效率,主动捕捉川流不息的信息所透露出的商机,把追求速度的提高、效率的上升作为自己的使命。

4. 着力培养企业创造市场机会的能力

企业培育速度文化,还要着力培养创造市场机会的能力。因为在电子商务时代,企业占领市场的关键在于是否能够有效地发现市场机会所在,并能在最短的时间内最先满足市场需求,而传统的技术、资金、规模等竞争因素则不再成为首要因素。如果企业不善于创造市

场机会并最先满足市场需求,即使有庞大的规模、雄厚的资金、精良的技术,也是英雄无用武之地,难以发挥资源的效用。只有善于创造市场机会,并尽快地满足市场需求,才是电子商务时代企业发展的制胜之道。

14.3.2 创新文化的培育

企业文化具有精神层、制度层和物质层三个层次,培育创新文化也可以从精神、制度和物质三个方面着手推进。

1. 树立全新的成败观,从观念上保护创新

在电子商务时代,企业培育创新文化应树立正确的成败观,不能以成败论英雄,企业应从观念上保护创新。对于标新立异者,企业要多给予支持和赞许,而不是挖苦和打击;对于创新失败者,企业要具体情况具体分析,不能一味地认为"成者为王,败者为寇",因为在创新的过程中,失败在所难免。企业不能不允许失败,而是不允许阻碍创新。企业应把创新过程中的错误、混乱和低效率视为达成竞争优势的必然过程。只有当人们能够直面失败时,创意才会源源而来,巨大的潜力和长远的收益就蕴藏在探索创新的道路上,很多时候即使创新的尝试只有1%的成功把握,也完全可以补偿99%的失败所带来的损失。

美国的英特尔公司十分注重鼓励员工尝试风险较大的创新工作,公司前总裁安德鲁·葛鲁夫有句名言"只有偏执狂才能生存",充分说明只有突破常规、注重创新才能在未来社会生存。英特尔公司认为,创新本来就有两种结果:成功或者失败。如果获得成功,显然是一种成长;而如果失败了,也可以吸取教训,知道不应该做什么,这其实也是一种成长。人在失败时比在成功时成长得更快,因为人在失败时往往更有忧患意识和危机感。

2. 制定鼓励创新的政策,从制度上促进创新

培育创新文化,企业在制度的制定上要有充分的体现,以此促进创新。比如,打破等级森严的组织管理结构,允许上下级之间、员工之间充分地进行交流和沟通,使员工在掌握大量而充分的信息的基础上激发创新的灵感。又如,企业可以将创新情况列为对员工的考核内容加以考核,而不像过去那样只要员工勤勤恳恳就会受到鼓励和支持。

在电子商务时代,员工缺乏创新意识,没有创新业绩,只是墨守成规地完成工作任务,这不是企业文化的主流。企业应通过制定一系列鼓励创新的政策,在企业中形成鼓励创新的组织氛围,使员工充分地发挥自主性,更有效地进行创新活动。

3. 加大创新的投入,从物质上保证创新

企业培育创新文化,首先必须有物质上的保证,有足够数量的物质投入,才能保证创新的顺利进行。以往,企业对创新的重要性认识不足,在投入方面也无法到位,创新缺乏雄厚的物质基础。在电子商务时代,创新的实现离不开必要的物质保证,企业必须在研发投入、市场开发及员工激励等各个方面有足够的资金支持,以此推动创新活动的开展。

14.3.3 团队文化的培育

团队文化的核心是团队的价值观和信念,因此,企业要培育高效统一的团队文化就必须

建立团队的核心价值体系。所谓团队的核心价值体系,是指有助于团队完成工作目标和团队发展的思想和信念,具体来说应注意以下三个方面:

1. 培育团队的信任度

信任是团队有效运作的前提和基础,因此,企业培育团队文化首先就必须培育团队的信任度。缺少信任,团队就会变成一盘散沙,难以完成工作目标。团队的信任主要包括团队成员内部的信任、领导者对团队的信任和团队成员对各项政策的信任三个方面。

企业培育团队成员内部的信任要从三个方面入手:一是在团队形成之初要选好团队成员,注重团队成员的品德,将品德低下、素质不高的人员拒之门外,消除隐患;二是在团队形成之后要加强沟通和理解,因为有效的沟通和理解可以消除误解、统一意见,可以宽容他人,彼此信任;三是最好在工作中自然产生团队领导,因为团队领导在团队中起着重要的作用,如果由上级来任命,未必有足够的能力和威信,也不容易立即被接受,而在工作中自然产生则更有号召力和凝聚力。

企业培育领导者对团队的信任要做到三个方面:一是领导者要在团队的工作范围内给予必要的授权,使团队成员产生被信任感;二是领导者必须坚决履行承诺,要么不允诺,一旦允诺,除非发生十分重大的偏差,必须坚决地履行承诺,否则团队成员就会对领导者产生不信任感,从而影响工作积极性;三是领导者要给予团队成员必要的安全感,因为在电子商务时代企业团队的工作是富有创新性和挑战性的工作,有时挫折和失败是不可避免的,领导者在团队成员遭受挫折或失败时不应武断地打击、减薪或降职,否则团队成员就会缺少创新精神。

企业培育团队成员对各项政策的信任:一方面在于企业的政策要有连续性,不能朝令夕改,否则很难产生持久的信任感;另一方面在于执行政策时要公正,如在用人方面要任人唯贤,不能任人唯亲,否则团队成员就会产生怀疑,难以高效地工作。

2. 培育顾客至上的价值观

企业培育顾客至上的价值观要做到三个方面:一是团队成员要以外部顾客为中心,要把满足顾客的需求和期望作为自己的工作目标,努力提高满足顾客的需求和目标的能力。二是企业要设法提高内部顾客——团队成员的工作满意度和生活满意度,使团队成员安居乐业。美国纽约巴鲁克大学的管理学教授科佩尔曼认为,如果企业不能让自己的内部顾客——员工满意,就不可能做到让外部顾客满意。也就是说,只有开心的员工,才有开心的顾客。三是企业要把顾客满意度作为业绩考核的指标之一,而不是单单以成本、利润等指标来进行考核,这样才能把"顾客至上"这一价值观念落到实处。

3. 培育高度协作的团队精神

凡是高效的团队,一个重要的文化特征就是具有高度协作的团队精神。所谓团队精神,是指团队成员为了共同的目标相互协作的工作作风和集体意识,是团队成员共同价值观和理想观念的体现,是凝聚团队、推动团队发展的精神力量。企业培育高度协作的团队精神,既要考虑个人利益和集体利益的平衡,更要兼顾个人利益和顾客价值的统一。

14.3.4 学习文化的培育

培育学习文化,关键在于使企业成为学习型组织。美国著名学者彼得·圣吉认为,创建

学习型组织主要有五条途径,企业培育学习文化同样应从这五条途径入手:

1. 不断地超越自我

不断地超越自我的人能够不断地实现自己内心深处最想实现的愿望,能够全心投入、集中精力,不断地创造与超越。超越自我是组织学习的精神基础。因此,企业应倡导员工不断地战胜自我、超越自我,使超越自我成为全体员工的价值理念,从而奠定起组织学习的精神基础。要想做到不断地超越自我,就要求企业不论处在什么处境都要保持清醒的头脑:一方面要清楚地认识自己的优势、潜力,在遇到困难时树立信心、战胜自我,始终保持良好的心态和创造活力,从而走出困境;另一方面也要看清自己的不足之处,树立一个努力方向,主动弥补不足,同时还应追求持续不断的创新,在技术、管理、制度、市场、企业文化等各个方面打破旧的框框,坚决扫除一切不利于企业发展的束缚因素,为企业赢得更大的发展空间。

2. 改善心智模式

心智模式是长期形成的、相对稳定的个体理解和看待周围事物的思维模式。个体只有改善心智模式,才能适应复杂多变的环境。学习与改善心智模式是互为作用的,企业要想顺利地进行组织学习,必然要求员工改善自身的心智模式,以适应不断发展变化的企业环境,而持续的学习本身也在改善员工的心智模式。企业只有要求员工把学习当成工作的一部分,在学习中不断地成长,改善旧有的心智模式,才能促进组织学习的深入,进而提高企业竞争力。

对于我国的企业来说,改善心智模式具有更为重要的意义。正如彼得·圣吉在《第五项修炼——学习型组织的艺术与实践》一书中所列举的"煮熟青蛙并发症实验"的例子一样,一只青蛙在沸水中可以逃生,但是在慢慢加热的温水中却由于失去了警觉性而最终坐以待毙。我国的企业也应从中受到启发,应当不断地向外界学习,研究环境的变化可能给自身带来的潜在威胁,时刻准备着应对这些威胁的办法,这样才不至于在潜在威胁爆发时措手不及,遭受重大打击。企业要想做到这一点,应从两个方面入手:第一,要及时地转变观念。企业只有及时地转变观念,积极主动地走向国际、国内市场,虚心地向其他的企业学习,向竞争者学习,才能真正地使自己强大起来。如果企业不能及时地转变观念、缺乏危机意识,不能主动地适应市场需求的变化,那么将会在现实的困境中长久地停滞不前。第二,必须改变员工固有的思维定式。企业应制订符合实际的员工培训计划,对员工进行定期的、必要的培训,使员工在学习的过程中改变固有的、不利的思维方式,正确地看待客观环境的变化,并且使自己的知识水平跟上时代前进的步伐。

3. 塑造共同愿景

共同愿景既能体现企业未来发展的远大目标,也能体现员工意志的愿望。共同愿景是员工衷心向往并为之奋斗的旗帜,它犹如企业的灵魂,对增强企业的凝聚力,促进企业进步起着重要作用。企业促使全体成员迈向共同的愿景,不仅需要上层领导者的努力,更主要的是需要增强全体员工的凝聚力。

企业的愿景必须建立在全体成员的共识之上,并由全体成员共同来完成。企业塑造共同愿景要求全体员工必须坚持一种共同的愿望、理想或远景目标,并为之共同努力、不懈追求。我国的企业应加强共同愿景的塑造,让全体员工同心同德、群策群力、共同进步。

4. 组织团体学习

团体学习是组织学习的最基本形式,具有交互作用(既包括个人学习,也包括相互学习的过程)、共同输出(学习成果是团体成员共同获得的)和强化动机(强化每位成员的学习动机,激发成员的学习兴趣)等三个特征。在组织中,各小组或各团队能彼此从事合作学习以促进问题的解决,团队学习可以营造组织的合作气氛并形成良好的组织气氛。团队学习要求整个企业坚持"集体智慧大于个人智慧"的观点,以团队学习的方式,一方面可以促进员工个人的业务能力和知识水平的提高,另一面有利于组织的凝聚力和战斗力的增强。因此,团队学习对企业的发展具有深远意义。加强团队学习应成为今后我国企业发展长期的、常抓不懈的重要任务。企业的领导者应为团队学习创造和谐宽松、合作互助、共同学习、相互激励的氛围,充分调动和发挥员工的创造才能和创造潜力,使员工保持对学习和工作的高度热情,并且在团队学习和群体合作中最大限度地实现自己的人生价值。

团体学习的主要方式有深度汇谈和讨论两种。企业可以从深度汇谈开始,让员工讲出各自心中的愿望,并通过深度汇谈找出妨碍组织学习的各种因素,然后通过讨论等方式找到克服组织学习障碍的方法,从而促使员工相互学习、共同交流。团队学习的内容应十分广泛,既包括业务专业知识、政治理论知识,也包括最新的科学技术动态、经营管理知识,以及个人心得、工作经验、兴趣爱好等。关键是通过融洽、自由的学习交流,增进员工彼此之间的理解,加深员工之间的感情,并且让员工切切实实地从中得到收获,而绝不能流于形式。所以,团队学习要注重成效,使员工愿意学、有所学。由此可见,通过深度汇谈可以促使员工的心灵交流和沟通开放,通过讨论可以使员工从不同的观点中做出合适的选择。

5. 注重系统思考

系统思考是第五条途径的核心,即以系统而非片段的方法来观察、分析事物,它的精髓在于转换思考方式,帮助人们认清整个变化形态,并了解如何有效地掌握变化,开创新局面。通过系统的思考,可以提高员工的认知水平,可以将日常所学与企业的实际工作联系起来,寻找出能促进企业发展的方法和途径,使学习的效用充分地发挥出来。学习型组织中系统思考的思想应用于企业就是要求员工将遇到的问题放在整个企业内加以考虑,从企业的整体利益和长远利益出发,寻找恰当的解决办法。

系统思考的观念能培养员工认识问题的整体性和过程性,使员工并不因为一时的困难而片面地否定员工未来的发展前程;也不会因知道进步而自满,仅因出现了一些好转的局面而放松对潜在威胁的警惕,被正如彼得·圣吉所说的"恶化之前,往往先好转"的表象所迷惑。由此可见,系统思考的观点对于保持企业员工心理的稳定性和企业的可持续发展具有现实的指导意义。

14.3.5 人本文化的培育

"以人为本"已成为企业管理的基本思想,培育人本文化是企业推进电子商务发展的重要任务。人本文化的培育包括以下三个方面:

1. 充分地尊重员工

充分地尊重员工是企业培育人本文化的基础。任何人都有自己的尊严,任何人都希望得到别人的尊重,在企业中从事电子商务的员工是知识型员工,他们对尊重的需要更为强烈。企业只有充分地尊重员工,员工才能竭尽全力为企业的发展贡献自己的才智,才能增强企业的凝聚力和向心力。

例如,惠普公司的价值观念认为,人才最需要的就是尊重。在惠普公司,它只问员工能为公司做些什么,而不问员工从哪里来;在处理问题时公司只告诉员工所要达到的目标和基本原则,具体细节任由员工发挥;公司的仪器室从不上锁,员工可以随时使用,甚至可以带回家使用;它实行弹性工作制,员工可以在家为公司做事,现在时兴的 SOHO① 办公方式在惠普公司早已有之,实施成效十分明显。

2. 帮助员工实现自我价值

心理学家马斯洛的"需要层次论"认为,自我实现是人的最高需要;美国哈佛大学教授戴维·麦克利兰的成就论认为,个人有按高标准行事的愿望,或在竞争中取胜的愿望。很多企业的员工已经解决了生计问题等较低层次的需要,因此他们更趋向于追求自我价值的实现。如果企业虽然信任和尊重员工,给员工以较高的物质和福利待遇,但是员工却从事着自己不喜欢的工作,自我价值无从体现,这样就会遏制员工的积极性、主动性和创造性,从而不利于企业的发展。因此,企业应根据员工的特点和所长,为他们提供合适的岗位,让他们在合适的岗位上发挥自己的专长,帮助他们实现自我价值。此外,企业还应对员工实行必要的激励措施,以满足员工的成就感,激发员工的工作热情。

微软公司在这方面有不少成功的经验,该公司面向员工提供的"职业阶梯"详细地列出了员工从进入公司开始一级级向上发展的所有可供选择的职务,并且列出了不同的职务所需具备的条件,使员工感到在微软公司可以很好地实现自我价值,感到自己的前途一片光明。

3. 谋求企业和员工的共同发展

谋求企业和员工的共同发展是企业培育人本文化的理想境界。毋庸置疑,企业招聘员工是为了企业的发展,但是在利用员工为企业服务的同时也应考虑员工的利益,达到企业和员工的共同发展,这应该成为现代企业管理的目标。如海尔集团倡导"个人职业生涯规划与海尔事业规划统一",就是要使企业的共同价值与员工的个人价值相统一,使员工和企业得到共同发展。

可以说,好的企业就是在与人才做一种交换,以员工个人能力的提升和待遇的增加及成就感的满足换取企业不断增长的经济效益。

14.3.6 虚拟文化的培育

虚拟文化是电子商务发展中新出现的一种文化现象,虚拟文化的培育必须遵循虚拟市场和虚拟运作的基本规律,并需要企业不断地进行摸索,逐步积累经验,同时还应把握以下三个方面:

---

① SOHO 即"Small Office, Home Office"的缩写,原意是指利用小空间、居家空间进行工作,一般指不需要固定工作时间和工作地点的办公方式。

1. 高度重视虚拟市场的价值

随着电子商务的发展，企业的竞争将会越来越多地在网上展开。客户足不出户即可通过点击鼠标选择全球范围内的厂商提供的商品和服务，"消费者主权时代"将真正到来。如果企业不重视虚拟市场的开发，不遵循虚拟市场的运作规则，就无法赢得客户的"鼠标选票"，最终将被网络市场所抛弃。

虚拟市场看似虚拟，但它是未来世界经济发展的主战场，每个企业都应学会在虚拟市场上生存的本领，通过企业的"网络化生存"，赢得企业在实体市场更强的竞争力。

2. 最大限度地满足客户的个性化需求

在买方市场条件下，"以客户为中心"是一条永恒不变的法则。但是，在电子商务产生之前，这种"以客户为中心"是有一定的限度的，即使企业十分重视研究客户的需求，所生产出来的产品与客户的实际需求之间还是会有一定的差距，不一定能满足客户的全部需求。然而，电子商务的产生、虚拟企业的出现使这种情况得到了极大改观：一方面，客户可以上网在全球范围内自由而充分地选择自己最满意的产品，忽视客户需求的产品将无人问津，这些企业必将无法生存；另一方面，由于互联网的交互性，客户可以在网络世界与企业进行双向的信息沟通，充分表达自己的个性化需求，然后由企业根据客户的个性化需求进行定制生产。

虚拟企业为满足客户的个性化需求提供了更为有利的条件，它可以在全球范围内寻找合作伙伴，利用自己和他人的优势最大限度地满足客户的个性化需求。因此，企业必须培育起"充分重视顾客的个性化需求，真正视客户为上帝"的虚拟文化，才能在电子商务时代不断地发展壮大。

3. 培育全面合作的企业精神

在传统的经济条件下，企业的生产和经营需要合作，需要得到供应商、消费者以及社会各个方面的支持。在电子商务时代，合作更是得到了空前的强化，企业必须重视培育一种全面的合作精神：一方面，虚拟企业只执行自己的核心职能，其他的职能已经虚拟化，企业必须与其他的企业合作才能完成经营活动；另一方面，在电子商务时代客户遍及全球，仅靠一己之力企业不可能将产品顺利地送到每位客户的手中，因此企业构建高效的物流通道同样需要强调全面的合作。

与此同时，在电子商务环境下，企业更离不开客户的全面合作，只有客户全面与企业合作，充分地表达自己的需求，企业才能如其所愿地向其提供合适的产品。因此，电子商务环境下企业文化的培育必须将全面合作的精神作为企业精神的重要内容之一。

14.3.7 融合文化的培育

融合文化是企业顺应全球经济一体化发展要求的一种企业文化形式，在企业通过电子商务走向更为广阔的国际、国内市场时，培育这种文化显得极为必要。

1. 弘扬自身的优秀文化

在电子商务时代，企业在全球范围内展开竞争，必须要具有自强自立的意识，做好"守住国内市场，占领国际市场"的打算。在企业文化建设方面，企业应当能够坚持自身优秀的文化精华，并不断地加以弘扬。企业文化只有深深地扎根于本国、本民族文化的土壤之中才能生存并得到发扬。中华民族具有五千多年的文明史,中华文化博大精深,其中体现的管理思想与一些国外的管理思想相比毫不逊色,现代企业不应轻易地丢弃,而应汲取其中的优秀成果,并运用于企业的管理中。每个企业在自身的生产和经营管理实践中总会有一些优秀的企业文化思想、理念值得弘扬,在汹涌而来的、形形色色的企业文化面前,企业应当坚守住,防止被外来文化所吞没。

2. 汲取外来文化的精髓

企业弘扬自身的优秀文化并不代表着对外来文化的排斥。可以说,企业弘扬自身的优秀文化与汲取外来文化的精髓是一个问题的两个方面。对于全球化经营的企业来说,汲取外来文化的精髓显得尤其重要,这就要求现代企业具有敏锐的眼光,善于去伪存真、取长补短,充分地融合外来文化,以我为主,为我所用,从而丰富自己的企业文化,增强企业的国际、国内竞争力。

3. 兼容不同的异质文化

电子商务时代的企业文化必定是多元的文化,许多的文化思想不一定会成为企业的文化内涵,甚至与企业的文化大相径庭。但是,今天的企业应当求同存异,承认异质文化的存在,并在产品的开发和设计上充分考虑到不同地区、不同国家、不同民族的文化差异,这样才能使产品在国际市场上得到认同和欢迎。

14.3.8 生态文化的培育

随着社会的进步、科技的发展,人类对生态环境的重视与保护比过去有更迫切的要求,"绿水青山就是金山银山"正在成为我国社会普遍的共识。对于企业来说,培育生态文化对树立企业形象、节约资源、促进电子商务的发展都会产生积极作用。

1. 培育生产环保产品的意识

毋庸置疑,企业生存和发展的目的在于盈利。虽然盈利是企业的主要目标,但是盈利不是企业唯一的目标,现代企业必须把促进环境保护、增进生态文明作为自己的发展目标之一。企业每研制、开发、生产一种产品,都要考虑是否符合环保的要求,是否有利于生态的平衡。企业只有在产品中注入生态文化,产品才会有广阔的市场,企业才会有持久的生命力。

2. 严格控制对生态的消极影响

企业在生产和经营的过程中应尽量控制对生态环境的消极影响,如减少工业"三废"、节约不可再生资源等。因为自然界有许多的资源是不可再生的,一旦使用完毕将无法在短期内再次拥有,因此企业文化应倡导厉行节约的意识,如对水资源和办公用纸的节约使用等。一个优秀的企业,不管其实力多么雄厚,它都不会因此而铺张浪费,相反,它往往是注重节约的典型。

3. 逐步实施数字化定制生产以减少资源浪费

电子商务不但使数字化定制变得可能,也变得更为必要,而且数字化定制生产对企业培育生态文化也有很积极的意义,因为它可以减少生产的盲目性,降低商品的积压,从而避免资源的无效使用。企业应逐步探索数字化定制生产的实施方式,为客户、为社会也为企业自身创造最大的价值。

4. 积极参加社会公益活动,树立良好的企业形象

优秀的企业文化鼓励企业承担必要的社会责任,对生态环境的保护应当列入企业发展的目标。企业还可以适当地参加一些环保方面的社会公益活动,这样不但可以促进环境保护,加强生态文明,而且还可以在无形中为企业树立起良好的社会形象。

14.4 典型案例 亚马逊公司的电子商务企业文化解析

美国的亚马逊公司成立于1995年,总部位于美国华盛顿州的西雅图。亚马逊公司最初的业务仅限于线上书店,不久之后其商品快速地走向多元化,目前是全球最大的互联网线上零售商之一,所销售的产品包罗万象。而且,在云计算平台服务方面,亚马逊的 AWS(Amazon Web Services,亚马逊云计算服务)平台已成为全球主要的云计算服务商之一,为亚马逊公司贡献超过一半的利润。作为引领世界电子商务发展的巨擘,亚马逊公司拥有独特的电子商务企业文化,并在20多年的发展中发挥着功不可没的作用。

14.4.1 案例背景

1986年,亚马逊公司的创始人杰夫·贝佐斯毕业于普林斯顿大学,取得了电子工程学和计算机双料学士学位,然后很快进入纽约一家新成立的高科技公司工作。两年后,他跳槽到纽约银行家信托公司,管理价值2500亿美元资产的电脑系统。又过了两年,他成为这家公司有史以来最年轻的副总裁,那时他不过25岁。可就在这个时候,杰夫·贝佐斯又跳槽到一家知名的证券公司,成功地为该公司建立了庞大、运作巧妙的对冲基金。1992年,他成为该公司最年轻的资深副总裁。正当对冲基金发展得如火如荼的时候,杰夫·贝佐斯出人意料地在1994年再一次辞职,倾其所有,凑齐了30万美元的启动资金在西雅图郊区租来的房子的车库中创建了全美第一家网络零售公司——亚马逊公司。杰夫·贝佐斯用世界上流量最大、流域面积最广、支流最多的河流来命名自己的公司,是希望它能成为出版界中名副其实的"亚马逊"。

1997年,亚马逊公司在证券市场上市,一年以后公司的市值高达170亿美元,超过了拥有百年历史的老牌零售公司西尔斯的158亿美元。但是,到了2000年,网络泡沫破裂,人们开始怀疑杰夫·贝佐斯的网络零售是否真能打败数百年来的传统零售模式,他成为当时各著名网络公司中唯一没有辞职的首席执行官。在一片争议声中,杰夫·贝佐斯凭着对电子商务的强烈信念以及面对困难和挫折一往无前的勇气,一步一步地带领亚马逊公司走出身陷亏损的泥淖,终于在2003年实现全面的盈利,为全球网络零售的发展开创了全新的局面。

探究亚马逊公司快速发展壮大的奥秘,我们可以发现,培育与电子商务相适应的企业文化是其重要的成功法宝,本章前文所概括的电子商务企业文化的八大表现形态都能在亚马逊公司的企业文化中得到全方位的体现。

14.4.2 亚马逊公司的速度文化

作为电子商务的先行者,亚马逊公司自然深谙速度制胜之道,并在速度文化的塑造方面有自己的独到之处。亚马逊公司的速度文化可以从为读者提供的快速搜索服务和送货服务得到充分的体现。

1. 面向顾客的快速搜索服务

对于网上商店而言,如何将数以千万计的商品展示给顾客是一项严峻的挑战。在这一点上,亚马逊公司可谓动足了脑筋,网站提供了各种各样的检索查询方式,有对商品名称的检索、对分类的检索、对关键字的检索和对生产商的检索等,同时还提供了一系列诸如畅销书目、得奖音乐、最卖座的影片等各种导航器,最大限度地方便顾客进行搜索,引导他们更方便、更快捷地进行选购。网上商店虽然没有线下商场的临场感,但像亚马逊公司一样能够提供极为丰富和全面的相关信息,也是传统的实体商场所不具备的。

2. 为顾客提供快速的送货服务

亚马逊公司快速的送货时间是其广受好评的重要原因。亚马逊公司对于订货到达的时间有一个恒等式:找到订货商品+装运时间=所需的送货时间。以图书为例,消费者在亚马逊的网上商店都可以全天候24小时购得许多种类的图书商品,如果在美国当地的消费者选择美国境内标准的送货方式,那么装运时间约为1~2个工作日,期间的差距是依据收货地的不同而定。套用上述公式,就是以一天的时间(找到订货商品)加1~2天(装运时间),所以购物者可以预期在网站上下了订单后的2~3天就可以收到货品了。毫无疑问,既快速又准确的送货时间是亚马逊公司赢得全球顾客青睐和信任的重要法宝。

14.4.3 亚马逊公司的创新文化

亚马逊公司从诞生的那一刻起一直没有停止过创新的脚步。杰夫·贝佐斯把亚马逊公司的网上商店定位为高科技服务平台,而不是流通业。传统的商场靠的是门市的店员,但是在他的公司里最多的却是软件工程师。杰夫·贝佐斯对亚马逊公司的软件感到非常自豪,这也是为什么在当时美国网络书店的高峰期中虽然冒出了1000多家网络书店,包括传统书店的领先者也纷纷开设网上交易,但只有亚马逊公司保持持久的领先优势,主要是因为该公司的技术软件不断地开发创新,具有独特的竞争力。亚马逊公司在商业方法上的创新,不但为客户带来了极大的便利,而且也为公司创造了可观的价值。如亚马逊公司开发的"一次点击"技术,当顾客选中一本书时,窗口会主动列出同类书供顾客参考;任何人只要在亚马逊的网上商店购买过一次商品,亚马逊公司就会记住购物者的相关资料。当该购物者再次购买时,只需要用鼠标点击一下欲购之物,网络系统就会帮其完成之后的手续,其中包括购物者的收货资料,甚至刷卡付费也可以由网络系统来代劳,购物者只需点击一下"确认"按钮即可完成交易,非常方便。

在2000年前后全球电子商务举步维艰的日子里,亚马逊公司在促销方面进行了大胆的创新——为顾客提供免费的送货服务,并且不断地降低免费送货服务的门槛。亚马逊公司在早期的时候对单张订单金额低于 99 美元的货品是要收取送货费用的，此后不久又将免费送货的门槛降到了 49 美元，然后是 25 美元，差不多就是一本普通书的定价。亚马逊公司在促销上的大胆创新固然要承担较高的风险，但从某种意义上也使得竞争者只好望洋兴叹、望尘莫及了。

14.4.4 亚马逊公司的团队文化

亚马逊公司对团队文化的培育可以从其人才组合上看出与众不同之处来。在亚马逊公司，各种背景的人才汇聚在一起，形成了独特的人才组合。从原来在牛津大学研究诗文的大学学者到摇滚音乐家，从职业滑冰选手到赛车选手，可谓什么样的人才都有。杰夫·贝佐斯说，他们唯一共同的地方就是相信自己正在创造历史。说得直接一点，不论穿着，不论爱好，只要符合两点就可以成为亚马逊公司的一员：能贡献创意和对公司有信仰。亚马逊公司认为，向传统挑战，靠的就是创意；创造新的历史，靠的就是信仰。因此，创意和信仰成为亚马逊公司的团队文化培育的主旋律。

亚马逊公司在录用新的人才时一再强调的就是"我们在创造历史""建立一个永恒的企业"，其中有一则招聘广告是这样写的："身为新兴市场的先驱者，我们正在建立一个重要、优秀且永存的公司，以之创造历史。我们不仅提供产品和信息来启发、教育及引导消费者，我们也提供极佳的工作环境，里面充满有才干、聪明又自动自发的员工。如果你想加入我们，共同在这个万变的产业环境中建立起一个永恒的企业，请与我们联系。"杰夫·贝佐斯认为，这对于建立员工的忠诚度，对于形成一个积极、团结向上的企业文化很有必要。员工们真心相信亚马逊公司在电子商务发展中的地位和使命，这样才能对亚马逊公司的发展充满信心，才能在公司处境困难的时候不动摇。而且，既然公司的总决策已经制定，员工就应该遵照执行，全心全意地去维护这个决策。

亚马逊公司是一个年轻而又充满活力的新经济企业，重视团队成员的创意和信仰，是培育团队文化的两个重要的法宝。

14.4.5 亚马逊公司的学习文化

企业创造学习文化旨在提高整个企业的学习能力，进而达到全面提升企业的市场适应能力和竞争力的目的。亚马逊公司在学习文化的培育方面有很多成功的做法，特别是在加强与客户的互动和反馈方面具有比较成熟的经验。

1. 利用客户的反馈提升学习能力

亚马逊公司十分重视通过客户的反馈发现和改进自身存在的各种问题，以便更好地符合客户的要求和愿望。为此，亚马逊公司在网站上提供了电子邮件、客服电话以及调查表等可以获取客户对其业务活动进行反馈的手段。客户的反馈包括客户对商品和服务的各种意见和建议，一方面亚马逊公司会解决客户的意见和建议，另一方面它们从这些宝贵的意见和建议中提取大量有价值的信息和知识，使其既成为制定企业各项决策的重要参考，同时也成为员工学习和工作的知识宝库。

2. 利用在线论坛增强学习能力

亚马逊公司的网站聚集了来自世界各地的数千万读者,如何为读者提供一个便捷的交流沟通平台,不但对读者来说有着重要的意义,而且更为重要的是对亚马逊公司促进对客户的了解、加强双方之间的交流和沟通的帮助也非常大。为此,亚马逊公司专门开设了为客户服务的在线论坛,积极鼓励和引导广大客户通过论坛在线发表自己的意见和见解,亚马逊公司安排专门的人员负责论坛的管理,并从客户的讨论中不断地获取相关的知识和信息,为公司积累起丰富的学习资源和知识宝库。

学习文化的培育可以有不同的角度和方式,亚马逊公司的侧重点是通过向客户学习,通过网络等多种手段形成良性互动的学习沟通机制,为学习文化的培育注入了强劲的活力。

14.4.6 亚马逊公司的人本文化

以人为本的企业文化在亚马逊公司的突出表现是:在内部以员工为本,在外部以顾客为本。两者内外结合、相互促进,使人本文化在亚马逊公司得到了全方位的体现。

1. 以员工为本

和其他公司的利润分享机制不同的是,亚马逊公司的所有员工,包括仓库员工、公司职员以及最高主管、行政经理,都拥有公司股票的认股权,全部纳入公司的利益共享计划。杰夫·贝佐斯一再宣称,公司是大家的,是每个人的,直到这个信念深入到每个人的心底。在亚马逊公司,人人能感觉到自己的责任、自己的地位,大家都能充分地感受到自己的命运与公司的命运休戚相关,能尽心尽力地为公司的发展贡献自己的智慧和力量。

2. 以顾客为本

以顾客为本是亚马逊公司企业文化的精华所在,它通过为顾客提供全方位的服务来体现自身的价值。以购书为例,读者只要一打开亚马逊公司的网站,"关于亚马逊"版块就能很详细地告诉读者可以从关键词快速检索、作者检索、书名查询、主题查询、出版社和出版日期、有关儿童和青年的书籍、非英语语种图书、强力查询等不同的途径找寻自己希望购买的书。网站对图书的介绍大致包括封面、尺寸、页数、装订形式等外部形态描述,作者、出版者、出版日期、美国国会图书馆图书分类号、ISBN号等出版方面的信息,书的价格、销售排名等销售信息以及书评、内容提供、内容摘要等方面的信息。在图书内容介绍方面,亚马逊公司的书评可以说是它的一大特色,这些书评主要来自亚马逊网上书店的作者、出版者还有它的读者。亚马逊公司充分利用互联网的交互性,专门为读者提供了一个交流读书感想的自由空间。读者的评论大致有两种形式:一种是推荐书目,读者看到什么好书可以用一句话来进行评价并做推荐;还有一种属于真正的评论,读者可以针对书的内容进行详细的评论。而对于作者和出版社的书评,亚马逊公司还有自己的具体规定,任何违反规定的书评将不会在网上刊登。作者评论只能由作者本人或者权威代表来撰写,主要内容包括这本书的精华提炼,介绍作者写作的初衷,提供作者本人的背景、逸事等。出版者的评论则由这本书的出版商来撰写,主要内容包括对作者的评价、对书的简介、对书的评价等三个部分。

在商品销售方面,亚马逊公司充分利用网络个性化销售的优势,通过筛选技术把顾客的购物习惯、购物爱好与其他顾客的购物习惯、购物爱好加以比较,以确定出顾客下次可能购买的东西,同时还利用匹配技术识别诸如产品和购物者之间的相关性等一系列复杂数据中的隐含联系。任何人只要在亚马逊公司的网站上买过一本书,当这个人再次访问该站点时,屏幕上就会出现欢迎回访的内容,并根据对其购买习惯的分析在屏幕上出现建议该顾客购买的几种商品。在第一次购买后系统分析软件会记录下顾客相应的个人信息,当该顾客再次访问网站时,只需用鼠标直接点击一下需要购买的东西,剩下的就是坐等商品送上门了。

亚马逊公司对顾客个人提供的建议在每次访问和每次购买后可以变更,通过向顾客提供这样的建议使买家更多地成为回头客,有些人一直在购买亚马逊公司的商品,因为他们认为它有一种真正的个人化的接洽方式。在亚马逊公司的销售收入中,有差不多超过一半来源于回头客,甚至亚马逊公司的股票购买者中都有许多是它的顾客,顾客对亚马逊公司的忠诚度由此可以想象。虽然亚马逊公司的销售策略经常为竞争者所效仿,但亚马逊公司不断地有新招推出,让每位顾客都能享受到贵宾待遇。

人本文化首先是一种理念,企业只有牢固地树立起这样的理念,才能够见之于实际的行动。亚马逊公司推崇"以员工为本""以顾客为本",并以切实有效的举措使得这一理念得到充分的体现,受到公司员工和广大读者的认同。

14.4.7　亚马逊公司的虚拟文化

亚马逊公司通过虚拟的电子商务平台开展业务,自然需要根据虚拟市场的特点营造适合自身发展特点的虚拟文化。为此,亚马逊公司充分利用网站与用户之间的互动推出了一种名为"虚拟导购"的服务,它征集对某些商品十分精通的客户来对网上商店销售的商品进行整理和推荐,以形成虚拟的导购服务,为广大顾客提供购买决策参考。

虚拟导购是在网上虚拟完成的,这些被选中的客户如果把他们负责导购的商品卖给了其他客户,就可以从亚马逊公司那里分得销售额的3%~7%作为奖励。利用这种模式,亚马逊公司与推荐者之间确立了一种行之有效的利益平衡,大大调动了客户参与虚拟导购的积极性。

虚拟文化是企业在开展电子商务过程中所必须重视的建设内容,只要方法得当,就能取得十分明显的效果。

14.4.8　亚马逊公司的融合文化

作为电子商务发展的新星,亚马逊公司在赢得快速发展的同时,面临的一个重大问题是各类经营资源的不足,特别是需要通过整合各类合作伙伴的资源共同来开展各项业务。亚马逊公司的做法是充分利用网络平台与供应商、合作伙伴及其投资股东建立起紧密的业务联系,并在此基础上营造公司的融合文化。亚马逊公司的网站上分别为生产商、经销商、投资商及其他合作伙伴开放了各种接口,以期能更好地开展协同性的业务运作。比如,图书发行人可以事先获知即将要发行新书的预订情况,这样可以提前作出判断,而且也可以向亚马逊公司的网站列表里添加信息、评论、报价、内容、摘录和其他一些帮助读者做出购买参考的信息。

通过亚马逊公司的网站,一个公司如果要想成为亚马逊公司的合作伙伴就像一个最终用户购买一本书一样的简单,只需填写一张简单的网络运用表格,包括程序说明和法律约束的合同等内容,随后等待亚马逊公司的正式批准(这个过程一般不超过 24 个小时),然后就可以同亚马逊公司直接开展业务了。

融合文化从某种意义上可以看作是亚马逊公司与其外部合作伙伴的一种默契,是在坚持互惠互利、求同存异基本原则基础之上的共存共荣,目的是为了谋求双方更大程度上的共同发展。

14.4.9 亚马逊公司的生态文化

作为世界电子商务的拓荒者,亚马逊公司既是生态文化的倡导者,更是生态文化的实践者。在长达 20 多年的发展生涯中,亚马逊公司把生态文化的培育作为企业文化建设的重要内容,并取得了很好的效果。

与传统的商业模式显著不同的是,企业利用电子商务手段开展营销可以按照客户的需求进行定制化生产,可以有效地避免传统的"先生产、后销售"由于产销不匹配所造成的盲目生产和资源浪费现象。亚马逊公司按客户的要求组织货品的销售,以定制化的方式满足客户的需求,减少了对资源的浪费和对生态的破坏。亚马逊公司在商品的包装和促销活动的组织等方面都十分注重对生态的保护,追求人和环境的和谐,以促进生态环境的可持续发展。与此同时,亚马逊公司还在库房选址、运输工具的选择等多个方面强调对生态的保护,充分体现了生态文化的发展理念和发展要求。

14.4.10 案例评析

亚马逊公司是全球电子商务发展的先行者,在经历了风风雨雨后,正变得越来越成熟和稳健,公司的发展势头也越来越好。亚马逊是一家很特别的公司——从创办至今从来不墨守成规,始终在追求创新和变化。"我们正在创造历史"是亚马逊公司的志向,也正是亚马逊公司与众不同之处的最好概括。从本质上来看,亚马逊公司所从事的业务不过是大家所司空见惯的零售业务,但由于电子商务的融入,没有人再把它看作是简单意义上的零售业务,这让我们更多地看到了传统业务在新经济时代发展的独特魅力。

亚马逊公司的企业文化是伴随着电子商务的发展而不断形成的,是顺应数字经济发展需要的企业文化的具体表现。从全球范围来看,加快电子商务的发展与应用已成为广大企业所共同面临的一项紧迫任务和重大挑战,如何推进适应电子商务发展的企业文化建设更是需要深入探讨、大胆实践的议题,亚马逊公司已为此进行了积极有效的探索,值得其他的企业学习和借鉴。

亚马逊公司的实践告诉我们,电子商务的健康、快速和可持续的发展离不开与之相适应的企业文化的孕育,两者是相辅相成、相互促进的关系,必须共同推进、协调发展,以达到融合和升华。

14.5 本章思考题

1. 什么是企业文化？它可以分成哪几个层次？
2. 企业文化有哪些特征？在企业管理中企业文化具有哪些功能？
3. 在电子商务环境下企业文化有哪些主要表现形态？
4. 在电子商务环境下企业如何培育与之相适应的企业文化？
5. 收集和整理相关案例，对其在电子商务环境下如何推进企业文化建设进行分析。

第 15 章

电子商务与创业管理

"创业"一直是一个让人既向往又充满神秘的概念,无数的创业者为推动人类的进步和社会的繁荣做出了难以想象的探索,创造了一个又一个的辉煌。在当今的电子商务时代,创业的热潮正一浪高过一浪,一个又一个由创业所造就的奇迹正在给世界带来革命性的影响。在我国,伴随着"大众创业,万众创新"被写入 2015 年的政府工作报告,并被明确为驱动我国经济发展的"双引擎"以来,创业已成为全社会普遍关注的热门话题。有关创业的各项政策、相关案例和创业模式等都是大众十分关注的问题,创业所激发的社会活力和所取得的巨大成就有目共睹,已成为驱动我国强势崛起的强大动力。

电子商务作为一种新的商业活动实现方式,在过去的 20 多年中一直是创新创业的热点领域,受到了大量创业者的青睐,创业成功的例子不计其数,新的机会层出不穷,需要我们能很好地去进行探索和实践。创业管理的相关理论是指导创业更好发展的重要指南,对我们更好地把握电子商务的发展机会起着不可替代的作用。

15.1 创业与创业管理概述

无论是对一个国家、一个民族,还是对一个企业或个体,创业都意味着一种可能的机会或者是成功的希望。积极鼓励创业、大力支持创业是国家竭力倡导的基本政策,为我国全面推进创业实践提供了前所未有的发展环境。

15.1.1 创业的概念与本质

顾名思义,创业包括"创"和"业",前者是指创办,后者是指企业,《现代汉语词典》对创业的解释是"创业即创办企业"。这样的解释较为直观、简单,容易理解。在英文中,创业一般用"Entrepreneurship"来表示,意为企业家身份、企业家精神和创业精神等。我们从不同的角度去理解,创业已形成很多不同形式的概念。从广义上来理解,创业不仅仅局限在商业活动领域,一切旨在创造价值、谋求事业成功的自主、创新的实践探索都可以称为创业。比如,在我国的科研领域,"两弹一星"的成功、高铁技术的突破等都是创业的伟大实践。狭义的创业一般理解为创业者从零开始创办新的企业,以实现从无到有、从小到大、从弱到强的发展目标,取得事业的成功。本书认为,创业是指创业者创造、发现或利用适当的机会,通过设立新的企业或者在企业内部设置相对独立的组织单元以开创新的事业,借助于技术创新或商业模式的突破等途径促进生产要素的优化组合,以获得新的商业成功的过程或活动。

为了更好地把握创业的本质,我们需要从以下五个方面进行理解:

第一,创业的根基在于创新。

创业需要创业者从寻找市场需求的空白点开始,通过开发新的产品和推出新的服务,把握新的商业机会。创新的技术、创新的模式、创新的体制是创业者取得成功的前提,离开了各种形式的创新,创业只能趋向平庸,难有突破。

第二,创业充满着各种不确定因素。

任何创业者都希望能取得创业的成功,但大量的创业实践最终能取得预期成功的比例并不高,原因是创业者在创业的过程中会遇到各种不确定因素,包括政策、技术、市场、竞争以及成本等,它们都有可能因为跟预期的状况发生偏差而导致创业的失败。所以,创业在很大程度上意味着冒险。当然,创业者最大限度地去化解风险是提高创业成功率的重要保证。

第三,创业需要创业者的艰苦努力。

创业者不同于一般的企业管理人员,他们既要承担各种风险和压力,也要付出远超常人的努力,尤其是在创业的初期阶段,创业者更需要经受考验,带领团队走出困境、看到希望。

第四,创业需要创业者具有创业精神。

在创业成功之前,创业者会遇到各种困难和挫折,如果创业者没有创业精神作为精神动力,就很难走出沼泽、跨越泥淖。创业精神是冒险精神、创新精神、勇往直前精神和科学理性精神的融合,唯有以创业精神作为前进动力的创业者才有可能迎来成功。

第五,创业只有起点,没有终点。

与风险投资追求以速战速决的方式实现以小博大的目的不同,创业者进行创业不能仅仅是为了获得短期的利益回报,也不应该把发行股票作为创业成功的终点,创业是一个长期持续的过程,有开始但不应有明确的终点,除非因为失败而难以为继。对于那些经历磨难已取得初步成功的创业企业而言,更要珍惜机遇,努力实现基业长青。

15.1.2 创业管理的概念与特征

创业活动需要创业者通过科学有效的创业管理来实现,创业管理是保证创业活动取得预期效果的重要条件。

1. 创业管理的概念

创业管理的概念最初源于创业学与战略管理的交叉,主要从创业的视角提出战略管理和一般管理的实现框架。随着创业实践活动的不断深入,加上创业理论研究的逐步深化,人们对创业管理的理解也与时俱进。目前,人们对创业管理的定义有很多种,本书认为,创业管理是指创业企业围绕创业目标对整个创业过程进行计划、组织、指挥、协调、控制和创新的一系列行动。

2. 创业管理的特征

创业管理具有三个方面的特征:一是机会导向,是指基于市场机会和创业企业自身拥有的资源与能力进行战略决策,找到最适合自身的发展道路;二是随机应变,创业企业面对各种风险要灵活处置,要避免触礁甚至全军覆没;三是统筹兼顾,创业企业进行创业管理需要综合考虑机会、环境、资源和团队等因素,通过技术和各种经营要素的有机组合做到各方面的平衡,以便更好地实现创业目标。

3. 创业管理与传统管理的比较

创业管理与传统管理相比有以下四个方面的不同:

(1) 针对的对象不同。

传统管理主要针对成熟的企业,有较高的确定性;创业管理主要针对尚未成型的企业,无论是发展基础还是制度建设都不成熟,高不确定性是常态。

(2) 实现的目标不同。

传统管理所强调的目标是为了提升效率和效益,而创业管理的目标是通过寻找机会并取得迅速的成功与成长。

(3) 关注的重心不同。

传统管理侧重对企业的人、财、物、产、供、销等方面的管理,而创业管理的侧重点在于寻找机会、促进创新以及优化资源配置等方面的管理。

(4) 管理的方向不同。

传统管理更加侧重制度的建设和体系的完善,相对偏"硬";而创业管理更强调对人的管理,尤其对如何激发创业精神、怎样发挥人的创造力等方面更加看重,相对偏"软"。

15.1.3 创业管理的三大要素

创业管理涉及诸多要素,其中最为重要的是机会、资源和团队,以下对此做进一步的说明。

1. 机会

尚未满足的市场需求既是创业企业进行创业的重大机会,也是引领创业企业成长和发展的根本动力。创业机会最主要的源头在于用户的痛点,各种有助于解决用户痛点的产品或服务都有可能成为创业企业进行创业的难得机会。当今世界那些赫赫有名的巨头企业一开始往往只是把握住了一个毫不起眼的机会而已。比如,世界医药巨头瑞士罗氏制药公司创立于20世纪20年代,创建初期仅是一家规模较小的化学品制造厂商,所生产的少数几种染料产品与市场上已经存在的大厂的产品相比,根本不具有任何竞争优势。后来,该公司发现了"维生素"这项创新产品,于是出高价将相关专利权全数买下,全力投入到开发、制造与营销这项可能影响未来营养药品市场发展的创新产品,最终成为世界医药业的巨擘。

2. 资源

当创业机会出现时,创业企业能否整合相应的资源是决定机会能否变成实际业务的决定性因素。资源的类型十分广泛,包括技术、资金、无形资产、人力资源、客户关系等,创业企业只有具备与创业机会相适应的资源才能使创业机会生根发芽,一步一步地发展壮大,最后有可能长成参天大树。

3. 团队

毫无疑问,创业不可能是创业企业单打独斗式的孤军作战,因为这样很难满足创业过程中所需要的人力资源要求，创业企业创业的成败在很大程度上取决于有没有与之相适应的创业团队。创业团队由一定数量具有不同专业背景同时又具有共同追求的创业者组成，他们为了共同的目标凝聚在一起，大家并肩战斗、荣辱与共，共同面对各种可能遇到的问题和挑战。创业团队一般有一位灵魂人物来主导，其他人员密切配合，形成一个具有强大战斗力的有机体，奋力去追求创业成功的目标。在初创时期，创业团队应采用"调动所有的人做所有的事"的团队管理方式，以集中优势兵力来打歼灭战。例如，以雷军为代表的小米创业团队、以埃隆·马斯克为代表的特斯拉创业团队都是成功的典范，他们的实践充分说明如果创业企业没有创业团队作为根基，那么其创业大树很难枝繁叶茂。

15.1.4　创业者自我评估

对于有志创业的创业者而言，如何能在正式开始创业之前做一些具有针对性的评估与其创业成败的关系十分密切，以下十个问题供创业者在进行自我评估时参考：

第一，创业者是否具有清晰且可以达到的愿景？创业者进行创业首先要有明确的方向，必须以清晰的愿景表达出来，并且还要有比较明确可行的实现路径，切忌变成空中楼阁。

第二，创业者是否具有强烈的意志？在创业的过程中，创业者必然会遇到各种不可预知的问题和困难，有些甚至是十分难以解决的，比如资金链断裂、技术路线失误等。只有意志强烈的创业者才有可能在遇到困难时走出困境、迎来新生。

第三，市场机会是否真实存在并且创业者是否有实力把握住？创业者进行创业以市场机会作为起点，但有些看似激动人心的市场机会却往往存在着泡沫，对于创业者而言是可望而不可即的，这样的创业不太容易成功。

第四，创业者是否愿意承担风险并能锲而不舍？创业者对创业的各种风险是否愿意做出承诺，长时间地吃苦耐劳，并能保持激情，这是需要创业团队提前做好心理准备的。

第五，创业者是否形成了一份切实可行的创业计划书？创业计划书犹如创业者进行创业活动的行动指南，是否考虑周全，大家有没有形成共识，对于这些问题需要创业者提前落实好。

第六，创业者是否确立了一个能创造利润的商业模式？长期、可持续的盈利是创业者创业成功的重要前提。新的商业模式能否确保盈利，如何为顾客创造价值，怎样与顾客建立联系以及采取什么样的独特策略等都需要创业者明确到位。

第七，创业者自身是否拥有独特的技术研发能力；而且这种技术还能与时俱进。

第八，创业团队的核心成员是否有足够的领导力和沟通力？创业团队作为一个整体要带领所有人披荆斩棘、勇往直前，团队中的核心成员是否有足够强大的领导力和沟通力起着十分关键的作用。

第九，创业者是否拥有驾驭新创公司的经验和能力？新创公司的管理要求与已经处于稳定发展期的企业有显著的不同，是否充分考虑到相应的要求，并能随着企业发展阶段的变化进行动态优化。

第十，创业者是否具备协调各方面关系的能力？创业过程中要跟政府、合作伙伴、各类社会组织以及社会公众等建立各种联系，是否具备了相应的能力，并具有了进一步拓展关系的基础。

创业者对以上十个问题的深入思考,有利于创业行动的顺利开展,为真正赢得创业的成功奠定坚实的基础。

15.2 电子商务环境下的精益创业

对于创业者而言,创业是一项极富吸引力的事业,全世界每年有无数的创业者投身到创业的洪流,但"大浪淘沙沉者为金,风卷残云胜者为王",最后真正能取得成功的创业者往往是极少数。美国硅谷的创业家埃里克·莱斯在研究了大量的创业失败案例并结合自身的创业实践,于2012年8月出版了《精益创业》一书。他首次提出了"精益创业"(Lean Startup)的概念,为创业者更有效地开展创业活动提供了科学的指导。精益创业的理论和实践均来源于互联网行业,也是当今时代电子商务创业最为常用的方法之一。

15.2.1 精益创业的概念

埃里克·莱斯认为,精益创业是指创业者将新产品的创意用最简洁的方式呈现出来,既可以是产品界面,也可以是能够交互操作的胚胎原型,根据客户反馈的意见以最快的速度进行调整、完善,使其融合到新的产品中,不断地贴近用户的需求。从本质上看,精益创业改变了过去那种追求尽善尽美的做法,不追求一步到位,而是通过一次又一次的迭代让产品渐趋完善,越来越接近用户的需求。总体来说,精益创业非常适合那些用户需求变化快但开发难度相对较小的领域,比如电商、金融服务等领域。

与一般意义上的创业模式相比,精益创业的优点体现在三个方面:一是速度快、效率高,在最短的时间内,把企业的创新行为和创意展现出来,让用户有实际的感受,能提供相应的反馈;二是低成本,投入可控,精益创业所采用的"频繁验证并改进"的策略避免了过去那种为了完善产品所付出的巨大投入;三是高成功率,因为一次又一次的投石问路,同时又能获得用户的反馈,对提高创业的成功率有极大的帮助。

按照创业过程中时间与产生现金流之间的关系进行划分,精益创业可以分成如图15-1所示的三个阶段。

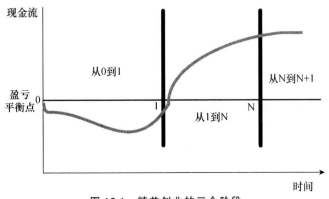

图15-1 精益创业的三个阶段

如图15-1所示,第一个阶段是"从0到1"阶段。这个阶段实现了从无到有的零的突破,并在此基础上不断地完善。另外,这个阶段创业者基本处于纯投入阶段,现金流为负。第二个阶段是"从1到N"阶段。这个阶段创业者是在已有成熟产品的基础上进行扩张、复制和放大,实现规模化生产,现金流从负到正,能形成较好的市场反馈。第三个阶段是"从N到N+1"阶段。这个阶段创业者的关键任务是跨界转型实现二次创业,主要的手段涉及孵化和投资等。

15.2.2 精益创业的三大法宝

《精益创业》一书所明确的创业者用以成功开展精益创业的三大法宝如下:

1. 最小可用品

最小可用品(Minimum Viable Product,MVP)是指创业者以最少的人力和资金等资源的投入,并以最快的速度开发出一个刚刚能够体现创新点或核心价值的产品,并立即投入市场。最小可用品一般包括以下特点:

(1) 能充分体现开发者的创意,表达开发者的设计思想;
(2) 具备基本的形态,能够进行测试和演示;
(3) 功能极简,仅能满足最基本的需要;
(4) 极小投入,开发成本压缩到最低水平。

按照精益创业的思想,创业者提供给顾客的价值是"向顾客提供利益",除此之外的任何东西都是浪费,创业者必须有的放矢,避免偏离顾客价值的"靶心"。

2. 顾客反馈

顾客反馈是指创业者通过各种渠道和方式,直接或间接地从最终用户那里获取针对最小可用品的意见和建议。创业者需要从顾客反馈那里获得的信息包括对产品的整体感觉、顾客认为冗余或者不喜欢的功能点、顾客认为需要添加的新功能点、顾客认为某些功能点应该改变的实现方式等。对于精益创业者而言,一切活动都聚焦于顾客的核心需求,产品开发中的所有决策权都交给顾客,因此,如果没有足够丰富的顾客反馈,就不能称为精益创业。

3. 快速迭代

快速迭代是指创业者针对顾客反馈的意见以最快的速度进行调整,融合到最新的版本中,再一次推向市场接受检验。例如,MIUI是小米公司基于安卓系统深度优化定制而来的第三方操作系统,它有三个更新频率:一天一更新,面对的用户大概是几千个,这个用户组在小米公司内部叫作荣誉内测组;一周一更新,面对的是几百万用户,这个用户组叫作开发组;一个月一更新,面对的是90%的普通用户,有数千万人,推出的版本叫作稳定版。正是因为一次又一次的快速迭代才使得MIUI系统日臻完善,用户的数量也是水涨船高。

15.2.3 精益创业的主要原则

精益创业的成功必须坚持相应的原则,主要包括以下五个方面:

1. 创业规则普遍适用

精益创业就是创业者在不确定的环境下开启创业活动,以开发新产品或提供新服务满足市场需求。无论是新创立的企业还是在已有的大企业中都可以启动创业活动,只要按照精益创业的思想和方法均可以取得良好的效果。

2. 创业即探索

精益创业不仅仅是一种产品或服务的问世,更重要的是创业者要找到适合新产品、新服务发展与成长的一套体系,在发展的过程中不断地摸索、逐步完善。

3. 迭代发展

精益创业是一个迭代发展的过程,创业者既不能速成,更不能一步到位,要努力避免创业过程中存在的各种风险,力求促进可持续发展,确保业务在迭代的过程中得到不断的成熟和壮大。

4. 坚持"开发—测量—学习"循环

精益创业以"开发—测量—学习"为基本循环,通过对新产品或新服务的开发,获得用户的反馈,然后进行学习和优化,再进入下一个循环,在一次又一次的循环过程中完成迭代,实现从量变到质变的飞跃。

5. 创新评价

精益创业不能依据传统的 KPI 方法进行考核和评价,而是应结合创业过程中出现的各种情形,确定阶段性目标,采用灵活多样的评价方法,为创业团队设立多种任务和指标,让各位成员都能明确自己的责任和使命,同时又能为整体目标提供有力的支撑。

15.2.4 精益创业的主要方法

为了更加科学有效地开展精益创业的实践,以下方法适合创业者在特定的条件下使用:

1. 利用精简产品获得反馈

精益创业不要求创业者在初期提供完美的产品,而只需要展示基本的创意并通过适当的方式进行呈现,即可与用户展开互动,获得他们的反馈意见,为完善和改进创造条件。

2. 用户访谈

创业者可以根据产品的定位和目标用户群体,选择特定的用户进行访谈,了解他们的真实需求,并与他们建立长期稳定的联系,这对更好地开展产品的迭代和升级有很好的效果。

3. 实地走访

创业活动基本都是为了解决实际问题而展开的,如果创业者不了解用户真正的痛点,最后的结果只能是隔靴搔痒、无济于事。因此,创业者必须利用可能的机会进行实地走访,深入细致地了解用户的应用场景,尽可能避免各种拍脑袋想出来的需求。

4. 以小见大

对于一些有价值的创意能否成为受用户欢迎的产品,创业者不需要开发出完整的产品,只需要提供一些简单的样品,让设计人员与用户建立必要的互动,从而从小处把握大处的需求,取得以小见大的效果。

5. 比较

为了从竞争者的产品中获取灵感，创业者可以从用户使用竞争者的产品得到的体验中获得灵感，观察用户对这些产品有哪些抱怨，最希望实现哪些功能，同时对哪些冗余的设计也需要在新的设计中予以改进。

6. 微型调查

微型调查是创业者获得用户的真实感受、了解市场反馈的有效手段。创业者可以设计出不同类型的问卷，借助于"问卷星"等渠道得到相应的反馈结果。

7. 实际数据测试

当完成基本的测试后，创业者可以利用实际业务数据进行测试，通过真实场景的导入使开发的产品尽快能满足产业化的需要。

15.2.5 精益创业的实例

美国前总统奥巴马在长达八年的主政白宫的生涯中，处心积虑希望推动的是医改计划。2010年3月获国会通过的医改法案的出发点是为没有医疗保险的美国公民提供医疗保险，包括三个方面的目标：一是给那些已有医疗保险的人提供安全保护；二是给那些没有医疗保险的人提供医疗保险，扩大医疗保险的覆盖面；三是控制医疗费用。为了更好地推动医改方案的实施，美国政府推出了专门的服务网站——healthcare.gov，这个长达3年时间开发、总耗资超过8亿美元的巨型工程，总代码超过5亿行，总代码量是Facebook、Windows XP和OS X之和的两倍还多。Facebook的服务对象有数十亿之多，而healthcare.gov网站上线的第一天只有6个人成功完成了医疗保险的登记，其他无数的用户面对结构复杂、功能繁杂的系统束手无策、望洋兴叹。所以，这个本来凝聚万众期待的医保平台最终难以为继，被迫停摆。

面对这一困境，美国政府邀请来自谷歌公司的工程师米奇·迪克森组建团队担任该平台的顾问和系统改造技术总负责人。迪克森团队在接手之后，面对这样一个烂摊子，选择采用精益创业的理念来推进工作，经过调研发现存在的问题包括：承包商太多，导致最终结构过度复杂；不是逐步增加新特性，而是将全部功能一下子推出；问题牵涉面太广，以至于无法识别等。

迪克森团队通过每天组织的站立会（Stand-Up Meeting），提出了以下三个原则：

(1) 团队作战和会议讨论都是用来解决问题的，不是用来推卸责任的。

(2) 最应该着手推某件事的人，一定得是最了解这件事的人，而不是按照职位层级来决定谁说了算，不得出现模糊指令让人无所适从，而必须提供准确清晰的行动信息。

(3) 专注于最要紧的事情，就是那些24个小时之内不解决就会受到伤害的事情。

在纷繁复杂的挑战面前，迪克森团队抽茧剥丝，从细小处出发，要求团队做当前最紧迫的事情，经过精心的组织和周密的部署，马上就解决了healthcare.gov贪多求全的问题，取得了良好的成果。

从这一例子可以看出，精益创业的理论与方法为解决复杂问题提供了新的思路，不仅仅适用于初创企业，同样适用于解决重大困难的问题。

15.3 O2O 电子商务创业

O2O 是"Online to Offline"的简称,即"在线/离线"或者"线上/线下"的意思。O2O 作为一种新的电子商务发展模式,一方面充分利用了互联网等现代信息通信技术的优势,为企业提供了直接面向客户的高效、便捷、顺畅的服务通道;另一方面这种模式又借助于线下实体资源提供专业化和人性化的服务,为客户创造更大的价值。线上、线下的资源整合和优势互补为 O2O 的发展提供了强劲动力,在一定程度上代表着电子商务未来的发展方向。目前,全世界围绕 O2O 电子商务进行创业并获得成功的案例也越来越多。

15.3.1 O2O 的来历

"O2O"这一概念最初是在 2010 年 8 月由美国人亚历克斯·兰佩尔提出的,这些年来得到了广泛的关注。亚历克斯·兰佩尔堪称商业天才,他从 10 岁起就开始运营公司,于 2006 年创立了一家新公司 TrialPay,为消费者销售虚拟物品和货币,鼓励他们去 Gap、Netflix 等网站消费,TrialPay 从中抽取佣金。亚历克斯·兰佩尔在运营公司业务的过程中发现线上与线下的融合趋势十分明显,于是提出了这一新的概念,并将"O2O"定义为"线上-线下"商务,其核心是:在网上寻找消费者,然后将他们带到现实的商店中去消费。它是在线支付模式和线下门店客流量的一种结合,实现了线上的订购、线下的购买。

亚历克斯·兰佩尔在提出"O2O"这一概念的时候举了一个例子,当时美国的电子商务每年的平均客单价大概是 1000 美元,但是平均每个美国人每年的收入大约为 4 万美元,剩下的 3.9 万美元跑到哪里去了?这当然并不是一个很准确并且是概念性的数字,主要是用来解释在电子商务上,消费者花的钱还不够多。他经过分析后得到的答案是,美国人的钱扣除纳税之后都花在咖啡馆、健身房、餐厅、加油站、干洗店、理发店等,此外还包括数额巨大的旅游消费以及网上订购、货到付款的购物商品。换句话说,美国的消费者通过在线的电子商务方式所消费的数额只是冰山一角,线上与线下融合的消费才是大头。当时,团购这种 O2O 的典型应用正大行其道,消费者在线上看到优惠的商品或服务就会决定购买,然后直接在线上进行交易,接着在团购网站指定的时间内到店里去享受服务或者取货,而且还可以依照消费者所在的区域提供更适合的商店。这种方式对于传统的店家而言原本线上广告的成效都可以被转换成实际的购买行为,并被直接记录下来,这样对管理和服务客户十分有益,自然很受欢迎。当然,团购只是 O2O 的一种方式,目前 O2O 已经有了很广泛的应用。

在"O2O"这一概念出现之前,实际上相关的模式早年就有实际应用。2006 年,沃尔玛提出了"Site to Store"的 B2C 战略,即通过 B2C 完成订单的汇总及在线支付,顾客到全美 4000 多家连锁店取货,该模式与当今流行的"O2O"模式如出一辙,这也充分说明了 O2O 是从实践中发展所总结出来的一个概念。

15.3.2　O2O 的内涵与特点

O2O 作为电子商务的一种新的模式,其实质是通过互联网实现线上/线下的有机融合,核心是将线上的顾客引导到线下的实体店中去消费和体验。我们要想更好地理解"O2O"的含义,必须把握以下四个方面的内涵:

第一,O2O 是线上/线下优势互补、相互融合的一个整体,既不是单纯的"从线上到线下",也不是简单的"从线下到线上",而应该是线上/线下信息互通、资源共享、互动耦合的有机体;

第二,O2O 应服务于所有的实体商家,而不仅仅局限于餐饮、娱乐、租车等少数类型,要把它看作是传统企业转型升级的重要抓手;

第三,商家应将提供优质的服务以及具有竞争力的价格作为生存之道,充分利用互联网等工具,达到成功开展商务活动的目的;

第四,O2O 代表着未来商务活动的发展方向,线上/线下的融合趋势已经不开逆转。

15.3.3　B2C 与 O2O 的比较

B2C 是与 O2O 关系较为密切的另一种电子商务发展模式,两者所具有的相同点如下:

(1) 顾客与商家首次交互都是通过在线方式实现的,尤其是基于移动互联网的手机终端已占据了越来越重要的比例;

(2) 商务活动的核心流程是闭合的且都是通过网络实现的,如网上支付、网上客服等,这体现了电子商务的独特优势;

(3) 需求预测管理、供应链管理以及客户关系管理等都是由商家通过网络实现电子化管理,为更好地开展面向客户的服务提供了条件。

O2O 与 B2C 的主要不同点如下:

(1) O2O 以服务性消费为主,如餐饮、租车、家政、美容、旅游、健身、租房等;而 B2C 以实物商品的销售为主,如图书、电器、食品等。

(2) O2O 基本需要顾客在线下实地进行体验以获得服务,涉及客流的形成;B2C 涉及实物商品的物流和配送问题。

(3) 在 O2O 中,库存是服务;在 B2C 中,库存是商品。

(4) 在 O2O 中,客户关注的主要是服务的质量;在 B2C 中,客户首要关注的是商品的质量,其次才是物流配送及其退货、换货等方面的服务。

15.3.4　O2O 的主要优势

O2O 通过线上/线下的完美结合,把互联网与实体店完美地进行对接,让消费者在享受线上优惠价格的同时又可以享受线下专业化、人性化的服务。总体来说,与一般意义上的电子商务相比,O2O 具有以下优势:

(1) O2O 充分利用互联网跨地域、无边界、海量信息、巨量用户的特点,同时充分挖掘线下资源,进而促成线上用户与线下商品及服务的交易,形成了线上/线下的整合优势。

(2) O2O可以对商家的营销效果进行直观的统计和追踪评估,所有的消费行为均可以准确统计,由此规避了传统营销模式的推广效果的不可预测,为更好地开展精准营销创造了条件。

(3) O2O打通了线上/线下的信息和体验环节,让线下消费者避免了因信息不对称而遭受的价格蒙蔽,使购物活动更加透明和高效。

(4) O2O在服务业中具有显著优势,消费者能在线进行订购和支付,价格便宜、购买方便,且折扣信息等能及时获知,促使服务交易更为便捷和高效。

15.3.5　O2O的发展模式

经过快速的发展,O2O已形成了相对成熟的模式,发展的路径也逐渐清晰,为O2O的实施提供了相应的支持。

O2O作为电子商务的一种新的模式,虽然刚刚起步,但相应的发展模式正在逐步成型,目前主要包括以下四种模式:

1. 先线上后线下模式

所谓先线上后线下模式,是指企业先让客户在线上订购,然后再在线下进行消费的一种模式。对于企业而言,先要搭建O2O电子商务平台,吸引用户在这一平台上进行注册并开展业务活动。为了确保能达到预期的效果,这一平台应具有强大的资源流转化能力和促使其线上/线下互动的能力。

先线上后线下模式是当今O2O电子商务应用中最为普遍的一种模式,很多本地生活服务类的企业都采用了这种模式,比如腾讯公司凭借自身积累的资源流聚集和转化能力以及经济基础构建了O2O平台生态系统,并通过收购或参股等形式对服务提供商进行控制,构建起了线上/线下互动的闭环。从发展趋势来看,先线上后线下将会成为一种较为普遍的模式,对需要预订的各类商品和服务的营销会起到极大的影响。

2. 先线下后线上模式

所谓先线下后线上模式,是指企业利用线下的平台进行营销,客户通过线下的平台进行相应的服务体验,然后再将线下的商业流导入到线上的平台,在线上进行交易,由此促使线上/线下互动并形成闭环的一种模式。采用这种模式的O2O运营企业需要先开设线下实体店,同时还需要建设线上网络平台,通过线下实体店与线上网络平台的同步运行,达到O2O的发展目标。

采用先线下后线上模式较为典型的是苏宁易购。该公司在国内拥有数量领先的连锁实体店面,是我国3C(Consumer Electronics、Communicatien and Computer,消费电子、通信和计算机)产品的主要经销商,在电子商务快速发展的背景下,苏宁易购积极把握在线上拓展业务的机会,提出了"店商+电商+零售服务商"的运营模式,通过门店端、PC端、手机端、电视端等将线下体验性和线上便利性多端无缝融合起来,建立起了零售企业与消费者、供应商、商户共赢的良性发展模式。从发展状况来看,苏宁易购采用线下与线上同价的策略,使得越来越多的线下客户被引流到苏宁易购的网站,实现了店商和电商的优势互补与业务协同,取得了较好的效果。

3. 先线上后线下再线上模式

所谓先线上后线下再线上模式,是指企业先通过线上的平台进行营销,再将线上的商业流导入线下,让客户在线下享受服务体验,然后再让客户到线上进行交易或消费体验的一种模式。采用这种模式的企业也越来越多,比如京东集团先自建线上京东商城,以其为平台进行营销,线下自营物流系统与实体店企业进行合作,让用户享受其线下服务体验,再让用户到线上京东商城进行交易,构成了较为独特的先线上后线下再线上的O2O电子商务模式。

4. 先线下后线上再线下模式

所谓先线下后线上再线下模式,是指企业先通过线下的渠道进行营销,再将线下的商业流导入或借力第三方网上平台进行线上交易,然后再让客户到线下享受消费体验的一种模式。在这种模式中,企业所采用的第三方平台一般是现成的、已产生较大社会影响的社交网络平台,比如微信、QQ、今日头条等,且可以同时借用多个第三方平台,这样就可以借力第三方平台进行引流,从而实现自己的商业目标。

在现实生活中,餐饮、美容、娱乐等本地生活服务类O2O运营企业采用这种模式的居多,在此以棒约翰为例予以说明。棒约翰是比萨品牌的连锁餐厅,通过O2O线上订餐模式获得了快速的增长。棒约翰采用了先线下后线上再线下的O2O模式,具体的运作模式为:用户通过线上App和第三方平台找到线下的棒约翰门店,通过线上支付,再到线下的棒约翰门店享用其服务。具体来说,在线下,棒约翰在全球已开设了4000多家连锁餐厅,客户可以根据需要选择合适的餐厅;在线上,一方面棒约翰开设有自己的网上订餐平台,另一方面其借助于第三方平台(如微信平台和大众点评平台等)进行引流。在完成了线下/线上布局后,棒约翰就将线上/线下进行融合,成功地打造了O2O闭环。

15.3.6 O2O的实现过程

O2O既不同于传统的消费者在线下直接到商家那里消费,也不同于一般性的B2C电子商务,它的整个消费过程由线上和线下两个部分构成,线上平台为消费者提供消费指南、促销信息、预订、在线支付、地图和分享平台等支持,而线下商户则专注于提供服务。O2O的实现主要包括以下五个环节:

1. 顾客引流

即线上的平台作为企业线下消费决策的入口,可以汇聚大量有消费需求的顾客,或者引发顾客的线下消费需求。我国比较有代表性的O2O平台引流入口包括微信、微博等,为各类综合消费提供顾客引流;大众点评,为餐饮消费引流;百度地图、高德地图等,为各类基于位置的消费引流。

2. 客流转化

即线上的平台向顾客提供商铺的详细信息、优惠(如团购、优惠券)、便利服务,方便顾客对商铺进行搜索、对比,并最终帮助顾客选择线下商户,完成消费决策。

3. 线下消费

即顾客利用线上获得的信息到线下商户处接受服务、完成消费。

4. 线上反馈

即顾客将自己的消费体验反馈到线上的平台，这样有助于其他的顾客做出消费决策。线上的平台通过梳理和分析顾客的反馈，形成更加完整的本地商铺信息库，可以吸引更多的顾客使用线上的平台。

5. 顾客维护

即线上的平台为顾客和本地商户建立沟通渠道，可以帮助本地商户维护与顾客的关系，使顾客重复消费，成为商家的回头客。

15.4　典型案例1　Uber 的创业之路

孕育于 2008 年的创业项目 Uber 从最初的一个想法到 2019 年 5 月在纽约证券交易所（以下简称"纽交所"）上市，成为市值超过 800 亿美元的"新贵"。10 多年的创业历程，Uber 以"通过让世界运转起来点燃机遇"作为使命，通过共享乘车的方式彻底改变了个人的出行方式，重新定义了大规模的送餐和物流等行业，创下了多个商业奇迹，成为全球近年来不可多得的创业案例。

Uber 以移动应用程序连接乘客和司机，提供租车及实时共乘等服务，目前已在全球数百个城市开展业务。Uber 在快速成长的同时也受到很多的争议和批评，包括受到多起非法营运车辆的指控等，但 Uber 一路披荆斩棘、历尽艰辛，逐渐走出一条独特的发展道路。

15.4.1　案例背景

在美国，出租车的管理模式与中国极为相似。以纽约市为例，该市从 20 世纪 50 年代至今给出租车司机发放的营运许可（相当于我国国内的"营运证"）的总数一直保持在 1.3 万张左右。取得营运许可的司机，其车前方都装有一个特定的标志，表明具有合法的身份。出租车的营运许可可以通过买卖转让，但由于资源的垄断性和稀缺性，其交易价格极其昂贵，在 2013 年时曾一度上升到 130 万美元。由于营运许可代价巨大，导致每个出租车司机每天需要为此额外承担约 140 美元的营运成本，这些费用无疑都要转嫁到乘客的身上。这一延续了半个多世纪的出租车管理模式因为 Uber 的出现而遭遇挑战。Uber 不仅给出租车行业带来了前所未有的革命，而且出租车行业长期存在的基础设施差、服务能力差、履约能力差、出租车脏、司机迟到以及不愿接受信用卡支付等行业顽疾也得到了很大的改观。这一变化源自于 10 多年前两位创业者遇到的一次麻烦，可以说当时仅仅为了解决一个小小的痛点，但由此开启了一场宏大的创业之旅。

2008 年冬天的一个黄昏，规模巨大、参与者众多的世界 LeWeb 互联网峰会在法国巴黎的某大型会议中心结束。当时天下着雨，作为参会者代表、后来成为 Uber 创始人的特拉维斯·卡兰尼克（以下简称"卡兰尼克"）与另一位创始人加雷特·卡普（以下简称"卡普"）站在寒风凄雨中正因打不到出租车而瑟瑟发抖，卡普发牢骚说："假如我可以在手机上按一个键,然后立刻出现一辆车就好了。"正懊恼不已的卡兰尼克听到这句话感觉像触了电一样,一拍脑袋说:"这个主意好啊,一定会有前途。"因为当时移动 3G 已经在欧美国家普及,完全有可能做到这一点,于是他鼓动卡普一起把这一想法变成现实。经过一段时间的准备,这一几乎产生于突发奇想的项目于 2009 年 3 月正式成立公司予以运作。

2010 年 11 月 Uber 的安卓版和 iPhone 版客户端同时上线,正式投入市场化运营。自成立以来,Uber 除了种子轮和天使轮以外,还进行了多轮融资。其中,2013 年 8 月,Uber 以约 35 亿美元的估值融资 2.58 亿美元,使融资总额超过了 3 亿美元;2014 年 6 月,Uber 完成了 D 轮融资 14 亿美元,估值达到 182 亿美元;2014 年 12 月 4 日,Uber 获得新一轮超过 10 亿美元的 E 轮融资,公司估值近 400 亿美元。到 2015 年年中,Uber 的估值已接近 500 亿美元。2017 年 8 月,在得到丰田公司的一笔投资之后,Uber 的估值达到约 720 亿美元。仅仅过了一个多月,Uber 的估值就从 720 亿美元飙升至 1200 亿美元,让全球投资界侧目。2019 年 5 月 10 日,Uber 正式在纽交所上市,其最终发行价定为每股 45 美元(位于区间下限),总市值为 824 亿美元。这一市值是自 2014 年阿里巴巴在纽交所上市以来规模最大的 IPO,而且几乎相当于福特和通用两大汽车巨头的市值总和。

在营业收入方面,Uber 在 2016 年的营业收入为 38.45 亿美元,净亏损为 3.7 亿美元;2017 年的营业收入为 79.32 亿美元,净亏损为 40.33 亿美元;2018 年的营业收入为 112.7 亿美元,实现了首次盈利,净利润为 9.97 亿美元。三年综合下来,Uber 亏了 34.06 亿美元,平均一年亏损 11.35 亿美元。

在 2018 年,Uber 的用户全年总出行次数为 52.19 亿次,比 2017 年的 37.36 亿次增长近 40%。Uber 的月活跃用户到 2018 年年末增长到了 9100 万人,比 2017 年年末的 6800 万人增长了 33%,比 2016 年年初的 1900 万人则直接增长近 4 倍。而 Uber 打车业务的订单总额也从 2016 年的 188 亿美元攀升至 2018 年的 415 亿美元。由此可见,在短短几年间,Uber 的业务得到了快速的发展,成为引领行业变革的重要力量。

15.4.2 创始成员

卡兰尼克和卡普是 Uber 的联合创始人,两人都是有着丰富创业经验的知名人士,而其中卡兰尼克更是富有传奇色彩。1977 年卡兰尼克出生在美国的旧金山,母亲在《洛杉矶日报》担任广告企划,父亲是洛杉矶当地的土木工程师,家庭在美国算是中上水平。在卡兰尼克 6 岁的时候,父母带他去电影院观看了一部名为《电子世界争霸战》的电影。这是一部讲述电脑程序虚拟与现实的电影,这对卡兰尼克产生了很大影响,他认为程序代码是一种无所不能、非常神秘的力量。他开始央求父母给他买一台计算机,开始在家里学习编写代码。当时,卡兰尼克的理想是成为一名伟大的间谍,用代码来拯救这个世界。高中毕业后,卡兰尼克考入了全球排名前十位的大学——加利福尼亚大学洛杉矶分校,因为痴迷于计算机,所以他选的专业也是 IT 工程。1997 年,还在读大三的卡兰尼克选择辍学创业,和几个好朋友一起创立了世界上第一个 P2P 文件下载资源搜索引擎——Scour 网站。Scour 既是一个盗版资源搜索网站,也是世界第一个盗版搜索引擎,相当于美国版的"快播",图片、视频、音频应有尽有,最多时曾有 25 万用户在线分享电影和音乐。2000 年,Scour 网站被好莱坞 29 家公司起诉侵犯版权,并索赔 2500 亿美元。无奈的卡兰尼克倾家荡产到处借钱,凑够了 100 万美元,与这些好莱坞公司达成庭外和解,随后 Scour 网站宣告破产。2001 年,他创办了文件分享服务 Red Swoosh,2007 年 4 月 Red Swoosh 以 1900 万美元出售给 Akamai Technologies,卡兰尼克因此成为天使投资人,直到 2009 年创办 Uber。作为 Uber 的"灵魂",卡兰尼克筚路蓝缕,在 Uber 的成长和发展中起到了中流砥柱的作用。但是,到了 2017 年年初,由于卡兰尼克支持特朗普禁止一些穆斯林国家的移民入境,引发了"Delete Uber"活动,随后又因歧视女性、伦敦暴恐案疏散人群时"峰值加价"等舆论事件,卡兰尼克再次面临巨大的压力。而且屋漏偏逢连夜雨,就在这一年的 5 月,他的父母在加利福尼亚州弗雷斯诺县境内的派恩弗拉特湖上游览时游船不幸触礁,导致其母不幸罹难,其父亦受重伤。在一连串危机以及母亲去世的打击之下,2017 年 6 月 21 日卡兰尼克宣布辞去 Uber 首席执行官的职务。他在离职声明中写道:"我爱 Uber 胜过世界上任何东西,在我个人生活中的困难时期,我接受了投资者让我辞职的要求,让 Uber 可以回到建立期,而不是被另一场斗争所分散精力。"从卡兰尼克的言辞中我们不难看出他对 Uber 的感情和无奈,并最终不得不离开公司,但他对 Uber 的贡献以及影响力仍然不可小觑。在 2019 年 Uber 正式上市时,作为"编外人"的卡兰尼克仍持有公司 8.6% 的股份,是排名第二的个人股东。

另一名联合创始人兼董事会主席卡普 1978 年出生于加拿大,2001 年成为网络发现平台 StumbleUpon 的联合创始人。该公司主要研究协作系统、算法和信息检索,他曾负责产品的开发和设计。在他的带领下,StumbleUpon 的注册会员超过 2000 万,取得了较大的市场影响。2002 年,卡普毕业于加拿大卡尔加里大学,取得工程硕士学位。2009 年由于与卡兰尼克结识,他们共同创办了 Uber,在 Uber 正式上市时,卡普的持股比例为 6%。

15.4.3 运营模式

简单地说,Uber 是利用智能用车软件来提供高效便捷的出行服务,用户可以在 Uber 上实时叫车,距离最近的司机将收到该订单,包括用户的上车位置以及相关信息,软件系统通过 GPS 精确计算车费并生成收据。Uber 的运作方式如下:用户下载 Uber 应用,需要打车时发出打车请求,几分钟内一辆高标准的车辆就会来到乘客的面前。因为该应用能通过 GPS 追踪定位车辆,因此效率非常高,而且车资和小费通过信用卡或其他的方式自动完成。Uber 旨在改变居住在大城市里的人们的出行方式,它给用户出行提供了极大的方便。当用户在上下班高峰时段或者深夜去机场叫不到出租车时,他们就可以使用 Uber 的私家车服务。

为了适应公司规模的扩张,Uber 需要建立起一套新的管理体系。Uber 目前有运营团队、工程师团队、产品经理团队和监管团队,其中工程师团队占全部员工的 50% 以上,此外还有数千名的前线司机需要随时调度。作为一个快速发展的公司,Uber 的运营环境正在变得日益复杂,这是 Uber 必须要面对的挑战。Uber 的终极发展目标是:凡是 Uber 进驻的城市,Uber 提供的私家车要多于当地的出租车。

Uber 从一开始就有明确的盈利模式——收取每次租车费用的 20%。起步之初 Uber 实行的是高价策略,只提供高端车租车服务,租车费用相对于出租车要高出 50%,用户月均用车支出超过 100 美元,纽约的顶级用户更是每月花费 6000 美元在 Uber 的服务上。然而,高价策略无法满足用户的多元化需求,一段时间后 Uber 推出了 Garage 试验项目,提供价格更低、车型更多的租车服务。卡兰尼克表示，Uber将来会对每个城市做一个分析，然后推行合适的方案。灵活定价虽然会降低整体利润率，但更能满足用户个性化的交通选择，可以吸引更多的用户。

Uber的直接竞争者是提供手机即时订车服务的应用开发商，与竞争者相比，Uber提供的服务最快、车最为高端和舒适。Uber认为，在竞争中取胜的关键还在于产品本身——只有优化用户体验，帮助用户在最短的时间内打到车，才能获取更多的用户，同时帮助合作的汽车公司最有效地利用车辆闲置时间，从而与更多的汽车公司建立合作。与此同时，与更多汽车公司的合作反过来又可以增加车辆供给，提高服务的可靠度，从而吸引更多的用户，这就能形成一个良性的循环。

与同类应用相比，Uber最大的竞争优势在于其拥有精准的算法。Uber独家开发的算法对用车需求量、车的配给和定位有精确的了解，能计算出什么时候该派多少车在路上跑，可以在一个城市里部署最少的车，最有效率地满足用户的需求。Uber最初采用的是谷歌公司的时间算法来估计车子的抵达时间，但是计算出来的时间有的高达3.6倍左右的误差，用户体验非常糟糕。后来，Uber放弃了谷歌公司的API，组建了一个混搭团队来开发自己的算法，团队成员包括火箭研究科学家、计算神经学专家和核物理学家。这个算法的核心是旅行销售员问题（Travelling-Salesman Problem）——怎么能把无数个移动的点用最短的线串起来。由于没有历史数据可以用，他们在初始阶段走得颇为艰难，但是很快该算法发挥了效应，在时间上比谷歌公司的算法准确度高。随着数据的增多，线路也变得越来越准确了。

15.4.4 平台基础

作为一个出行领域的创新实践者，Uber平台有着以下四个方面的基础：

1. 庞大的网络

Uber庞大、高效、智能的网络由数千万专车司机、消费者、餐厅、托运人、承运人、共享电动单车和滑板车，以及底层数据、技术和共享基础设施组成，而且网络随着每次旅行变得更加智能。在全球700多个城市，数以百万计的用户只需点击，Uber网络就能够为他们的移动提供服务，Uber的创业团队希望最终能为数十亿人提供服务。

2. 领先的技术

Uber已建立了专有的市场、路线和支付技术。市场技术是Uber深层技术优势的核心，包括需求预测、匹配和调度以及定价技术。

3. 卓越的运营

Uber的区域实地运营团队利用他们广泛的特定市场知识，在城市快速推出和扩展产品，支持司机、消费者、餐厅、托运人和承运人，并建立和加强与城市、监管机构的关系。

4. 产品专业知识

Uber的产品具有专业知识，可以设定按需移动的标准，为平台用户提供直观的界面，不断地发展特性和功能，并提供安全和信任。

Uber通过综合利用以上四个方面的基础，可以快速推出和扩展平台的产品和服务。此外，每种新产品都为Uber的网络增加了节点，并增强了共享功能，使Uber能够更高效地推出和投资更多的产品。例如，许多使用 Uber 共享乘车产品的消费者都在使用 Uber Eats，它建立在 Uber 现有的技术基础上，并通过本地化的交通服务运营团队得以发展壮大。同样，在 Uber 已经运营的城市，Uber 可以通过利用现有的专车司机和消费者网络以及地区实地运营团队，更高效地推出其他的产品和服务，如电动单车和电动滑板车。这些协同效应有效地降低了 Uber 的成本，并使 Uber 能够以可扩展的方式进行投资，随着每种新产品或新服务的增长，这种方式变得越来越高效。每个新的平台产品进一步提升了 Uber 平台对用户的价值，使 Uber 能够吸引新的平台用户，并深化与现有平台用户的互动。这两种动力都增加了 Uber 的网络规模和流动性，从而进一步增加了 Uber 平台对平台用户的价值。

15.4.5 服务项目

Uber 面向全球的用户提供个人移动（Personal Mobility）、Uber Eats 和 Uber Freight 三大类服务项目。

1. 个人移动

Uber 的个人移动提供包括共享乘车（Ridesharing）和新移动（New Mobility）等服务。共享乘车是指将消费者与驾驶如汽车、人力车、摩托车、小型公共汽车或出租车等各种车辆的司机联系起来的产品；新移动是指为消费者提供各种骑行方式的产品，包括共享电动单车和滑板车。Uber 的目标是在点击按钮几分钟内为平台上的每个人提供一次安全、可靠、经济、便捷的旅行。除了为乘客的出行提供服务以外，Uber 平台还为专车司机提供机会，通过向他们提供可靠灵活的赚钱方式来扩大他们的收益。

Uber 致力于为消费者提供最佳的个人移动服务，以满足他们的需求。Uber 正在投资新的交通方式，使 Uber 能够解决更广泛的消费者的使用需求，并为 Uber 平台带来更多的出行机会。例如，根据美国交通部的数据，2017 年不到 3 英里的行程占美国所有车辆行程的 46%。Uber 相信，电动单车和电动滑板车解决了许多这类使用案例，并将随着时间的推移取代部分车辆出行，特别是在上下班高峰期交通拥堵的城市环境中。

Uber 认为，个人移动代表着一个巨大的、快速增长的、未被充分渗透的市场机遇，Uber 的个人移动市场份额和共享乘车需求是 Uber 走向巨大市场机遇的关键指标。Uber 通过把个人移动里程除以 Uber 对该地区可寻址市场的估计里程来计算在特定地区的个人移动市场份额。据初步统计，Uber 的个人移动市场份额尚不足主要业务开展国家市场规模的 1%，所隐藏的市场潜力十分惊人。

2. Uber Eats

"Uber Eats"是 Uber 送餐服务的名称，该服务允许消费者搜索和发现当地的餐厅，只需点击一下按钮就可以点菜，并且可以快速可靠地送餐。Uber 认为，Uber Eats 已发展成为世界上除了中国以外最大的送餐平台。Uber 相信，规模使 Uber Eats 的平均交付时间比竞争者的平均交付时间更快。

Uber Eats 不仅利用而且增加了 Uber 网络上专车司机的供应。例如，Uber Eats 通过在非高峰乘车时间获取额外的出行需求，使专车司机能够提高车辆的利用率和收入。Uber Eats 还通过让没有车辆运营资格的人在 Uber 平台上送餐，扩大了专车司机的范围。

除了让专车司机和消费者受益以外,Uber Eats 还为餐厅提供即时移动服务和高效的送货能力,Uber 相信这可以增加需求,提高餐厅的利润,使其能够在不增加现有前台费用的情况下为更多的消费者服务。

3. Uber Freight

Uber Freight 是 Uber 货运服务的专用名称,它利用 Uber 的专有技术、品牌意识和行业革命经验,创建一个透明的按需市场,无缝连接托运人和承运人,在一定程度上可以说它正在彻底颠覆物流业。

当前的货运业高度分散,效率低下。托运人可能需要几个小时,有时甚至几天才能找到卡车和司机完成运输,大部分过程都是通过电话或传真完成的。Uber Freight 通过提供端到端自动化和加速物流交易的按需平台,极大地减少了物流行业的摩擦。Uber Freight 将货运公司与 Uber 平台上可用的最合适的货物联系在一起,并为他们提供了前期、透明的定价以及轻触按钮预订货物的能力。

Uber 为从中小型企业到全球企业的托运人提供服务,让他们只需点击几下鼠标就能创建订单和交付货物,并根据需要提供相应的运力服务,在提货到交货的全过程对货物进行实时跟踪,并从提货到交货实时跟踪这些货物。Uber 认为,所有这些因素都代表着传统货运代理提供商的效率得到了显著提高。自 Uber Freight 于 2017 年 5 月在美国发布以来到 2018 年年末,已经与超过 3.6 万家承运商签订了合同,这些承运商总共拥有超过 40 万名司机,并为超过 1000 家托运商提供服务。2019 年 3 月,Uber 宣布把 Uber Freight 服务扩展至欧洲的货运市场。尽管欧洲的货运市场是全球最大、最复杂的市场之一,但 Uber 认为欧洲的托运人和承运人在他们当前的运营中有着许多与美国的托运人和承运人相同的痛点。因此,Uber 对此充满信心,希望能在未来赢得更多的机会。

15.4.6 面临挑战

Uber 经历长达 10 多年的创业长跑后终于成功上市,完成了创业的一个关键性一步,上市后 Uber 仍面临着三个方面的严峻挑战:

1. 如何盈利

在 Uber 初具规模时,就以"初期烧钱是开拓市场,一旦网约车用户具有规模效应,就能实现盈利"为理由,但实际上这一美好的愿望并没有变成现实。在 2018 年活跃用户超过 9000 万的背景下,Uber 的盈利目标仍未实现。Uber 正在研发无人驾驶技术,并在扩大新业务等方面加大投入,但在如何盈利方面还存在着不小的挑战。

2. 市场竞争

Uber 虽然是全球最大的网约车公司,但所面临的市场竞争十分激烈。2013 年,Uber 进入中国市场后的累计亏损近 10 亿美元,迫于压力最终于 2016 年 8 月 1 日被并入了滴滴公司。这一结果最终让 Uber 失去了接近全球 1/4 的市场。2017 年 7 月,Uber 宣布与俄罗斯搜索巨头 Yandex 成立由后者控股的合资公司,以整合 Uber 与 Yandex 在俄罗斯等 6 个东欧国家的业务,这在一定程度上相当于退出了俄罗斯市场。Uber 虽然在大本营北美市场占据了领先优势,但其竞争者 Lyft 抢先上市,成为世界首个上市的网约车公司,其在北美的迅猛发展对 Uber 构成了极大的挑战。面对严峻的市场形势，Uber 如何保住并进一步扩大市场份额是必须直面的问题。

3. 无人驾驶技术挑战

正在全球范围内迅速崛起的无人驾驶技术正在对传统的出租车行业带来颠覆性变革，同时也提出了严峻的挑战，目前 Uber 的商业模式也将可能受到致命打击。虽然 Uber 自己也在大力研发无人驾驶技术，并且在研发上投入了数十亿美元，但与谷歌、Waymo、Cruise 等公司相比总体水平还处于相对落后状态，能否后来居上仍存在着很大变数。

虽然面临着一系列挑战，但 Uber 已完成了创业以来的第一个关键目标——上市，这为其开启了十分有效的融资通道，为 Uber 开辟新的疆场提供了强有力的支持。

15.4.7　创业感悟

作为 Uber 的创始人，卡拉尼克曾在清华大学做分享时总结出了创业者应该具备的八种特质，这八个方面对开展相应的创业活动有很好的指导作用。

1. 设定目标

目标是一个非常明确的概念，它关乎意义所在，它关乎企业为什么存在、信奉什么，关乎企业为什么保持激情。卡拉尼克从 Uber 的使命谈起："让出行像流水一样可靠，随处可在，连接你我"。Uber 的第一价值观是"拥抱城市，为城市喝彩"，公司做的任何事情都是为了让城市变得更美好。在许多方面，Uber 的员工觉得自己就是设计师，助力建设未来之城。至于交通，它意味着什么？Uber 认为，它意味着乘客在未来之城中高效出行，再也不会看到现在这样拥堵的交通，乃至交通堵塞最终消失。为什么？因为车辆一键而至，该车可以每天服务 30 个人。一辆车服务 30 个人，而非 30 个人拥有 30 辆车，上路的汽车自然少得多。Uber 还有另一个产品叫作 UberPOOL：当用户按下按钮叫到车后，开门上车时，车上已有其他的乘客，因为他们正好在相同的时间去往相同的方向。这样一辆车可以搭乘两个人，否则他们会分乘两辆车。因为数学，因为算法，因为进行高效地匹配，这样的产品对两位乘客都很方便，并且价格也便宜得多。未来之城的出行应该类似这样的状态，而非今天全球普遍存在的拥挤不堪的交通状况。

创造工作机会是 Uber 为城市所带来的另一方面的改变。当 Uber 与这些车辆的拥有者进行合作时，他们可以得到以前可能无法获得的收入。由此，Uber 在全世界的很多城市创造出大量的工作机会，这对于很多人的谋生方式、赚取收入的途径以及为社会做出贡献的形式会产生很大的不同。

2. 创造魔力

优秀的创业者或创业公司就是要能够发现魔力所在，而且要能够创造魔力。魔力似乎是个抽象的概念，那么魔力究竟存在于何处？在 Uber，魔力比比皆是：一是时间，如果可以帮用户赢回更多的时间，甚至比他们原来预期可以节省的时间更多，那么就已经创造了魔力；二是心灵的宁静，如果可以为用户的生活或在各地的出行带来宁静，那么就已经创造了魔力；三是喜悦感，如果可以给用户带来很大的喜悦感，那么就已经创造了魔力；四是收入，如果用户在一天内获得更多的收入，甚至超出了他们原来的预期，或者让他们节省了更多的开销,那么就已经创造了魔力。如果能够同时实现以上所有,那么就能给大家带来惊喜,对别人有所激励,这正是 Uber 所追求的目标。

3. 直面挑战

如果创新足够神奇和令人振奋,但如果人人都可以复制它,那么它会失去魔力。创业者必须选择做最具有挑战性的事,其他人未必能做到。Uber 与卡内基梅隆大学合作的匹兹堡高新技术研发中心所开发的汽车具备创建全球 3D 地图的能力,这意味着当用户在本地查找街道信息时就会看到整条街道的三维外观模型,因为在未来用户会想选择无人车出行。

Uber 为了确保用户在全世界的任何地方都可以在 3 分钟内叫到车,必须提前预测需求,预测人们会在何时打开 App,同时 Uber 还必须确保车辆供应,向需求和潜在需求所在地移动,通过动态供给图来配置车辆供应。这些看起来极富挑战的创意都已成为 Uber 提供的独特服务。

4. 辨别判断

善于辨别感知和真相之间的差异是创业者必须具备的另一个特质。感知是指世界上绝大多数人认为的那种情况。当感知和真相并不一致时,优秀的创业者要擅长发现差异——当人们认为是一回事,但实际上是另一回事时,要寻找的就是那样的时刻、地方和时间。事实上,如果感知和真相的差距越大,对于创业者来说机会也就越大。不过,创业者必须判断正确,否则作为创业者将会面临失败。

在创业者人生和日常生活中最常发生的事是,需要做一百个决策并且决策必须聚焦,完全聚焦于真相。当创业者认为真相完全不同于任何其他人的认知时,他们会特别兴奋。出现这种情况时,它可能令人感到困惑,但创业者知道自己是正确的时,必须乐意坚持到底并且做不同于任何其他人所做的事情。有时,创业者跟别人看到一样的风险,创业者的感知或许是真相,但如果能够以不同于任何其他人的专家方式管理该风险,那么创业者或许能够做其他人无法做的事情,这让他们具有超过任何其他人的优势。当其他人都在一边踌躇不前时,这个人能够抓住机会、赢得成功。

5. 分析创造

创业者必须创造其他人没见过的、能够激励他人的全新产品,这就需要创造力。比如有一台叫作"巴贝奇"的机器,尽管在设计出来后过了 100 多年才被制造出来,但重要的是它是人类设计的第一台计算机。众所周知,我们或许都能够想出一些东西,但这远远不够。例如在 Uber,每天用户按下按钮并叫车,这是公司和用户都在做的事情。但是,在某天当用户按下按钮,冰淇淋卡车给用户送来了冰淇淋,这始于启发灵感的创造冲动,是 Uber 在全球数百个城市做的事情。让这一切运行需要涉及一些工程设计,但同时给人们带来了灵感启发,这是创业者的成功之道。Uber 努力做的事情是使公司的每个人都具有创业者精神,可以提出这些点子并让其变成现实。

6. 推向市场

当创业者有了很好的想法、很好的创意时,还面临着商业推广的问题。创业者需要知道如何把东西推向市场。在硅谷,人们将这一过程称为成长骇客(Growth Hacking)。创业者必须知道如何能创造病毒式传播效果,如何创造一个创意、内容,或视频、产品,或一个手机软件,并找到方法,让人们不但愿意使用它、喜爱它,而且还愿意与其他人分享它。这的确是一门学问,但重要的是必须找出其具有创意的一面。因此,与别人合作,与名人合作,在交流中产生出火花、产生好的创意也是推向市场的重要一环。

7. 享受过程

卡拉尼克从 18 岁开始就创业,并一直走在创业的路上,在绝大部分时间里遭遇了很多次失败。在创办 Uber 之前,他曾在一个公司每天给一百个人打电话,然后得到一百次"不"。当时他连续六七年一直都是这样,这意味着他被几十万人拒绝过。所以,他建议创业者必须坚定自己的目标,必须有足够的信念,哪怕被人一次又一次的否定,仍然能享受每个时刻。这意味着:既然上场,无论发生什么,始终对自己做的事情要保有一份热爱。即使输,也要热爱这场创业游戏。况且绝大多数创业本来就注定会失败。但只要跌倒后还能不断地爬起来,就不算失败。

8. 冠军思维

卡拉尼克认为,要想成为冠军,就要懂得面对逆境。把一切置之度外,无论如何都要取胜,这就是成为冠军的意义。说起冠军,大家也许会想到很多体育明星,以及他们都拥有的成功。但是,生活中的真正冠军,创业中的真正冠军,一定都有这样的素质:在遇到逆境时能够振作起来,竭尽全力,冲向终点。这样的思维会一直激励你,不仅仅是为了实现自我,还能为整个团队树立典范。

卡拉尼克的创业生涯中大部分时光都是 6 个创业伙伴长时间挤在一个小房间里,被无数次的拒绝,经历过无数次的逆境,但每天依然热爱着自己的事业。然后,直到创造出了 Uber,并在全球大获成功,至今他们仍然把这种思维带到日常工作中,也用它激励团队,它让团队变得强大,也让整个事情都有了意义与价值。

15.4.8 案例评析

Uber 源自于其创始人在巴黎街头一次打不到车的经历,为了解决出租服务供求双方信息不对称的问题,他们开始了一段漫长而又曲折的创业之旅,10 多年的奋斗终于迎来了公司股票成功上市的阶段性成果,成为全球移动互联网创业领域的佼佼者。

在 Uber 出现之前,全球出租车行业数十年来几乎一成不变,高度的垄断、高额的运营成本让出租行业的从业者苦不堪言,而且乘客对出租行业的服务能力和服务质量也是极为不满的。因为 Uber 的出现,不仅是出租行业迎来了革命性的变化,而且广大乘客的出行有了更多的选择,出行效率大大提升,出行质量也得到了显著的改善。

由于 Uber 对传统的出租行业带来了极大的冲击,因此遭遇了各种各样的困难和阻挠,尤其是在国际化进程中一波三折,当前也正面临着如何盈利、市场竞争和无人驾驶技术崛起等多方面的挑战,但已登上上市融资快车道的 Uber 必将能直面挑战,迎来新的更好、更快的发展。

15.5 典型案例2 美国Care公司O2O创业案例

家政服务业由于牵涉面广、业务类型众多、附加值低等多方面的原因，在O2O电子商务出现之前，做家政电子商务成功的并不多，而O2O电子商务的出现为家政服务业迎来了新的发展机遇。美国Care公司的实践为家政服务业发展O2O电子商务提供了可贵的经验。它的任务是以一个可靠和简单的方式来改善家庭和看护人的生活，通过在其特定的生命周期帮助家庭解决护理需要，包括儿童照护、老年人保健，以及特别需要关心和其他非医疗照顾家庭的需要，如宠物护理、家教和家政服务等。在这个过程中，Care公司还帮助看护者找到了有价值的全职和兼职的就业机会。

15.5.1 案例背景

儿童照护和家政服务是美国家庭的重要开支，据相关数据显示，近年来全美家庭在家政与托儿方面的年平均支出接近上万美元，甚至已经高于州立大学学费平均9400美元的水平。在儿童照护方面，美国农业部的数据显示，在孩子从0岁成长到17岁的过程中，至少需要花费37378美元用于儿童护理服务。尽管如此，这一高度碎片化的市场供需仍缺口巨大，全美仍有22个州，超过51%的美国人生活在"儿童护理荒漠"地带，难以有效地获得充足的儿童护理服务。即使在最为发达的美国东海岸，好的家庭护理人员也十分难找。正因为有这样的市场环境，Care公司便应运而生。简言之，Care公司既是连接雇佣者和服务人员的家政服务平台，也是雇佣者和服务人员分享经验和建议的重要媒介。

2006年，Care公司的创始人希拉·马塞洛一边努力照顾两个年幼的孩子，一边要帮助父亲从心脏病中恢复过来，在找不到合适的保姆的焦急困境下，她萌发了一个想法，为什么不能建立一个线上平台，让保姆和有需求的雇主们可以互相找到对方。她意识到自己并不孤单，一定还有很多人像她一样需要帮助，于是她成立了Care公司，希望能帮助家长、父母已年老的子女和宠物的主人安排合适的护理人员，从而大幅减轻他们的压力。Care公司的总部选在美国马萨诸塞州沃尔瑟姆市，目前全职雇员有400余人。希拉·马塞洛是菲律宾裔美国人，在创立Care公司之前，她已经在哈佛商学院获得了MBA硕士学位，并在一家帮助美国家庭支付大学学费的公司Upromise任高管。

在成立之初，Care公司主要帮助客户找保姆、家教、宠物护理和高级护理人员等，后来服务慢慢扩展到家政、军人家属照顾、特殊需要的儿童和成人照护等。用户可以免费搜索、发布工作以及查看护理人员的档案，会费可以通过月付、季付或年付的方式进行支付。

Care公司于2012年4月进入英国市场和加拿大市场。2012年7月，Care公司收购了德国在线护理网站Besser Betreut GmbH之后进入德国市场。在上市前Care公司共经历了6次、5轮融资，募集资本1.1亿美元。2014年1月24日，Care公司登陆纽交所完成公司股票上市发行，发行价为每股17美元，共发行535万股，募集资本为9100万美元。Care公司上市时，拥有970万注册用户，其中约400万为看护服务提供商、570万为家庭用户，月独立用户访问量约为290万。据统计,在这些用户中,52%的用户通过移动端访问网站,已经超过PC端的访问量,用户随时随地获取家政服务的趋势越来越明显。在用户二次消费上,平台的重复使用率超过50%,平台的商业匹配率达到80%,商业配对重复购买率为56%,负面评价仅为8%;消费者支付工具重复付费率为88%,负面评价仅为1%。

2016年6月30日,Care公司宣布获得谷歌公司资本总额4635万美元的投资(这是谷歌公司首次向上市公司投资),此后谷歌公司成为Care公司的最大股东。在当时,Care公司已在全球拥有2730万用户,覆盖1550万个家庭、1180万位保姆的服务资源,遍布20个国家和地区,每3分钟就会有一次用户匹配在Care公司的网站上完成,每一秒钟就会有一个需求职位被发布出来,90%以上的美国邮政编码区都已被Care公司的网络所覆盖。谷歌公司对Care公司的前景十分乐观,希望能通过持股促进其更好更快地发展。

15.5.2 运营模式

从业务内容上来看,Care公司把家政服务的供需双方联系在一起,并成为家政服务人员和雇用者分享经验以及建议的平台。在平台上,家庭使用流程主要为免费注册、查阅建立档案、发布职位、雇用服务人员、支付、评价;服务人员使用流程与家庭使用流程稍有区别,包括免费注册、发布简历、搜索职位、被聘用、获取薪水。需要家政服务的家庭只需在Care公司的网站上成为注册账户,填写个人资料(包括地址、邮政编码、电子邮箱)即可加入,再根据自身的需求对服务条件进行细化,如需要儿童看护的家庭需补充填写照看小孩的保姆、幼儿中心、家教类型等。家政服务人员在网上注册个人信息后,则需要选择能提供何种家政服务。家政服务人员的相关背景、评论、社会鉴定等关乎服务安全的多重信息可以供雇用者查阅,Care公司建有专门的团队负责审查服务人员的信息,以便及时发现可疑或不当的内容,此外还会为家庭提供合理的考核与面试建议。

在发展初期,Care公司主要提供儿童看护服务,随着其不断地发展,服务范围逐步增加到照顾老人、宠物看护、房屋清洁、家教等。在发展的过程中,Care公司不断地挖掘各类看护服务的需求,提供更加全面的看护服务,最终目标是打造一站式的家政服务平台。Care公司为家庭、护理人员提供服务,同时也为其他像日托中心这样相关的商业机构提供服务。

15.5.3 运营特点

Care公司在多年的发展过程中形成了自己鲜明的运营特点。

1. 信息公开透明

用户在Care公司的网站上打开任意一位家政服务人员的信息主页,就可以看到其全部个性化的信息,包括个人介绍、工作经验、职业技能、学历、认证、是全职还是兼职、擅长的领域、过往经历、服务内容、是否拥有个人交通工具、工资、支付方式、联络方式、可选工作时段等。而且,主页还可以显示聘用过该家政服务人员的家庭雇主的评价和打分以及该家庭是否真正曾雇用过该家政服务人员的信息,供潜在雇主参考。

2. 及时做出响应

Care公司向所有的雇主保证在3天内一定找到合适的人选,每位家政服务人员的个人主页上都标明了该人员的回应时间。这一数据并不由是家政服务人员自己提交的,而是由 Care 公司的平台根据历史记录计算得出的客观指标,对于雇主而言具有很好的参考性。

3．加强信息核查

由于对家政服务人员把关不严,Care 公司曾出现过家政服务人员在护理过程中造成一个 3 个月大的女童死亡而被告上法庭,最终以向马萨诸塞州法庭缴纳 35.5 万美元罚金收尾。此后,Care 公司加强了对家政服务人员的管理,在其服务平台上,付费的高级用户可以看到家政服务人员相关背景调查项目,其中包括机动车辆记录调查、刑事记录调查和犯罪记录调查三个主要项目。对于一些有特殊需求的雇主来说,Care 公司委托经过认证的第三方机构搜索和调查家政服务人员的个人社会保险号码、全国犯罪记录档案、性侵犯档案、全国法庭记录档案、车管所记录档案、全国通缉档案、全国破产申请档案以及全国民事禁止令数据库等文件,确保能给雇主提供一个真实、完整、富有公信力的背景调查报告。

15.5.4 盈利模式

作为美国当今主要的家政服务平台,Care 公司的盈利模式主要有以下三种:

1．个人用户付费

家庭和家政服务人员在网上注册后,第一阶段可以获得免费的试用服务,用户登录网站后即可方便地查询到自己所需要的服务信息。试用期结束后,如果用户还想继续享受该项服务,则需要支付一定的费用。"先免费、后付费"既是 Care 公司的平台用户获取服务的基本模式,也是该平台获取收益的主要方式。

2．交易撮合服务收费

Care 公司帮助传统的家政服务公司或者代理中介公司在网上寻找需要家政服务的家庭,对接家庭与家政服务公司或代理中介公司,并以此收取商业配对费用,其中个人家政服务人员不需要支付任何费用。

3．付费增值服务收费

Care 公司为家庭和公司客户提供诸如制订看护计划等付费增值服务,依托其丰富的家政服务人员数据库及可选对象的多样性,向谷歌和 Facebook 等公司提供对应的家政服务,以此来取得一定的收益。

15.5.5 经营策略

在美国,除了 Care 公司以外,还有其他多家从事家政服务的平台,如 Homejoy 等。作为家政服务的提供商,这些平台基本的功能都是作为家政服务供需双方的连接点,提供相应的信息服务和支持。与已经具有较大影响的 Homejoy 相比,Care 公司的经营策略较为独特:

1．专注护理服务细分市场

Care 公司以护理服务为主,包括儿童、老人和宠物,此外延伸服务有家庭清洁和家教等;

Homejoy 的服务重点则是保洁服务,另外还有占比很小的马桶维修、粉刷墙壁等。

2. 服务对象涵盖传统的家政企业

Care 公司商业配对的服务对象是传统的家政企业或代理中介公司,为他们寻找需要家政服务的家庭;Homejoy 更多是家庭雇用者与服务人员的对接,没有中间企业。

3. 盈利模式多样化

Care 公司除了通过传统的佣金模式来盈利以外,还有其他付费的增值定制服务,Homejoy 以及其他的服务商还没有采用这一类的盈利模式。

15.5.6 发展优势

Care 公司在短短的数年间取得了较大的发展,成为全球家庭护理领域的领先者,其发展优势主要包括以下多个方面:

1. 市场需求巨大

在美国,家庭总数为 4200 万户,其中 63% 的家庭,或父母双方有正式工作,或为单亲家庭,家政服务年支出额约为 2430 亿美元。从中我们可以看出,这一市场容量极为可观,而且市场分布也极其分散,可以说 60% 以上的美国家庭需要寻找兼职家政护工,Care 公司对于这些家庭来说是刚需。目前,Care 公司已初步占据较小的美国家庭市场,而且相对于中介机构、分类信息网站等渠道,Care 公司每年 200 美元的收费标准具有很明显的价格优势,意味着未来的市场发展前景十分广阔。

2. 网络效应成效明显

Care 公司将线下家政服务资源信息化并开放在线上平台上,打破了原有线下资源与服务需求对接的信息不对称,运用互联网系统进行信息归类、筛选和匹配,以线上高效的资源配置代替线下低效的服务对接。在 Care 公司的平台上,用户的重复使用率超过 50%,远远超过了传统的家政服务。通过这个平台,用户可以查询数百万家政服务人员的相关背景、评论、社会鉴定等多重信息,此外还会为家庭提供合理的考核与面试建议。线上信息透明化促使对家政服务人员的审查更为规范,这为服务提供了保障。随着移动互联网的快速普及,移动端用户的增长极其迅速。

3. 系统闭环形成

从账户开通、信息搜索、筛选匹配、预订,到线下服务后线上支付、评论,线上系统各个环节都已实现完整连接。线上主导信息流,线下重在服务体验,以系统为基础的整个闭环已经形成。

4. 盈利模式多元化

Care 公司的盈利模式已不再局限于个人付费服务和商业配对这种传统的佣金模式,还有通过其他付费增值服务实现营业收入,这令其盈利更有发展空间。

5. 业务拓展潜力巨大

Care 公司从多方面入手拓展新的业务,以提高发展的竞争力:

(1) 支付平台:不仅用于家庭向提供服务的家政服务人员支付薪酬,同时可以使用 Care

公司的 HomePay 工具进行家庭报税。

（2）企业项目：作为企业给员工的一种福利，和 Care 公司合作为员工提供家政类服务，以减轻员工的家庭负担，降低缺席频率。

（3）商业服务：家政中介公司也可以在 Care 公司的平台上寻找客户，拓展属于自己的业务。

（4）海外扩张：Care 公司已收购了多家海外公司，积极拓展海外业务，海外发展势头较为良好。

15.5.7 案例评析

长期以来，家政与护理服务发展最大的痛点莫过于信息不透明、服务不及时和人员不放心三个方面，传统的依靠报纸、中介、朋友的介绍和网上分类广告等形式很难有效地解决问题，因为存在着无法进行有效搜索、价格垄断、质量难以量化以及网上信息真假难以甄别等现实困难。Care 公司作为家政服务的 O2O 电子商务平台，将线下家政服务资源整合后在线上平台开放，打破了原有线下资源与服务需求对接的信息不对称，并对家政服务信息进行了信息归类、筛选和匹配，以线上高效的资源配置代替线下低效的服务对接，为家政服务电子商务的发展探索出了一条可行的路径。

Care 公司形成了规范的家政 O2O 的流程，从账户开通、信息搜索、筛选匹配、预订，到线下服务后线上支付、评论，线上系统各个环节都已实现完整的连接，线上主导信息流，线下重在服务体验，线上线下优势互补、互为融合，形成了一个完整的闭环，实现了线上线下的双轮驱动，取得了突出的成效。值得指出的是，Care 公司在盈利模式方面也从传统的单纯依靠个人付费服务和商业配对这种方式进一步拓展到了对各类增值服务进行收费，为未来更好的发展提供了强大的支持。Care 公司作为家政服务 O2O 电子商务发展的先行军，其所做出的探索对我国家政业电子商务以及其他行业 O2O 电子商务的发展都有着重要的参考价值和借鉴意义。

15.6 本章思考题

1. 大众创业、万众创新对我国的经济社会发展有什么样的意义？
2. 创业管理的三大要素是什么？
3. 精益创业主要有哪些方法？
4. O2O 电子商务创业如何实现？
5. 收集整理相关电子商务创业案例，并进行案例分析。

参 考 文 献

[1] Davenport T H, Prusack L. Working Knowledge: How Organization Management What They Know[M]. US: Harvard Business School Press, 1998.

[2] Information Engineering Research Institute, USA. Proceedings of 2012 International Academic Conference of Art Engineering and Creative Industry(IACAE 2012)[C]. Information Engineering Research Institute, USA: Information Engineering Research Institute, 2012: 4.

measurement of knowledge management in supply chains: an integrative systematic literature review[J]. International Journal of Production Research, 2019, 57(7).

[3] 陈曦. 生物识别技术创新推动服务模式创新[J]. 金融电子化, 2018(05): 50-52.

[4] 陈长彬. 电子商务对传统企业组织结构的影响研究——以海尔集团的组织结构变革为例[J]. 工业经济论坛, 2016(05): 585-595.

[5] 丹尼斯·阿特尔, 田彤坤. 供应链管理的过去、现在和未来[J]. 中国质量, 2013(05): 12-13.

[6] 方杰. 招商银行: ABS 区块链平台[EB/OL]. [2018-9-25]. https://zhuanti.cebnet.com.cn/20180925/102523900.html.

[7] 方羽. 股份制商业银行运用区块链技术研究——以招商银行为例[D]. 浙江工商大学, 2018.

[8] 傅少伟. 物流+大数据: 开启物流变革之旅——以亚马逊为例[J]. 现代工业经济和信息化, 2016(10): 108-109.

[9] 龚文, 孔辉. 试论赋能主导的企业人力资源管理[J]. 未来与发展, 2019(05): 109-113.

[10] 胡群. 捍卫零售之王地位　招行押注金融科技[EB/OL]. [2017-11-04]. http://www.eeo.com.cn/2017/1104/316153.shtml.

[11] 胡卫伟. 国内外旅游电子商务的发展现状与对策研究[J]. 农村经济与科技, 2016(09): 112-115.

[12] 惠星. 理解亚马逊的三个层次(2014 版)[EB/OL]. [2017-07-16]. https://doc.xueqiu.com/14907816ecc1923fd792a06b.pdf.

[13] 蒋星亮. 基于大数据背景下财务转型问题的思考[J]. 商业会计, 2019(09): 97-99.

[14] 孔令夷. 电子化供应链协同商务研究综述[J]. 北京工商大学学报(社会科学版), 2013(02): 47-53.

[15] 雷军. 小米的 HR 管理之道[J]. 现代企业文化(上旬), 2014(19): 58-59.

[16] 李冰漪. 共建全球智能供应链基础网络——专访京东物流 CEO 王振辉[J]. 中国储运, 2019(01): 24-27.

[17] 梁湘钏.大数据时代企业知识管理过程分析[J].现代营销(经营版),2019(07):129.
[18] 林柏源.想进一线公司上班?Google 的猎才方法,一次揭露![EB/OL].[2017-03-13]. https://www.managertoday.com.tw/books/view/54150.
[19] 卢艳秋,黄锴,吴祈宗.电子商务环境下企业客户关系管理模式研究[J].情报科学,2005(6):908-911.
[20] 吕静,吕宁,黄兴发.电子商务环境下的企业管理[J].商业经济,2011(1):58-59.
[21] 吕争荣.从供给侧改革的视角解读客户需求与价值的实现——以京东智慧物流为例[J].物流科技,2018(05):35-37.
[22] 马彦华,路红艳.智慧供应链推进供给侧结构性改革——以京东商城为例[J].企业经济,2018(06):188-192.
[23] 民生证券.特斯拉:供应链迎发展机遇[J].股市动态分析,2017(45):46.
[24] 彭焘.试论"大数据+零售业"的新变革[J].商业经济研究,2019(01):61-64.
[25] 普华永道.中国零售业新颠覆:价值链全面数字化[EB/OL].[2018-11-28]. https://www.pwccn.com/zh/retail-and-consumer/global-consumer-insights-survey-china-report.pdf.
[26] 钱敏.浅析苹果公司的知识产权管理及竞争优势获取[J].科技与法律,2010(02):45-48.
[27] 钱童心.把苹果手机用户数据留下来[N].第一财经日报,2017-07-17(A07).
[28] 秦岭.退市之后,他用 5 年时间让公司市值翻了 3 倍有余[EB/OL].[2019-4-11]. http://www.ceconline.com/strategy/ma/8800099113/01/.
[29] 唐麒.传统品牌企业电子商务模式分析——以海尔为例[J].电子商务,2014(12):18-19.
[30] 唐勇,胡先伟.共享服务模式下企业财务数字化转型探讨[J].会计之友,2019(08):122-125.
[31] 汪丽艳,叶明海.零售商销售代理的协同激励对供应链绩效影响[J].控制与决策,2017(05):954-960.
[32] 汪燕.探秘亚马逊的智慧物流[J].浙江经济,2018(22):40.
[33] 王炳南.国内外电子商务的现状与发展[EB/OL].[2017-6-29]. http://www.npc.gov.cn/npc/xinwen/2017/06/29/content_2024895.htm.
[34] 王进,张倩.电子商务环境下的企业管理创新探讨[J].中国商贸,2011(35):127-128.
[35] 王雪玉.招商银行 App5.0:智能化重新定义金融——访招商银行总行研发中心副总经理夏雷[J].金融科技时代,2017(03):10-15.
[36] 王泽华,万映红.虚拟企业网上合作模式探讨[J].中国软科学,2001(04):5.
[37] 乌家培.网络经济及其对经济理论的影响[J].学术研究,2001(01):7.
[38] 吴爱萍,徐志灵,曾文怡.京东现代物流模式下的仓储管理[J].市场研究,2018(08):44-46.
[39] 喜崇彬.转型升级中的快消品行业供应链与物流创新——第六届中国快速消费品供应链与物流高峰论坛侧记[J].物流技术与应用,2016(06):68-73.
[40] 许苏培,谢鹏,迈克尔·戴尔:人工智能时代是人加机,而非机减人[EB/OL].[2017-9-

29]. http://m.xinhuanet.com/2017-09/29/c_1121743525.htm.

[41] 薛娟,丁长青,卢杨.复杂网络视角的网络众包社区知识传播研究——基于Dell公司Ideastorm众包社区的实证研究[J].情报科学,2016(08):25-28+61.

[42] 亚马逊颠覆物流业[J].中国物流与采购,2015(22):50.

[43] 杨琳.电子商务对企业管理的影响与创新[J].中国城市经济,2011(8):126-127.

[44] 杨路明,李倩.电子商务对传统企业的转型研究[J].经济与管理,2003(07):21-22.

[45] 姚国章.电子化物流的功能需求与系统分析[J].审计与经济研究,2005(06):85-88+91.

[46] 姚国章.电子化物流发展对策探析[J].科技进步与对策,2006(09):173-175.

[47] 姚国章.电子化物流发展模式研究[J].北京邮电大学学报,2006(02):46-51.

[48] 姚国章.电子商务驱动的供应链管理变革[J].商业研究,2006(12):209-211.

[49] 叶纯青.恒丰银行:以大数据构建智慧银行[J].金融科技时代,2017(09):10-16.

[50] 尹婉睿.人力资源在现代企业中的战略作用及管理对策研究[J].中外企业家,2019(14):74-75.

[51] 张文娟,陈定,曹烨.亚马逊的物流模式对我国物流产业发展的启示[J].管理观察,2016(36):9-10+13.

[52] 张欣瑞,范正芳,陶晓波.大数据在人力资源管理中的应用空间与挑战——基于谷歌与腾讯的对比分析[J].中国人力资源开发,2015(22):52-57+73.

[53] 赵纯均,陈剑,冯蔚东.虚拟企业及其构建研究[J].系统工程理论与实践,2002(10):49-55.

[54] 赵晓洁.基于ERP模式下会计业务流程重组的探讨[J].财会学习,2017(02):143.

[55] 浙江大华股份有限公司.大华股份关于财务共享服务的探索与实践[EB/OL].[2016-1-28].http://www.zjczt.gov.cn/art/2016/1/28/art_1167468_728857.html.

[56] 周三多,陈传明,刘子馨,贾良定.管理学——原理与方法[M].7版.上海:复旦大学出版社,2018.